善行丹陽

丹阳慈善十二年发展历程集萃

丹阳市慈善总会 编

2013-2024

江苏大学出版社
JIANGSU UNIVERSITY PRESS
镇 江

图书在版编目（CIP）数据

善行丹阳 ：丹阳慈善十二年发展历程集萃 / 丹阳市慈善总会编. -- 镇江 ：江苏大学出版社，2025. 5.
ISBN 978-7-5684-2485-1

Ⅰ. D632. 1

中国国家版本馆 CIP 数据核字第 2025T6P757 号

善行丹阳：丹阳慈善十二年发展历程集萃

SHANXING DANYANG：DANYANG CISHAN SHIERNIAN FAZHAN LICHENG JICUI

编　　者/丹阳市慈善总会
责任编辑/柳　艳
出版发行/江苏大学出版社
地　　址/江苏省镇江市京口区学府路 301 号（邮编：212013）
电　　话/0511－84446464（传真）
网　　址/http：//press. ujs. edu. cn
排　　版/丹阳日报印务有限公司
印　　刷/丹阳日报印务有限公司
开　　本/710mm×1 000mm　1/16
印　　张/29
字　　数/340 千字
版　　次/2025 年 5 月第 1 版
印　　次/2025 年 5 月第 1 次印刷
书　　号/ISBN 978-7-5684-2485-1
定　　价/69.00 元

如有印装质量问题请与本社营销部联系（电话：0511－84440882）

《善行丹阳》编委会

弘扬慈善新风　共建大爱丹阳

（代序）

2013年5月31日，在市委、市政府的坚强领导和高度重视下，在社会各界的关心支持下，丹阳市慈善总会成立，丹阳慈善事业迎来新的发展阶段。十余年来，市镇村三级慈善组织，以及社会各界慈善事业保持健康发展的良好势头。即将付梓的《善行丹阳》首次全面翔实记录了丹阳慈善事业发展的点滴故事，回溯既往，萃取经验，存史资政，以待来者，对于丹阳慈善事业承前启后、继往开来，是很有意义的。

守望相助、扶危济困是中华民族的传统美德，也是丹阳文化的精神传承。近年来，市委、市政府高度重视慈善工作，持之以恒把发展公益慈善事业作为经济社会建设的重要内容。市慈善总会及全体慈善条线干部志愿者主动担当，在顶层制度设计、组织体系建设、慈善救助帮扶、社会氛围营造等方面开展了大量工作。在各界共同努力下，大爱丹阳的基础更加夯实，镇级慈善分会、村级慈善工作站实现全覆盖，市镇村三级慈善组织体系更加健全，各慈善组织宣传发动、扶贫济困、发展运营能力不断提升，全社会关注慈善、参与慈善、热心慈善的积极性得到充分调动，慈善丹阳的力量不断发展壮大。大爱丹阳的特色持续彰显，从十数年坚持开展“慈善一日捐”，到全市慈善组织和相关单位参与的“99公益日”网络募集活动；从高标准成立相伯教育基金、齐梁卫生基金，到蓝天等各类救援力量，以及如意慈善、齐梁义工、蒲公英协会、爱在飘扬、九九爱心社等公益组织蓬勃发展，不同层级、各个领域慈善力量更加凝聚、慈善内涵更加丰富，大爱丹阳的品牌效应不断凸显。大爱丹阳的暖意不断传递，市慈善总会成立以来，累计组织慈善资金收入5.59亿元，支出慈善资金3.39亿元，救助困难群众超39.87万人次，结存资金2.6亿元。丹阳常年位居中国城市公益慈善百强榜前列，被中国慈善联合会授予“五星级慈善城市”称号，丹阳慈善事业发展走在全省前列。

慈善是改善民生的德政善举，是为民造福的高尚事业。习近平总书记专门强调，要支持志愿服务、慈善事业健康发展。党的二十大报告也特别指出，要引导、支持有意愿有能力的企业、社会组织和个人积极参与公益慈善事业。站在收官“十四五”、谋划“十五五”的关键节点，迈上中国式现代化丹阳新实践的前进征程，丹阳慈善事业发展的土壤更为深厚、空间更为广阔。希望市慈善总会以《善行丹阳》付梓为新起点，始终秉承“凝聚爱心　点燃希望”的理念，用慈善汇聚社会暖流、用慈善助力地方发展、用慈善传承大爱丹阳，让更多向善力量充盈街头巷尾，书写更多“人人心怀慈善，人人参与慈善”的新时代丹阳慈善故事，在全省甚至更大范围内，创造更多慈善事业发展的丹阳经验。

鉴往事，策来兹，欣然为序。

镇江市人大常委会副主任
中 共 丹 阳 市 委 书 记

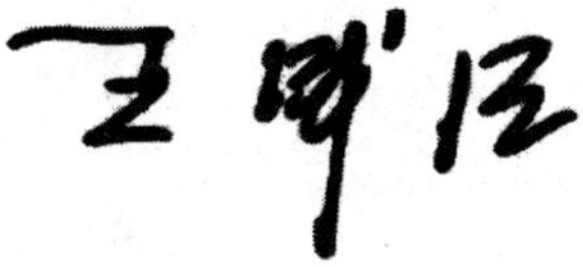

2025 年 3 月 18 日

目　录

善力凝聚篇

善基强固篇

善行共举篇

善星闪耀篇

大　事　记

善力凝聚篇

篇首语

本篇汇集反映丹阳慈善十二年发展历程整体风貌的文章五篇。

第一篇“凝心聚力　善举为民”，反映市委、市政府加强对慈善工作的组织领导，以及市慈善总会工作情况。而后的四篇，“众人献爱　汇聚善源”反映总会资金募集工作，“扶危济困　爱满丹阳”反映总会慈善救助工作，“弘扬美德　乐善同心”反映总会慈善宣传工作，“以信为本　向善笃行”反映总会自身建设方面的工作。

2013 年 5 月 31 日，丹阳市慈善总会成立，这是市委、市政府为加快丹阳慈善事业发展采取的重要举措。以慈善总会为平台，加强工作力度，提升组织化程度，凝聚起全市上下的力量，有力推进了慈善事业的持续健康发展，为推进中国式现代化丹阳新实践贡献了慈善力量。

十二年来，丹阳市慈善总会不负重托，奋发作为，累计组织慈善资金收入 5.59 亿元，支出救助资金 3.39 亿元，救助困难群众 39.87 万人次，结存资金 2.6 亿元，向党和人民交出了一张满意的答卷。

凝心聚力　善举为民

丹阳市慈善总会成立大会现场

五月芳菲，万物竞发。

公元2013年5月31日上午，一个必将记载于丹阳慈善发展史册的日子。

丹阳市会展中心，翻飞的彩旗与无边的翠色交相辉映，垂挂的大幅慈善标语在阳光照耀下格外醒目。二楼大礼堂“丹阳市慈善总会成立暨慈善捐赠动员大会”的会标、大会主席台“爱心至尚　善行丹阳”的背景鲜明夺目，萦绕于会场穹顶“让世界充满爱”的温暖旋律扣人心弦，会场内外，人们分明感受到的是扑面而来浓浓的慈善氛围。全体市领导和各部门、各乡镇、规模企业负责人及其他会员代表等，共计700多名与会者，怀揣慈心善念，肩负责任担当，汇聚一堂，共商大爱丹阳建设大计，共襄善举。

“现在，我宣布，丹阳市慈善总会成立！”

市政府分管副市长、大会主持人符红海高亢的声音在会场回荡，并通过电视直播传遍丹阳各分会场及城乡。

市慈善总会的成立，标志着丹阳慈善事业跨入了一个崭新的发展阶段，迎来了又一个春天。

一

场景一：2016 年 12 月 26 日，北京某会议中心，第四届“中国城市公益慈善指数”在这里发布。这一综合指数由民政部指导推出，用于衡量城市公益慈善事业总体发展水平，又被称为“城市爱心 GDP”。本届综合指数从社会捐赠、慈善组织、慈善文化、慈善贡献、志愿服务、政府支持六个方面进行评价。综合指数发布表明，丹阳市的公益慈善发展水平大幅提升，位列中国城市公益慈善百强榜第 42 位、县级市第 9 位，获得“五星级慈善城市”称号，慈善事业发展走在了全省、全国前列。

场景二：2023 年 9 月 9 日上午，丹阳市会展中心二楼大礼堂，“爱在丹阳”慈善一日捐暨教育、卫生基金会成立仪式在这里举行。这是市委、市政府为推动丹阳慈善事业持续发展所举办的一次重大活动。市委书记王成明等四套班子领导带头奉献爱心，现场捐赠“慈善一日捐”善款。王成明书记讲话指出，全市上下常怀向善之心，广施善行义举，打响了万善丹阳的大爱品牌。他要求大家传承“爱在丹阳”精神，共襄民生幸福盛举，把崇德向善与崇文重教、尊医重卫更好融合，以心中有大爱支撑肩上有力量，持续厚植大爱丹阳的文化基因。

问渠那得清如许，为有源头活水来。

丹阳慈善事业从小到大、由弱到强的发展，根本保证在于党的领导，在于市委、市政府的领航指引，凝聚起了全社会的力量。

丹阳素来民风淳朴，崇德向善传统由来已久，改革开放更为慈善事业发展带来了新的生机和活力。尤其是党的十八大以来，党和政府将慈善事业作为保障和改善民生、加强社会建设、创新社会治理、促进共同富裕的重要方面，出台了一系列政策措施，为新时期慈善事业发展指明了方向。

结合丹阳现代化建设的新实践，市委、市政府着眼全局，情系人民，把慈善工作摆上重要位置，推动丹阳慈善事业发展驶入快车道。

筹建市慈善总会。2013 年 5 月 6 日下午，市委召开常委会，会议对慈善工作进行顶层设计，下发《关于加快我市慈善事业发展的实施意见》，明确全市慈善工作的指导思想、目标任务、工作举措、激励政策等重大事项，为丹阳慈善事业发展提供了遵循。为加强组织领导，市委、市政府决定成立丹阳市慈善总会，先期以在职干部为主体组建筹备领导小组，做好总会成立各项筹备工作。5 月底，市委、市政府召开丹阳市慈善总会成立大会，由市四套班子主要领导任名誉会长，市人大常委会党组副书记、副主任陈步荣任会长，各相关部门、乡镇和规模企业主要负责人等分别任理事、常务理事、副会长，配备了工作机构专职人员，落实了慈善总会组织架构。

大力募集慈善资金。广泛发动爱心企业、人民群众参与慈善事业，最大限度募集慈善资金，是推动慈善救助的前提和基础。2013 年 5 月，市委办、市府办联合发出《关于开展 2013 年度“爱心至尚、善行丹阳”慈善捐赠活动的通知》，分企业捐赠、机关部门单位捐赠、“慈善一日捐”三个层面募集慈善资金。当年，首开丹阳市以机关及企事业单位党员干部职工为主体的“慈善一日捐”先河，从此“慈善一日捐”成为每年慈善捐赠常态，2013 年至 2024 年全市“慈善一日捐”捐款达 4826.58 万元。企业捐赠方面，突出 100 多家年销售亿元以上规模企业重点，由市领导挂钩联系动员企业捐款到账，乡镇领导联系动员 800 多家年销售亿元以下中小企业捐款到账，总会主要领导动员相关部门捐款到账，总会成立当年慈善捐款到账 6315.13 万元，取得了历史性突破。而后在 2014 年、2018 年集中募集，以及 2023 年筹建卫生、教育基金会集中募集活动中，市委、市政府都专门召开会议动员，市领导挂钩联系企业，保证了慈善资金募集。2013 年至 2024 年，市镇村三级慈善组织募集慈善资金达 3.65 亿元。

参与重大慈善活动。市委、市政府领导心系慈善，及时听取慈善工作汇报，经常来总会调研指导工作，切实解决慈善工作相关问题。每次慈善重要会议，每项慈善重要工作，每个慈善重要活动，都闪现着市领导关心支持的身影。市领导每年带头参与爱心“慈善一日捐”活动，深入镇村指导慈善组织建设，并参加慈善助学、助医、助残等活动，看望患白血病的青少年等受助对象并送去慈善救助金，把党和政府的温暖送到了困难群众的心坎上，鼓舞了慈善工作战线的同志，推动了慈善事业持续发展。

加强组织领导。市委、市政府每年都下发文件部署慈善工作。2013 至 2024 年连续 12 年下发开展慈善捐赠活动的文件。2014 年举办全市慈善捐赠动员暨慈善征文演讲比赛颁奖活动。2014 年 3 月下发《关于各镇（街道、区）成立慈善分会的实施意见》、2015 年 5 月下发《全市村（社区）慈善工作站建设实施意见》，2017 年 3 月下发《关于加强镇村两级慈善组织建设的意见》，对镇村基层慈善组织建设进行全面部署。2015 年 3 月、2018 年 5 月，分别印发丹阳市第一届、第二届“丹阳慈善奖”评选实施方案，总结慈善经验，表彰慈善先进。2021 年 4 月，市委办、市府办联合下发《关于深入推进全市中小学校园慈善文化建设的意见》，推进校园慈善文化建设工作。2021 年 6 月，市里建立慈善工作联席会议制度，由市政府分管副市长领衔，39 个部门单位参与，强化部门协作配合，及时解决慈善工作中面临的问题，加强和改进慈善工作。2021 年 12 月市府办转发《切实推进“幸福家园”村社互助工程实施意见》，推进村级组织运用“互联网 +”的新方法，更好汇聚民力、民智、民资，解决群众急难愁盼问题。2022 年 4 月，市府办印发《丹阳市镇（街道）社会工作服务站（慈善服务中心）建设方案》，2024 年 4 月，市府办转发《关于全面推进社区慈善创新转型全力提供“家门口慈善”服务的实施意见》，持续推进基层慈善组织建设，不断提升为民服务能力。

确保慈善资金安全增值。经市委、市政府研究，市慈善总会募集的 1.2 亿元慈善资金，由市政府向市人大提出议案，市人大做出决定，明确由市财政提供担保后，借给丹阳投资集团，按 9% 的年利率回报（2022 年已降为 6.5%）。2015 年，为支持基层慈善事业发展，市政府决定将村级慈善工作站成立阶段及以后募集的慈善资金，统一存储入市财政，由市财政按 10% 的年利率计算增值回报。2013 年至 2024 年市镇村三级慈善组织慈善资金利息增值收入共达 1.93 亿元，用于慈善救助，确保了慈善资金的安全增值和有效使用。同时，市委、市政府明确总会工作机构的工作经费主要由市财政予以解决，为总会慈善工作的正常开展提供了必要条件。

二

对于历史，最好的表达不是语言，而是事实；对于道路，最好的记录不是光影，而是脚步。

这里有慈善人向全市人民所作出的庄严承诺。

2013 年 5 月 31 日市慈善总会成立大会现场，新当选的市慈善总会会长陈步荣发言：“我们将以本次大会召开为契机，将丹阳市的慈善事业大步推向前进，凝心聚力，奋发作为，向市委、市政府，向每位理事交出一份满意的答卷。”

这里有一组沉甸甸的数字：2013 年至 2024 年，市慈善总会成立十二年来，组织慈善资金收入 5.59 亿元，发放救助金 3.39 亿元，救助困难群众 39.87 万人次，慈善资金余额 2.6 亿元。十二年来，市慈善总会始终秉持慈善为民宗旨，围绕中心，服务大局，为党政分忧，为群众解难，切实履职，奋发作为，为保障困难民生，促进社会和谐，构建城乡文明，发挥了应有作用，做出了积极贡献。总会先后获得了镇江市政府授予的“最具影响力慈善组织”、“助力脱贫攻坚先进集体”等称号，获得了丹阳市委市政府授予的“脱贫攻坚先进集体”、“助残工作先进单位”、“爱心助残团队”、“‘高水平小康　丹阳在行动’活动先进单位”等荣誉，四次荣获省慈善总会颁发的网络募捐优秀组织奖和优秀团队奖。“助力千名学子成才工程”、“困难群众人居环境改善工程”、“慈善临时救助”、“校园育善工程”等一批慈善公益项目，获镇江市和丹阳市政府表彰。

2013 年至 2024 年的十二年，是总会慈善人勇担使命，践行初心，服务大局，着力解决群众急难愁盼，用心用情用力做好慈善救助工作取得明显成效的十二年。

在聚焦脱贫攻坚中践行慈善使命。2013 年至 2020 年的八年间，全国掀起波澜壮阔的脱贫攻坚大潮，党领导全国人民开展了声势浩大的人民战争，战胜了缠绕中华大地千年的贫魔，取得了消除绝对贫困和区域性整体贫困的重大历史性成就。在这重要历史性时刻，总会慈善人情系困难群众，勇于担当，挺立潮头，将助力脱贫攻坚作为应尽职责，重点瞄准低保类、建档立卡户、低收入类贫困家庭，深入基层调研，找准其因病因灾致贫主因，有针对性的设置“困难家庭大病救助项目”、“困难家庭临时性救助项目”。2013 年至 2024 年的 12 年期间，总会慈善人累计助医 25680 人次，投入救助金 3283.06 万元，临时救助 7602 人次，投入救助金 4071.84 万元，有效缓解了因病因灾贫困家庭的困难。着眼阻断家庭贫困代际传递，重点实施教育扶贫，总会设置“助力千名学子成才工程”助学贫困家庭大学生项目，2013 年至 2024 年的 12 年期间，总会慈善人累计资助贫困家庭大学生 3224 人次，投入助学金 1623.75 万元。与此同时，2013 年至 2017 年连续五年资助就读吕叔湘中学和丹阳中专“宏志班”贫困家庭品学兼优高中生 426 人次，投入助学金 313.8 万元，2013 年至 2024 年的

12年期间，总会慈善人勇担使命，资助贫困家庭其他高中生2484人次，投入助学金480.4万元。还连续12年资助义务教育阶段学生3370人次，投入助学金210.03万元。帮助大批贫困家庭学生完成了学业，成就了梦想。为了帮助贫困家庭缓解困难，改善生活，总会每年在元旦春节前开展“情暖丹阳”、“冬季慈善送温暖”、“党内关爱送温暖”帮困行动，对全市贫困家庭不同情况不同程度的困难，实施重点救助，2013年至2024年，总会慈善人累计助困54561人次，发放助困金2755.99万元。国家把贫困家庭危房改造作为脱贫攻坚的刚性任务，总会将其列入重点慈善项目，2018年至2024年完成贫困家庭危房改造481户，投入资金417.12万元，助力政府消除了贫困家庭住房安全隐患。2013年至2024年，总会连续12年和镇江市慈善总会合作，实施“复明、健行”扶贫助残项目，免费为913位贫困白内障患者实施复明手术，支出助残金133.97万元；免费为271位贫困肢体残疾人安装假肢，支出助残金44.06万元。后扶贫时代，党中央又提出巩固拓展脱贫攻坚成果的目标任务，总会围绕全市工作部署，2021年制定“救助急难防返贫—慈善助力再行动”实施方案，将防返贫作为“十四五”期间慈善救助的重点，突出原建档立卡户中的“脱贫不稳定户”、“边缘易致贫户”，以及城乡低保户中因病因灾有返贫苗头的对象，在原有救助政策上提高标准，优先安排资金，加大帮扶力度，防止发生新的返贫致贫现象。

在助力高水平小康中履行慈善责任。2020年，市委、市政府提出建设高水平全面小康的目标任务。高水平小康，关键要看困难家庭生活能否达较高水平小康。为助力全面高水平小康建设，惠及更多困难群众，2020年4月总会提出并实施“高水平小康，丹阳慈善在行动”实施方案，并全面推进落实。一是助力提升困难家庭住房品质。实施困难家庭住房微改造项目，主要对低保类、低收入类困难家庭住房中的厨房、卫生间及其起居设施较差需要改造的，进行出新改造，提高居住舒适性。项目2020年试点，2022 年实施成片改造三年行动计划，至 2024 年已完成住房微改造 164 户，支出 216.92 万元，成片改造三年计划全面完成，受益困难家庭都能享受到改善后的住房居住环境。二是助力提升困难家庭文化生活品质。2019 年开始，总会和江苏有线丹阳分公司合作，实施“高清有线电视进困难家庭”项目，为全市低保、特困职工、困难残疾人等家庭，免费安装高清有线电视机顶盒，并减免收视费用，开通直播和互动等功能的有线高清电视公共服务，丰富其文化生活，截至 2024 年，已实施了五年，共完成安装 4780 户，总会支出 282.37 万元。三是助力提升五保老人生活品质。实施“关爱五保老人夕阳工程”，对全市 16 个公办敬老院的五保老人，按每 3 人配置一张的标准，购置发放 192 张高品质护理床，改善了生活不便老人起卧及护理条件。为公办敬老院五保老人每个居住房间及公共活动场所配置高清彩电共 361 台，每年为其赠订《丹阳日报》，丰富了五保老人文化生活。2016 年至 2021 年，还为全市近 2000 名集中和分散供养五保老人每月每人供应 25 斤优质大米，要求乡镇将节约的资金用于改善五保老人生活条件。四是助力提升失独群体物质精神生活品质。从 2020 年开始，总会和齐梁义工社合作实施“连心家园、暖心行动”关爱失独家庭项目，每年预算 100 万元（总会投入 30 万元），对全市千名 60 岁以上丧独老人，实施“一户一档”管理。根据不同情况，给予经济帮困、精神抚慰、生产生活三类服务，对因病因灾返贫的家庭予以经济帮困，并在重大节日及生日开展慰问。春秋两季组织短途旅游，并开展心理疏导等活动，仅 2024 年就帮扶该类对象 895 户，1415 人，有效提升了他们的整体生活状况。

在抗击新冠疫情中彰显慈善担当。2020 年 2 月 5 日，丹阳市委书记黄春年召集公益组织座谈会，对总会等公益组织积极助力疫情防控表示充分肯定。面对突如其来的新冠疫情，秉持生命至上的理念，丹阳这座温暖有爱的城市迸发出令人动容的慈善之光。总会第一时间发出倡议，呼吁大家为抗疫献爱心、伸援手、捐款捐物、志愿服务。总会工作人员放弃春节假期，迅速投入抗疫工作，总会筹集资金超 50 万元，投入湖北武汉等地及本地抗疫工作。抗疫三年，总会注重做好因疫情导致生活困难群众的救助工作，还发动所属 15 支义工团队投身疫情防控战。据不完全统计，义工团队向湖北及本市捐赠防疫善款 23.44 万元，捐赠防护服、口罩、食品等防疫物资 124669 件，总价值 37.344 万元，以及协助卫生防疫部门及社区，开展核酸检测、社区敲门宣传、区域封控秩序维持、卡口执勤、隔离对象生活物资配送等工作，出动义工 10732 人次，志愿服务 10.09 万小时，成为丹阳慈善助力抗击疫情的一支生力军和强大正能量。

在助力乡村振兴中体现慈善价值。2021 年初，党中央、国务院对新时期新发展阶段全面推进乡村振兴做出总体部署。总会按照全市乡村振兴的工作要求，针对需要解决的重点问题，实施行之有效的公益慈善项目。从 2021 年开始，围绕“汇聚慈善力量，助力乡村振兴”活动主题，每年组织所属 12 个镇级慈善分会、近 200 个村级慈善工作站，积极推进“幸福家园”村社互助工程，从各自实际出发，提出慈善帮扶和公益建设项目，广泛募集资金，汇聚慈善资源，常态化帮扶易返贫致贫家庭，扎实推动乡村产业、生态、文化、人才、组织振兴，增强社区治理能力。2021 年至 2024 年依托腾讯“99 公益”网络募集平台，村级募集资金 1815.77 万元，实施小微项目 800 多个，有力促进了乡村振兴工作和农业农村现代化建设。积极参与丹阳市开展的“富民强村”帮促行动，对经济相对薄弱村困难群众及时优先帮扶，对乡村振兴公益项目使用慈善资金的及时审批，协助实施。还和乡村振兴局合作，推进省政府“乡村公益医疗互助合作”实事项目，在延陵镇、丹北镇、司徒镇试点，促进防范化解因病返贫风险，加强农村公共服务功能。

在创建城乡文明中发挥慈善作用。慈善事业是社会文明进步的标志，崇德向善是慈善公益和文明创建的共同目标。总会成立以来，始终坚持在推进慈善中助力文明创建，在创建文明中促进慈善，持续推进大爱丹阳和文明丹阳建设，促进提升城市温度和文明程度。总会创立之初便十分注重慈善文化传播，通过开展慈善宣传月活动、媒体专栏专版宣传、慈善征文演讲歌咏比赛，“中华慈善日”系列宣传、丹阳慈善奖评选表彰、慈善文化进校园、《蒲公英》慈善丹剧编排演出等多种方式，持久开展宣传工作。这大大激发起社会各界参与慈善、支持慈善的热情，不断聚集起爱心力量，营造了向上向善的浓烈氛围。十多年来，慈善事业的发展，对于文明城市、文明村镇、文明单位、文明家庭、文明校园的创建起到了积极推进作用。从全市范围开展爱心捐款、困难救助，到“幸福家园”村社治理，美丽乡村建设，人居环境改善提升，再到慈善文化进校园进企业进单位进家庭，无不激励着全市爱心企业、爱心单位、爱心人士勇担社会责任，践行社会主义核心价值观，弘扬中华民族优良传统美德。关爱他人、奉献自己，已在丹阳城乡蔚然成风，不仅给每个需要帮助的困难对象带来了更多、更直接、更实在的获得感和幸福感，也大大提升了全民文明素养、道德情操和城乡文明程度。这里值得赞誉的是，我们的义工团队和广大慈善义工，他们积极参与社区治理的社会建设、环境保护的生态建设、弘德扬善的文化建设、文明养成的素质建设，守望相助，扶危济困，志愿服务，无私奉献着自己的时间、精力和款物，成为丹阳城乡践行善行义举、传播精神文明的一道亮丽风景。

在东西部协作中恪尽慈善职守。为落实丹阳市对口支援帮扶陕西省富平县的工作部署，总会积极联系富平县相关部门，按照其实际帮扶需求，从 2019 年开始，每年支出帮扶款 24 万元，购置鱼跃集团价值 30 多万元的医疗器械，捐赠富平县帮助其提升基层医疗服务水平，到 2024 年共支出扶贫资金 168 万元。

三

迈进新时代新征程，总会慈善工作面对党和人民的新期待新要求，在服务大局中定方向，在守正创新中开新局，在转型升级中求提升，开拓进取，奋发作为，以创新转型持续推动慈善事业高质量发展，努力为全市现代化建设贡献慈善力量。

积极促进“精英慈善”向“大众慈善”转变。慈善事业是千百万人的事业，只有动员起社会各界和人民群众，才能真正发挥和彰显慈善的作用与力量。全民慈善是新时代慈善事业的必然走向，多方聚力是新时代慈善事业发展的重要路径。从总会初期慈善工作主要靠党委政府推动、规模企业主体捐赠、行政色彩浓厚的工作方式，到目前社会公众广泛参与、多方汇聚慈善力量格局的形成，其中经历了艰辛的探索和实践。一是大力推动基层慈善组织建设。慈善的发展之基和力量之源在基层，建设基层慈善组织，有利于最大限度地动员人民群众参与慈善，有利于最大限度集聚慈善资源，有利于最及时有效地救助困难群众。2014 年经过在导墅镇试点及面上推开，到当年 7 月丹阳市 12 个镇（街道）全部成立慈善分会，到 2024 年慈善分会共募集资金 1853.77 万元，救助困难群众 18006 人次，发放救助金 1235.65 万元。2014 年下半年，总会在开发区车站社区、马陵村进行建立村级慈善工作站试点，到 2015 年年底，全市 191 个村（社区）全部成立慈善工作站，形成了市镇村三级慈善网络。到 2024 年全市村级慈善工作站共募集慈善资金 7546.09 万元，救助困难群众 212602 人次，发放救助金 4856.27 万元。在此过程中，市镇村广泛深入开展慈善宣传，真正做到了全民动员、全民参与，全市村（市）民家庭善款捐赠参与率达 90% 以上，形成了“人人慈善为人人”的丹阳慈善氛围。2022 年，总会又和市民政局共同推进镇级社会工作服务站（慈善服务中心）建设，在全市 12 个镇（街道）全面建成慈善社工站，动员起城乡更多人参与到慈善活动和志愿服务中来。二是大力推动义工服务。实施慈善救助和志愿服务“双轮”驱动战略，更好服务困难群众。2013 年 12 月 4 日，总会召开义工服务总队成立大会，组织动员社会爱心人士参与义工服务，义工服务总队当年下辖“爱在飘扬”等10个义工团队，为困难群众开展各具特色、形式多样的困难救助和志愿服务。到2024年年底，义工服务总队已辖有20个义工团队，1079名注册义工，及3000多名非注册义工常年参加义工服务，义工团队组织义工活动28807场次，出动义工服务188596人次，义工服务总时长738869小时，受益群众988463人次，投入资金3501.53万元，吸收1409家企业商家参与慈善公益活动，成为丹阳市“全民慈善”建设的一支重要力量。是大力推动大众慈善捐赠活动。2013年开始，全市每年都有2.3万多名机关企事业党员干部职工积极参加“慈善一日捐”捐款。总会每年都组织镇村慈善组织和义工团队等万人以上，参加“99公益日”网络募集活动，2019年至2024年共募集资金3080.44万元，网络募集走在全省前列，三次受到省级表彰，形成了丹阳市“全民慈善”的又一道亮丽风景。

积极促进“小慈善”向“大慈善”转变。紧跟时代，与时俱进，不断拓展慈善公益的服务范围和领域，推进慈善公益服务方式的多元化，才能不负重托，满足期待。总会成立之初，主要以满足困难群众基本生存需求为目标，设置了一些困难救助、灾难救济等项目。但由于功能较为单一，覆盖范围有限慈善资源利用效益受到制约。2016年《中华人民共和国慈善法》（以下简称《慈善法》）颁布实施以来，社会公益逐渐成为慈善事业的重要内容，慈善活动从“小”到“大”，促进教育、卫生、文化、体育、环保、社区服务等事业发展，亦被纳入“大慈善”范围，慈善活动广度和深度进一步拓展，慈善工作转型升级势在必行。本着慈善满足人民群众美好生活向往的愿景，总会及时转型慈善工作业态，加大对医疗卫生、教育事业等领域的资助。例如：组织定向资金资助省丹中教育事业发展；拨付定向资金对后巷等乡村学校助学和奖学奖教；每年拨付20万元资助特殊教育学校改善教学条件。和第三人民医院合作开设“慈善血透站”，和卫生防疫站合作实施丙肝患者根治项目，和博视眼科医院合作开展白内障患者治疗公益项目。2023 年、2024 年分三期实施“AED 体外自动除颤仪项目”，为心脏骤停患者设置“安全阀”，助力 120 急救事业，无论是否困难群体，均可从中受益。总会慈善已从单一困难救助，逐步向公益领域拓展，并与志愿服务、社会福利、公共服务不断融合，成为提升人民群众幸福指数的重要力量。

积极促进传统慈善向现代慈善转变。一是坚持党建引领。这是现代慈善区别于传统慈善、中国式慈善区别于别国慈善的重要标志。总会坚持在党的领导下开展慈善工作，2021 年专门成立功能型党支部，常态化组织开展“五事联动”党建活动，重大事项支部讨论，持续开展“慈善为民志愿服务”活动，以党建促慈善业务工作发展。二是坚持依法行善。现代慈善的鲜明特征是法治慈善。总会始终坚持在法律法规制度范围内开展慈善工作，从组织建设、资金募捐、财产管理、慈善救助到信息公开、接受监督等均依法办事，不断推进制度化、规范化建设，增强公信力和透明度。制定各项规章制度 50 余项，加强和完善内部治理，严格执行理事会、监事会、会长办公会议事规则，厘清决策、执行、监督机构职责，做到重大决策和执行科学化合理化。实行慈善活动项目化管理，无论慈善救助还是公益项目，都拟定实施方案，做到事前调研、事中评估、事后总结，明确救助对象、条件、标准、程序，对号入座开展救助，避免主观随意性。针对社会疑虑较多的低收入群体救助，制定执行专门的低收入家庭认定和收入计算办法，救助前上门入户调查，集体讨论，公示到村，做到精准救助。严格执行慈善资金管理制度，慈善资金纳入年度预决算管理，理事会批准执行。严格财会核算制度，按审批程序拨付，救助金原则上打入受助者银行卡发放。每年接受民政、财政、审计监督。制定实行信息公开制度，重大事项及时向市委、市政府和登记管理部门报告，按规定需公开事项，通过民政部“慈善中国”信息公开平台、本会网站、微信公众号、媒体等，向社会公开，接受各界监督。三是加强专业化建设。适应现代慈善发展需要，着眼于提升服务能力水平，着力打造一支秉持为民初心、具有专业知识、掌握科学方法的高素质、专业化职业队伍。总会现有工作人员9人，注重加强专职工作人员教育培训，提升综合素质，已有6人获初、中级专业技术职称。四是注重运用现代科技。着力提高慈善工作信息化、数字化水平，推进项目创新、管理创新、组织创新。大力发展网络慈善，利用互联网技术和平台支持，开展资金募集和慈善服务。总会搭建网络平台局域网，与各镇级分会的文件传递、工作联系、财务管理等均在网上进行，提高了现代慈善管理水平和服务工作效率。利用互联网和数字技术，建好总会慈善网站、微信公众号、手机周报，更好推进慈善信息公开和慈善文化宣传工作。还通过中华慈善总会“幸福家园”网络平台，推进基层慈善工作和村社治理，取得明显成效。

潮平两岸阔，风正一帆悬。

丹阳市慈善总会创立已有十二载，踔厉奋发，勠力前行，春耕秋耘，春华秋实，站在新时代的坐标抚今追昔，正是为了曾经的希冀和感奋，更是为了珍视现在，洞见未来。回溯既往，瞻念前景，万善丹阳，物华人杰，投身中华民族伟大复兴的历史洪流，服务中国式现代化丹阳新实践，丹阳慈善事业定将迎来更大发展、做出更大贡献！

（撰文　谢建明）

众人献爱　汇聚善源

2014 年慈善捐赠启动仪式爱心企业亮牌捐赠

民谚有云："巧妇难为无米之炊。"对于慈善工作而言尤其如此，慈善资金好似扶贫帮困所需要的"米"，缺少慈善资金，慈善工作就很难有所作为，帮扶弱势困难群众也就无从谈起。

民谚又云："众人拾柴火焰高。"意即天下之事成于众力，募集慈善资金需要党委和政府重视支持、慈善组织主动作为、社会公众广泛参与，方能更多更好地集聚起慈善资源。

丹阳市慈善总会成立以来，始终将募集慈善资金作为重中之重，迎难而上，开拓奋进。通过多方协作，构建了"企业捐赠、慈善一日捐、公众募捐、网络募集、基金增值"五路并举的可持续的慈善资金募集机制。2013 年至 2024 年 12 年间，总会市镇村三级慈善组织慈善资金收入 5. 59 亿元（募集资金 3. 65 亿元、利息收入 1. 93 亿元），其中总会本级慈善资金收入 3. 87 亿元（募集资金 2. 71 亿元，利息收入 1. 15 亿元），镇级慈善分会慈善资金收入 3446.01 万元（募集资金 1853.77 万元，利息收入 1592.23 万元），村级慈善工作站慈善资金收入 1.37 亿元（募集资金 7546.09 万元，利息收入 6194.51 万元），慈善资金余额 2.6 亿元。资金募集取得历史性突破，走在了镇江市和江苏省前列，为帮扶困难群众、实施慈善公益项目奠定了坚实的基础。

一

思路决定出路。

丹阳地处苏南板块，经济社会发展水平较高，民风崇德向善由来已久，党的十八大以来，市委、市政府更加重视慈善工作，慈善资源相对深厚。发展慈善事业，资金募集是慈善组织的基础工作和看家本领，怎样谋划科学合理、切实有效的慈善资金募集思路和举措，并根据实际情况变化及时进行动态调整，以更好集聚慈善资源，是慈善机构领航者面临的首要问题。

2013 年 4 月中旬的一个夜晚，夜已深沉，万籁俱寂，凌晨三时许，丹阳市慈善总会筹备领导小组办公室主任的手机短信提示音骤然响起，但并未唤醒沉睡中的手机机主。待到天明，机主才看到时任市人大常委会副主任、市慈善总会筹备领导小组组长陈步荣发来的短信："×主任，我反复考虑，这次筹建市慈善总会，集中募集慈善资金的主题可以叫'爱心至尚、善行丹阳'，资金募集具体应采取如下方法步骤……"阅者看罢陈主任凌晨发来的短信，不由得心生感慨，陈主任夙夜在善，殚精竭虑，真有股子为了丹阳慈善事业发展的拼劲。

2013 年春节后，市委、市政府为了健全社会救助保障体系，加强社会建设，决定筹建市慈善总会，领导希望时任市人大常委会党组副书记、副主任陈步荣同志领衔总会筹建及此后的工作。面对组织的信任，他没有直接允诺，而是思虑再三，慈善工作行善积德是好事，但也不是件易事，更可以说是件难事，万事开头难，首要的难题是总会筹建阶段怎样集中募集。往后年复一年如何募集真金白银的慈善资金也一样是要面对的问题。同时，慈善总会被人戏称为“第二民政局”，工作面广量大，压力不小。面对挑战，经过反复思索，他终究怀揣着为了丹阳人民做好事办实事甘于奉献的情怀，扛起了市慈善总会这副重担。

一旦做出决定，就是义无反顾，不畏任何艰难。2013 年 4 月 16 日，陈步荣同志带队赴武进、宜兴考察学习慈善资金募集经验。回来后，他马不停蹄地结合本地实际情况，筹谋起丹阳市慈善总会建设的组织架构、宣传发动、工作模式，尤其是慈善资金募集机制。那些时日，陈主任可谓茶饭不思，辗转难眠，经过深入思考和反复斟酌，提出了“党委政府推动、慈善组织运作、广泛宣传发动、社会各方参与”的慈善资金募集工作机制。总会筹建阶段要通过资金募集建立不少于 1 亿元的创始基金，而后年均募集资金不少于 3000 万元，为提升救助水平奠定物质基础。首次慈善资金集中募集主要分三个层面即，全市经营良好的企业捐赠、机关企事业单位干部职工“慈善一日捐”、有条件的机关部门单位捐赠。企业劝募又分两个层次，对于年销售亿元以上的 100 多家规模企业，建议由市领导挂钩联系动员募集资金到位；对于 800 多家年销售亿元以下的中小企业，则由镇（区、街道）领导挂钩联系动员募集资金到位。同时在全市范围内开展慈善主题宣传月活动，进行广泛深入的思想发动和慈善宣传，为慈善资金募集营造浓烈氛围。

2013 年 4 月 23 日下午，陈步荣同志将慈善资金募集等工作方案向市委专题汇报，得到市委的充分肯定。5 月 9 日，市委办、市府办联合下发《关于开展 2013 年度“爱心至尚、善行丹阳”慈善捐赠活动的通知》、《关于开展“爱心至尚、善行丹阳”主题慈善宣传月活动的实施方案》，在全市范围内展开了声势浩大的慈善资金集中募集活动。市委常委、副市长、市人大和政协主要领导闻风而动，根据各自分工，通过上门走访，召开座谈会等多种方式，联系动员 100 多家年销售亿元以上规模企业爱心捐赠。5月31日上午，市里召开丹阳市慈善总会成立大会，109家企业理事单位现场签订慈善捐赠协议，其中海昌公司5年认捐600万元，大亚、天工、飞达、沃得、鱼跃、恒宝、云阳、天怡、丹凤等9家规模企业分别5年认捐500万元，担任总会企业副会长；万新集团、肯帝亚木业、同力公司等17家企业分别5年认捐250万元，担任总会企业常务理事；明月光电、鸿晨光学公司等82家企业分别5年认捐100万元，担任总会企业理事。大会现场，市四套班子全体领导带头“慈善一日捐”捐款，带动全市2.3万多名机关企事业单位党员干部职工当年“慈善一日捐”捐款到账591.77万元。与此同时，陈步荣会长主动承担联系有条件的机关部门单位慈善资金募集工作，住建局、交运局等单位纷纷捐款，当年该项慈善资金到账645.59万元。由于思路对头，方法得当，上下努力，市慈善总会筹建当年募集善款6315.13万元，全部资金收入6944.32万元，形成了丹阳慈善资金募集史上的一座高峰，加上承继原丹阳市慈善会终止后结转而来的慈善资金，总会创始基金突破了亿元规模。

总会成立的次年，2014年5月13日，市委办、市府办下发关于开展2014年度慈善捐赠活动的通知，6月9日晚市委、市政府举行2014年慈善捐赠活动启动仪式，再次在全市组织开展慈善资金集中募集活动。根据当年宏观经济趋缓的情况，理解企业生产经营可能遇有的困难，市慈善总会主动调整资金募集做法，对100多家企业理事单位减半接受其5年捐赠协议的年度认捐捐款，人性化的慈善资金募集做法受到企业好评，收到了良好效果，当年市慈善总会资金收入3255.56万元，其中捐赠收入2304.66万元，共有80家企业理事单位捐款1400万元，还有12个镇组建慈善分会募集企业捐款623.84万元，保持了慈善基金持续增长的势头。

2015年，市慈善总会对慈善资金募集政策进行重大调整。由于当年在全市推开村级慈善工作站建设，各村（社区）纷纷向所在地单位和企业募集资金，为了支持村（社区）慈善工作站建设，并避免重复到企业募集，市慈善总会主动放弃按捐赠协议应收取的企业理事单位的年度捐款，让渡给村级慈善工作站募集，使得村级慈善工作站成了当年资金募集主体。由于妥善处理了慈善资源分配，充分发挥了丹阳市慈善总会及镇村慈善组织资金募集的积极性，当年市慈善总会资金收入形成了第二个高峰：达到6880.41万元，其中村级慈善工作站共募集资金4191.05万元，为拓展基层慈善工作创造了条件。

2016年至2017年，考虑到宏观经济持续趋缓，不少企业经营困难，市慈善总会决定原则上不向企业集中募集资金，以便企业休养生息。同时，继续开展“慈善一日捐”和定向慈善资金募集活动，并要求镇村慈善组织做好建站时认捐资金的完全到账工作。这两年，市慈善总会慈善资金收入分别达4282.96万元、3800.23万元，其中增值收入均超1500万元。

2018年，为了做好市慈善总会换届准备工作，着眼于进一步弘扬慈善文化，以及根据捐款数额确定企业理事，以自愿为原则，开展企业慈善资金募集活动，当年市慈善总会资金收入4299.22万元，其中捐赠收入2551.58万元（企业捐赠1541万元）。大亚、鱼跃、海昌、云阳、丹凤、天怡、大赛璐、龙江钢铁、天工、农商银行先后分别捐赠80万元；恒宝公司捐赠40万元，在次年总会换届时担任第二届理事会企业副会长；万新集团、肯帝亚木业、同力公司分别捐赠40万元，担任总会企业常务理事；其他43个企业共捐款581万元，担任总会企业理事。

2019年至2024年，由于遭逢三年新冠疫情，以及宏观经济等状况，市慈善总会未开展慈善资金集中募集活动，主要通过开展“慈善一日捐”、定向募集、慈善本金利息收入等方式筹集资金，拓展慈善资金网络募集工作取得明显成效。2019年资金收入3316.38万元，2020年资金收入2886.74万元，2021年资金收入3651.93万元，2022年资金收入3591.94万元，2023年资金收入

8699.08万元（含定向捐赠市教育、卫生基金会4350.25万元），2024年资金收入3711.90万元（含定向捐赠市教育、卫生基金会195.85万元）。

与此同时，市慈善总会高度重视慈善资金的安全和增值。

首先，确保市慈善总会募集慈善基金安全增值。2013年5月，经报市委、市政府同意，市慈善总会募集的1.2亿元慈善资金借给丹阳投资集团，按9%的年利率回报（2022年已降为6.5%），并按约定时间将增值资金支付给总会用于慈善公益项目。为确保资金安全，由市政府2013年7月23日向市人大提出议案，8月10日市人大做出决定，明确市财政为投资集团所借总会慈善资金本金和利息予以担保。

其次，确保村级慈善组织募集慈善资金安全增值。2015年，为支持基层慈善事业发展，经报市政府同意将村级慈善工作站成立阶段及以后募集的慈善资金，统一存储入市财政，由市财政按10%的年利率计算增值回报，每年分上下半年两次结算后，由总会拨付给村级慈善工作站用于慈善公益项目。2013年至2024年市镇村三级慈善组织慈善资金利息收入共达1.93亿元，确保了慈善资金安全增值和有效使用。

二

企业成为资金募集的中流砥柱。

丹阳市的企业与企业家不仅推动经济社会发展，更是慈善捐赠的中流砥柱。

2013年5月的一天，市委领导就慈善捐赠走访位于司徒镇的海昌公司，公司领导得知筹建丹阳市慈善总会需要募集慈善资金后表示，海昌作为台资企业来到丹阳发展，得到市和镇里的支持，以及当地老百姓的帮助，理应要为丹阳慈善事业尽力。该企业在倡议捐赠金额的基础上，慨然主动增加认捐20%，5年认捐慈善资金共计600万元。

地处丹北镇的大赛璐公司除积极向市慈善总会捐款外，还主动提出助学丹阳市困难家庭大学生，从 2014 年开始，每年 8 月都要专门举行仪式进行助学，2014 年到 2024 年共助学 58 个困难家庭大学生，支出助学金 114.75 万元。

位于皇塘镇的绿叶锅炉公司，2014 年正值建厂 20 周年，公司本来准备搞次大的庆祝活动，但为了支持慈善事业，将用于庆祝活动的 100 万元资金捐赠给市慈善总会。

江苏云阳集团董事长马志尔是反哺社会的典范，多年来情系慈善公益。1998 年，他投资创办新时代艺术幼儿园，此后又捐建了丹阳市华南实验学校科技馆、丹阳市特殊教育学校艺术体验馆。2008 年，汶川地震，捐资 100 余万元修建雅安市上里古镇马骏博爱小学。2010 年，向贵州等西南灾区捐赠价值 100.74 万元的药品。2013 年至 2019 年，向市慈善总会捐赠 260 万元。2023 年向市卫生、教育基金会捐赠 150 万元……除此以外，他个人资助慈善公益的款项也近百万之巨，受到各界的广泛赞誉。

曲阿大地上，爱心企业、爱心企业家和慈善故事不胜枚举。

2013 年至 2024 年，市慈善总会募集的慈善资金 3.65 亿元，70% 左右来自企业捐赠。绝大多数企业尤其是规模企业，发展经济不忘履行社会责任，慷慨解囊捐款，支持桑梓慈善。2013 年 5 月，在市慈善总会筹建的资金集中募集活动中，企业捐款达 4785.5 万元，其中 10 家企业副会长单位捐款就达 1020 万元，17 家企业常务理事单位捐款 700 多万元，82 家企业理事单位捐款 1600 多万元，其他中小企业捐款 1400 多万元。在 2014 年丹阳市建立镇级慈善分会、2015 年建立村级慈善工作站时，全市大中小企业也都向其所在镇（街道）、村（社区）捐款，在镇村两级慈善组织共募集 9399.86 万元的慈善资金中，企业捐赠就达 70% 左右。2013 年至 2024 年，市慈善总会两届理事会仅 13 家企业副会长单位，就向市慈善总会直接捐款达 2851 万元（不含企业定向捐赠），让我们记住他们的善行义举：大亚集团捐款 330 万元、海昌公司捐款 290 万元、天工国际捐款 232 万元、飞达集团捐款 100 万元、沃得集团捐款 150 万元、鱼跃公司捐款 280 万元、恒宝公司捐款 190 万元、云阳集团捐款 260 万元、天怡房产捐款 255 万元、丹凤集团捐款 230 万元、大赛璐公司捐款 224 万元、龙江钢铁捐款 155 万元、农商银行捐款 155 万元。另外，沃得集团多年向镇江市慈善总会捐款 300 万元，并从 2007 年开始资助企业所在地埤城籍大学新生等，累计资助学生 500 多人，累计发放奖助学金超 200 万元；鱼跃公司 2018 年向南京师范大学一次性捐款 5000 万元，防控新冠疫情期间还向湖北武汉等地捐赠大批防疫医疗物资；天工集团向镇江市慈善总会、南京师范大学、省丹中及所在镇医院和学校多次捐款；等等。

三

公众捐款感人至深。

慈善事业是千百万人的事业，向上向善、爱心奉献，是生活在曲阿大地的人民群众的精神追求和自觉行动。

2014 年 12 月下旬的一天，开发区马陵村重残村民魏华摸索着来到村委会，称听闻村里成立慈善工作站，特来捐款。村干部听到他的来意，解释说，这次成立慈善工作站动员村民捐款，而低保、重残等家庭本来就生活困难，因此不做捐款倡议。魏华听后动情地说：“我和母亲都是重度残疾人，多年来得到党和政府，以及村里干部和父老乡亲的关心，内心感激，无以为报，现在村里建立慈善组织是为了帮助更多遇到困难的乡亲，我没有多少力量，就是把平日里节省下来的 200 元捐给慈善工作站，一点心意你们一定要收下。”说着魏华拿出一个茶叶罐子，倒出里面存放的 200 枚 1 元硬币。见到此情此景，在场的村干部和村民无不为之感动，因为魏华一再坚持，村干部就收下了他的捐款。

他叫胡法兰，是云阳街道留雁村村民，也是退伍老兵、老党员，因为热心公益、乐于助人而远近闻名。2015 年 4 月，留雁村组建慈善工作站，胡老爹听说后赶到村委会对村干部说：“我今年80大寿，但因为移风易俗，不想大操大办，只想一家人凑上一桌小聚就算过了80岁生日。听说村里要建慈善工作站，这是件大好事，我就把过生日的1080元钱拿出来捐给村里，捐款数字有特别寓意，‘1’寓意一心一意，‘80’象征八十老翁的善举，我觉得这样过80岁生日更有意义。”村干部早就知晓胡老爹多少年来的为人处事，没多推辞，欣然收下了他的捐款，并祝他好人多寿，一生平安。

姜听听——这位德高望重的慈善老人，他是志愿军老兵，也是丹阳党校退休职工，他在硝烟战场不畏生死，他在和平时期奉献不止。每当听到有人困难，或是发生地震、洪水等自然灾害，他都慷慨捐款。他一生简朴，甚至没有自己拥有产权的住房，但他从20世纪50年代以来捐赠善款却达20多万元，因为他一心向善，一生行善，省、镇江和丹阳市先后授予他“最具爱心慈善行为楷模”荣誉称号。

他们仅是百万丹阳人民崇德向善、爱心奉献的代表。有多少爱心企业家、爱心乡贤、慈善义工、爱心市民，为帮助弱势困难群众，默默地无私奉献金钱、时间与精力，正是有了他们，聚沙成塔，集腋成裘，才汇聚起了滚滚的慈善资源洪流。

丹阳市慈善总会成立以来，主要通过组织开展“慈善一日捐”、建立基层慈善组织、搭建慈善公益项目平台等多种方式，广泛吸纳更多社会公众参与慈善捐赠。

“慈善一日捐”，是已在全国范围内开展了20多年的慈善捐赠活动，这项活动坚持依法组织、广泛发动、自愿捐赠、鼓励奉献、公开透明的原则，倡导大家捐赠大体上一天的经济收入，用于慈善公益事业。从2013年丹阳市慈善总会成立开始，每年都由市委办、市府办下发文件开展“慈善一日捐”活动，主要动员机关企事业单位党员干部职工积极参与爱心捐款。每年市四套班子领导都要带头“慈善一日捐”，为全市做出表率。丹阳市每年都有2.3万多人次参加“慈善一日捐”，2013年至2024年，全市“慈善一日捐”捐款累计4826.58万元，全部由市慈善总会接收，用于帮扶困难群众。同时，参加“慈善一日捐”的党员干部职工及亲属遇有困难也能得到市慈善总会的帮助。

慈善的活力根植在基层，资源潜力亦在于此，调动起基层的积极性和力量，才能最大限度地集聚慈善资源。2015年市慈善总会以在全市191个村（社区）建设慈善工作站为契机，推进社会公众参与慈善和爱心捐款。各村（社区）思想高度重视，广泛宣传发动，召开两委会、党员骨干会、村民大会，统一思想，发动所在地机关部门、企事业单位、在外乡贤、村居民等捐赠善款。组成工作组，挨家挨户讲解成立村级慈善组织的意义，动员爱心捐款，真正做到了全民动员、全民参与，广大市民积极参与，踊跃捐款，多的捐赠上万元，少的也有一两百元，试点村村民捐款率达95%以上，全市掀起了爱心捐赠的热潮。全市191个村（社区）捐款到账7546.09万元，其中社会公众家庭和个人捐款约2000万元。开发区38个村（社区）募集资金共达2152.94万元。2017年6月7日，镇江市在丹阳召开基层慈善组织建设工作经验交流会，对丹阳市村级慈善组织建设尤其是资金募集工作予以了高度评价。

搭建慈善公益项目平台，募集定向慈善资金。市慈善总会每年都要以慈善项目为引领，和爱心企业、爱心单位、爱心人士合作，按其意愿，开展灵活多样，个性化的助学、助医等各类定向慈善公益项目，进一步集聚慈善资源，拓展困难帮扶。如2013年至2023年，和城中医院（原华山医院）合作帮扶在该院住院治疗的困难病患，定向支出助医金112.3万元，资助2712人次；和大赛璐公司合作定向助学；和团市委合作开展“梦想小屋”帮助困难家庭小学生；等等。2013年至2024年，市慈善总会定向募集慈善资金1.09亿元。

四

网络募集另辟蹊径。

进入新时代新时期，面临新形势新任务，丹阳市慈善总会以创新转型促进慈善工作高质量发展，促进慈善资金募集方式和成效的提升，着力推进网络慈善和数字慈善，注重以互联网数字技术赋能资金募集，开辟慈善资金募集新领域新境界。2019 年以来，网络募集取得新成效。

和以往传统募集资金方式不同，市慈善总会在推进网络募集工作时，把网络募集与发挥基层慈善组织作用结合起来，与实施慈善公益项目结合起来，提升了网络募集的综合效益，形成了自己的特色。

“99 公益日”网络募集活动，是互联网企业腾讯公司和全国各级慈善组织合作，在每年九月开展的全国性网络募集活动。从 2019 年开始，丹阳市慈善总会组织参与“99 公益日”网络募集、江苏省网络募集专场活动，2019 年至 2024 年共募集资金 3080.44 万元，配捐奖励资金 306.89 万元，网络募集工作走在全省前列，丹阳市慈善总会四次受到省慈善总会表彰。

2019 年，市慈善总会组织义工团队、爱心单位等，参加“99 公益日”网络募集活动，共上线 10 个项目，募集资金 99.41 万元，获取配捐资金 22.59 万元，网络募集工作居于全省前列。

2020 年，市慈善总会组织义工团队、爱心单位等，参加“99 公益日”网络募集活动，共上线 12 个项目，募集资金 116.44 万元，获得配捐资金 22.77 万元，当年丹阳市慈善总会荣获全省慈善“99 公益日”网络募集活动“最佳组织奖”。

2021 年，市慈善总会组织镇村慈善组织、义工团队等，积极参加“99 公益日”网络募集活动，要求各村（社区）慈善工作站，把当年开展“99 公益日”网络募集工作与中华慈善总会联合各地慈善组织开展的“幸福家园”村社互助工程项目结合起来，从各自实际出发，针对群众急难愁盼问题，制定困难帮扶政策，将乡村振兴等基础设施公益项目作为总会上线项目的子项目，以项目实施为引导，加大资金募集力度。总会围绕“汇聚慈善力量、助力乡村振兴”和“救助急难防返贫、共建幸福家园”主题，上线“丹心向阳　爱我家园”项目，并做好业务培训和工作指导。各村（社区）线上线下做好相关企业和单位、在外乡贤、村党员干部、村民居民的捐赠发动工作，网络募集实施时段集中捐赠。当年总会共上线10个慈善公益项目，募集善款517.52万元，获得配捐资金50.08万元、省市激励资金15万元。其中近200个村级慈善工作站积极参与，发动1万多人次参与捐赠，共募得资金392.52万元。所募资金等主要用于村级慈善工作站推进“幸福家园”村社互助工程相关慈善公益项目。当年，丹阳市慈善总会获全省慈善网络募捐“最佳组织奖”。

2022年，市慈善总会组织镇村慈善组织和义工团队等，参加江苏省“助力乡村振兴、促进共同富裕”网络募集专场和“99公益日”活动，上线9个慈善公益项目，募集善款682.15万元，比上年增长30%以上，获得配捐资金107.8万元。其中总会上线“丹心向阳　爱我家园”品牌项目，近200个村级慈善工作站各自设置慈善公益子项目参加，募集资金480.32万元，为加大激励力度，总会另外配捐50万元，所募资金等主要用于村级慈善工作站推进“幸福家园”村社互助工程相关慈善公益项目。

2023年，市慈善总会组织镇村慈善组织、义工团队等，积极参加江苏省网络募集专场和“99公益日”活动，共上线8个慈善公益项目，线上募集善款1022.11万元，比上年增加47%以上，还获得配捐资金29.52万元、镇江市激励资金20万元。其中总会上线“丹心向阳　爱我家园”品牌项目，202个村级慈善工作站各自设置慈善公益子项目参与，共募集资金528.55万元，总会另外配捐50万元，所募资金主要用于村级慈善工作站实施“幸福家园”村社互助工程相关慈善公益项目。当年，丹阳市慈善总会获省慈善总会网络募捐“优秀团队奖”。

2024 年，市慈善总会组织镇村慈善组织、义工团队等，把开展“江苏专场”、“99 公益日”网络募集活动，和推进“幸福家园”村社互助工程结合起来，活动方案同制定、项目同设置、资金同募集。总会上线“丹慈助力乡村振兴”项目，线上募集善款 630.78 万元，线下募集善款 12 万元，获得上级配捐激励资金 12.1 万元，总会配捐 37.9 万元。当年，丹阳市慈善总会获省慈善总会网络募捐“年度荣誉奖”。

在拓展网络募集方面，还注重与金融机构合作，利用手机银行平台，吸纳银行客户爱心捐款。分别于 2019 年和中国银行丹阳支行、丹阳农商银行合作，2020 年和丹阳农业银行合作，2024 年和光大银行丹阳支行合作，利用手机银行平台吸引慈善捐款。虽然手机银行平台捐款数量不多，但对于激发慈善爱心，弘扬慈善精神，扩大网络募集，有着积极意义和良好作用。

（撰文　谢建明　李伟忠　蔡竹良）

扶危济困　爱满丹阳

2013 年慈善助学金发放仪式现场

济困扶危总关情，无非一念为苍生。

市委、市政府组建慈善总会的初衷，就是要推进大爱丹阳建设，动员更大社会力量，汇集更多慈善资源，健全社会保障和社会救助体系，加强社会建设，使全市弱势困难群体得到更多更好的慈善救助。

丹阳市慈善总会成立以来，以倾情帮扶困难群众为出发点和落脚点，秉持慈善宗旨，履行慈善职责，围绕全市脱贫攻坚、精准扶贫、全面小康、共同富裕工作大局，聚焦困难群众急难愁盼，大力实施助学、助医、助残、助困、助老、助孤等传统救助项目，积极拓展创新型、实效型慈善公益项目，全力提供优质慈善救助服务。2013 年至 2024 年，市慈善总会实施重点慈善救助和公益项目 300 多个、镇村慈善组织实施小微慈善公益项目 800 多个，救助困难群众 39. 87 万人次，投入救助资金 3. 39 亿元，谱写了一曲感人肺腑、爱满丹阳的壮歌。

一

慈善助学，为寒门学子扬起希望的风帆。

崇文重教、耕读传家，是丹阳的传统，也是这片土地文脉生生不息的重要原因。丹阳市慈善总会成立以来，高度关注困难家庭学生，本着为寒门学子撑起一片绿荫的愿景，基于教育扶贫是长效扶贫，帮助困难家庭学生完成学业顺利成才，对于阻断家庭贫困代际传递具有的重要意义，把慈善助学放在了突出位置，不断加大对低保类、低收入类困难家庭学生的帮扶。

积极实施困难家庭大学生助学。

这是一幕幕感人的画面，在丹阳慈善“助力千名学子成才工程”助学金发放仪式上，一批又一批贫困家庭学子领取了助学金；这是一个个难忘的故事，一届又一届寒门学子迈入大学校园，扬起了希望的风帆，成就了成才的梦想。2013 年至 2024 年市慈善总会连续 12 年实施了助学困难家庭大学生项目，资助困难家庭大学生 3224 人次，助学金额 1623. 75 万元，为丹阳寒门学子打开了一扇改变命运之门。

“感谢丹阳市慈善总会的帮助，圆了我的大学梦。”已经大学毕业的胡澜（化名）回想起当年的情形，依旧满怀感激。小胡家住丹阳导墅镇，他为人憨厚，学习成绩优秀。但他母亲长期生病，父亲打些零工，他在高考那年又生了大病，他家原本就是低保户，这下经济更加困难。一家人正为医疗费和学费一筹莫展时，市慈善总会为他提供了大病医疗救助款和大学四年每年 5500 元的助学款，“助力千名学子成才工程”等救助活动让他战胜疾病，重拾信心，安心步入大学殿堂，并顺利完成学业。现在，小胡已回到丹阳，在一家企业从事电子商务工作，每月工资可观，既体现了自身价值，也缓解了家庭困难。

助学困难家庭大学生顺利成才，能在很大程度上改变家庭的困难面貌，意义不同于一般的生活困难救助，其效果具有长期性和根本性。为此，市慈善总会制定并连年实施《丹阳慈善“助力千名学子成才工程”实施方案》，并根据情况优化调整助学方法。2013 年至 2020 年，对低保类、建档立卡户和低收入类困难家庭大学生，就读本科第二批次以上的每人每年资助 5500 元，就读本科第三批次及专科的每人每年资助 3500 元，直至大学毕业。从 2020 年开始，考虑到社会助学及国家助学贷款等因素，完善助学困难家庭大学生办法，对低保类、建档立卡户和低收入类困难家庭大学新生发放助学金 8000 元，对低保类和建档立卡户困难家庭大学往届生每人每年发放助学金 2000 元，直至大学毕业。

积极实施困难家庭高中生助学。

高中阶段是学生求学的重要阶段，为了让每一个孩子在艰辛的求学路上不再独行，让一个个梦想在丹阳大地放飞，市慈善总会 2013 年至 2024 年制定并连年实施《丹阳慈善助学困难家庭高中阶段学生实施方案》，给困难家庭高中学子送去了福音。2013 年至 2017 年，市慈善总会共资助了吕叔湘中学和丹阳中专“宏志班”困难家庭高中生 426 人次，发放助学金 313.8 万元。对于全市其他困难家庭高中生，按每人每学年 2000 元的标准进行助学，2013 年至 2024 年共助学 2484 人次，发放助学金 480.4 万元。

积极实施义务教育阶段学生助学。

对全市困难家庭初中、小学学生，市慈善总会和教育分会合作，根据不同困难情况予以助学，制定并连年实施了《丹阳慈善助学贫困家庭义务教育阶段学生实施方案》，并实行慈善助学动态化、常态化管理，随时发现随时救助，把“再苦不能苦孩子，再穷不能穷教育”落到实处。2013 年至 2024 年，共助学义务教育阶段困难家庭学生 3370 人次，总会发放助学金 210.03 万元，为丹阳市义务教育阶段学生巩固率和初中入学率双达 100% 提供了支撑，实现了不让一个孩子因家庭困难而在求学路上掉队的承诺。

残疾孩子是一群特殊的“天使”，同样也是祖国的花朵，未来的栋梁。市慈善总会一直关注着特殊儿童的成长，近年来加大了对市义务教育阶段特殊教育学生的帮扶力度，通过有效的慈善资助，帮助改善特殊教育学生的学习环境，促使其健康成长。从2017年开始，每年资助丹阳市特殊教育学校20万元，定向用于该校资助困难学生，改善教育设备和基础设施，为特殊儿童的茁壮成长创造更好的条件。

爱心筑梦，情满校园。市慈善总会还开展了形式多样的助学活动，和团市委合作开办了“合力亲护、快乐成长”公益助学班。2022年，打造了荆林学校和陵口中学两个镇江市级校园慈善文化教育基地，硬件建设投入超50万元。对城乡58所义务教育学校、8万多名学生共发放52920本慈善读本，总会支出购书资金116.314万元。这些活动，为培育一代新人、推进全民慈善，起到了积极作用。

二

慈善助医，大病救助，挽救了一个又一个濒临破碎的家庭。

市慈善总会创立之初，面对困难群众因病致贫、因病返贫的境况，广泛深入调研，把慈善助医和大病救助列入慈善救助重要内容，旨在为全市低保类、低收入类困难家庭的大病患者提供医疗救助，缓解他们的经济困难，为他们点亮生命之光。针对全市困难大病患者的不同情况，市慈善总会开展了全方位的困难大病救助，2013年至2024年大病救助25680人次，投入救助金3283.06万元，大大缓解了困难家庭的看病难。

实施困难家庭白血病患救助项目。

李敏（化名），就是市慈善总会白血病救助的受益者之一。2013年的一天，司徒镇某村正在读小学三年级的李敏，突然感觉头晕、发烧，经送多家医院被确诊为急性白血病。高昂的医疗费用尤其是自体干细胞移植手术费用，仅靠他父母两人的一点打工收入实在难以承受，夫妻俩看着奄奄一息的儿子忧心如焚。正在一家人愁困无助之际，2014 年 4 月 13 日上午，市慈善总会陈步荣会长，由司徒镇党委书记孙国林等一行陪同，为他们送去了 10 万元救助金，帮助小李敏成功实施了自体干细胞移植手术，从死神手中夺回了生命。获得新生的李敏，珍惜生命，勤学苦读，小学和初中都品学兼优，更是考上了丹阳最好的高中省丹中，2024 年 6 月李敏顺利参加了高考，被南京理工大学自动化专业录取，开启了他的成才之路。在此过程中，市慈善总会按照相关规定，对李敏中小学阶段全程助学，并在其就读大学的 4 年继续给予助学。慈善救助的爱心阳光，照射和温暖着李敏家庭，使之恢复了勃勃的生机。

市慈善总会为更好地救助困难家庭白血病患者，于 2014 年制定实施《丹阳慈善救助困难家庭白血病患者实施方案》，并不断完善救助方案，提升救助效果。从 2014 年到 2016 年，对低保类、低收入类、普通收入类家庭青少儿白血病患者，在正常治疗阶段每人每年分别救助 1.5 万元、1 万元、6000 元。上述对象进行异体骨髓配型移植手术成功的，每人每次分别救助 30 万元、20 万元、10 万元；进行自体干细胞移植手术成功的，每人每次分别救助 10 万元、7 万元、3 万元。对于低保类、低收入类家庭成年人白血病患者，在正常治疗阶段的每人每年分别救助 1 万元、8000 元。从 2017 年开始，低保类白血病患者住院治疗的，纳入医疗结算平台，实行一站式即时结算大病慈善救助，免去了事后填表申报环节。白血病助医对象住院费用经各种报销后医保政策范围内个人自付费用，慈善资金救助 20%，从 2019 年起，救助标准提高到 30%。对低保类、低收入类家庭青少儿白血病干细胞移植手术成功的救助标准不变。对于白血病非住院门诊患者，则每年底由市医保中心提供医疗费用数据，市慈善总会按其医保政策范围内个人自付费用 30% 予以救助，2017 年至 2024 年共救助门诊白血病患者 94 人。10 多年来，全市一大批白血病患者得到及时有效救助，其中救助少儿白血病干细胞移植手术成功患者就达16名，发放救助金200多万元，这些受助病患少儿，大多已经康复或缓解，他们回到校园，回归社会，开始了新的人生之路。

实施困难家庭尿毒症病患救助项目。

在市人民医院血透室，数十名尿毒症患者躺在病床上，殷红的血液在透析器和血管通路里循环。肾衰竭尿毒症又被称为“第二癌症”，不幸罹患尿毒症的患者，每月都要进行10多次的血液透析，方能维持生命，仅正常门诊血透费用每年就要6万多元，一些尿毒症患者经过长达数年或十数年的透析治疗，花光了家里所有的积蓄，面临沉重的经济负担。幸运的是，市慈善总会实施了困难尿毒症患者救助项目，2015年总会还和第三人民医院合作筹建了“慈爱血透中心”，争取到省慈善总会慈善血透项目支持资金30万元，总会配套资金12.8万元，购置血透机及辅助医疗设备6台，2018年总会又投入105万元资助慈爱血透中心增添血透机等7台，以更好地医治困难尿毒症患者。

为了帮助低保类、建档立卡户、低收入类困难家庭尿毒症患者减轻经济负担，延续生命，市慈善总会将其列入大病救助重点，在2013年制定的临时救助相关规定中，明确对低保类、低收入类困难家庭尿毒症患者，在进行门诊血液透析治疗阶段的，每人每年分别救助1万元、8000元。为了加大对困难家庭尿毒症患者的救助力度，2018年市慈善总会通过《丹阳慈善助医贫困尿毒症患者实施方案》，对低保类、建档立卡户城乡居民医保尿毒症患者，门诊透析费用经医保报销后的自付费用，市慈善总会全额兜底救助，并实行医疗结算平台一站式直接结算，无须填表申报救助。对低收入类城乡居民医保尿毒症患者门诊透析费用，经医保报销后的自付费用，由慈善资金救助60%。对于低保类、建档立卡户职工医保尿毒症患者，市慈善总会每人每年救助3000元，补助其用于缴纳医保费用。全市每年都有200名左右困难家庭尿毒症患者得到慈善救助，大大缓解了他们因病导致的经济困难。

实施困难家庭其他大病救助项目。

对于低保类、建档立卡户、低收入类困难家庭成员中患各类癌症等重大疾病的，市慈善总会予以全覆盖医疗救助。2013 年至 2016 年制定并连续 4 年实施《丹阳慈善特困大病救助工程实施方案》，每年底由市医保中心提供数据，对低保类大病患者住院医疗费经医保报销自付费用在 1 万元以上的，慈善资金救助 20%，对低收入类大病患者住院医疗费经医保报销自付费用在 2 万元以上的，慈善资金救助 10%。2013 年至 2018 年的 6 年间，2013 年救助 289 人，支出 169. 88 万元；2014 年救助 734 人，支出 220. 68 万元；2015 年救助 761 人，支出 232. 57 万元；2016 年救助 652 人，支出 201. 1 万元；2017 年救助 626 人，支出 205. 57 万元；2018 年救助 707 人，支出 215. 98 万元。为了方便快捷、及时有效地为困难家庭提供慈善大病救助，2017 年开始市慈善总会制定并连年实施《丹阳慈善助医低保类特困对象实施方案》，和市医保中心合作，对低保类、建档立卡户住院大病患者，实施医疗结算平台一站式即时结算助医，免去了困难大病患者申报救助的环节，救助更加公平更加及时，2019 年市慈善总会又提高对低保类、建档立卡户大病患者住院医疗自付费用的助医标准到 30%。2019 年救助 2452 人，支出 134. 71 万元；2020 年救助 2785 人，支出 192. 21 万元；2021 年救助 2913 人，支出 229. 58 万元；2022 年救助 3060 人，支出 376. 13 万元；2023 年救助 3939 人，支出 293. 55 万元；2024 年救助 4211 人，支出 299. 19 万元。低收入类住院大病患者，从 2019 年开始纳入临时性救助范围，其住院医疗费用经报销自付费用在 2 万元以上的，分档分级予以临时救助，上不封顶。

2023 年，市慈善总会还和市卫健委、医保局合作，制定实施《丹阳市慈善帮扶困难丙肝患者治疗实施方案》，拓展了慈善助医的范围。

三

慈善助残，为弱势群体筑起爱的城墙。

天地有爱，化生万物；人间有爱，生命不息。残疾人是一个特殊群体，需要格外关心、格外关注，市慈善总会把支持残疾人事业发展放在了重要位置。

2024年10月8日上午，开发区普善社区孤寡老人杨凤仙，在75岁五保老人束德顺陪同下，专程来市慈善总会表示感谢。杨凤仙因双眼白内障丧失视力，丹阳慈善“复明、健行”助残工程为其免费手术，使她重见光明。两位老人再三表达对党和政府、对慈善事业的感激之情。

2013年市慈善总会制定并连年实施《丹阳慈善“复明、健行”助残工程实施方案》，给贫困白内障患者和下肢严重残缺贫困残疾人送去了福音，当年就给51名贫困白内障患者免费进行手术，为12名下肢严重残缺贫困残疾人免费安装了假肢。当那些因为家庭困难无力医治的白内障患者重现光明，当那些因为家庭困难无力医治的下肢严重残缺者重新站立行走，不同程度恢复了劳动能力，增加了经济收入时，他们激动、感恩的心情无以言表。2013年至2024年，“丹阳慈善‘复明、健行’助残工程”共为全市913名贫困白内障患者免费进行手术，投入助残金133.97万元，为271名下肢严重残缺贫困残疾人免费安装了假肢，投入资金44.06万元。

精神病患者是残疾人群体中特殊的存在。其家庭不仅要承受患者引发的诸多的问题，还要长期承担医疗费用，导致生活质量下降，影响家人的正常生活。

多年来，总会积极实施贫困重度精神残疾病人救助项目，制定并连年实施《丹阳慈善救助重度精神残疾病人实施方案》，救助对象为全市低保类、低收入类住院精神残疾病人，根据患者困难和病情的轻重程度，市慈善总会确定了每人3000元至4000元的救助标准。确定丹阳市精神病防治院为治疗和救助贫困住院精神残疾病人的定点医院。根据全市常年住院贫困精神残疾病人人数及所发生的治疗等费用，核定每年救助资金30万元左右支付定点医院，用于资助贫困精神残疾病人的治疗和伙食费用。自2013年项目实施以来，至2024年已救助困难重度精神残疾病患1263人次，投入助残金399.52万元。

慈善助残为更多残疾人带去了社会关怀，温暖残障家庭，助力贫困残疾人自立自强、创造幸福生活。

四

慈善助困，流淌在城市血脉中的温情。

服务民生工作大局，助力脱贫攻坚、精准扶贫、全面小康、共同富裕，让每一位困难群众都能感受到党和政府的关怀与温暖。丹阳市慈善总会针对困难群众多层次、多样化、差异化的救助需求，积极完善助困机制，不断扩大助困范围，持续提高助困标准，切实做到助困精准，温情满满地推出了多项慈善助困活动和项目，让困难群众共享发展成果，让慈善阳光洒遍每个角落。

实施困难家庭临时性救助项目。

病灾无情人有情，慈善临时救助暖人心。针对全市遭逢突发性大病或灾祸导致临时性基本生活困难的对象，2013年12月市慈善总会和市民政局联合制定实施《临时性救助管理办法》，以遭逢大病和灾祸的低保类、低收入类困难家庭为重点，进行及时救助。2014年6月，市慈善总会制定实施《临时性救助实施细则》，明确临时救助范围、标准和程序，以血液病、尿毒症、少儿先心病等重大疾病，以及固定电话用户捐款对象等困难家庭为重点，开展临时性救助。为了不断完善和提高临时性救助效果，2015年至2024年，市慈善总会对《临时性救助实施细则》进行7次修订，扩大临时性救助范围，规范临时性救助行为，将临时救助范围扩大到遭逢血液病、尿毒症、少儿先心病、失聪儿童耳蜗植入术、青少儿其他大病、成年人大病、火灾水灾车祸等意外灾难的对象。为鼓励更多社会成员参与慈善公益活动，还将总会企业理事单位要求定向救助的困难对象，以及积极参加慈善公益活动个人及家庭成员遇有特殊困难的对象，也列入临时性救助范围。尤其突出困难家庭青少儿救助重点，对因患血液病进行干细胞移植手术成功的给予10万元至30万元的救助；对低保类和低收入类困难家庭14岁及以下少儿先心病手术自付医疗费用，分别给予95%和90%的高额救助；对低保类和低收入类困难家庭失聪儿童进行人工耳蜗植入手术的，分别给予5万元和3万元的救助；对困难家庭其他大病住院青少儿自付医疗费用以高于成年人大病救助标准予以救助。2013年至2024年，总会临时性救助每月讨论一次，该帮困项目已投入资金4071.84万元，临时救助困难群众7602人次，有效缓解了全市因病因灾陷入临时性生活困境家庭的困难。

实施春节前助困送温暖项目。

“谢谢，谢谢，快过年了，拿到这笔钱，真的很开心。”2024年2月5日上午，珥陵护国村困难群众慈善帮扶金开始发放，62岁的困难户叶金富拿到了1000元帮扶资金后，向慈善工作人员连声道谢。

每逢新春佳节来临之际，便是市慈善总会最为忙碌的时候。为了给困难家庭送去温暖和祝福，2014年春节前，市慈善总会推出《丹阳慈善2013年度特困对象助困工程实施方案》，对全市11243名城乡低保、五保、孤儿、城市三无人员、重点优抚五类特困对象，每人发放“两节”助困金300元，共发放337.29万元。2015年至2017年，市慈善总会春节前制定并实施《开展春节“情暖丹阳”帮困活动实施方案》，根据各镇（街道）困难群众人数，2015年春节前下拨140万元帮困金，2016年和2017年分别下拨160万元帮困金，由各镇级慈善分会和村级慈善工作站具体实施，确定帮困对象并发放助困金。市慈善总会不断完善春节前帮困方式方法，2018 年至 2020 年春节前制定实施《冬季“慈善温暖行动”实施方案》，2021 年春节前至今连年实施《关于实施“冬季慈善送温暖、救助急难防返贫”项目的通知》。从 2018 年开始，总会春节前组织的困难家庭帮困活动均分两个层次开展，一是对低保类和建档立卡户困难家庭因病因灾自费达 5000 元以上的对象即可填表申报救助，经审核审批总会给予 1000 元至 6000 元的助困帮扶。二是总会另外下拨 160 万元左右资金，由各镇村慈善组织根据本地低保类、建档立卡户、低收入类困难家庭不同困难情况，发放慈善助困金，让困难群众在节日期间感受到更多的关爱。2013 年至 2024 年，市慈善总会春节前助困项目受益困难群众达 54561 人次，发放助困金 2755. 99 万元。

实施“党内关爱送温暖行动”助困项目。

从 2014 年开始，市慈善总会和市委组织部合作，开展“党内关爱送温暖”活动，每年春节前对全市 100 名生活困难老党员发放助困金 1000 元。2022 年开始，每年扩大帮困生活困难老党员至 150 名。为加大对困难老党员的帮扶力度，2023 年市慈善总会和市委组织部合作设立困难老党员帮扶基金，总会出资 200 万元，市委组织部募集资金 460 多万元，为更好帮扶困难老党员奠定了坚实基础。

实施特困家庭危房改造助困项目。

全市部分特困家庭住房年久失修，因贫困自身没有条件予以修缮，处于危险状态，国家把特困家庭危房改造列为脱贫攻坚的刚性任务。2018 年市慈善总会将此列入助困重点项目，制定实施了《丹阳慈善助力农村特困家庭危房改造实施方案》，对于本市低保户、贫困残疾户、分散供养特困供养人员危房需要新建改造或需要修缮加固的，分别资助 1 万元和 7000 元。对于建档立卡户危房需要新建改造或需要修缮加固的，分别资助 2 万元和 1. 5 万元。2018 年至 2024 年完成特困家庭危房改造 481 户，总会投入资金 417. 12 万元，助力政府保障了特困家庭的基本住房安全。

市慈善总会还相继推出了《“救助急难防返贫——慈善助力再行动”项目实施方案》、《关于开展困难家庭慈善义工服务的通知》等文件，全方位地开展了慈善助困活动。

五

慈善助老，彰显和弘扬民族优秀品德和精神风范。

老吾老以及人之老。敬老爱老助老是中华民族的传统美德，随着我国人口老龄化趋势的日益演进，党委和政府更加重视老年人工作，助老成为了全社会的共同责任，也是慈善组织义不容辞的职责。丹阳市慈善总会成立以来，突出五保老人重点，实施“关爱五保老人夕阳工程”，通过多种形式的慈善助老，以期有效改善和提升其物质文化生活水平。

为集中供养五保老人配置护理床。

2014 年，总会制定实施《丹阳慈善“关爱五保老人夕阳工程”配置助老护理床实施方案》，针对敬老院五保老人行动不便、失能者较多的情况，总会对全市 16 个公办敬老院，按每 3 个五保老人配置 1 张床的标准，购置发放了 192 张医用护理床，投入资金 31. 68 万元。护理床的配置改善了五保老人的生活质量，也减轻了护理人员的劳动强度。

为集中供养五保老人配置高清彩电。

2015 年，为丰富集中供养五保老人的文化生活，市慈善总会制定实施《丹阳慈善“关爱五保老人夕阳工程”配置助老高清彩电实施方案》，为全市 16 个公办敬老院每个五保老人居住房间配置海信 40 英寸高清彩电一台，对五保老人公共活动场所根据不同需要配置海信 40 英寸或 55 英寸高清彩电一台，投入资金 94. 86 万元，配置了 361 台高清彩电，在当年 9 月初全部安装到位，保证了五保老人按时观看全国纪念抗战胜利暨世界反法西斯战争胜利 70 周年庆典直播盛况，提高了五保老人的文化生活水平，还投入 8. 1 万元配置 27 台制氧雾化机，提升了对五保老人的健康保障水平。

为全市五保老人发放“爱心大米”。

2016年至2020年，为更好改善五保老人生活水平，市慈善总会制定并连年实施《丹阳慈善“关爱五保老人夕阳工程”发放助老“爱心大米”实施方案》，对全市所有（约2000名）集中供养和分散供养五保老人，每人每月发放优质大米25斤。明确各公办敬老院在收到慈善“爱心大米”后，应将所节省的大米采购费用全部用于改善提高五保老人生活质量，要求各镇（街道）在发放慈善“爱心大米”后，不应降低或减少国家规定的分散供养五保老人供养金发放标准，有效提高了五保老人的生活水平。

市慈善总会每年还为集中供养的五保老人订阅《丹阳日报》，丰富了他们的精神文化生活。

持续改善老年失独群体物质精神生活状况。

失独群体是个特殊的群体，他们因为没有子女，步入老年后有不少需要帮助解决的特殊困难，引起了党委、政府的重视关心和社会的高度关注。为此，从2020年开始，市慈善总会制定并连年实施《丹阳慈善关爱失独家庭“连心家园、暖心行动”项目实施方案》，和齐梁义工社合作，对全市逾千位60岁以上丧失独生子女的老人，根据不同情况给予经济帮困、精神抚慰和生产生活服务。该项目每年预算投入资金100万元，其中总会每年支出30万元，根据其实际困难给予慈善资金救助，组织具有资质的专业人士对其开展精神抚慰，对其所从事生产项目予以技术等帮扶。对于失独失能老人，则安排志愿者上门开展生活服务。每年都由齐梁义工团队具体实施，组织失独老人春、秋两季短途旅行，举办生日聚会，以及中秋、春节上门慰问等活动，温暖了失独老人的心田，有效改善了失独群体的综合生活状态。

六

升级转型，将慈善救助公益帮扶推向新高度。

新时期对慈善救助和公益帮扶提出了更高要求，只有遵循法律规定要求，围绕全市工作大局，服务群众急难愁盼，才能更好彰显慈善救助的作用和价值。2016 年 9 月《慈善法》颁布实施，把扶贫济困、灾害救助、促进教科文卫体事业发展、生态环境保护等列入了慈善活动内容，党委、政府的民生保障工作，也从脱贫攻坚、精准扶贫，向高水平全面小康、共同富裕等深层次拓展，人民群众对慈善服务更呈现出多层次、多样化的期许。为此，市慈善总会紧跟时代、与时俱进，以满足群众和社会期待为依归，努力拓展慈善公益项目范围，不断提升慈善服务方式水平。

实施困难家庭住房微改造项目。

2023 年 10 月 12 日，市慈善总会验收小组赴皇塘镇后亭村低保户杨仁虎家进行住房微改造工程验收。验收组抵达时，发现杨仁虎家大门门楣上，新挂上了他自制的简易牌匾，牌匾上赫然大书着四字——“共产党好”。杨仁虎一见验收组同志就十分激动地说：“还是共产党好啊，我一个低保户，党和政府管吃管穿，管看病，现在还帮我装修房子，我的心里真是万分感激，自己做了个匾表达一下。”当电视台记者陈珊珊采访杨仁虎时，他更是情不自禁地唱起了歌曲：“共产党好，社会主义好……”杨仁虎年事已高，妻子弱智，无儿无女，生活困难，家中一间 20 多平米的平房，光线昏暗，破旧不堪，无卫生间和厨房间。他家被列入困难家庭住房微改造后，市慈善总会出资 1.7 万元，为他家新建了卫生间和厨房，安装了抽水马桶、淋浴器、洗脸池、镜子，一应设施功能齐全，起居室也吊了顶，住房整体粉刷，居住环境焕然一新。

小康路上一个不能少。提升困难群体住房、文化等综合生活水平，是慈善组织助力全市高水平全面小康建设的题中应有之义。从2020年开始，市慈善总会制定并连年实施《慈善帮扶困难群众住房微改造实施方案》，针对低保、五保、建档立卡户、特困职工等困难家庭住房中厨房、卫生间等起居设施较差的，进行出新改造，改善其人居环境。该项目于2020年开始试点，由镇村慈善组织摸底排查提出资助对象，市慈善总会上门入户审核，符合条件的受助对象住房微改造工程，由所在镇村组织施工队伍具体实施。2020年实施困难家庭住房微改造20户，支出资金28.36万元；2021年实施困难家庭住房微改造34户，支出资金47.26万元。在成功试点的基础上，市慈善总会于2022年至2024年实施“困难家庭住房微改造三年行动计划”，以镇（街道）为单位，实施困难家庭住房集中成片微改造。2022年在曲阿街道、延陵镇、珥陵镇等完成住房微改造45户，支出资金59.377万元；2023年在导墅镇、皇塘镇、访仙镇、陵口镇等完成住房微改造31户，支出资金40.72万元；2024年在云阳街道、司徒镇、吕城镇、丹北镇等完成住房微改造34户，支出资金41.206万元。至此，三年行动计划顺利完成，全市符合条件困难家庭住房微改造共164户，支出资金216.92万元，全面提升了丹阳市困难家庭住房水平，受到了受助者和基层群众的广泛赞誉。

开展高清有线电视进困难家庭文化扶贫活动。

从2019年开始，市慈善总会和江苏有线丹阳分公司制定并连年实施《合作开展高清有线电视进困难家庭文化帮扶活动实施方案》，联合市残联等部门，为全市低保、特困职工、困难残疾人等家庭，免费安装高清有线电视，免费提供高清机顶盒，并减免相关收视费用，开通点播和互动等有线高清电视公共服务，提供电视端公益服务专区。市残联还为困难残疾家庭免费赠送高清彩电，改善受助对象的收视条件，丰富了精神文化生活。2019年至2024年该项目共实施了五年，文化帮扶4780户，支出帮扶金

282.37 万元，有效提升了困难家庭的物质文化生活水平。

实施“红心闪闪　呵护生命”AED 公益项目。

2024 年 8 月 11 日夜晚近 11 时，赵先生在外散步，行至丹阳市第三中学门口时，心脏病发，瞬间晕倒，不省人事。同行的朋友急忙冲到第三中学门卫求援。第三中学保安祁国庆赶紧从学校取出丹阳市慈善总会布设的 AED，对赵先生进行心肺复苏。经过 3 分钟紧急施救，赵先生悠悠苏醒，由此赢得了宝贵的抢救“黄金 4 分钟”，随后又将赵先生送往医院，拯救了他因心脏骤停危在旦夕的生命。

针对我国心血管疾病患者心脏骤停猝死高发的情况，响应全国政协相关提案和中华慈善总会倡议，以慈善方式助力公共急救事业，保障人民群众生命安全。2023 年至 2024 年，市慈善总会制定并实施《丹阳慈善“红心闪闪　呵护生命”AED（体外自动除颤仪）公益项目实施方案》，分三期布设 322 台 AED 于本市人员密集的机关单位、乡村社区、大型企业、教育机构、交通枢纽、体育场馆、集贸市场等地点，为人民群众提供了一台台关键时刻拯救生命的“救命神器”。

合作开展慈善公益项目。

实施“蒲公英”关爱留守儿童项目。丹阳有这样一批少年儿童，因为父母外出务工等各种家庭原因，他们处于留守、困境、流动状态，日常生活和学习亟待帮扶关爱。2018 年市慈善总会和丹阳市“蒲公英”关爱留守儿童志愿者协会合作，制定并连年实施《合力帮扶弱势困难少年儿童实施方案》，对全市留守、困境、流动少年儿童，予以经济帮困、成长辅导、精神关爱等帮助。由志愿者协会（市公安局）会同相关单位，组织了 12 场“蒲公英”志愿者走进镇区系列活动，根据各地弱势困难少儿的特点，开展各有侧重、各具特色的帮扶活动。协会组织党员干警和辅警，每年对全市 500 名左右留守困境少儿一对一结对帮扶，还成立少年警校提供多方面教育，呵护他们健康成长。2017 年至

2024年，市慈善总会资助该项目资金222.24万元，使得全市4000多人次弱势困难少儿得到了有效帮扶。该项目成为全省知名品牌项目，项目主要组织者市公安局张叶宏被评为全国公安系统二级英模，受到党和国家领导人的接见和勉励，市公安局薛晓静也被评为全国公安机关“爱民模范”。

实施帮扶困难劳模和困难职工项目。2019年，市慈善总会和市总工会共同制定并连年实施《丹阳市慈善公益帮扶困难劳模、困难职工实施办法》，两家分别出资100万元，建立200万元的专项帮扶资金，每年主要使用专项资金的增值部分，对全市特困职工、建档立卡困难职工、困难劳模、因病因灾及其他困难职工给予经济帮助，并为困难劳模和职工提供义工志愿服务，确保做出贡献的各级劳动模范及困难职工群体，能够得到社会的关爱。与此同时，2019年市慈善总会和市总工会，还开展了“有难大家帮——慈善互济添保障”活动，主要资助一线环卫职工、一线警务辅助人员，以及建档立卡困难职工，参加全国总工会实施的重大疾病和意外伤害互助保障，提升其抵御疾病和灾祸等风险的能力。

实施帮扶刑事和民事案件受害人项目。2020年，市慈善总会和市人民检察院共同制定并连年实施《丹阳市慈善公益救助刑事和民事受害人实施意见》，针对刑事和民事案件中，加害人没有赔偿能力等多种原因，导致刑事和民事被害人医疗费用和生活困难难以解决的情况，总会和检察院分别出资60%和40%，对因犯罪等行为遭受损害且符合救助条件的受害人家庭实施救助，取得了良好的效果。

实施定向慈善公益救助帮扶。市慈善总会成立以来，注重以慈善项目为引领，和爱心企业、爱心单位、爱心人士合作，开展灵活多样的助学、助医，促进文化教育、基础设施建设等各类定向慈善公益项目，进一步集聚慈善资源，拓展困难帮扶。如2013年至2024年和省慈善总会合作，开展春节前“情暖江苏”帮困活动，定向支出帮困金55万元；和城中医院（原华山医院）合作帮扶在该院住院治疗的困难病患，定向支出助医金112.3万元，资助2712人次。还和大赛璐公司合作定向助学，2014年至2024年助学58名困难家庭大学生顺利完成学业，大赛璐公司资助助学金114.75万元；和团市委合作开展“梦想小屋”帮助困难家庭小学生；等等。2013年至2024年，市慈善总会实施定向慈善公益项目200多个，支出资金1.0953亿元。

组织镇村慈善机构开展慈善救助公益帮扶活动。

2014年，全市12个镇（街道）慈善分会成立；2015年，全市191个村（社区）慈善工作站成立。镇村慈善组织成立以后，总会指导和督促其切实履行职责，着力解决“家门口”困难群众的困难和问题。镇村慈善组织主要利用总会下拨镇村慈善资金利息，集中实施扶贫帮困活动。2014年至2024年，12个镇级慈善分会救助困难群众18006人次，发放救助金1235.65万元；191个村（社区）救助困难群众212602人次，发放救助金4856.27万元。2021年至今，丹阳市慈善总会连年组织镇村慈善组织，实施中华慈善总会联合各地开展的“幸福家园村社互助工程”，以及镇江市慈善总会联合辖市区推出的“家门口慈善”服务工作。主要由村（社区）从各自实际出发，制定困难帮扶，以及富民强村、乡村振兴、美丽乡村建设等基础设施公益项目，镇村慈善组织利用“99公益日”网络平台募集资金近1815.77万元，每年实施小微慈善公益项目200多个，较好发挥了基层慈善组织的作用。

温暖延续，爱心永驻，慈善帮扶永不停歇。

（撰文　石胜华　谢建明）

弘扬美德　乐善同心

2023 年现代慈善丹剧《蒲公英》演出现场

崇德向善，见贤思齐，急公好义，乐善好施，是中华传统文化和美德。慈善和慈善文化已在中华历史长河流淌千年。

当代中国，慈善文化根植于中华民族的悠久传统，公益意识展现出神州大地的博大情怀，作为文化发展与社会生活的重要方面，慈善文化和公益理念传播日广，深入人心。

丹阳市慈善总会成立以来，持续推进慈善文化建设，不断加强慈善文化宣传，普及慈善意识，传播慈善文化，提升慈善理念，弘扬传统美德，努力营造全市上下积极参与慈善的良好社会氛围，促使“向上向善、人人行善”逐步成为全市人民的精神追求和自觉行动，助力推进社会文明程度和道德水准的提高。

一

深入开展慈善主题宣传活动。

实践证明，全方位、多层次、立体化，相对集中深入开展慈善宣传，是推进慈善文化建设的有效途径。

2013 年 5 月至 6 月，在全市范围组织开展了“爱心至尚、善行丹阳”慈善主题宣传月活动。是时正值筹建市慈善总会，为营造有利慈善事业发展的浓烈氛围，由市慈善总会筹备领导小组拟制，2013 年 5 月 9 日市委办、市府办下发《关于开展“爱心至尚、善行丹阳”主题慈善宣传月活动实施方案》，成立市领导任负责人的宣传月活动领导小组，要求宣传月活动时段，开展形式多样的慈善宣传，重点宣传慈善法律法规政策、丹阳市重大慈善活动、企事业单位捐赠慈善资金成效、慈善先进典型等内容，明确宣传部、各乡镇、民政局、司法局、报社、广电集团、市慈善总会等部门的宣传责任。市领导和乡镇部门领导深入所联系挂钩企业，宣传发展慈善事业的意义，动员慈善捐赠。市慈善总会编发宣传简报；丹阳日报社、丹阳电视台等媒体开设专栏专版，并播发公益广告。各镇（街道）悬挂慈善宣传横幅标语 500 多条，移动和电信公司利用手机平台滚动发布慈善宣传内容，营造氛围。5 月 31 日，电视台还对市慈善总会成立大会进行现场直播，各乡镇各部门设立分会场组织收看。市里还将慈善文化建设纳入社会主义思想道德建设和文明创建总体规划。慈善主题宣传月的开展，大大提升了全市上下的慈善意识，有效促进了慈善资金的募集，为市慈善总会顺利筹建及开展工作创造了良好的舆论环境。

2014 年 3 月，由市委宣传部，市文明办、慈善总会、丹阳日报社，联合举办“爱在丹阳”慈善主题征文和演讲比赛活动，发动全市上下广泛参与，收到慈善征文稿件 1100 多篇，评选出一等奖 2 篇、二等奖 3 篇、三等奖 5 篇、优秀奖 10 篇，共 20 篇优秀作品在《丹阳日报》登载。同时，遴选 10 家爱心企业、10 位爱心人士、10 支义工团队、10 位受助对象典型，组织专人拟写事迹演讲稿。5 月 20 日，举行了由市领导和 300 多名机关干部、慈善义工参加的“爱在丹阳”慈善演讲比赛会，评出一等奖 1 名、二等奖 3 名、三等奖 6 名。活动开展期间还拍摄了慈善宣传电视专题片。6 月 9 日晚上，市委、市政府专门举办了 2014 年慈善捐赠启动暨“爱在丹阳”征文、演讲比赛颁奖仪式，市领导现场颁奖，晚会现场及在此后的电视节目中播放了慈善宣传电视专题片，对于宣传丹阳市慈善先进典型，传递慈善大爱正能量收到了很好的效果。

持续开展慈善宣传系列活动。市慈善总会成立后，每年都要积极参与“江苏慈善周”系列宣传活动。自2016年9月《慈善法》颁布实施后，总会每年结合当年慈善工作和宣传重点制定方案，下发文件，组织开展“中华慈善日”（9月5日）系列纪念宣传活动。具体宣传内容和形式包括，邀请南大教授来丹举办《慈善法》专题讲座，并与沪宁律师事务所合作，在市民广场等设置法律咨询点，解答市民群众相关问题，多形式开展慈善法律法规学习宣讲；和新闻媒体合作，利用慈善宣传专栏专版，登载和播发慈善宣传文稿和视频音频节目；开展“慈善一日捐”活动；开展困难家庭大中小学生助学活动；实施困难家庭危房改造和住房微改造项目，把慈善文化宣传与慈善项目实施结合起来，使得慈善宣传活动更具实效。从2019年开始，结合纪念宣传中华慈善日，组织镇村慈善组织和义工团队积极参与“99公益日”网络募集活动，线上线下结合，拓展慈善宣传效果。同时，还适时举行助学、助医金集中发放仪式，扩大慈善助力脱贫攻坚的宣传和影响。

二

注重拓展全民慈善文化宣传。

慈善发展的活力和潜力在基层，宣传引路、广泛发动，是推进基层慈善事业发展和全民参与慈善的重要举措。

在推进2014年成立镇级慈善分会、2015年成立村级慈善工作站的过程中，明确要求把狠抓宣传发动，普及慈善意识放在首位。镇（街道）尤其是村（社区）在推进镇村慈善组织建设中，全面深入开展慈善文化宣传。各村（社区）普遍采取召开“两委会”、党员骨干会、村民大会统一思想，深入发动。印发给村（居）民的一封信，制作悬挂宣传标语、宣传栏图版、滚动字幕、广播电视等多形式开展慈善宣传。村和社区都组建工作小组，上门入户发放公开信，宣传成立村级慈善工作站的意义，鼓励捐赠慈善资金，激发起全市村（居）民积极参与慈善的热情，试点村（居）民家庭参与捐赠参与率达95%以上，全市村（居）民均踊跃捐赠，使得建设村级慈善工作站的过程，成为传播慈善理念，奉献慈善爱心，弘扬文明新风，促进社会和谐的过程，在丹阳城乡掀起了慈善的热潮，为慈善事业的更大发展创造了良好环境。

2018 年 3 月，为了促进群众性慈善文化活动的开展，宣传部、文明办、文广新局、慈善总会联合举办了“传递温暖、唱响幸福”歌咏比赛。活动面向镇（街道）、村（社区）、学校、企业等不同层面，组织开展慈善演唱活动和比赛，起到了宣传慈善文化，活跃群众文化生活的良好效果。当年 9 月 6 日，在丹阳市百姓剧场还举办了“传递温暖、唱响幸福”歌咏比赛颁奖晚会，集中展示优秀歌曲演唱团队，并予以表彰。

大力推动校园慈善文化建设。贯彻《慈善法》的要求，把慈善文化引入中小学德育体系，引导学生弘扬中华民族传统美德和践行社会主义核心价值观，培育学生的慈善意识、大爱精神、社会责任，助力打造德智体美全面发展的一代新人。2019 年 12 月 26 日下午，丹阳市慈善总会在荆林学校举行“慈善文化进校园活动”启动仪式，市四套班子领导、市慈善总会、教育局和义务教育阶段学校负责人等参加会议。具体工作中，首先，注重试点先行，培育教育基地。选择荆林学校和陵口中学作为全市两个校园慈善文化教育基地，试点学校按照（镇办〔2020〕55号）文件明确的任务，科学制定方案，落实工作措施，从硬件建设和活动开展两个方面着力，高质量培育校园慈善文化教育基地。硬件建设投入超 50 万元，其中慈善总会资助 21.42 万元，高标准建设慈善主题广场、慈善雕塑构件、慈善橱窗等设施，营造浓烈慈善校园氛围。同时，常态化开展“五个一”活动，即建设好一个慈善文化画廊、发放一册慈善读本、举办一次慈善讲座、开展一项慈善实践主题活动、组织一次慈善征文比赛。在此基础上，两个试点学校还结合各自特点，创新自选动作，深化慈善文化教育，取得明显效果。2022 年 12 月 14 日下午，镇江市在荆林学校举行“校园慈善文化教育基地（丹阳）授牌仪式”，荆林学校、陵口中学被授予“镇江市慈善文化教育基地”牌匾。其次，推进面上活动，提升实际效果。2020 年 10 月 16 日，总会制定下发《关于加强校园慈善文化建设的实施意见》，2021 年 4 月 22 日，市委办、市府办转发镇江市校园慈善文化建设相关文件，2021 年 6 月 15 日，建立由市慈善总会牵头，市教育、财政、民政、文明办等部门参加的“全市校园慈善文化建设联席会议制度”，明确分工，各司其职，推进工作。2021 年 7 月 1 日，市教育局下发《加强丹阳市中小学校园慈善文化建设实施方案》，在成功试点的基础上，对城乡 39 所义务教育中小学校 8.2 万名学生，全面推开校园慈善文化建设工作。2020 年 9 月 24 日，市慈善总会在开发区实验学校举行了《慈善读本》发放仪式，共支出购书资金 116.314 万元，免费发放《慈善读本》52920 本。各学校广泛开展校园慈善文化建设“五个一”活动，并根据各自特点，深化各类活动，开展了“一元捐”慈善捐赠，帮扶困难学生，以及形式多样的公益志愿服务。市教育局还组织了“向善向上、健康成长”慈善征文比赛，收到学生征文 248 篇，评出一等奖 35 篇、二等奖 52 篇，上报镇江市评比获奖 53 篇，丹阳市慈善总会和教育局还获得镇江市征文活动优秀组织奖。全市校园慈善文化建设取得丰硕成果，在 2023 年第一届“镇江市校园育善工程”表彰活动中，市慈善总会和教育局获“校园慈善文化优秀组织奖”，荆林学校、陵口中学、折柳小学获“校园慈善文化最佳项目奖”，全市还有 8 名师生获“校园慈善文化行为楷模”称号。

三

强化慈善先进典型宣传表彰。

为了普及慈善意识，倡导爱心奉献，弘扬和表彰社会各界奉献爱心、回报社会的善行义举，激发全民向上向善的慈善热情，丹阳市慈善总会注重通过评选表彰慈善先进典型，放大榜样力量，加强示范引领。

2015 年 3 月 13 日，市慈善总会拟制，市委办、市府办下发《丹阳市第一届“丹阳慈善奖”评选实施方案》，对 2013 年至 2014 年期间全市在慈善事业发展中做出突出成绩的先进单位和个人进行评选表彰。经全市自下而上的广泛评选，评出 10 家慈善捐赠突出贡献企业、16 家慈善捐赠先进企业和单位、61 名慈善捐赠先进个人、8 位慈善行为楷模、10 个最具影响力慈善项目、15 名优秀慈善工作者，共 6 大奖项 120 个获奖单位和个人。2015 年6 月 23 日，市委、市政府召开全市慈善工作表彰大会，对第一届丹阳慈善奖获奖单位和个人进行隆重表彰。2018 年 6 月 30 日，市慈善总会牵头制定，市政府办公室下发《关于组织开展第二届“丹阳慈善奖”评选活动的通知》，对 2015 年至 2017 年期间，在丹阳市慈善事业发展中做出突出成绩的单位和个人进行评选表彰。经过严格评选，选出慈善捐赠突出贡献企业 3 家、慈善捐赠先进企业 12 家、慈善捐赠先进个人 2 名、慈善行为楷模 4 名、最具影响力慈善项目 11 个、优秀慈善工作者14 名。2019 年 5 月 14 日上午，市政府召开表彰大会，对第二届“丹阳慈善奖”获奖者予以了隆重表彰。

2020 年 7 月 1 日，为了总结慈善义工志愿服务经验，激励慈善义工团队更好开展志愿服务工作，丹阳市慈善总会、新时代文明实践中心办公室、文明办联合下发《关于开展慈善义工服务评选表彰活动的通知》，对自 2013 年 12 月丹阳市慈善总会义工服务总队成立以来，在慈善义工志愿服务工作中做出突出成绩的先进团队和优秀义工等进行评选表彰。经过对总会所属21个义工团队、1660名注册慈善义工的严格评选，评选出优秀慈善义工团队5家、最具影响力义工服务项目6个、最佳慈善义工服务支持企业/单位15家、十佳慈善义工10名、优秀慈善义工50名。2020年11月27日上午，召开“丹阳市慈善义工服务表彰大会”，对获奖对象进行了隆重表彰。

通过“丹阳慈善奖”和慈善义工评选表彰活动的开展，生动宣传了慈善先进典型，广泛传播了慈善文化，收到了显著的社会效果。

四

持续加强慈善宣传阵地建设。

丹阳市慈善总会成立以后，高度重视慈善文化阵地建设。

2013年下半年，丹阳市慈善总会制作开通了丹阳慈善网站，及时登载慈善法规制度、发布慈善工作动态、救助政策、受助对象情况公示等，搭建起慈善宣传、信息公开、网民互动的平台。而后又和丹阳日报合作，优化网站功能，加强网站宣传效果。

2013年下半年，丹阳市慈善总会创新宣传方式，利用移动通信网络平台，创办慈善手机周报，每周一期，主要以市四套班子领导、各镇区街道主要领导、各部门各单位副科以上领导、市人大代表、市政协委员、市慈善总会企业理事等为发布对象，2014年以后发布范围扩大到村级慈善工作站负责人。每周二将所编辑的慈善工作情况、公示公开的慈善工作信息等内容发送至手机周报阅读对象，定期进行慈善宣传。

2014年，总会又创办微信公众号平台，会同慈善网站、手机周报等新媒体，全方位展开慈善文化宣传。

注重联合新闻媒体深化慈善宣传。

2013 年 10 月开始，丹阳市慈善总会和广电集团合作，在其民生频道开设播出“八姑娘帮你忙”慈善宣传栏目，而后几经调整，电视慈善宣传专栏节目持续播出，不断提升播出质量和效果，对于宣传丹阳市慈善工作动态、慈善法规政策、慈善先进典型、慈善捐赠和慈善救助起到了良好作用。

2014 年 5 月，总会和广电集团合作，拍摄了《爱心至尚、善行丹阳》，丹阳市慈善总会成立一周年巡礼电视宣传片，在当年 6 月 9 日市委、市政府召开的慈善捐赠启动大会上进行了播放。2019 年上半年，总会再次和广电集团合作，拍摄了丹阳市慈善总会成立六周年电视宣传专题片，用视频方式形象反映总会成立六年来的成绩，在当年 5 月 14 日市委、市政府召开的第二届“丹阳慈善奖”颁奖暨市慈善总会第二次会员代表大会上，进行了播放，收到良好效果。

自 2013 年 10 月起，丹阳市慈善总会和丹阳日报社合作，在该报开设每周一次的慈善宣传专版。由丹阳市慈善总会及报社根据不同阶段的慈善工作要求，组织刊载内容，每周二在丹阳日报慈善专版登载。慈善政策、慈善动态、慈善捐赠、慈善救助、慈善典型等相关内容，常年在报纸刊载，既宣传了慈善文化，也为做好慈善信息工作公开创造了条件。

2020 年，总会和镇江画报合作，编发图文并茂的丹阳慈善工作专栏报道。

2022 年，总会还和丹阳市“蒲公英”志愿者协会、丹阳市戏剧总团合作，以帮扶困境少年儿童为主题，编排现代慈善丹剧《蒲公英》。当年 11 月 16 日下午，该剧在市融媒体中心演播厅首演，而后又组织到各镇（街道）巡回演出，以艺术形式反映慈善救助项目，广泛传播大爱精神。

2024 年，丹阳市慈善总会还和扬中市慈善总会合作，将其编排的现代慈善锡剧《太平州上》，安排到丹阳云阳街道、延陵镇、吕城镇、界牌镇巡演，让更多群众感受到慈善大爱精神。

同时，注重慈善外宣工作。总会和媒体合作，在《慈善公益报》、《江苏慈善》、“学习强国”等线上线下宣传平台，撰写登载总会慈善工作、慈善典型等宣传文章，拓展了慈善宣传领域和渠道。

（撰文　谢建明　周竹生）

以信为本 向善笃行

2017 年 9 至 11 月市慈善总会组织镇村慈善机构业务培训，图为陵口镇培训现场

丹阳开发区齐梁路 26 号，道路东侧竖有一块蓝底白字的醒目标牌，一个箭头指向东侧大楼：丹阳市慈善总会万通大厦 16 楼。这里是丹阳市慈善总会的办公地址，这里有一群致力于服务困难群众的慈善人。

十二年来，丹阳市慈善总会不断加强自身建设，在陈步荣会长的率领下，牢记宗旨，切实履职，奋发作为，坚守诚信，锻造了一支政治坚定、素质优良、敬业奉献、服务专业的慈善工作者队伍，圆满完成了各项工作任务，塑造了公信诚信的慈善形象，得到党委政府的高度认可和人民群众的充分肯定。丹阳市慈善总会被镇江市人民政府授予“最具影响力慈善组织”荣誉称号，受到丹阳市委、市政府“脱贫攻坚先进集体”等表彰。

一

坚定正确政治方向。

一是把握根本遵循。公益慈善是党领导下的崇高事业，推动新时代慈善事业高质量发展，根本在于坚持党的领导。丹阳市慈善总会成立以来，践行党的宗旨，遵照党的要求，响应党的号召，以此统领慈善工作。认真学习贯彻党和国家不同阶段关于慈善工作的战略部署，按照党的十八大提出“支持发展慈善事业”、党的十九大提出“完善社会救助、社会福利、慈善事业、优抚安置等制度”、党的二十大提出“引导、支持有意愿有能力的企业、社会组织和个人积极参与公益慈善事业”，以及国务院《关于促进慈善事业健康发展的指导意见》、《慈善法》的要求，明确各阶段慈善工作的指导思想和关键措施。始终在市委、市政府领导下开展工作，资金募集、慈善项目、组织建设、慈善宣传等重大方案和重要事项，上报市委、市政府研究同意后实施，依靠各级党委政府支持推进市镇村三级慈善事业发展。

二是坚持服务大局。始终把慈善工作放在全市发展大局中来谋划。每年按照市委全会提出的目标任务，着眼解决困难群众急难愁盼问题，聚焦工作重点，整合慈善资源，科学制订年度慈善工作计划。2013 年以来，重点助力脱贫攻坚（精准扶贫）、全面小康、乡村振兴、共同富裕、文明创建、东西部协作、富民强村帮促等全局工作，发挥自身优势，助力民生保障，为经济社会发展贡献慈善力量。

三是坚持党建引领。市慈善总会现有党员 5 名，原在人事隶属关系单位参加党组织活动。2021 年 9 月，为了加强慈善机构的党组织建设，强化党建引领，按照属地管理原则，经开发区党工委批准，成立了市慈善总会功能型党支部，党员在原单位和市慈善总会党支部参加双重组织生活。总会党支部成立以来，发挥党要管党作用，加强支部党建工作，常态化开展“五事联动”党建活动，围绕不同阶段要求，组织党员线下线上理论学习，开展主题教育，不断提高党员职工思想政治素质，增强做好慈善工作的自觉性。四年来，为更好践行党的宗旨和慈善职责，总会党支部从实际出发，持续开展了“慈善为民志愿服务”活动，主要结合总会实施的慈善公益项目，组织党员和职工深入基层，上门入户，为困难群众提供经济帮困等服务。同时，慈善工作的重大事项都经党支部讨论，以党建更好引领慈善业务工作发展。

二

坚持推进依法行善。

一是切实把握法律精神。依法行善是新时代慈善事业持续健康发展的根本要求，依法行善的首要任务是学法知法。市慈善总会组织全体员工认真学习国家先后颁布实行的《社会团体登记管理条例》、《中华人民共和国公益事业捐赠法》、《基金会管理条例》、《国务院关于促进慈善事业健康发展的指导意见》、《慈善法》、《江苏省慈善条例》等，按照法律要求开展慈善工作。尤其是2016年《慈善法》颁布实施后，为了更好推进依法行善，总会组织市镇村三级慈善机构学法用法，购买下发全市5000本法律文本，专门邀请南大陈友华教授来丹举行慈善法专题讲座。2023年12月《慈善法》修订后又购买下发了400本法律文本，开展了新慈善法学习培训。每年的“中华慈善日”，都要集中学习宣讲《慈善法》，深入领会法律精神，切实践行法律要求。总会在资金募集、慈善救助、资产管理、慈善服务、组织建设等工作中都做到依法办事，每开展一项慈善活动，每实施一个公益项目，都要对照相关法律规定，确保在法律法规范围内开展慈善工作。总会第一届和第二届理事会，还先后由镇江振威律师事务所王宁光主任、江苏沪宁律师事务所主任卢震任理事，加强总会的慈善法律咨询和顾问工作。

二是依法推进内部治理。按照慈善法律法规要求，加强内部治理，不断提升自律能力和自治水平。2013 年 5 月，总会起草《关于加快我市慈善事业发展的实施意见》，经市委、市政府审议通过后正式下发。该《意见》明确了慈善事业发展的指导思想、目标任务和工作举措。而后总会依据相关规定并结合实际，制定了《丹阳市慈善总会章程》，形成内部治理的根本制度。尤其注重科学设置内部治理决策、执行、监督三大机构。决策权力机构为会员代表大会，按规定条件和程序召开大会，讨论决定重大事项。第一届会员代表大会有 562 名会员代表参加，主要由爱心企业、机关事业单位和乡镇负责人、义工团队成员、社会爱心人士等构成，具有广泛的代表性。选举产生由 110 家企业理事、64 家机关事业单位和乡镇理事，以及 9 位个人理事组成的第一届理事会，结构合理，人员精当，作为执行机构，在代表大会闭会期间行使职权。第一届会员代表大会还选举产生监督机构，由市纪委、监察、财政局、税务局、审计局等部门人员组成的监事会。2019 年 5 月总会换届，按照省民政厅统一要求，总会对《章程》作了重要修改，完善了内部治理制度。第二届会员代表大会有 339 名会员代表，主要由爱心企业、机关事业单位负责人、镇村慈善组织负责人、义工团队负责人、社会爱心人士等构成。113 名理事包括企业理事单位 58 家、机关部门理事单位 36 家、镇级慈善分会理事单位 13 家及相关个人理事 6 人。选举产生了 5 人组成的监事会。为了确保总会决策、执行、监督机构各尽其职开展工作，总会制定了理事会、常务理事会、会长办公会议事规则，以及监事会工作制度，明确内部治理机构职责权限和相互制衡的相关规定。理事会、监事会每年按规定召开会议，讨论决定相关重大事项；常务理事会每年至少召开两次；会长办公会每月至少召开一次，讨论决定总会相关日常工作。会员代表大会、理事会、监事会、常务理事会、会长办公会，权责清晰、相互制约，程序分明地开展工作，形成了权力机构民主决策、执行机构高效履职、监督机构有效监督的机制，提高了总会履职和治理能力。市慈善总会还设立了办公室、财务室、义工部、项目部四个办事机构，明确工作职责，落实专职人员，确保了总会工作的正常运转。

三是加强制度规范建设。通过制度形式把慈善法律法规政策的要求具体化，把慈善工作纳入法治化、规范化轨道。丹阳市慈善总会成立以来，不断加强内部管理，根据工作需要，依据相关慈善法律法规和政策规定，制定和完善 50 余项工作制度，总计 10 余万字，涉及组织建设、资金募集、财务管理、项目管理、慈善救助、信息公开、会员管理、人力资源管理、档案文书管理、基层慈善管理、党组织建设等各个方面。制度制定后，根据批准权限，分别由会长办公会、常务理事会、理事会、会员代表大会讨论或审议通过，认真实施。由于切实做到依法履职、依法行善，制度化、规范化开展工作，总会成立以来未发生任何违规行为。

三

着力打造公信慈善。

一是确保公开透明。公开透明是公信慈善的基础。首先是及时报告重大事项，市慈善总会的重要工作、重大事项，及时向市委市政府，以及登记管理部门报告，让上级及时知晓。其次是实行慈善工作信息全面公开。总会基本情况信息在民政部“慈善中国网”平台公开；总会整体工作情况如年度工作报告、财务报告等上报民政部门，并通过统一信息平台向社会公开；总会慈善资金募集情况，包括募集方案、募得款物、支出情况，通过统一信息平台和新闻媒体向社会公开，如总会每年开展的“慈善一日捐”活动情况都要在《丹阳日报》等媒体公开；总会救助情况，在规定信息平台和总会宣传媒体公开救助方案和救助结果，尤其对于各类受助对象，在确定救助前均在其所在村（社区）及总会手机周报等平台公示，公示无异议的方给予救助。同时，每年都要接受民政部门的年度监督检查，接受财政部门的监督检查，接受审计机构的审计。年检报告、审计报告都要上传至国家统一信息平台向社会公开，并送会员代表和理事会成员，接受各方面的监督，切实打造透明慈善和阳光慈善。

二是确保公平救助。公平分配慈善资金，实现公正救助是公信慈善的关键。首先是确保真正困难的对象得到慈善救助，市慈善总会确定全市低保类、低收入类两类困难对象作为救助重点。低保类对象求助需提供权威部门颁发的低保等困难证件。对于低收入对象求助，2013 年至 2019 年期间，总会主要依据“家庭人均收入低于当地低保保障费标准两倍（1600 元）”的原则，由镇民政办出具“低收入家庭证明”的办法，对该类群体予以认定和救助。但在实践中发现对低收入家庭收入的认定存在不统一、不严谨等情况，经深入调查论证，总会于 2020 年 1 月制定出台了《丹阳市慈善救助低收入家庭认定及其收入核定暂行规定》，对低收入家庭的性质、共同生活成员、收入项目、收入计算、收入确定等，都作了科学合理、清晰明了的界定。低收入求助者必须按规定提供家庭成员收入权威证明，由村慈善组织初审，镇民政审核，并填写“低收入家庭共同生活成员月收入核定表”，随其他救助材料报送总会。总会还会组织专人进行入户核查，核查无误才能提交会长办公会讨论，讨论通过后公示到村，公示无异议的才能救助。这样对低保类和低收入两类对象的认定，都做到了科学和严谨。其次是根据求助对象不同困难情况精准公平救助。主要采取慈善救助项目化管理的方法。对于助学、助医、助残、助困、助老等所有慈善项目，都要拟定实施方案，明确救助对象、救助条件、救助标准、救助金额、救助程序，对符合条件的求助对象，依据救助方案对符合条件的人实施标准化审核与救助，确保救助公正公平透明。如对低保类住院大病患者助医，实施医保结算平台一站式救助，对该类对象住院合规费用经各类报销后所余自付金额，目前慈善救助 30%，标准一致，童叟无欺。对于低收入类困难对象的临时救助，主要按其遭逢大病或灾祸产生自付费用2万元以上的，依照总会临时救助实施细则，分档分级对号救助，公平合理，没有歧义。同时，在实施慈善项目过程中，注重做好事前论证，事中评估，事后总结，不断提高救助实效。

三是严格财务管理。规范严谨的财务资产管理是公信慈善的保障。首先，加强财务机构建设。2013 年 5 月，总会初创，为加强财务管理，总会特从丹阳市恒信税务师事务所聘请注册税务师季春华兼职本会财务主管，借用民政局原慈善会一名财务出纳，还向社会招聘一名应届会计专业本科生，共三人从事财务工作。2014 年 7 月，总会借用水务集团一名应届财会专业本科生到财务室工作，2015 年 6 月，总会借用市住建局建管处高级会计师孙松兰接替原兼职财务季春华，担任专职财务主管，加强了财务室力量。着力培养提高本会两名年轻财会人员业务能力水平，在其适应和掌握财会岗位工作要求，通过国家会计专业技术资格考试，分别取得中级会计师和初级会计师资格，能独立承担本会财务管理工作的前提下，2018 年 3 月孙松兰回原单位工作。其次，建立健全财务制度。制定并严格执行《慈善资金管理办法》、《慈善资金管理工作制度》、《工作经费管理制度》、《固定资产管理制度》、《票据管理制度》。慈善资金和工作经费使用，严格实行预决算管理，年度慈善资金预决算方案由办公室和财务室联合提出，经会长办公会讨论，提交理事会审议通过后执行。年度工作经费预决算方案由财务室提出，会长办公会讨论，提交市财政部门批准后执行。严格财会核算管理，按会计法规范记账核算，按审批程序拨付慈善项目资金和工作经费。2014 年成立镇级慈善分会、2015 年成立村级慈善工作站后，实行总会一级法人、分会两级管理、工作站三级节点的财务管理，总会建总账统一资金管理，分会建明细账，工作站建流水账，并实行村账镇管，杜绝财务管理漏洞。总会还加强对镇村慈善组织财会业务培训和财务专项检查，发现问题及时整改。

四

大力加强慈善队伍建设。

构建了市镇村三级慈善组织网络，打造了一支秉持为民初心，服务困难群众的慈善工作者队伍。

一是切实加强总会队伍建设。市慈善总会员工队伍由两类人员构成。一类是不担任现职或已退休的兼职干部。另一类是专职工作人员。2013 年 5 月，市慈善总会初创，市委、市政府选请时任市人大党组副书记、副主任陈步荣同志任总会会长，抽调市人大机关、教育局和民政局各一位不担任现职干部到慈善总会兼职，抽调市民政局原慈善会两位专职工作人员（其中一位 2015 年退休），向社会公开招聘一名专职工作人员，共 7 人组成总会工作班子。为了适应工作需要，总会持续优化调整，不断加强队伍建设。市慈善总会现有员工 9 人（含 4 名退休兼职干部，4 名专职工作人员，1 名借调人员）。十二年来，市慈善总会切实加强思想、组织、作风、业务建设，倾力打造了一支党委政府认可、群众满意、业绩卓著的慈善工作者队伍。其中，兼职干部过去大多担任领导职务，事业心和责任感强，综合素质较高，在总会兼任不同领导职务，工作中起主导和骨干作用。市慈善总会是面向困难群众的日常化慈善服务机构，业务工作面广量大，总会很长一个时期主要以兼职干部为主体组建，因此兼职干部不仅要从事领导工作，更多的是要承担具体的业务工作，在总会岗位承担的工作量，不仅达到甚至超过其在原单位任职时的工作量，工作任务繁忙，全日制上班，经常加班加点。当大多数退休干部享受晚年生活时，总会退休兼职干部则每天上班都要奔忙于资金募集、慈善救助、慈善宣传、内部管理、指导基层、协调单位、服务困难群众等各类慈善工作。他们每个月都要自驾车辆前往分片乡镇联系工作、上门入户困难家庭开展临时救助调查等，十多年如一日，不负重托，无怨无悔，无私奉献自己的时间和精力，始终保持了旺盛的工作状态，以敬业奉献的情怀和形象，为总会年轻同志做出了榜样。总会专职工作人员主要从事办公室和财务室等工作，总会建立完善的培养机制，定期组织理论学习和业务培训，重点开展慈善法律法规，写作技能，会计业务，文书档案等岗位专业知识和技能学习，开展学习体会交流。在实际工作中，注重以老带新，放手实践，增长才干，并以职业化、专业化为目标，要求青年专职工作人员结合岗位职责，参加财会、社会工作等职业资格认证。专职工作人员队伍健康成长，胜任岗位工作，4 位专职工作人员已分别担任总会副秘书长、办公室主任、财务室主任及副主任职务，成为骨干力量。总会还制定了工资薪酬、人员聘用、人员培训、考核奖惩等制度，将专职工作人员队伍建设和人力资源管理纳入了制度化、规范化轨道。

*二是加强镇级慈善队伍建设。*为了拓展慈善工作范围和领域，贯彻上级要求和慈善事业发展内在需要，2014 年 3 月总会拟稿，由市委办、市府办联合印发《关于各镇（街道、开发区）成立慈善分会的实施意见》，首先在导墅镇试点，镇级慈善分会组织架构上，由镇长（主任）任会长，分管副镇长（副主任）任副会长，镇民政办主任任分会秘书长，要求配备工作人员 2 至 3 人。分会的主要工作职责是，积极募集慈善资金，开展扶贫济困慈善救助，深入慈善宣传，组织义工志愿服务，配合总会做好各项慈善工作。试点镇领导高度重视，深入宣传发动，广泛募集资金，组建慈善机构，2014 年 5 月 5 日上午，丹阳市首家镇级慈善分会导墅镇慈善分会成立，募集资金 30.2 万元。市人大常委会副主任、慈善总会会长陈步荣，分管副市长林丹如，各镇镇长（主任）等出席成立大会。而后，各镇级慈善分会纷纷成立，全市 12 个镇级慈善分会共募集资金 1853.77 万元。在此过程中，总会加强组织协调指导，为分会统一制定章程、资金管理办法、救助办法等材料范本，为分会统一制作标牌、公章等，并负责管理分会募集资金确保安全增值。各镇级慈善分会成立后，总会按

照“有组织、有制度、有工作人员、有办公场所、有档案材料、有工作经费”的“六有”标准，持续推进分会建设完善健全和作用发挥。2017年3月21日，总会起草，市委办、市府办下发《关于加强镇村两级慈善组织建设的意见》，明确要求，落实措施，取得成效。2017年9月中旬到11月上旬，市慈善总会巡回全市12个镇（街道），组织镇村慈善工作人员开展《慈善法》以及慈善工作业务培训，既大会宣讲，又现场答疑，提高了镇村慈善组织的履职能力。十年来，各镇级慈善分会从各自实际出发，开展形式多样的慈善活动，共救助困难群众18006人次，发放救助金1235.65万元，同时配合总会开展各类慈善项目，较好发挥了作用。2022年，为进一步加强镇级慈善组织建设，贯彻省市要求，总会配合市民政局在全市12个镇（街道）组建社工站（慈善服务中心），慈善服务中心归属镇级慈善分会领导，由各镇（街道）负责办公场所等硬件建设，民政部门以政府购买服务方式，确定丹阳市善德社会工作服务中心、镇江市国瑞社会工作发展中心两家为第三方专业服务机构，负责镇级社工站（慈善服务中心）的日常运营。为规范建设运营，市慈善总会制定下发《丹阳市镇（街道）慈善服务中心管理办法》。根据协议，第三方服务机构对云阳街道、曲阿街道、丹北镇各派驻专职社工两人，对其他9个镇每个镇派驻专职社工一人，共派驻专职社工15人，12个镇级慈善社工站当年10月全部建成正常运营，强化了镇级慈善组织的力量。为保障镇级慈善社工站运转，在市财政每年拨款90万元的基础上，市慈善总会每年出资30万元。2023年，丹阳市12个镇级慈善社工站顺利通过了镇江市民政局和慈善总会的检查验收。

三是加强村级慈善队伍建设。慈善工作的活力和潜力在基层，只有建设好一支强有力村级慈善队伍，才能动员更多社会公众参与慈善，推动慈善事业更大发展。在全面建成镇级慈善分会以后，市慈善总会迅速将成立村级慈善工作站摆上重要日程。

2014年10月29日，陈步荣会长带领总会同志、开发区及相关村社区负责人，赴浙江桐乡市学习考察村级慈善工作站建设工作。回来后制定工作方案，确定开发区车站社区、马陵村为全市试点单位。2014年12月2日，市委组织部、市民政局、慈善总会联合下发《全市村（社区）慈善工作站试点工作方案》，要求所有镇（街道）各选择一个村试点。经过宣传发动、组织募捐、筹建机构等紧张有序的准备工作，当年12月7日，丹阳市首个村级慈善工作站车站社区慈善工作站成立，共募集资金120万元，市委主要领导、镇江及丹阳市慈善总会领导、各镇领导等参加成立大会。当年12月27日，马陵村慈善工作站成立，共募集资金89.59万元。而后，各镇（街道）试点村慈善工作站陆续成立。市委、市政府高度重视村级慈善工作站建设工作，2015年6月23日召开大会全面部署，并下发《全市村（社区）慈善工作站建设实施意见》，在试点取得经验基础上，全面推开村级慈善工作站建设。各镇村领导高度重视，认真抓好方案制定、宣传发动、组织募捐、成立大会四个阶段的工作。开发区工作力度大，推进速度快，下属38个村（社区）2015年6月底前在全市率先全面建成慈善工作站，共募集资金2152.94万元。云阳街道紧随其后，36个村（社区）2015年8月底前全面建成慈善工作站，共募集资金1004.27万元，该街道迈村村募集资金150.63万元，村民家庭捐赠参与率达100%。到2015年年底，全市191个村（社区）全面建成慈善工作站，当年募集资金4191.05万元，而后建站资金陆续到账，募集资金共达7546.09万元。在建站过程中，市慈善总会加强组织协调和点面指导等，并负责管理村级慈善工作站募集资金确保安全增值。统一制定村级慈善工作站工作规则、资金管理办法、救助办法，以及“致全市村（居）民的一封信”等材料范本，统一制作下发村级慈善工作站标牌和公章，参加试点村成立大会现场指导等。市慈善总会还按照“六有”建设标准，通过下发文件、现场指导、组织培训等多种方式，促进村级慈善工作站健全组织，规范行为，发挥作用，明确村级工作站作为镇慈善分会的工作机构，由村两委会主要领导任站长，配备专人开展慈善工作。2015 年至 2020 年，全市村级慈善工作站主要使用总会每年下拨的慈善资金利息，相对集中在每年元旦、春节前开展慈善救助，并配合慈善总会和镇慈善分会做好各项慈善工作。从 2021 年开始，市慈善总会组织村级慈善工作站，每年参加“99 公益日”网络募集活动，并结合中华慈善总会推出的“幸福家园村社互助工程”项目，要求各村（社区）慈善工作站结合各自实际，着眼于解决群众急难愁盼问题，设置慈善救助和公益项目，利用“99 公益日”平台募集资金，统筹增值利息等其他资源，确保慈善公益项目实施到位。2021 年至 2024 年，仅利用“99 公益日”平台就募集资金 1800 多万元，实施小微慈善公益项目 800 多个。2016 年至 2024 年，全市村级慈善工作站救助支出 4856. 27 万元，累计救助 21. 26 万人次，较好发挥了作用。2017 年 6 月 7 日，镇江市基层慈善组织建设工作经验交流会在丹阳召开，对丹阳市镇村慈善组织建设工作予以充分肯定和表彰。

四是加强义工服务团队建设。实施慈善救助和志愿服务双轮驱动战略。市慈善总会成立之初，就筹建义工服务总队，专人去南京学习考察义工志愿服务工作。2013 年 12 月 4 日，在市会展中心一楼报告厅，召开了“丹阳市慈善总会义工服务总队成立大会”，丹阳市人大常委会副主任、总会会长陈步荣，丹阳市副市长符红海等出席。刚成立的义工服务总队下辖 10 个义工团队：水务集团“碧水情”义工团队、供电公司“萤火虫”义工团队、港华燃气“蓝焰”义工团队、市公安局“蒲公英留守儿童之家”义工团队、“爱在飘扬”义工团队、省丹中“风起笔架”义工团队、“爱心车队”义工团队、“八姑娘民兵班”义工团队、水关路东社区“爱心港湾”义工团队、广电集团“八姑娘帮你忙”义工团队。义工服务总队成立后即制定下发《开展困难家庭慈善义工服务实施方案》，组织对困难群体开展志愿服务。2013 年 12 月，市慈善总会制定下发了《慈善义工及慈善义工团体管理办法》、《慈善义工及慈善义工团体登记注册制度》、《义工服务团队工作规则》、《义工团体使用定向捐赠救助资金管理规定》，加强对义工团队和义工的服务和管理。总会每年初都要召集义工团队负责人会议，商讨年度义工服务计划和项目，每年组织义工培训考试，年底对义工团队工作进行检查考核。和义工团队合作开展慈善公益项目，如和“爱在飘扬”义工团队联合举办暑期青少年公益班；和“如意慈善”义工团队 2021 年开始连续 4 年合作开展“为爱奔跑”慈善公益募资活动；和齐梁义工团队 2020 年起连续 5 年联合开展“连心家园、暖心行动”帮扶失独家庭活动，收到良好效果。由于上下同心，合作联动，有力促进了丹阳市志愿服务活动的开展。2014 年至 2024 年，又有华山医院义工团队、齐梁义工社义工团队、九九爱心社义工团队、群星艺术团义工团队、如意慈善义工团队、凤凰 520 义工团队、爱心义工社义工团队、艺术促进会义工团队、海会义工服务中心、正明力义工团队、“手拉手”义工社义工团队、茶叶学会义工团队、“徽聚爱”义工团队等加入总会义工服务总队。市慈善总会义工服务总队现有 20 支义工团队，注册义工 1079 人，另有非注册义工 3000 多人。10 多年来，义工团队广泛开展助学、助老、助残、助医、疫情防控、文明创建、环境保护、社会治理、社区建设等扶贫帮困和志愿服务活动，成为了大爱丹阳的一道亮丽风景。2014 年至 2024 年，据不完全统计，义工团队组织义工活动 28807 场次，出动义工服务 188596 人次，义工服务 738869 小时，受益群众 988463 人次，投入资金 3501.53 万元，吸收企业商家 1409 家参与慈善公益活动，受到广泛赞誉。2020 年 7 月，市慈善总会还会同市新时代文明实践中心、市文明办，组织开展了慈善义工服务评选表彰活动，对义工志愿服务先进集体和个人予以了表彰。

*五是加强慈善基础设施建设。*市慈善总会成立之初，借用市民政局位于丹阳市云阳街道新民中路29号办公楼3楼办公用房办公。为更好解决市镇村三级慈善组织会议、培训、办公等慈善工作场所，经请示市委、市政府同意，总会理事会审议通过，2015年2月3日，市慈善总会签订房屋购买协议，使用慈善资金利息收入部分的355.478万元，购买丹阳市万通光电科技公司位于丹阳开发区齐梁路26号万通大厦16楼面积759.13平方米的办公用房，万通公司董事长徐洪宝在市场价的基础上，下调购房价格约100万元，优惠出让总会，以表示对慈善事业的支持。市慈善总会2014年12月1日正式搬入新址办公。总会还配备了电脑、打印机、速印机、传真机等现代办公设备。2015年总会还投入20多万元，搭建了与12个镇级慈善分会联通的网络平台局域网，和各镇级慈善分会的文件材料传递、工作联系、财务管理均在网上进行。长期以来，市慈善总会注重科技赋能，数字助善，求新求变，大力发展网络慈善，拓展慈善新领域，开辟公益新场景，提高了募捐能力、管理水平和服务效率。

（撰文　谢建明　李　潇）

善基强固篇

篇首语

本篇汇集反映镇（街道）和教育、海会慈善分会，以及村（社区）慈善工作站工作情况的文章十四篇。

慈善工作的活力和潜力在基层,《慈善法》第九十七条明确规定：“国家鼓励有条件的地方设立社区慈善组织，加强社区志愿者队伍建设，发展社区慈善事业。”

建立和发展基层慈善组织，一是有利于广泛动员人民群众参与慈善，二是有利于高效集聚慈善资源，三是有利于精准服务困难群众。只有把基层慈善组织建设好、发展好，才能奠定慈善事业持续健康发展的坚实基础。

正因如此，丹阳市自2014年起全面推进基层慈善组织建设。2014年所有12个镇（街道）全部成立慈善分会；2015年所有191个村（社区）成立慈善工作站。镇村两级慈善组织成立以来，切实履行慈善宗旨，助力脱贫攻坚、全面小康与乡村振兴有效衔接，倾力服务困难群众，截至2024年，共募集慈善资金9399.86万元，支出慈善救助金6091.92万元，救助困难群众23.06万人次，充分发挥了基层慈善组织的优势和作用。

曲阿大地爱之晖

——开发区慈善分会工作纪实

2014 年 5 月 26 日，开发区慈善分会成立大会现场

栉风沐雨，风雨兼程，开发区慈善分会已走过了十年的历程。十年来，在开发区党工委、管委会的重视领导下，开发区慈善分会秉持扶危济困的慈善宗旨，践行慈善为民、服务为本的初心，开拓创新，奋发作为，推动慈善各项工作取得显著业绩。2014 年至 2024 年，区村两级慈善组织资金收入 4867.66 万元（募集资金 2549.73 万元，利息收入 2317.93 万元），救助困难群众 42133 人次，救助支出 1954.49 万元，慈善工作走在了全市前列。

春暖曲阿，开创新局——开发区慈善发展一马当先

2014 年 5 月 26 日上午，一个春光明媚的日子，市会展中心一楼报告厅，开发区慈善分会成立大会在这里隆重举行。市委常

委、开发区党工委书记赵立群等领导出席会议，分会会员代表大会通过了分会章程、资金管理办法、救助办法，选举了分会一届理事会；随后理事会选举开发区党工委副书记、管委会主任杭春云为分会会长，分管副主任顾熙美为副会长，社会事务局局长毛晓红为秘书长。赵立群常委在成立大会上做了热情洋溢的讲话。成立大会上，爱心企业亮牌捐赠，区领导和所属部门领导“慈善一日捐”捐款，当年分会募集资金就达46.09万元，而后又募集资金350.7万元，分会共募集资金396.79万元。分会的成立并组成强有力的领导和工作班子，为开创开发区慈善事业发展新局面奠定了坚实的组织基础。

2014年下半年，为加强基层慈善组织建设，按照市委、市政府的部署，在市慈善总会的指导下，开发区慈善分会在全市率先作为，全力推进村级慈善工作站建设。党工委、管委会专题研究部署，主要领导亲自抓，分管领导具体抓，分会工作班子落实抓。首先选择在车站社区和马陵村试点，无论进行试点还是面上推开，都把深入宣传发动贯穿始终，通过动员会、编发简报、悬挂横幅标语、公众场合电子屏幕宣传、电视和报纸报道、试点工作站成立会等形式，深入宣传建设村级慈善工作站的目的、意义和作用，充分彰显“人人为我　我为人人　扶贫济困　奉献爱心”的大众慈善意涵，广泛发动企事业单位、村（居）民积极捐款。村（社区）慈善工作站筹建得到广大群众的积极拥护，全区户均捐款参与率达99.5%，每户捐款额平均在100元以上，低保户等困难家庭也办所能及地参与捐款，涌现出一个个爱心传递、充满正能量的感人事例。在此期间，开发区认真组织各村（社区）召开慈善工作站成立大会，2015年6月全区38个村（社区）慈善工作站全部成立，在全市率先做到村级慈善工作站全覆盖。各村（居）委会资金募集基本到位后，都认真组建由“两委会”领导、企业负责人和村（居）民代表参加的工作站理事小组，印制捐款“爱心榜”，公布每一笔捐款明细和资金总额，增强透明度，消除捐赠者疑虑，提升开发区慈善公信形象。通过有史以来最大规模的慈善宣传和资金募集活动，开发区 38 个村级慈善工作站募集善款 2152.94 万元，在丹阳市排名第一，受到省和镇江市的充分肯定和表彰。2017 年 6 月 7 日，在镇江市基层慈善组织建设工作经验交流会上，开发区慈善分会、车站社区和马陵村慈善工作站被授予镇江市“基层慈善组织建设工作先进集体”称号，分会秘书长毛晓红被评为先进个人。

十年来，开发区通过加强区村两级基层慈善组织建设，推动慈善进村入户，动员社会力量，集聚慈善资源。2014 年至 2024 年，区村两级慈善组织资金收入 4867.66 万元，其中分会资金收入 685.72 万元（募集资金 396.79 万元，利息收入 288.93 万元）；村级慈善工作站资金收入 4181.94 万元（募集资金 2152.94 万元，利息收入 2028.99 万元），为开展困难救助奠定了坚实基础。

与此同时，开发区慈善分会弘扬扶贫助残、慈幼养老的优秀文化传统，助力脱贫攻坚（精准扶贫），完善社会救助体系，构建互帮互助慈善机制，使弱势困难群众得到更直接、更及时的帮助。2014 年至 2024 年，区慈善分会还积极使用自身慈善本金每年产生的利息，开展慈善救助活动。2015 年至 2023 年全区 38 个村（社区）慈善工作站，每年主要使用市慈善总会下拨村工作站资金利息 200 多万元，在平时主要开展困难群众临时救助，在每年冬季春节前集中开展助困活动。分会和村工作站还配合市慈善总会开展各类困难救助，形成市区村三级救助网络，及时帮助需要救助的困难群众。

凤凰湖畔，人文壮丽。水晶山上，史迹熠熠。十年来，开发区慈善人情系困难群众，全力推动慈善各项工作快速发展。广泛募集慈善资金，积极实施慈善救助，深入开展慈善宣传，加强慈善队伍建设，十年如一日推进全民慈善，让慈善深入千家万户，促进慈善事业高质量发展，慈善事业成为助力党委、政府民生保障、和谐构建、文明创建的重要力量。

但愿苍生俱饱暖——慈善试点村（社区）独领风骚

2014 年下半年，车站社区被确定为慈善工作站试点之后，社区党支部书记胡小锁就带领社区干部，发动群众以饱满的热情投入到慈善事业中。

试点任务下达后，面对群众认知程度不高等情况，胡书记来到浙江桐乡等地学习先进经验，然后因地制宜，从实际出发，制定建设社区慈善工作站的方案。首先，召开“两委会”、党员骨干会、社区居民动员大会统一思想，明确任务。其次，深入宣传发动，通过发放给村（居）民的一封公开信、在社区悬挂宣传标语等多种形式，广泛宣传，烘托氛围，还专门组织 10 多个工作小组，上门入户到每个居民家中，宣传建站意义和动员募资。再次，大力募集慈善资金，胡小锁书记和“两委会”领导深入社区辖地所有机关部门和企事业单位动员募资，成效斐然。

车站社区在前期宣传动员中很接地气，没有浮夸的大道理，而是贴合老百姓的实际心理，考虑每个人的真实处境。胡书记动员宣讲时说：“谁还没有生病或遇到困难的时候？现在没有困难，以后呢？少吃一顿饭，少抽一根烟，其实大家不在乎那一两百块钱，更在乎人人参与、人人受益的慈善事业。”通过朴实的宣讲，形成浓厚慈善氛围，所谓“一方有难，八方响应”，社区范围内的单位企业和村（居）民参与慈善度大幅提升，口口相传，言传身教，慷慨解囊，都为慈善工作尽一份力，社区居民家庭捐款率达 100%，工作站募集慈善资金达 120 万元。

2014 年 12 月 7 日下午，市慈善总会在车站社区召开丹阳市首家村（社区）慈善工作站成立大会。镇江市慈善总会、丹阳市委和市政府、慈善总会、乡镇领导等参加，并现场指导工作。成立大会通过了村慈善工作站工作规则、资金管理办法和救助办法，确定了工作站理事小组成员名单等。市领导讲话充分肯定车站社区率先成立慈善工作站的重大意义，要求全市各村（社区）

学习车站社区先进经验，大力推动村级慈善工作站建设。

在开发区另外一个慈善工作站试点村马陵村，党支部书记吴霖刚提起当初建站尤其是募集资金工作，也是难掩兴奋，说那真是几十年难遇，盛况空前。

吴书记说，2014 年 12 月 27 日村慈善工作站正式成立，试点铺开慈善事业这个摊子时，因为有人带头，村里氛围极好，老百姓踊跃参与，一个个积极性很高。企业家王国平捐款 12.2 万元，还指定善款的受益人为村里老年群体。像王国平这样的热心人为数不少，为马陵村慈善工作站的创立、发展和壮大做出了杰出贡献。

在马陵村慈善捐款动员会上，当时驻村干部、开发区管委会副主任曹俊现场捐款 2000 元，与会干部群众深受感染。时任市环保局科长、村第一书记束新俊，也一次性捐款 2000 元。吴霖刚书记全家捐款 18.68 万元的举动，展现出村党支部书记对一方百姓强烈的责任感，对马陵村这座家园深厚赤忱的乡土情怀，还有他作为基层干部的那份真诚担当。领导率先垂范的榜样力量，起到了很好的带头和引领作用，全村父老乡亲家家捐款，户户奉献，马陵村募集资金达到了 89.59 万元。毫无疑问，马陵村的干部群众是一群胸怀大义的人、一群无私奉献的人、一群可爱的人，正是有了像他们这样的人，开发区的慈善事业才迎来了蓬勃发展的春天，迎来了万众期待、建设和谐家园、奔赴康庄大道的美好未来。

一枝一叶总关情——开发区村级慈善领头人的感悟

衙斋卧听萧萧竹，疑是民间疾苦声。些小吾曹州县吏，一枝一叶总关情。

慈善工作站的主要负责人都是村和社区的书记。书记是资金募集和分配使用的重要决策者，作为基层干部，与辖区内百姓、企事业单位关系最近、最亲、最深。如今开发区村（社区）网格化管理模式日趋成熟，在慈善工作中也发挥着重要作用。

高楼社区党委丁金平书记、前进社区党总支周秋发书记、嘉荟新村社区党委王金根书记表示，做慈善就是给困难群众送去一杯甘霖，慈善工作站募集慈善资金，由多数人凝聚成力，为因病致贫、因残致贫等困难对象提供慈善救助，这是基层慈善机制的功能，也是惠泽百姓的时代之需。社区慈善工作站构建取之于民、用之于民的慈善体制，真正为困难群众提供慈善服务，也是践行我党全心全意为人民服务宗旨的具体体现。

联观村书记邵金凤、建山村书记丁志峰、普善社区张东方书记表示，在工作站资金募集过程中，由书记带头的村（社区）两委干部是中坚力量，书记有着威信高、影响力广泛及本土天然优势，能够深入群众，充分发挥关系网络效能，动员广大人民群众和企事业单位在慈善事业中发光发热，持续形成合力。

石潭村作为开发区地域最小的村，慈善捐款达到36.71万元。朱英争书记表示，村干部整体素质较高，平时和老百姓交流注重方式方法，能让老百姓感受到政府对他们的关心，这种感化在慈善工作中能起到正面作用，使得石潭村开展慈善工作时，村里捐款参与率达到95%以上。而善款中倾注着广大群众的善意与爱心，无论捐款还是救助，都要坚持公平公正、透明高效的原则，才能让老百姓真正得到实惠，提升信任感。而在募集善款过程中，企业和乡贤都是一股重要力量。如江苏宏福物流有限公司积极支持石潭村慈善事业，一次性捐款达到5万元。采访时朱书记说，当时宏福物流在自身经营上遇到一些困难，但村里一声号召，宏福物流依然迎难而上，拿出真金白银做慈善，足见企业乡贤的社会责任感和村级慈善工作站的向心力。

人生如逆旅，我亦是行人——开发区慈善募捐感人事例

十年来，开发区慈善分会和村社区慈善工作站凝心聚力募集款物，帮助那些被苦难折磨的困难群体重拾尊严，再一次重拾生

活的信心，感受开发区这个大家庭里的温馨与幸福。

2015年全区成立村级慈善工作站，组织开展了史无前例的大规模慈善资金募集，开发区范围内所有的企事业单位，几乎都进行了爱心捐赠，无论是大亚集团等头部企业，还是中小微企业及其他单位，大家都支持慈善、造福桑梓、慷慨解囊，企业捐赠占所有捐款的60%以上。而开发区的每个村民、居民家庭也都伸出爱心援手，邻里互助，踊跃捐款，此情此景，蔚为壮观，实为大爱曲阿的生动体现。

2015年前艾村慈善工作站募集资金70.754万元，其中虞云路书记捐款5万元，丹阳市华莱士药用玻璃制品有限公司、江苏天凝玻璃制品有限公司等企业也各捐款5万元，翻开前艾村慈善爱心榜，这些捐款数字赫然在目，非常亮眼。

在众多捐款名单中，我们发现有一个很特殊的案例，让人忍不住倾听他与开发区慈善事业之间的故事。他就是开发区颜春村村民秦荣（化名），平时以修鞋为生计，多年前身患残疾，行动不便，只能依靠开发区政府救助，申请了低保，现住前艾村敬老院。尽管收入低微，条件拮据，但秦师傅一口气拿出2000元捐给开发区慈善分会。他说："政府每年给我生活补贴和困难援助，给我安排住的地方，我也要知恩图报，以微薄之力去帮助其他弱势群体。"

也许有人说：你都自顾不暇了，哪有什么多余的钱去做慈善做好人？秦师傅的回答是，钱包虽然不富裕，但是他心底承载的仁爱很富足，借着开发区慈善分会成立的机会，他想将这份仁爱传递给更多的人，让那些弱势群体也能感受到人间的温暖。

因为懂得，所以慈善。

在马陵村，也有一名残疾人魏河（化名）顶着家庭经济条件捉襟见肘的困难，在马陵村慈善工作站募集资金的时候专程跑了一趟村委会，将自己积攒的零花钱捐给村里，数额是200元，工作人员回忆说，他都是一个个硬币往外掏，这一幕令人心酸而又肃然起敬。

开发区涌现出很多像秦荣和魏河一样“滴水之恩当涌泉相报”的捐赠者，他们是开发区千万个心存爱心善念者的代表，他们的力量也许是微小的，但涓涓细流汇成奔腾长河，为开发区慈善事业注入了越来越澎湃的力量。我们之所以对这些爱心榜上的诸多案例产生共情，是因为在他们身上我们分明感受到人类在面对苦难而诞生的集体智慧和高尚情怀，一个人做不到，一群人能做到，一个人有困难，一群人帮助他，唯其如此，国家社会才能不断发展，存续悠久。

从苦难中开出花儿——开发区慈善救助感人事例

慈善救助是慈善工作的出发点和落脚点，开发区区村两级慈善组织始终聚焦困难群众急难愁盼，尽心尽情尽责搞好慈善救助服务。2014 年到 2024 年，开发区慈善分会救助支出 2365.05 万元（临时救助 2298.28 万元，助困 6.677 万元），救助困难群众 2285 人次（临时救助 2132 人次，助困 153 人次）；开发区慈善工作站救助支出 1717.98 万元（临时救助 1645.29 万元，公益项目 72.69 万元），救助困难群众 39848 人次（临时救助 33772 人次，公益项目覆盖 6076 人次）。

这一个个令人瞩目、令人感奋的数据，背后承载着的是开发区慈善人的点点滴滴与不懈付出，开发区慈善人始终坚持以人为本，服务群众，助力脱贫攻坚、全面小康、乡村振兴、共同富裕，通过救助困难群体传递丹阳温度，彰显人文情怀，打造慈善品牌。

2024 年 7 月 19 日上午，市长宋飞雄一行来到开发区白血病患者陈静（化名）家中。正在就读高中的陈静突发急性白血病，由于母亲残疾，父亲为了照顾女儿治病忍痛辞掉工作，家庭原本就经济拮据，现在因孩子重病更加困顿。开发区区村两级慈善组织得知情况后，为其申请慈善救助。宋市长等领导亲自把 20 万元慈善救助金送到陈静家中，帮助其解决因病经济困难，并鼓励陈静早日战胜病魔，完成高中学业。

家住曲阿街道善巷社区平楼下村的吴燕，9岁那年患上爆发性肝炎，虽然控制住了但一直服药，后来她父母也相继生病，家庭经济可谓雪上加霜。吴燕18岁时母亲去世，5年后奶奶去世，吴燕和父亲相依为命。她20岁时肝病再次发作，父亲带着她辗转各地求医问药，但是效果并不理想，医生明确告知需要肝脏移植手术才能救命，但手术费高达100万元，这对吴燕家庭来说无疑是天文数字。贫病交加的吴燕无奈只能向社会求助。善巷社区了解到吴燕的困难后，按照临时救助实施细则规定，经过申报、审核和公示，于2021年11月给吴燕送去4万元救助款，缓解了吴燕的因病经济困难。

双庙社区居民束伟庆原本有一个和睦可亲的小家庭，但女儿突患血液病，医院通知他必须为女儿做骨髓移植才能续命。这个噩耗一下子击垮了原本和和美美的家庭，这几年束伟庆为女儿的病情备受煎熬，在求医治疗的过程中深受打击，双庙社区了解到他的家庭情况后，为他申请临时性困难救助，救助金额达到7万元，为束伟庆的小家庭献上爱心，解了燃眉之急。

还有华甸社区的程泊（化名）、前进村的胡宙（化名）、荆林村的周景（化名）、张巷村的张伟，他们因患血液病，所在村（社区）均急困难群众之所急，积极为其申报临时救助，为他们每人争取到10万元或20万元不等的慈善救助款，这些受助对象经救助治疗，大多痊愈或缓解，开始了新的人生。

帮助吴燕和束伟庆等这样在人生苦难中浮浮沉沉、奋力求生的困难群众，正是慈善救助的社会意义所在。数以万计的困难群众，得到了开发区区村两级慈善的帮扶和救助。“解你之忧，免你苦厄，春风送暖，大爱人间”，这是开发区慈善人十年来秉持的信念，是开发区慈善救助工作的诗意表达，从苦难中开出花朵就是对慈善事业最好的奖赏。

幸福进万家——开发区慈善文化枝繁叶茂

弘扬慈善文化，传承慈善精神，是推进慈善事业发展的基础性工作，开发区慈善分会注重慈善文化的力量，优化慈善宣传的方式，多年来在慈善活动和实践中，着力提升广大人民群众的慈善意识。2014 年建立慈善分会，2015 年全面建立村级慈善工作站，以此为重要契机，广泛开展了慈善文化宣传。

赠人玫瑰，手留余香，慈心善举，功德无量。“您奉献的一片爱心，是对困难群众的无私帮助，您送出的一个善举，是精神境界的高尚升华。”这是 2014 年 11 月开发区车站社区党总支和居委会，在建站宣传动员时，发送给全体居民一封信里的语言，措辞优美，寓意深刻，后来在开发区全面推广。社区还印发了“用您的爱心滋润苦痛的心灵，让爱心点燃爱心”的小卡片送给捐赠人，作为对慈善工作做出贡献的荣誉和见证，用这些接地气的宣传方法，将做慈善的概念落地，化为一个个生动细节，真正让辖区老百姓感受到助人为乐的重大价值与感恩社会、回馈社会的人生意义，在开发区人民群众当中营造浓郁的慈善文化氛围。

慈善文化进万家。近年来，在丹阳市慈善总会的指导下，开发区慈善分会积极推进“幸福家园”村社互助工程，助力巩固拓展脱贫攻坚成果、乡村振兴和共同富裕，以解决特定困难对象突出问题为导向，主要选准选好困难帮扶、急难救助、大病医疗救助、扶老助孤等慈善救助项目，同时兼顾福利设施、生活环境等公益互助项目。为给这些项目提供资金保障，2021 年以来，分会组织慈善工作站积极参加“99 公益日”网络募集专场活动，以“丹心向阳　爱我家园”为主题，开展资金募集和慈善活动，募集资金 247. 9 万元，实施小微慈善公益项目近 200 个。开发区慈善分会还着力加强志愿服务，建立区村两级志愿者服务队伍，宣传慈善文化，开展志愿服务，动员广大群众积极参与“幸福家园”慈善公益活动，在开发区营造了积极向上、正能量的慈善文化氛围。

福因公信得，法治常加护

开发区慈善分会和38个慈善工作站，各有一份爱心榜名单和详细的工作守则、资金管理、慈善救助等制度，募集资金各有其法，但殊途同归，每年分配资金、扶贫济困的方法也是大同小异，都有详细的台账记录和归档。取信于民，造福于民，是开发区慈善人的信念，随着《慈善法》颁布实施，“依法行善，依法治善”成了慈善组织的座右铭。10年来，本着把好事做好，经得起社会监督和历史检验的意愿，开发区慈善分会着力推进规范化建设，加强内部治理和严格管理，明确职责，完善制度，规范管理。在资金募集上，依法募集，不搞强捐，公布捐款，使捐助者放心。在慈善救助上，明确条件，制定标准，规范程序，救助决定理事小组集体讨论，拟救助对象公示到村，救助金打卡发放，使得慈善救助公开透明。尤其严格财务管理，把好善款进出关，配备专职财务人员，经常开展财务检查，接受总会和审计检查监督，取信于民。2021年，开发区又成立了社工站（慈善服务中心），慈善服务中心作为慈善分会的工作机构，由第三方负责运营，招聘2名专职社工，有效加强了慈善工作的力量。

面临新时期、新形势、新任务，开发区慈善工作把握新机遇，迎接新挑战，坚持与时俱进、不断创新，促进慈善事业高质量发展。在推进网络慈善、现代慈善等方面积极发力，利用互联网、自媒体等年轻人喜闻乐见的方式，为慈善模式引入更丰沛的源头活水，进一步提升慈善资金募集、慈善项目实施水平。

未来就在脚下，开发区慈善分会将牢记使命，进一步为困难群众提供优质慈善服务，一如既往地持续开展各项慈善活动，确保每一笔善款都能做到救到实处、效益最佳；进一步加强自身建设与内部管理，争创一流业绩，为大爱丹阳创造更加温暖怡人的春天。

（撰文　刘圆娟）

十年慈善耕耘　共绘大爱云阳

——云阳街道慈善分会工作纪实

云阳街道慈善分会慈善社工站开展慈善公益活动

云阳慈善文化历史悠久。城东的万善塔和海会寺，人民公园内的唐中和铜钟，城中的吕凤子故居，都在诉说着这座江南古邑积淀的慈善情怀和底蕴。

一千多年前，李白在此写下《丁督护歌》：“云阳上征去，两岸饶商贾。吴牛喘月时，拖船一何苦……”诗中所写纤夫生活之苦，引起我们对劳动者的深切同情，情思悠远，深厚凝重。如今，走进新时代的云阳人，“心怀万善，身行百德”，爱心故事与人物层出不穷，大爱和感动在这片土地枝繁叶茂，已经成为这座城市闪亮的名片、最美的风景，更成为助力云阳高质量发展和共同富裕的时代力量。

善念微火成炬，善行涓滴成河

时间回到2014年，为加快推进慈善事业的发展步伐，加大对弱势困难群体的救助力度，在市委、市政府的统一领导和市慈善总会的指导下，6月6日云阳街道慈善分会正式成立。分会成立大会聘请市委常委、街道党工委书记金夕龙为名誉会长，选举街道党工委副书记、街道办主任李庆丰任分会会长，街道办副主任贡学平任分会副会长，街道民政办主任马月芳任分会秘书长。成立大会通过云阳街道慈善分会章程、资金管理暂行办法，选举产生了由街道相关部门负责人、爱心企业负责人15人组成的分会一届理事会，以及由街道纪检、财税部门负责人5人组成的监事会，分会形成了完善的内部治理机构。

云阳街道慈善分会在筹建过程中，大力开展慈善资金募集活动。云阳街道的规模企业鱼跃公司、恒宝公司、云阳集团、丹凤集团、天怡房产，除向市慈善总会踊跃捐款，成为总会企业副会长外，在街道和村（社区）组建慈善组织时也都慷慨解囊，并当选分会企业副会长。万泰科技、水中仙有限公司、奥尔帝光学、迈技科技、建亚树脂等中小企业也都积极捐赠。分会成立当年就募集资金77.196万元。分会成立后持续推动资金募集，截至2024年共募集资金114.396万元，按规定交由市慈善总会负责保值增值。2014年至2024年，分会资金利息收益93.448118万元，资金总收入达207.844118万元，为开展慈善救助奠定了坚实基础。

救助困难群众是建立慈善组织的出发点和落脚点。云阳街道慈善分会成立以后，针对辖区人口基数大、困难群众数量多的实际情况，急困难群众之所急，在积极配合市慈善总会实施慈善公益项目的基础上，还使用分会增值资金，大力开展慈善救助活动。2014年至2024年，共救助困难群众3850人，发放救助金84.34万元，其中临时救助1716人，发放救助金67.84万元；其他助困2134人，支出助困金16.5万元。2022年下半年，云阳街道还成立了社工站（慈善服务中心），把社工服务、慈善救助、志愿服务三者紧密结合起来，更好地为弱势困难群众提供全方位的慈善公益服务。分会成立十年来，秉持慈善宗旨，切实履行职责，优质慈善服务，各项工作取得明显成效，2017年6月7日，云阳街道留雁村、迈村村被评为镇江市基层慈善组织建设工作先进集体，分会秘书长马月芳被评为先进个人。

2015年，按照全市的统一部署，为进一步加强基层慈善组织建设，云阳街道慈善分会全面推进村级慈善工作站建设，3月30日下发《关于建立村（社区）慈善工作站的实施意见》，成立村级慈善工作站筹建领导小组，形成主要领导亲自抓、分管领导具体抓、工作班子落实抓的工作机制。留雁村成为第一家试点村。

留雁村"两委会"把发展慈善事业作为大事来抓，成立工作小组，广泛宣传发动，3月1日印发"人人为我我为人，扶贫济困献爱心"给全体村民的一封信，并运用多种形式深入宣传，提高大家对建立村慈善工作站重要意义的认识，发动村民积极捐赠，掀起了爱心捐赠的热潮。两委会领导深入辖区内的单位、企业，联系在外乡贤等动员爱心捐赠，经过广泛深入发动，留雁村慈善工作站建站募集资金80.3万元，其中爱心企业捐款45.03万元，爱心人士捐款13.71万元，留雁村党员、干部及村民捐款13.4728万元，村民户捐参与率达100%。村里有位远近闻名的老党员胡法兰，他六十多年如一日地热心公益。在村里成立慈善工作站时，这位老党员将本用作自己八十岁生日费用捐出，胡法兰说："我能在80岁的时候看到留雁村慈善工作站成立，既开心又欣慰。为了表一份心，尽一份力，我决定不过生日不祝寿，不放鞭炮献爱心，省下1080元的生日花费捐给村慈善工作站。"像胡法兰一样支持慈善、自觉捐赠的人，在留雁村比比皆是。

2015年4月2日，留雁村像过节一样热闹。这天上午村慈善工作站成立大会召开，大会审议通过村慈善工作站工作规则、救助办法、资金管理办法，村支书冷荣俊当选工作站站长，并由村干部、企业代表、村民代表5人组成工作站理事小组。企业、爱心人士、村民小组的代表现场亮牌捐赠。与会市领导金夕龙、市慈善总会会长陈步荣先后讲话，对工作站成立提出期望和要求。慈善工作站的成立，开启了留雁村慈善事业发展的新篇章。

留雁村慈善工作站成立后，积极配合市慈善总会开展各类慈善公益项目，并每年使用村慈善工作站慈善本金产生的利息，对村里的困难对象进行慈善救助，2015年至2024年，共支出慈善救助及公益项目资金61.571万元，困难救助及公益项目覆盖1002人次。2021年以来，留雁村慈善工作站积极参加“99公益日”慈善资金网络募集、大力推进“幸福家园”村社互助工程，做好“家门口慈善”服务工作，让更多困难群众获益，更好助力巩固拓展脱贫攻坚成果，促进乡村振兴和共同富裕，充分发挥了村级慈善组织的作用。

慈心为本情似海，善举为民志若山

自2015年留雁村试点成功后，云阳街道下辖的16个行政村、28个社区全面推开慈善工作站建设，镇村两级慈善组织网络初步形成，2015年建站首年即取得显著成效，44个村（社区）募集慈善资金975.29万元，按规定交由市慈善总会负责保值增值，2015年至2024年，利息收入932.04万元，全部用于救助困难群众和公益项目。

这里有很多爱心捐赠和热心救助的故事。

在云阳街道迈村村，一位老村干部回忆起当年慈善工作站成立时募集慈善资金的过程仍感动不已。以前，迈村是有名的穷村，但成立慈善工作站时竟募得150余万元的善款，如此大的金额从何而来？缘何企业和村民都愿慷慨解囊？他说在劝募过程中，总结出三个“想不到”，这些发现更让他真真切切地感受到了迈村人互帮互助的精神。第一个“想不到”是“村里有一位退下来的老干部，自己还生着病，得知村里要成立慈善工作站了，硬是要捐1000元。大家劝他少捐一点，可他就是不肯，在我们村，有一大群这样的人”。第二个让他“想不到”的是企业的鼎力支持，“一些企业本身效益不佳，但他们宁可自己克服，也要挤出钱来参与慈善。更有在外地的企业老板，打电话让村里等等他——‘哪怕晚一点，我也要参加捐款’。”参与建站捐赠的企业共有53家，爱心捐赠达92.11万元。“第三个令我意外的是家庭贫困的村民，尽管他们不富裕，却仍坚持捐50元、100元”。别看数目不多，但对于贫困家庭来说，已经是十分不易。正是凭着这种“舍小我、为大我”的奉献精神，迈村村募集慈善资金150.636万元，居于全市村级慈善工作站募资首位。

而在云阳街道大定船社区，“布衣慈善老人”姜听听的故事更是让人动容不已。老党员姜听听曾参加过抗美援朝，1986年从市委党校退休，老人行善60多年，捐款20余万元，个人捐款总额名列镇江市前三名。他秉持一生的善行大爱受到了社会的广泛尊重，先后被江苏省、镇江市和丹阳市授予“最具爱心捐赠个人”、“慈善行为楷模”等称号。2019年末，姜老的老伴代他将1000元爱心款送到了居委会，还向丹阳市慈善总会捐赠2000元，这是姜听听老人最后的两笔捐款。2020年5月，这位爱心老人离世，最后还将遗体捐给了江苏大学医学院。

正是有无数个像姜听听、胡法兰这样的凡人善举，微火成炬，涓滴成河，让爱在云阳这块大地上蓬勃成长，谱写一曲曲和衷共济、守望相助的动人乐章。

社会救助是慈善工作的出发点和落脚点，云阳街道各村（社区）慈善工作站成立后，充分发挥救助职能，坚持物质帮扶与服务帮扶相结合，慈善救助与公益项目相结合，着力提高慈善救助的综合效益。2015年至2024年，云阳街道村级慈善工作站慈善救助和公益帮扶33115人次，发放救助金785.48万元，其中临时救助16577人次，发放救助金616.18万元；公益项目覆盖16538人次，支出资金169.306万元，充分发挥了村级慈善组织的作用。

“云阳街道慈善分会成立十年来，慈善网络已实现全覆盖，构建了完善的慈善服务体系，成为社会捐赠、社会救助的重要渠道。”云阳街道慈善分会秘书长王丹向我们介绍云阳街道慈善工作的成绩，云阳街道44家村级慈善工作站自正式挂牌以来，有效运行，积极挖掘慈善资源，提供精准慈善服务，社会救助成效显著。

太阳城社区有一个叫刘兴红（化名）的小学生，2016年突发白血病，父母原本收入不高，又因小孩生病停下了工作，巨额的医疗费用使这个家庭陷入困境。得知情况后，街道和社区慈善机构迅速展开救助，向市慈善总会申报救助，时任丹阳市市长黄春年亲自将10万元救助款送到刘兴红家，帮助他们解决经济困难。小兴红最终战胜病魔，恢复了学业和正常生活。

在云阳街道汤甲村村委会，服务大厅内悬挂着一面红色锦旗，上书“大爱无疆显真情，扶贫助困暖人心”十四个大字，落款是一位汤姓村民。“这面锦旗看似很寻常，但其中饱含着深深的情感。”汤甲村党总支副书记汤秋芳说。

原来，送锦旗的村民汤先生40多岁，被查出患有肝癌，给这个并不富裕的家庭带来了不小的打击，汤先生的妻子四处打工筹钱。村慈善工作站及时上门了解情况，“村里的慈善工作站，还有如意慈善义工团队、爱心企业都伸出了援手，还帮助他申请了市慈善总会大病救助款7000元”。汤甲村慈善工作站负责人说。村里给每位成年村民投保的城乡居民大病保险也发挥了作用，1万多元的理赔款按时到账。一笔笔爱心款让陷入困境的汤先生一家感受到了社会的真情大爱。

云阳街道慈善分会和各村级慈善工作站，对汤先生这样陷入困境的个人和家庭开展了多种多样的救助活动。仅在2023年，云阳街道慈善分会就临时救助困难群众368人，发放救助金15.54万元；资助爱心超市5万元，受益1434人；公益项目支出21.33万元，受益1420人次。同时，2023年年度，各村（社区）慈善工作站救助困难群众1484人次，发放救助金78.5万元。此外，向市慈善总会申请临时救助172人，救助金额77.8万元。云阳街道将慈善工作深深扎根于社会的土壤中，以其无私的奉献和持久的关怀，赋予了困难群体无尽的活力与希望。

在募集慈善资金，开展慈善救助的同时，云阳街道慈善分会注重弘扬慈善文化，加大宣传力度，坚持日常宣传与主题宣传相结合，采取多形式、多角度、全方位开展慈善宣传，传承慈善理念，公民慈善意识不断提高。街道慈善分会通过开展慈善救助活动，营造舆论声势，让社会各界广泛了解慈善、大力支持慈善、积极参与慈善。同时，注重宣传典型事迹，尤其宣传爱心捐赠做出奉献的爱心企业、爱心人士及热心帮扶困难群众取得显著成绩的组织和个人，以先进典型感染人、启迪人、教育人、鼓舞人，进而形成了全民参与、携手慈善的社会氛围，为慈善事业的长足发展奠定了良好的思想和群众基础。

如在2022年年底，第四届江苏省“最美社工”评选中，云阳街道朝阳新村社区党委书记、慈善工作站站长、“爱家园”志愿者服务站主任林波，荣获江苏省民政厅“最美社工”称号。在最基层工作十四年，林波有着丰富的基层治理经验和社会工作项目策划、统筹经验。根据服务群体、服务内容和服务要求的不同，她积极整合社会资源，创新开展专业组团式服务模式，先后组建了心理关爱、精神残疾关爱、环保垃圾分类、退伍军人等志愿者服务队伍，组建起具有专业能力、服务特色和务实作风的志愿者团队，开展了切实有效的综合志愿服务活动。林波说：“帮助别人，为他们在寒冷中送去真挚的温暖，别人快乐，我也快乐，我将一如既往、无怨无悔地做下去。”

林波是各类慈善先进典型的代表之一，还有无数情操高尚、乐于奉献的慈善人在奋力前行。让我们向那些默默奉献的基层慈善工作者们致敬，感谢他们为社会做出的贡献，他们的善举，让处于困境中的人们感受到社会的温暖，重新燃起了生活的希望。慈善工作的意义，不仅在于帮助那些需要帮助的人，更在于传递着一种人性的光辉与力量。他们用自己的行动，诠释了爱的真谛，为社会的和谐与稳定贡献着自己的力量。

水有源，故其流不竭；木有根，故其生不穷

进入新时期，承担新使命，云阳街道镇村慈善组织适应新形势和新任务，全力推进基层慈善创新转型，促进慈善事业高质量发展，更好地帮助困难群众。

2021 年开始，云阳街道慈善分会每年组织所属村级慈善工作站，积极参加“99 公益日”网络募集活动，取得明显成效。2021 年募集资金 72. 49 万元，获得上级配捐 4. 25 万元；2022 年募集资金 59. 14 万元，获得上级配捐 11. 57 万元；2023 年募集资金 65. 24 万元，获得上级配捐 9. 22 万元；2024 年募集资金 72. 38 万元，配捐 9. 82 万元，为实施慈善公益项目筹集资源。

2022 年开始，云阳街道镇村级慈善组织，按照上级要求并结合各自实际，积极推进“幸福家园”村社互助工程，聚焦困难群众急难愁盼和乡村振兴等公益需求，科学设置慈善公益项目，并以“99 公益日”平台募集资金，用于“幸福家园”村社互助工程项目，做到两结合两促进。2022 年至 2024 年，街道所属 44 个村（社区）慈善工作站，推进“幸福家园”村社互助工程项目 100 余个，支出资金近 200 万元，更有效地帮扶困难群众和实施相关公益项目，取得明显成效。

2024 年，云阳街道慈善分会为了更好地服务社区居民，推动社区慈善高质量发展，全面推进基层慈善创新转型，全力提供“家门口慈善”服务。云阳街道作为丹阳市创建镇江市级“家门口慈善”服务试行示范镇，把这项工作作为为家门口弱势困难群

众提供更全面更优质服务，作为巩固脱贫攻坚成果、促进共同富裕、健全基层社会治理的重要抓手，街道高度重视，由领导挂帅推进，落实具体措施，并试点先行，选择迈村村作为示范试点村，先行先试，而后推开。

迈村村两委会高度重视“家门口慈善”服务工作，成立工作推进小组，下发实施方案，积极推进社区慈善指导思想和工作方法创新转型，努力做到“六个转变”：由被动救助向主动救助转变，由“输血式”救助向“输血”和“造血”一体救助转变，由传统救助向个性化救助转变，由经济帮困为主向物质精神服务综合救助转变，由慈善单一救助向“慈善 + 社工 + 志愿者 + 网格员”融合救助服务转变，由困难帮扶为主向慈善救助和公益项目结合转变。

迈村村在推进“家门口慈善”服务具体工作中，由村组长、网格员和志愿者等组成工作小组，明确分工后上门入户排查困难对象，掌握需要帮扶的具体需求，一人一档，动态管理，一户一策形成帮扶方案，明确帮扶目标、方法和措施，把主动帮扶落到实处。积极推进“造血式”帮扶，为 15 名困难残疾人联系简易手工加工工作，每年人均可增加收入 3000 元以上。同时把慈善救助和公益项目结合起来，建立完善居家养老、残疾人之家、社区卫生室综合服务中心，提供老年人日间照料、文化娱乐、康复锻炼、心理辅导、法律援助等服务。加强老龄化服务，建设了 1500 平方米的老年食堂，2024 年 11 月 8 日运行，为社区全体老人提供助餐服务，其中对困难及孤寡老人每餐减免费用 5 元左右。还成立由村组干部、网格员、爱心人士等组成的 15 人志愿服务队伍，为困难帮扶和公益项目开展综合服务。

2024 年 6 月 27 日上午，镇江市慈善总会会长李国忠、民政局领导等一行，来丹调研基层慈善创新转型和“家门口慈善”服务工作，现场参观迈村村，对该村推进家门口慈善服务工作成效予以充分肯定，要求进一步完善提高，在云阳街道及全市推广。

云阳街道慈善分会负责人介绍了“家门口慈善”服务创建工作开展的思路。

“家门口慈善”服务工作突出问题导向，努力做到“主动发现、及时救助、精细管理、优质服务”。

他说：“我们成立了由街道慈善分会会长任组长、分管领导任副组长，民政岗工作人员及各村（社区）慈善工作站站长共同组成的领导小组，积极推进‘家门口慈善’服务工作，对困难群众做到应救尽救。”坚持申请救助与主动发现相结合，发挥“大数据+网格化+铁脚板”机制在救助领域的作用，通过数据预警、来信来访、走访调研、定期排查等，拓宽主动发现渠道。搭建“一门受理、协同办理”机制，云阳街道部门联动，建立困难家庭需求与社会救助资源精准对接的大平台，实现精准救助与有效帮扶。

云阳街道的“家门口慈善”服务，始终都是以群众急难愁盼问题为出发点。

针对社区人口老龄化程度高，独居孤寡老人多、残疾人多、新市民多的现状，大定船社区坚持慈善为民、精准帮扶，在居民小区建成了一批“孝心楼道”、“和美楼道”等，传递尊老爱幼、邻里守望的正能量，成为“家门口慈善”服务的生动体现。2024年5月12日，大定船社区慈善工作站在社区礼堂，开展了一场以“感恩五月天 情系母亲节”为主题的母亲节活动。100多位社区老人在社工的带领下，用感恩的歌声，用感恩的手势舞，在母亲节活动中共同推动“家门口慈善”服务走深走实、见行见效。大定船社区党委书记蒋成平表示，我们以志愿者服务站为阵地，以慈善超市为载体，以困难群众为核心，开展了系列慈善活动，给困难家庭发放生活物资、为因病致困家庭捐款、组织爱心暑托班……实现对困难群众“面对面、零距离”帮扶。社区还专门为爱心人士建起了“家门口的榜样”宣传牌，让他们的事迹带动更多人参与到“家门口慈善”服务之中。

云阳街道“家门口慈善”服务以社区为基础，不仅明确慈善救助的有效路径和具体举措，保障救助服务供需链畅通，实现精细化救助，完善长效化帮扶机制，还注重链接社会组织资源。针对村（社区）具体情况，因地制宜，创建特色品牌项目，成立镇江市首家“云上阳光”社区公益基金会，先后在振兴路社区、化肥路社区开展“花开振兴童享美好”“暖暖云阳微孝一餐”等为老为小公益项目。“安康通”公司以大定船社区为依托，打造特色居家养老服务，通过提升上门服务覆盖率，更好满足失能、半失能及高龄老人的健康照护需求，减轻社会和家庭的负担。“稻草人”社会组织以兴隆苑社区为据点，创建云阳街道的省级儿童“关爱之家”，定期根据青少年需求开展相应活动，同时安排专业社工带领志愿者对此区域内的困境儿童进行定期走访，关心困境儿童的生活和成长，搭建多元化儿童关爱服务平台。“温馨园”养老院充分运用迈村居家养老服务中心的基础设施，严格按规定提供政府购买服务方式运营，满足周边老年群体的食、住、娱等需求。

云阳街道慈善社工站负责人表示，云阳街道在推进“家门口慈善”服务中，创新推进“1+4+*N*”的运营模式，即“1”是以慈善社工站为枢纽平台面向困难群体开展“一站式”服务，注重个案管理的精准化、差异化；“4”是以社会救助、儿童关爱、社区治理和养老服务4大领域为主要服务范围，发挥街道慈善社工站的专业性，综合性；“*N*”是围绕4大领域的民生问题和社会服务需求，发掘和链接公益慈善力量广泛参与社会服务，吸引党员干部、乡贤、退役军人、爱心企业、爱心人士等参加，构建社会力量参与慈善的协同网络。

下一步，云阳街道慈善分会将充分发挥慈善社工站的作用，聚焦便民服务、慰老关怀、安全教育、青少年护航等方面，常年开展各类公益活动，定期开展大型活动，让参与的人更多、普惠面更广，使“家门口慈善”服务真正嵌入基层社会治理。通过

“家门口慈善”服务品牌的创建，使更多的人了解慈善、关心慈善、支持慈善，让更多困难群众直接受益，让社区慈善工作提质增效。

十年来，云阳慈善人用爱与责任编织着温暖的网，岁月悠悠，慈善之路虽长且艰，但正是这份不懈的坚持与努力，让云阳这块古老大地的每一个角落都沐浴在了爱的阳光之下。我们见证了无数泪水转化为笑容的奇迹，感受了心灵得以慰藉的温暖力量。

十年慈善耕耘路，慈善之花正竞相绽放出最绚烂的光彩，共同绘就了我大爱云阳！

展望未来，云阳街道慈善分会将砥砺前行，不断加强社会救助兜底保障力度，奋力实现慈善事业高质量发展，为建设富强美高新丹阳贡献力量。

（撰文　尚宇平）

眼镜之乡的大爱情怀

——司徒镇慈善分会工作纪实

2014 年 6 月 26 日，司徒镇慈善分会成立大会现场

丹阳是全国闻名的“眼镜之都”，而司徒镇又是眼镜产业在全市独占鳌头的“眼镜之乡”，司徒镇不仅经济社会发展强劲，慈善工作也走在全市前列。眼镜之乡的慈善事业，是一曲动人的交响乐，每一个参与其中的人，都是这曲交响乐中的一个音符，他们以自己的情怀和行动，共同谱写着慈善之歌。

砥砺前行——不断壮大的司徒镇慈善分会

2014 年 6 月 26 日，对于司徒镇而言，是一个值得铭记的日子。这一天，一场庄重而热烈的会议正在进行，这里汇聚了司徒镇的领导、社会各界的爱心人士，他们共同见证了一个历史性的时刻——司徒镇慈善分会的诞生。会议审议并通过《司徒镇慈善分会章程（草案）》和《司徒镇慈善分会资金管理办法（草案)》。会议选举产生理事会成员：镇长束克之任会长、副镇长蒋晓红任副会长、民政办主任杜辉忠担任秘书长，并聘请镇党委书记孙国林担任名誉会长。此外，选举的分会一届理事会除会长和副会长外，有13家部门理事和16家企业理事参加，还组建了分会一届监事会，为分会的未来发展奠定了坚实基础。

司徒镇党委、政府高瞻远瞩，将慈善事业作为推动社会和谐、提升民生福祉的重要举措来抓。他们不仅从政策上给予慈善分会大力支持，更在资金上鼎力相助。镇政府用财政资金支持慈善事业，在分会成立当年资助资金100万元，次年又向分会投入财政资金345万元，2016年又大手笔资助分会500万元，共计945万元，镇财政对慈善分会的资助力度居全市首位，其中910万元进入分会慈善资金本金，每年产生的增值利息用于困难救助，为司徒镇慈善分会实施慈善公益项目奠定了坚实基础。同时，爱心企业和爱心人士也积极捐赠，为慈善事业贡献力量，分会募集慈善本金共达922.429万元，位列全市镇级慈善分会募集资金量第一。2017年6月7日，司徒镇慈善分会、固村村慈善工作站被评为镇江市“基层慈善组织建设工作先进集体”，分会副会长蒋晓红被评为先进个人。

由于注重做大慈善资金本金，分会资金增值效益明显，2014年至2024年，司徒镇慈善分会资金利息收入达803.24万元，全部资金收入1725.67万元，为每年慈善项目的实施提供了有力支撑，也为未来可能出现的更多慈善需求储备了力量。

司徒镇慈善分会成立以后，充分发挥慈善组织作用，助力脱贫攻坚、全面小康，面对本镇现有的1600多名低保、五保、残疾等困难人群，以及每年还会因重大疾病和天灾人祸新增的困难对象，大力实施慈善救助。2014年至2024年，救助支出达674.4万元，这些资金被用于助学、助医、助困、临时救助等多个领域，覆盖了困难对象从紧急救援到长期关怀的全方位需求。累计救助3624人，其中临时救助495人，助困1668人，大病救助1288人，助学76人，公益项目97人。

自2014年6月镇慈善分会的成立，到2015年各村慈善工作站的建立以来，司徒镇的慈善之路越走越宽广。截至2024年年底，镇村两级慈善组织资金收入3030.39万元，其中募集资金1599.25万元，利息收入1431.13万元；投入救助资金518.8万元，救助困难群众39529人次，体现了司徒慈善人的情怀，彰显了司徒慈善组织的作用，弘扬了慈善正能量。

2022年下半年，司徒镇又成立了社工站（慈善服务中心），慈善服务中心作为慈善分会的工作机构，委托第三方运营，并招聘一名专职社工，加强了慈善分会的力量，形成了“社工+慈善+志愿服务”的慈善工作新模式。

大力实施困难救助——慈善关怀的光芒

司徒镇一个名叫李明（化名）的小男孩，生长在一个充满爱的家庭，但美好的生活在他被诊断出患有白血病的那一刻戛然而止。治疗白血病的费用高昂，李明的父母都是普通打工者，微薄的收入根本无法承受这样的重担。为了给孩子治病，李明的父母四处奔波，借钱、筹款。就在这个家庭陷入绝境的时候，镇村慈善组织得知了李明的情况，迅速行动起来组织慈善募捐，又联系市慈善总会送来救助款10万元。这些善款如同及时雨，让李明的家庭重新看到了希望。经过一段时间的治疗和康复，李明终于战胜了病魔，重新回到了学校。现在，李明已迈入了大学的校门，开启了新的人生篇章。这是一个关于生命、希望与爱的故事，它将永远铭刻在李明和人们的心中。

司徒镇慈善分会深切关怀全镇因病困难的各类对象，专门出台了大病救助实施方案，对本镇户籍、未参与职工医疗保险但已参加城乡居民医疗保险并向村慈善工作站捐款的大病患者提供帮助，为那些因大病而陷入困境的家庭点亮了希望之光。2016年至2024年，司徒镇慈善分会共大病救助1288人，发放救助金

348.87 万元，人均救助金额超 2500 元。

经过医保报销和城乡居民大病保险等多重保障后，仍有许多大病患者的家庭面临着沉重的自付医疗费用压力。为了缓解这些家庭的困境，司徒镇慈善分会每年底实施大病救助项目，大病患者自付医疗费用达到或超过 5 万元的就能申请救助，对于自付医疗费用 5 万元至 10 万元的，按其自付医疗费的 5% 予以救助；对于自付医疗费用超过 10 万元的，救助比例提高至 6%，最高救助金额为 1.5 万元，以确保大病救助的公平性和可持续性。

每到春节前夕，司徒镇慈善分会便进入了最忙碌的时刻。工作人员与市医保中心、民政局等部门对接，同时处理大量救助申请，精准掌握救助对象医疗费数据，确保救助资金的及时到位。同时大病救助的普惠制特点，也让司徒镇慈善分会的大病救助范围更加宽广。

为了让符合救助条件的大病患者都能受益，司徒镇慈善分会积极开展了政策普及和宣传工作。他们通过社区宣传、媒体报道、网络推送等多种方式，向广大群众介绍大病救助政策的具体内容、申请条件、申请流程等。他们还设立了专门的咨询热线和服务窗口，为患者提供政策咨询、申请指导等服务，使得大病救助政策的知晓度和普及率不断提高。在这个过程中，司徒镇慈善分会的工作人员始终保持着耐心和热情，用自己的专业知识和热心真诚为大病患者服务。

司徒镇慈善分会对因遭逢突发性病灾等导致临时性生活困难的对象加大临时救助力度，2016 年至 2024 年对 495 名家庭困难群众发放临时救助金 132.596 万元。为了提高临时救助的效果，分会注重完善临时救助实施方案，如 2017 年，分会将关爱的目光扩展至外来务工人员，让同样为司徒镇的繁荣付出了辛勤汗水的他们，在遭遇风雨时不再感到无助；又如 2020 年，司徒镇慈善分会再次修订临时救助方案，尤其加大了对器官移植患者手术后的救助力度。临时救助方案的修订和完善，都是对过往经验的深刻总结与对未来挑战的积极应对。救助对象的扩大、范围细化、标准提高及程序规范，这些变化都彰显了慈善分会对于救助工作的执着追求。

司徒镇慈善分会在配合市慈善总会实施助学项目的基础上，也实施了自己的慈善助学工程。2020 年至 2024 年，分会资助 76 人次，发放助学金 40.5 万元。对困难家庭高中阶段学生每年资助 3000 元，对困难家庭大学阶段学生每年资助 5000 元。仅 2020 年，分会就助学困难家庭学生 24 名，支出助学金 11.4 万元。尤其对困难家庭大学生助学，覆盖大专至研究生阶段，展现了分会助学的广泛性和深入性。特别值得一提的是，助学金的精准发放既关注学生的低保、残疾家庭等困难类别，更兼顾学生的其他情况，这种细致周到的考量，反映了司徒镇慈善分会对于助学工作公平的坚守，以及对寒门学子的深情关怀。

在司徒镇慈善分会的不懈努力下，慈善之光照亮了全镇每一个角落，温暖了每一颗心。十年救助的坚持与奉献，不仅是对困难群众的实际帮助，更是对社会正义和人道主义的深刻践行。

建设村级慈善工作站——让慈善不留死角

为了更好地集聚慈善资源和开展慈善救助，2015 年司徒镇慈善分会大力推进了村级慈善工作站建设，首先在固村村进行慈善工作站建设试点。

固村村“两委会”思想高度重视，将慈善事业作为构建和谐社会的重要一环，深入开展宣传动员，召开了一系列座谈会，这些座谈会不仅增强了村民们对慈善事业的认识和了解，还激发了他们参与慈善事业的热情和积极性。在座谈会上，老干部、老党员、企业老板和在外社会贤达纷纷发言，畅谈自己对慈善事业的理解和看法，提出了许多宝贵的意见和建议。这些意见和建议为慈善工作站的成立和运行提供了重要的参考和支持。村里还充分利用公众号、宣传栏、微信群、横幅标语、显示屏滚动字幕等传播手段，将慈善的理念传递到每一个角落，形成全民动员、全民参与的浓厚氛围。

在筹建慈善工作站过程中，固村村狠抓慈善资金募集。通过“献爱心、暖人心、得民心”的号召，企业老板、普通村民，都纷纷伸出援手，为慈善事业贡献力量。捐款箱前，人们络绎不绝，有的捐款几百元，有的捐款几千元，有的企业还进行了冠名捐赠。江苏美亚房产公司捐款 15 万元，江苏万新光学有限公司、华乐砖瓦厂分别捐款 5 万元和 4.2 万元，江苏康乐农牧有限公司、江苏唯尊光学有限公司分别捐款 2 万元，捐款单一张张传递，爱心款一笔笔汇聚，村委会捐款 16.1465 万元，村两委干部慷慨解囊捐款 4.5 万元（其中吴东方书记捐款 3 万元），司徒镇政府为试点村资助 3 万元，建站共募集 106.225 万元善款，这些善款将全部用于救助固村村的困难家庭。这些捐款数字背后，是一个又一个感人至深的捐款瞬间，是无数爱心人士和企业的无私奉献，善行义举榜上，记录着每一位捐赠者的名字和事迹，他们以自己的行动，诠释着“人本慈善”的真谛。

2015 年 4 月 26 日，固村村召开慈善工作站成立大会，大会通过工作规则、资金管理和救助办法，选举产生理事小组，村书记吴东方任工作站站长、副书记吴一民任副站长，以及工作人员巫路虎和企业、村民代表，组成慈善工作站理事小组。他们分工明确、团结协作，为慈善工作站的成立和运行付出了大量的心血和汗水。在他们的带领下，慈善工作站成立后，积极开展了慈善救助工作，除配合市慈善总会实施各类慈善项目以外，每年主要使用工作站本金的利息，用于平时尤其是春节前的集中困难救助，2016 年至 2024 年累计救助支出 83.19 万元，救助 789 人。2021 年开始，还积极参与“99 公益日”网络资金募集活动，2022 年开始实施中华慈善总会联合各地慈善组织，开展的“幸福家园村社互助工程”，聚焦困难群众急难愁盼，以及乡村振兴亟待解决的问题，设置慈善救助和公益帮扶项目，深化慈善作为，充分发挥作用。

固村村慈善工作站，只是司徒镇众多村级慈善工作站的一个缩影。固村村慈善工作站的成立及有效运转，得益于党委、政府和相关领导的积极推动，得益于社会各界的大力支持，得益于村两委和全体村民的努力，为全镇村级慈善工作站建设提供了经验。

和固村村一样，司徒镇的其他村级慈善工作站也都在积极行动中。谭巷、吴塘、张寺、屯甸、东风、杏虎、丁庄、杏村、培棠、薛甲等村，纷纷成立慈善工作站，通过各种形式筹集资金，村民参捐率高达92%，同时积极开展各类慈善救助活动。每一个慈善工作站都承载着沉甸甸的责任和使命，无论春夏秋冬，无论风霜雨雪，都始终坚守着“以人为本、服务为先”的理念，将慈善的温暖传递给每一位需要帮助的人。

近10年来，司徒镇村级慈善工作站通过建站募集、“99公益日”网络募集、“幸福家园村社互助工程”项目募集等形式，实现了慈善资金来源多样化。每年不仅接收慈善基金本金增值利息，还积极组织企业和村民捐款，合作开展定向捐赠等活动，为工作站提供了重要的资金支持，带动了更多社会资源和力量参与到慈善事业中来。2015年至2024年，全镇村级慈善工作站资金收入1304.71万元，其中募集资金676.82万元，资金增值利息收入627.89万元。

2015年至2024年，司徒镇各村级慈善工作站累计救助困难群众39529人，支出资金518.8万元。这组数字背后，是无数次伸出援手的温情瞬间，是无数次点燃希望的慈善之举。

为了确保资金使用的透明度和公正性，各村级慈善工作站建立了严格的财务管理制度，实行“三严格一监督”的原则，即严格审批、严格使用、严格公示，并接受总会财务检查、审计部门审计及社会各界的监督。这些措施有效地保障了资金的安全和合理使用，以及救助的公平、公正和透明。

十年磨一剑，司徒镇的村级慈善工作站用时间证明了慈善的力量。他们的努力，不仅改变了个体的命运，更推动了社区的和谐与进步。在未来的日子里，这些慈善工作站将继续作为慈善的火种，照亮并温暖更多的人心。

社会责任的彰显——企业爱心奉献的情怀

司徒镇有一批热心慈善事业的企业和企业家。2013 年 5 月市慈善总会成立之际，司徒镇的企业纷纷慷慨解囊，海昌公司捐款 120 万元，美乐集团捐款 60 万元，万新集团捐款 50 万元，万隆化工、淘镜公司、明众房产各捐款 20 万元，并成为市慈善总会一届理事会企业理事，尤其海昌公司多年来共向总会捐款 290 万元，成为市慈善总会企业副会长。在司徒镇成立村级慈善工作站，以及开展各种慈善资金募集活动中，该镇大中小企业都是积极捐赠，成为了司徒镇慈善事业发展的重要力量。

司徒镇的江苏东方光学有限公司，是一家有社会责任感和慈善情怀的现代企业。1998 年，来自我国宝岛台湾的公司创始人蔡国斌，基于企业是社会的一部分，有责任也有义务为社会做出贡献的深刻认知，毅然决定设立用于慈善公益的东方基金，希望通过慈善活动履行社会责任，为当地百姓造福。

自 2014 年起，东方基金每年出资 10 万元，主要用于助学、助老等慈善公益活动。在教育领域，东方基金一直将目光投向那些家庭经济困难却怀揣梦想的学子们，通过司徒镇慈善分会这一平台，每年为义务教育阶段贫困家庭学生提供 5.5 万元的助学金，助学 55 名贫困学生。除了对贫困学生的资助，东方基金每年还出资 2 万元作为奖学金，用于奖励那些在学习和品德上表现突出的学生，每年有 200 名学生获得这份奖励，这份奖励不仅是对学生们辛勤付出的肯定，更是对他们继续努力、不断进步的鼓励。

养老领域，东方基金同样展现出了深厚的慈善情怀。他们为那些生活困难的孤寡老人提供帮助，每年底东方基金出资2.5万元，为30名特困老人提供生活资助，资助金额根据老人的实际情况进行分配，确保每一份关爱都能落到实处。

十年来，东方基金的慈善行动从未间断。他们累计为550名贫困学生提供了55万元的助学金，为2000名优秀学生颁发了20万元的奖学金，为300名困难老人发放了25万元的扶助金。这100万元的无私奉献，如同和煦的春风，温暖了人心，照亮了社会，传递了正能量，这是对“慈善”二字的深刻诠释，也是对“责任”一词的真诚回答。

凤凰520慈善义工团队的诞生

2017年5月20日下午，司徒镇影剧院，凤凰520慈善义工团队成立大会在这里召开。随着市慈善总会相关负责人宣读成立批复、授牌、授旗等程序的进行，标志着司徒镇第一个慈善义工团队——凤凰520慈善义工团队的正式成立。

“我们慈善义工团队成立的初衷是扶危济困，突发特殊困难家庭、困境中的留守儿童以及失独老人群体都是我们关注的对象。”团队负责人蒋露静的话语简单却充满力量，道出了团队的核心使命。

凤凰520慈善义工团队的成立，进一步拓展了全镇慈善公益服务的范围和领域，不仅是对现有慈善体系的补充，更是对慈善精神的传承和发扬。团队将关注的目光投向了那些最需要帮助的人，无论是因疾病而陷入困境的家庭，还是孤独的留守儿童和老人，他们都是团队服务的重点。

慈善不仅是情怀，更是力量，温暖人心、改变世界。在司徒镇，这种力量正在被激发，正在被传递。凤凰520慈善义工团队的成立，是这种力量的一个缩影，是这种力量的延伸和拓展。

结　语

司徒镇慈善事业的发展，离不开党委、政府的重视和领导，离不开社会各界的共同努力。党委政府通过加强组织领导和制定相关政策办法，为慈善事业的发展提供了有力的保障；企业家们通过将慈善事业与企业发展紧密结合，实现了企业价值与社会责任的双重提升；而普通民众则通过参与各种慈善活动，传递着爱心和正能量，共同推动着社会的文明、和谐与进步。

在这个充满希望和挑战的时代里，司徒镇慈善分会将更好发挥作用，为构建一个更加美好、和谐的新司徒而努力奋斗，司徒镇慈善分会定将作出新的更大贡献！

（撰文　周建新）

慈善　为延陵老区民生福祉添彩

——延陵镇慈善分会工作纪实

延陵镇慈善社工站中秋给困难家庭发放慰问品

延陵镇，位于丹阳西南部，属于省级革命茅山老区，抗战时的“延陵大捷”，时至今日人们仍然津津乐道。延陵有着光荣传统的革命底色。

延陵镇是丹阳的四大古镇之一，春秋时期为季子封地。季子挂剑，一诺千金，延陵有着至诚至信的人文底蕴。

正是这革命底色和人文底蕴，赋予了延陵革命老区慈善工作不一样的风采。

十年来，在革命老区的土地上，延陵镇慈善分会传承革命精神，赓续历史传统，一步一个脚印，推进基层慈善不断前行，渐入佳境。

一呼百应的慈善氛围生态

慈善，从来都不应是少数人的施舍和怜悯。在延陵，慈善已成为广大干部群众参与的有生命力的爱心事业，形成了新时代“人人为我、我为人人”，热心助人，爱心奉献的浓厚慈善氛围和生态。

2014 年 6 月 25 日，在延陵镇行政服务中心三楼大会议室，隆重举行延陵镇慈善分会成立大会。全镇党政领导和机关干部及企事业单位代表、志愿者等踊跃参会。大会审议通过分会章程、资金管理办法，选举产生了由镇机关 12 名同志，以及科信光电、福荣制衣等 10 家爱心的企业负责人组成的分会理事会，聘请镇党委书记陈海虹为分会名誉会长，选举镇长夏洪为分会会长、分管副镇长蔡旭辉为分会副会长、民政办主任管冬花为分会秘书长。大会还选举由镇纪委、财政、税务、农财办 6 位同志组成的分会监事会。市慈善总会领导向延陵镇慈善分会授牌，新当选的分会夏洪会长做了表态发言，爱心企业向市镇两级慈善组织现场捐赠，镇机关党员干部现场进行“慈善一日捐”。最后，镇党委书记陈海虹、市慈善总会会长陈步荣做了热情洋溢的讲话。

延陵镇属于老区，经济基础相对薄弱，但是大会现场仍募集到了善款 52. 46 万元，主要由 62 家爱心企业、商家捐赠。另外，当年花王园艺公司向市慈善总会捐赠 30 万元，科信光电和福荣制衣两家企业向市慈善总会各捐款 10 万元。

分会募集的 50 多万元虽然不算多，却作为良好的开端，为后续工作注入了活力。点滴爱心，汇聚成河，成为滋润困难群众心田的甘霖。

为了推进基层慈善的进一步发展，更多地集聚慈善资源，更好地救助困难群众，2015 年，按照全市统一部署，延陵镇积极推进村级慈善工作站建设，使得慈善工作进村入户，动员起更多的人参与和支持慈善。

2015年8月26日上午，延陵镇慈善分会联兴村慈善工作站正式成立，成为延陵镇首家村级慈善工作站。当天，工作站共募集慈善资金60.5万元，其中，辖区内企业捐赠32.3万元，村民捐赠25.1万元，村委会捐赠3.1万元，自然村家庭捐款参与率达90%以上。

联兴村成立慈善工作站当天，低保户肖志金主动捐款100元。考虑到他家里的实际情况，村干部婉言谢绝，但肖志金坚决要捐。他说："政府和村委会照顾我很多年了，现在成立村慈善工作站，募集资金用于照顾本村的困难村民，我表示一点点心意是应该的！"

成立村级慈善工作站，不仅仅是为了让大家捐款，更是为了传承慈善文化，弘扬慈善精神，提升文明程度，厚植社会正能量。为此，联兴村在建站过程中，召开"两委会"、党员骨干会、村民大会，统一思想，宣传发动。还组成工作小组，上门入户，印发《给村民的一封信》，并通过横幅标语、宣传专栏、电子显示屏字幕等多种形式广泛宣传，使得党员干部、村民深入了解建站的重大意义，大大提高了大家参与和支持慈善的积极性和主动性。

时任镇慈善分会秘书长管冬花接受采访时说："成立村级慈善工作站是延陵镇的实事工程之一，我们思想重视，深入宣传发动，营造了浓厚的知善、向善、行善氛围，以联兴村成功试点为基础，以点带面，扎实推进，实现了村级慈善工作站本镇区域全覆盖。"

截至2017年年底，延陵镇13个行政村慈善工作站全部成立，共募集慈善资金273.51万元，全镇村（居）民热心参与、积极捐赠，家庭捐赠参与率参与不低于90%，在延陵大地掀起了慈善爱心的热潮。从此，这些村级慈善工作站成为慈善联系群众、服务群众的重要桥梁，能够更直接了解困难群众的需求，提供更精准有效的帮扶服务。同时，这些站点也成为传播慈善文化、弘扬社会正能量的重要阵地，进一步点燃了全镇干部群众的慈善工作热情。

做好慈善工作，要有完善的组织网络，要有厚实的财力物资，更要有乐于奉献的热心人。

2016 年 5 月 2 日上午，延陵镇文体中心广场人头攒动，热情似火，以“奉献、互助、友爱、诚信”为宗旨的“为爱延行”志愿服务队正式成立，首批共征集了 150 名志愿者。

“为爱延行”志愿者队伍，汇聚了活跃在延陵镇范围内的党员志愿者、青年志愿者、巾帼志愿者、蒲公英志愿者等一批优秀人士，旨在打造志愿服务品牌精品，让延陵镇群众尤其是困难群众能够得到更多的优质志愿服务。

志愿服务队成立大会结束后，志愿者开展了“迎五四、献爱心、护成长”为主题的第一次志愿服务活动，志愿者们向来自行宫、延陵、麦溪的困境留守儿童分别赠送了书包和学习用品。

2022 年，延陵镇还成立了社工站（慈善服务中心），形成了“慈善 + 社工 + 网格员 + 志愿者”的工作机制，加强了慈善工作力量。

一诺千金的慈善责任担当

慈善救助，是慈善组织工作的出发点和落脚点，做好慈善救助工作，必须要有对困难群众的爱心、责任心，以及严谨的工作态度。“高水平全面建成小康社会，一个也不能少。”——步入延陵镇社会事业办公室，正面墙上的标语宣示了延陵慈善人的工作目标，“一个也不能少”，彰显了他们对困难群众的庄严承诺和责任担当。

要帮扶好困难群众，就必须募集更多的帮扶资金，而募集资金确实是一项艰巨的任务。延陵镇除了在成立镇村慈善组织时全力开展慈善资金募集外，还与时俱进，注重拓展募资渠道。从 2021 年开始积极参加“99 公益日”网络资金募集，并与实施中华慈善总会联合各地推进的“幸福家园”村社互助工程结合起来，要求各村从解决群众“急难愁盼”问题出发，制定慈善救助和公益资助项目。以“乡土、乡情、乡愁”为纽带，广泛动员社会各界人士参与慈善，上门动员爱心企业，凝聚乡贤力量，联系本村的致富能人捐赠善款。精诚所至，金石为开，镇村领导和慈善组织的诚心和善意，大家纷纷奉献爱心，慷慨捐款，其中延陵村陈锁芳以个人名义捐赠延陵村慈善工作站50万元。延陵镇村慈善组织还通过微信群、微信公众号，发动广大群众尤其年轻人积极参与“99公益日”慈善募捐，各行政村创建小队，在网格群里动员，2021年至2024年，延陵镇通过“99公益日”募集慈善资金88.5万元，为持续开展慈善救助和公益项目奠定了坚实基础。

在慈善救助方面，延陵镇作为茅山革命老区，虽然在党和国家各项政策的支持下有了长足发展，但相对来说经济底子薄，困难群众较多，慈善救助工作较之其他地区更为繁重。延陵镇慈善分会虽然没有发达镇区动辄百万千万的善款，但是真正做到了“雪中送炭”，以有限的资源救助了尽可能多的困难群众。十年来，延陵镇慈善分会累计帮助了1152名困难群众，发放救助金26.06万元，缓解了困难群众因病因灾导致的经济困难，改善了他们的生活状况。

与此同时，13个村慈善工作站也都切实履职，尽心尽责帮扶弱势困难群众，共救助困难群众6494人（其中临时性困难救助2748人，公益项目覆盖3746人），支出救助帮扶金195.69万元。2015年至2024年，仅联兴村就用所收入的慈善本金利息56.16万元，帮扶困难群众307人次，发放救助金36.15万元。

面对困难群众，延陵镇村两级慈善组织总是在第一时间挺身而出，成为困境家庭的坚强依靠。

早年，一场突如其来的车祸差点夺走谭根和的生命，使他完全失去了自理能力，而家庭的重担就压在了妻子王文红的肩上。

然而，几年后王文红也被诊断为胃癌晚期。延陵镇慈善分会得知情况后，发动众多爱心人士捐款捐物，鼓励他们夫妇勇敢面对困难，分会每年也给予他们5000元救助金。这如同一束温暖的光，照亮了谭根和、王文红一家逆境前行的道路。

沙文广，自2015年起因持续腹部疼痛而踏上艰难的求医之路，在上海长海医院被确诊为腹壁硬纤维瘤，这是一种罕见且易复发的疾病，被称为“不死的癌症”。2016年5月，沙文广接受了肿瘤切除手术，但仅三个月病情就复发。他的父亲因胰腺癌晚期离世，母亲为了筹集医疗费用四处奔波而失去了工作。在此关键时刻，延陵镇慈善分会及时伸出了援手，一方面每年为沙文广家庭提供3000元或5000元的救助金，另一方面与九里村慈善工作站沟通，为他母亲安排了一份保洁的工作，以增加一些收入缓解经济压力。延陵镇慈善分会的援助和九里村慈善工作站的关怀，成为他家重拾生活希望的强大动力。

麦溪村老人张兰川，自2016年安装心脏支架以来，一直与多种疾病作斗争，高血压、肠梗阻、前列腺恶性肿瘤并已出现骨转移……延陵镇慈善分会迅速采取行动，为老人送去了救助金，还协助镇民政为老人办理了低保，确保了基本生活费用，缓解了其家庭的经济压力，为老人的治疗提供了支持。

一以贯之的慈善帮扶关爱

除了开展传统助医、助困等救助项目外，延陵镇村慈善组织还注重拓展慈善公益项目领域。

大力实施危房改造，帮助困难家庭解除居住危房问题。困难群众危房改造是国家脱贫攻坚的刚性任务，延陵镇慈善分会和村慈善工作站走村入户，实地摸排情况，不遗漏一户一室。2018年至2024年，延陵镇共实施困难家庭危房改造116户，投入改造资金247.45万元（其中市慈善总会支出96.58万元），让这些困难家庭有了安全、明亮的居所。

九里村特困供养人员潘全本家的房子年久失修成了危房，他每月的五保金买些必须的生活品和药品就所剩无几，没有能力整修房子，只能一直在危房里居住。村干部走访时，了解到潘全本的情况后，就向他宣传政策，帮他递交资料，向镇住建部门和市慈善总会申请危房改造，并安排施工队伍精心施工。危房改造完成后，潘全本紧紧握着镇村慈善干部的手，不停地说："谢谢！谢谢！做梦也想不到现在的政策这么好啊！"

在实施危房改造项目的同时，延陵镇村慈善组织还配合市慈善总会，开展了困难家庭住房微改造项目，主要对符合条件的困难家庭住房厨房、卫生间等设施进行改造，提高其居住功能和舒适性。2020 年至 2022 年共实施住房微改造 18 户，投入改造资金 35. 412 万元，有效改善了困难家庭的住房条件。

2022 年，江苏省政府的实事项目"乡村公益医疗互助"项目开始实施，延陵镇是丹阳市的两个试点乡镇之一。作为老区，受限于群众的思想认识和经济条件，工作的推进相对较难。为了将实事做实、好事做好，延陵镇利用互联网、新媒体等现代手段，广泛宣传乡村公益医疗互助的作用和意义，印了 3 万余份《告知书》挨家挨户上门发放、宣讲政策。党员干部率先垂范，同时发挥村民代表、老干部、党团员的示范带动作用，全力提升群众参与率和社会覆盖面。经过不懈努力，当年全镇 29565 人自愿参加，参与率达 50. 6%，超工作目标 20. 6 个百分点。镇村两级补贴资金超 100 万元，通过网络募集等渠道筹集资金，用于支持该公益项目。项目实施后，因病治疗报销 2186 人次，救助金额 161. 063 万元。

长期以来，延陵镇慈善分会心系群众疾苦，形成了常态化的帮扶机制。

炎炎夏日，高温酷暑，那些居住条件较差、缺乏有效降温设施的特困家庭如何度过盛夏成了亟待解决的问题。延陵镇慈善分会通过社区走访等方式，了解到这些特困家庭的实际需求，紧急采购了一批电风扇，并组织各村慈善工作站人员，将电风扇一一送到特困家庭。还准备了清凉油、花露水等夏日防暑用品，以及防暑降温的小贴士，帮助他们更好地应对高温天气。特困阿姨贡玉英收到夏令用品，激动地说："这么热的天，你们还想着我们，真是太感谢了！"

每年中秋前夕，延陵镇慈善分会都要启动"月圆人团圆"节日慰问活动——精心挑选品质上乘的月饼，搭配新鲜的水果和茶叶，组成精美的节日礼盒，组织志愿者团队将节日礼盒送到特困家庭。志愿者还与特困家庭亲切互动，询问了解他们的身体状况和生活情况，鼓励他们保持乐观的心态，积极面对生活的困难。节日的礼物与问候，让特困家庭感受到了慈善的温暖、社会的关爱。

每年11月底，延陵镇慈善分会都会开展"温暖冬衣行动"，发动社会各界力量，包括企业捐赠、个人捐赠及慈善义卖等方式，筹集寒衣、寒被等保暖物资，随后组织志愿者冒着严寒送给困难家庭。利民村的独居老人王国祥每到冬天都为取暖保暖发愁。当志愿者将崭新的棉被和棉衣送到王大爷手中时，他紧紧握住志愿者的手，激动得热泪盈眶，连声说："谢谢，你们胜似亲人啊！这个冬天，我再也不用担心受冻了。"

每到春节前夕，延陵镇慈善分会都会开展"新年新希望"节日慰问活动。分会为特困家庭准备丰富的年货礼包，包括大米、面粉、食用油等生活必需品，以及春联、福字等风俗物品。在慰问过程中，志愿者不仅帮助特困家庭贴春联、挂灯笼，还陪他们聊家常、解心结，增强他们直面生活的信心、克服困难的勇气、憧憬未来的期盼。

延陵镇慈善分会多年如一日开展"清凉一夏"、"月圆人团圆"、"温暖冬衣行动"、"新年新希望"活动，虽非惊天动地，却饱含真情实意，让延陵老区的特困家庭感受到了暖意融融的慈善之光。

一心携幼的慈善项目特色

蒲公英，是开放在延陵大地上最朴素的花，也是最有生命力的花，最打动人心的花。

早在2012年之前，在延陵镇派出所工作的民警张叶宏，注意到延陵有很多年轻的夫妻外出务工，把年幼的孩子留在家里，这些留守孩子缺少关爱，渐渐成为困境儿童、问题学生。

为了孩子的健康成长，张叶宏发起成立了“蒲公英之家”，开展“大手拉小手，警心暖童心”帮扶困境留守少儿的志愿活动。十多年来，“蒲公英之家”立足延陵、辐射全市，已成为声播丹阳城乡的一支优秀义工团队，被评为镇江市最具影响力慈善项目、江苏省优秀志愿服务项目。

2019年，为了让更多的孩子得到关爱，延陵镇慈善分会联合民政、团委、社工站等多个部门，精心策划并开设爱心托管班，切实解决了许多家庭的孩子暑期“看护难”问题。

爱心托管班，不仅为本地的留守儿童，也为许多外来务工人员的子女提供了安全、快乐、富有意义的假期学习和托管服务。

六年来，爱心托管班不断丰富和完善活动内容，形成了包含规定环节、自选环节及延陵特色国学课程在内的多元化课程体系。规定环节涵盖开班仪式、课业辅导、劳动教育、法治宣传、安全自护、心理健康教育、爱国主义教育、文明礼仪、阅读赏析、亲情互动及成果展示等多个方面，旨在全面提升孩子们的综合素质和综合能力。自选环节则包括科学普及、手工实验、素质拓展、益智游戏等丰富多彩的活动，以满足孩子们多样化的兴趣和需求。延陵地域特色的国学课程，旨在培养孩子们的乡土情结，传承和弘扬中华优秀传统文化。

在活动期间，托管班配备专业的班主任和志愿者团队，并为每个孩子购买了保险，确保孩子们的安全与健康。

访谈中，在延陵镇社会事业办公室，我注意到了托管班建立的孩子档案手册，上面详细记录着每个孩子的姓名、年龄、住址、联系人、联系电话、活动情况……每一条都清清楚楚，足见他们工作的细心细致，对孩子的关心关爱。

爱心托管班，让留守孩子感受到，虽然父母不在身边，但是关爱并未缺失，特别是让外地孩子感受到了不在家乡胜似家乡的社会温暖。

开办托管班，经费本就不宽裕，但还坚持接受外来务工人员的孩子，确实难能可贵。访谈中，延陵镇社会事业办公室的张主任说："做慈善，心胸不能狭隘。到延陵务工的外来人员，他们从事的是一线的体力活，根本没有精力照顾孩子，孩子大都是自己管自己，更需要得到保护和关爱。托管班接受外来的孩子，一方面有利于孩子健康成长，另一方面解决了外来务工人员的后顾之忧，也是为延陵镇的经济建设和社会发展助力。"

"关爱孩子、助力成长。"而今，延陵镇慈善分会的爱心托管班已经成为辖区内一道亮丽的风景，深受孩子和家长的喜爱与好评。

对本地、外地的孩子一视同仁，是大心胸；对普通家庭、特殊家庭的孩子也一视同仁，更是大格局。

裘花（化名），2009 年出生在一个特殊的家庭，5 岁时，父母离异后，母亲离家出走。此后，她便与年迈的爷爷奶奶相依为命。延陵镇慈善分会得知这一情况之后伸出援手，及时给予裘花关爱，每年为她提供 3000 元助学金，还积极联系爱心人士，共同为这个家庭提供帮助。在社会各界人士的帮助下，裘花学习更加努力，2024 年成功考上了高中，踏上了健康成长的通途。

十年来，延陵镇慈善分会做了大量的工作，改善了老区困难群众的生活，增进了老区的民生福祉。

对于今后的慈善工作，镇民政负责人张杰说："一是必须加强组织建设，完善内部管理制度，提高工作效率和透明度。二是要继续深化与社会各界的合作，拓宽募捐渠道，提高募捐能力。

三是不断创新慈善项目和服务模式，更好地满足困难群众的需求。四是努力加强慈善文化的传播和弘扬，提高全社会的慈善意识和参与度。”

相信，延陵镇慈善分会一定不会辜负老区群众的期望，与时俱进、开拓创新，推动慈善工作迈上新的台阶。

（撰文　陆廷荣）

善行珥陵　十年同心

——珥陵镇慈善分会工作纪实

2014 年 6 月 10 日，珥陵镇慈善分会成立大会现场

以善为本，慈爱有德，是为“慈善”

珥陵，一个具有 1400 余年历史、文化底蕴丰厚的古镇。葛城遗址、珥城遗址等考古发掘，证明了新石器时期就有人类在此繁衍生息。关于它的名字还有一个浪漫的传说：相传南朝梁武帝（萧衍）纳珥村蔡氏为妃，赐给耳环，蔡氏去世后，耳环随蔡妃墓葬故里，珥陵由此得名。

珥陵镇环境优美，临水靠路，丹西公路和丹金溧漕河穿境而过，境内镇村公路四通八达，是传统的农业先进乡镇。改革开放以来，珥陵镇三次产业加快发展，社会事业和社会建设不断进步，其中慈善事业发展走在全市前列，在助力民生保障、社会和谐、文明创建方面，起到了重要作用。

六月榴花照眼明，枝间时见子初成

积极筹建珥陵镇慈善分会。

当今社会，慈善事业已成为推动社会和谐发展的重要力量，是德政工程、民心工程，是社会力量帮扶弱势困难群体的重要方式。改革开放以来，慈善事业在我国得以恢复和快速发展，越来越多的人开始关注慈善公益，积极参与其中。

珥陵镇是丹阳市茅山老区乡镇之一，低保、低收入等弱势困难群体占比较高，其中精神残疾困难群体尤为突出（现有385人，占全镇残疾人口总数的26.8%）。特殊困难群体的服务需求种类广泛，如低保、五保、无固定收入重残等困难群体的兜底救助需求；低收入人群的医疗、就业、生活和教育等需求；老年人对人性化照料和精神慰藉等需求；困境儿童对教育、心理疏导等需求。要满足困难群体面广量大的服务需求，单靠政府的公共服务是不够的，而慈善等社会力量助力困难群体服务就成为必要补充。

2014年，按照全市统一部署，在市慈善总会和社会各界的帮助支持下，经过半年筹备，珥陵镇党委、政府于当年6月10日，隆重召开珥陵镇慈善分会成立大会，珥陵镇全体党政领导、机关各部门及事业单位负责人、热心慈善事业的企业代表、各行政村党支部书记等近100人参加。大会审议通过了《珥陵镇慈善分会章程（草案）》、《珥陵镇慈善分会资金管理办法（草案）》；选举产生了由14名镇相关部门负责人、2名爱心企业负责人共16人组成的分会第一届理事会，选举产生由镇纪检、财税、农金等部门5名负责人组成的分会第一届监事会；选举镇长蔡琳琳为分会第一届会长、分管副镇长张建云为分会副会长、民政办主任徐香玉任秘书长。市慈善总会会长陈步荣为分会授牌并致辞。镇党委书记荆健康讲话表示：要让慈善成为一种社会共识、让慈善在珥陵成为一种时代风尚、让慈善在珥陵成为一种促进力量，让慈善成为社会治理的一种重要组成部分，切实做到善款取之于民、用之于民，着眼于群众身边的急难愁盼问题，合理设计救助项目，尤其关注医疗救助领域，广泛动员社会力量，整合社会资源，为困难大病患者开展救助，进一步减少因病致贫、因病返贫现象。

2019 年珥陵镇慈善分会进行了换届，镇长杨秋竹任分会会长，分管副镇长蔡惠宏任分会副会长，民政办主任徐香玉任分会秘书长。

珥陵镇慈善分会的成立凝聚了全镇人民的支持，既是推动社会和谐发展的重要举措，也是慈善事业发展的里程碑，珥陵镇的慈善事业自此扬帆起航，迈向新征程。

春风化雨十数载，砥砺前行谱新章

栉风沐雨，珥陵镇慈善分会走过了十年慈善征程。

慈善募捐：点滴善款汇聚大爱力量。在珥陵镇慈善分会成立前后，镇政府启动了慈善资金募集工作。镇机关、企事业单位、党员干部带头捐款、捐物。镇主要领导带队走访辖区企事业单位，鼓励企业为珥陵慈善事业多做贡献，在全镇迅速掀起慈善捐款的热潮。

珥陵虽是农业乡镇，工商企业规模相对较小，数量相对较少，但辖区内的企业发展不忘回报社会，早在 2013 年市慈善总会筹建时，珥陵镇规模企业江南面粉有限公司就向总会捐赠10 万元，并成为总会企业理事，其他企业也是积极捐赠。这次镇里成立慈善分会，各家企业一如既往，纷纷慷慨解囊。江苏汇能锅炉有限公司、镇江丹和醋业有限公司、丹阳市江南面粉有限公司等 22 家爱心企业捐赠慈善冠名资金 64 万元。2014 年至 2024 年，镇慈善分会共组织资金收入 33. 84 万元，其中募集资金 11 万元，慈善本金利息 10. 04 万元，其他收入 12. 8 万元。

2023 年市里筹建丹阳市相伯教育基金会和齐梁卫生健康基金会，镇慈善分会积极响应，发动企业为两个基金会定向募集资金

105.35 万元，充分体现了珥陵镇企业和爱心人士回报社会通过定捐赠传递社会的正能量。

2013 年至 2024 年，镇机关事业单位党员干部职工还积极参加“慈善一日捐”活动，参与捐赠 862 人次，共爱心捐款 21.77 万元，彰显了慈善大爱精神。

*慈善救助：撑起困难群众一片蓝天。*珥陵镇慈善分会始终秉持“济困、博爱、明德”的工作理念，始终秉持以人为本、扶贫济困、助学兴教、社会公益的宗旨，以“学有所教、病有所医、老有所养、住有所居、劳有所得”为目标，严格履行慈善分会章程和资金管理办法，务实有效地开展各项慈善工作，深入开展助困、助医、助学、助残、助老、助孤和救灾等救助活动，努力为全镇弱势困难群体服务。2014 年至 2024 年，珥陵镇慈善分会累计救助困难群众 276 人，发放救助资金 12.31 万元。同时，向市慈善总会申报助困类救助 380 人，救助资金 209.26 万元（其中对 357 人因病困难对象进行临时救助，帮扶资金 175.22 万元；对 23 户困难家庭进行住房微改造，改造资金 34.04 万元）；申报助医类救助 368 人，救助资金 39.67 万元；申报助学类救助 156 人，助学资金 82.75 万元；申报助残类“复明、健行”、“光明行动”、“安宁行动”136 人次。帮扶符合“慈善一日捐”救助条件大病患者 38 人。在救助工作中，镇慈善分会严格执行“个人申请、村级审核、社会公示、分会把关”的慈善救助程序，确保各项救助活动公开、透明、高效地开展，大力推动“输血型”救助向“造血型”救助转变，真正实现慈善救助救到急处、助到难处、落到实处三位一体。

*慈善超市：播撒爱心的温馨驿站。*珥陵镇慈善分会开设的“慈善爱心超市”更是一项惠民工程，爱心超市主要对低保类困难人群发放米油、衣物等用品，更好地保障其基本生活。珥陵镇慈善分会广泛开展献爱心宣传，爱心人士和单位长期为爱心超市捐赠衣物、棉被等物资。仅 2014 年爱心超市就对辖区各类弱势

困难群体发放爱心物资200余人次，物资总额1.8万元，其中食品类0.53万元、衣着类0.88万元、日用品类0.39万元。2022年在丹阳市供电分公司的大力支持下，丈山村设立“电力爱心超市”，村民通过支持村级事务、参与公益活动等方式获得一定积分，积分可在电力爱心超市兑换日常生活用品。电力爱心超市开设两年来，共兑换积分9万余分，奖品价值10万余元，惠及600余户村民，较好地提升了村民主动参与村级事务和公益活动的积极性，营造了人人参与乡村建设、共同助力基层慈善的良好氛围。

慈善社工站：助推志愿服务品质飞跃。2022年9月，在镇党委、政府的正确领导下，在市民政部门和市慈善总会的大力支持下，珥陵镇先后成立了镇社工站（慈善服务中心）和10个村级慈善社工室。慈善社工站由镇民政岗主任孙燕兼任站长，配备专兼职慈善社工3人，其中中级社工师1人，助理社工师2人。慈善社工站依托镇民政、残联等部门，整合残疾人辅具适配服务点等资源，以“回应切实服务需求和培育当地社区治理力量”为切入点，聚焦“老小困弱”民生重点领域，深化社会工作和慈善服务供需对接，开展帮扶关爱为主要内容的兜底性、专业性服务。联络如意慈善、徽聚爱2家社会组织，以及10多家爱心企业和社会团体，通过走访慰问、造血就业、助力乡村振兴等形式，用物质救助和能力培养来“扶”。仅2023年珥陵镇慈善社工站帮助解决各类需帮扶事项292件，链接资源21次，款物价值6.7万元，举办15期“家门口慈善”社区活动，志愿服务100余场次，志愿服务时间2000余小时，服务村民近1.5万人次。同时引导170余名微网格员、爱心人士加入慈善志愿服务队伍中，为1800余名困难群众提供“保姆式”服务，让他们感受到党和政府及社会各界的温暖。

全面覆盖情无界，工作站里爱无疆

共筑村级慈善工作站善举平台。

“小站聚大爱，慈善惠民生”，村级慈善工作站是慈善系统的重要组成部分和慈善工作面向农村群众的前沿窗口，也是撬动社会资源、动员全民参与慈善事业、做好基层慈善的重要载体，更是巩固精准脱贫成果、促进共同富裕、和谐党群关系、密切干群关系、提升基层社会治理水平的重要平台。珥陵作为丹阳四大古镇之一，有着深厚的文化底蕴和“崇德向善”的文化精髓及传统美德。建立村级慈善工作站，在有识之士的带动组织下，让更多村民热心公益、参与慈善，在慈善的感召下既帮助别人，又洗礼身心，既赠人玫瑰，又手留余香，接受传统美德的熏陶，对一个地方的“民风生态”将起到巨大的净化和提升作用。

试点先行，探索乡村慈善服务新模式。2015 年，珥陵镇在护国村开展了村级慈善工作站建设的试点工作。珥陵镇慈善分会高度重视，主要领导亲自带队赴开发区考察学习，结合本村实际，提出了“村委会倡导，企业支持，农户参与”的慈善资金劝募工作思路，多次召开村两委班子会议，专题研究慈善工作。通过每家每户发放致村民的公开信、悬挂宣传横幅、党员走访群众联系户等多种形式进行广泛宣传，召开了慈善工作座谈、慈善宣传动员、慈善捐款通报等各类会议 6 次，进村入户、进企业、广泛普及慈善知识，向社会各界宣传筹建慈善工作站的目的和意义，发放募捐倡议书等宣传资料 3000 余份，将舆论宣传工作贯穿筹建的全过程，营造出人人皆知、个个参与慈善活动的浓厚氛围。绝大多数村民、企业和个体工商户对建站工作都给予了高度认可和大力支持。2015 年 11 月 27 日，珥陵镇召开护国村慈善工作站成立大会，审议通过工作站工作规则、救助办法、资金管理办法和理事小组成员名单，建站初期募集慈善资金 16 万余元。其中，辖区内恒城醋业、奥威灯罩等 21 家企业捐赠 8.2 万元，村民捐赠 8.0041 万元，村民捐款参与率达 92% 以上。

全面覆盖，资金募集成绩斐然创新高。在护国村试点成功的基础上，全镇其他 9 个村逐步实行了慈善工作站全覆盖，各村在建站过程中，都把募集慈善资金作为重中之重紧抓不放。2015 年至 2024 年，全镇村级慈善工作站共组织慈善资金收入 1156. 45 万元，其中募集资金 797. 86 万元，利息收入 358. 58 万元，慈善资金募集能力居全市前列，其中珥城村慈善工作站募集资金 435 万元（见下图），护国村慈善工作站募集资金 180. 2 万元，资金募集总量分别位列全市村级慈善工作站第一和第二，营造了“人人讲慈善，个个献爱心”的良好氛围，实现了“慈善救助不出村”的目标。尤其是珥城村，近五年通过积极盘活闲置低效“七站八所”资源、收回外借企业资金等方式，为慈善工作站募集资金 400 万元，为实施慈善救助和公益项目积累了厚实的“母基金”。2024 年，珥城村被列为全市推进“家门口慈善”服务工作试行村，按照“主动发现、及时救助、精细管理、优质服务”的工作目标，珥城村慈善工作站结合村庄布局和群众需求，将全村 16 个自然村整合划分为 35 个“微网格”，形成了村组干部包户到人、党员群众协同参与的工作机制，使得服务群众“最后一米”与“家门口慈善”服务有机融合。2024 年 6 月 27 日，镇江市慈善总会、民政局领导一行，来村调研视察“家门口慈善”服务工作，珥城村的做法受到镇江市慈善总会李国忠会长等领导的充分肯定和高度评价。

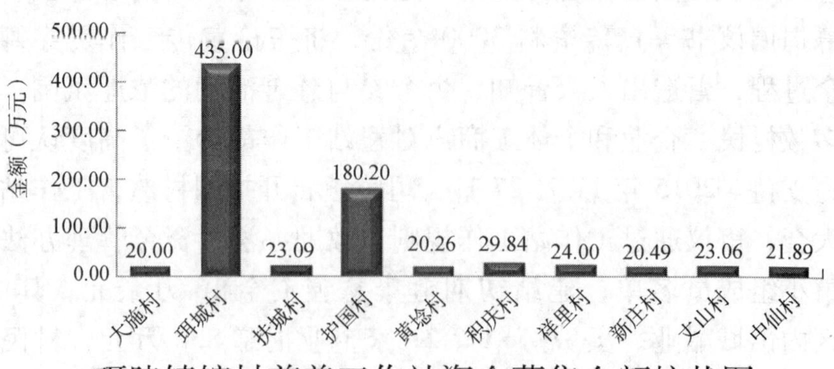

珥陵镇辖村慈善工作站资金募集金额柱状图

村级慈善工作站的设立，消除了基层慈善组织“盲点”，完善了市镇村三级联动的慈善救助体系，搭建起了村级救助服务平台，真正以慈善传递正能量，切实在精神上、物质上、服务上帮扶困难群众。

精准救助，慈善项目共筑“幸福家园”。珥陵镇村级慈善工作站以人为本办善事，在帮扶低保、低收入困难群体和可持续性机制三个方向聚焦聚力，不断提升慈善救助的精准性，共同筑牢民生底线。规范工作流程，严格资金管理，遵守《慈善法》及工作站工作规则、救助办法、资金管理办法，加强信息公开，主动接受监督，确保每一笔捐赠都能物尽其用，不断提升村级慈善事业的影响力、公信力。同时，紧扣乡村振兴、民生工程、产业帮扶等重要环节，不断开发优质慈善项目，精准实施慈善救助活动，为珥陵慈善事业注入新的内涵。2015 年至 2024 年，全镇村级慈善工作站救助困难群众 14382 人次，发放救助资金 275 万元，其中临时救助困难群众 4617 人次，发放救助金 149. 48 万元；公益项目受益 9765 人次，发放资助金 125. 52 万元。

“99 公益日”是腾讯公益和各地慈善组织联合发起的，一年一度的全国性全民公益活动。2021 年至 2023 年，珥陵镇慈善分会组织各村慈善工作站，积极参与“99 公益日”慈善资金网络募集活动。召开工作沟通会议和项目内容培训，广泛发动爱心企业、爱心组织和爱心人士慈善捐款，通过送小红花、答题互动等多种形式参与，一年一度掀起社会公益活动的热潮，共计动员 841 人次爱心捐款。同时，把开展“99 公益日”活动和推进“幸福家园”村社互助工程结合起来，紧抓工程慈善公益项目选定、慈善资金募集、村民注册、规范使用资金等关键环节，共实施“幸福家园”村社互助工程项目 36 个，帮扶困难群众 1114 人次（见下表）。

珥陵镇“99 公益日”募集资金、“幸福家园”村社互助工程推进情况记录表

年度	募集资金（万元）	捐款人次	幸福家园项目数	救助人数
2021	21.35	298	10	265
2022	27.06	267	10	276
2023	26.25	276	10	288
2024	29.27	288	6	285

慈心似海涌波涛，善举如风送暖阳

闪耀在慈善长河中的璀璨星辰。

“她”的慈善。她，用自己并不强壮的肩膀扛起一面做慈善的大旗：上为政府分忧、下为百姓解愁。她是“中国好人”、“全国残疾人工作先进个人”、“江苏省最美基层干部”、“镇江市慈善先进工作者”，她更是珥陵低保户、困难户的贴心人。她就是珥陵镇原民政办主任徐香玉。家住珥陵镇积庆村的残疾军人汤亚明，属于带病回乡退伍军人，原来的补助标准低，他还患有精神疾病需要长期服药，家庭比较贫困。徐香玉听闻此事后主动帮汤亚明找了份在敬老院看门的工作。后来他被确诊为重度精神疾病，送进了横塘精神病院治疗，其间又不慎从病房二楼跌落骨折。徐香玉多次协调，医院向汤亚明赔偿了 2 万元。徐香玉还积极为汤亚明申请调整伤残等级，自掏腰包带着老人前往扬州伤残鉴定处鉴定，汤亚明伤残等级已调整为四级残疾军人，现在每月可享受补贴 8322 元。2010 年 7 月，汤亚明的女儿汤玲玲职高毕业，四处找不到工作，徐香玉又帮她在派出所找了份合同制协警的工作。徐香玉说：“每次将救助款发到受助群众手中，听到他们感谢的话语，看见他们脸上洋溢的笑容，我的心里就无比满足，很是自豪。”作为一名基层慈善工作者，她始终努力工作，将珥陵的慈善日常工作打理得井井有条，各项活动开展得有声有色。

“他”的慈善。“在共同富裕的道路上，困难群体一个也不能少”，这是珥陵镇护国村慈善工作站站长周伟东的一贯信仰。在护国村东岸里自然村残疾人张小兰的家中，他正忙着做饭，改造后的低位灶台使得他洗涮、烹饪十分方便。张小兰小时候因意外双下肢小腿缺失，属于肢体二级残疾，平时只能依靠轮椅出行。一人独居的他，因原来的灶台比较高，日常做饭十分费劲。周伟东始终将张小兰的生活困难记在心上，2023 年初，花费 1.5 万元为他实施残疾人无障碍“定制厨房”改造项目，“量身定制”的厨房为张小兰解决了大问题。周伟东还为张小兰争取市慈善总会实施的困难家庭住房微改造项目，又花费 1.5 万元帮助他进行房屋加固和卫生间升级改造。“灵的灵的！”看着新改造的卫生间，张小兰直夸改得好。重残的张小兰在家中仅靠大腿蹒跚挪步，从卧室到厕所要穿过客厅和厨房，每一次挪动对他都是挑战，特别是晚上起夜更得小心翼翼。改造升级后的卫生间就在卧室隔壁（施工队在卧室墙壁上开了扇门）。“现在下床没走两步，就到卫生间了，方便得很。”张小兰这样说道。

“它”的慈善。镇江丹和醋业有限公司是江苏省农业龙头企业，在企业发展壮大的同时，丹和醋业始终不忘反哺社会。2020 年年底，疫情防控形势严峻，丹和醋业有限公司发挥带头作用，出人出力出物资，在战“疫”中交出了一份尽显担当本色的答卷。在抗疫“敲门行动”中，丹和醋业得知正在招募志愿者，第一时间发出倡议，短时间内召集了多名人员参与到行动中来。主动组织办公室人员、车间负责人等，深入车间一线进行疫情防控政策宣传，还成立企业疫情防控工作小组，制订应急预案，准备防控物资，督查落实情况。同时，多次向珥陵镇疫情防控指挥部、国道卡口查验点捐赠抗疫资金物资，充分展现了“一方有难八方支援”的情怀。2021 年，该企业又积极资助教育事业，向珥陵镇中心幼儿园捐赠 150 万元，用于该园 1 万平方米的工程建设，助力珥陵幼儿教育高质量发展。2022 年新建成的珥陵中心幼儿园投入使用，看着新建成的幼儿园，珥陵的孩子们脸上洋溢出幸福的笑容，小小的慈善种子在他们心中萌芽。“慈心为人，善举济世。”丹和醋业总经理史荣炳动容地说：“每一个有责任心的个体都是奉献慈善公益事业的一分子，在这里没有大小多少之分，有的只是爱心，是亲情，是彼此之间相互呵护的温暖。”醋有多香远，慈善之心就有深广。2023 年 9 月，镇江市人民政府授予镇江丹和醋业有限公司第四届镇江慈善奖“最具爱心慈善捐赠企业”的荣誉称号。这是珥陵慈善的光荣，更是丹阳慈善的光荣。

像这样怀有一颗赤诚之心的珥陵慈善人还有很多很多……

十年春华秋实，十年砥砺奋进，十年耕耘，十年辉煌。回首过往，我们感慨万千，每一份善举、每一次关怀，都成为我们前行的动力。感谢每一位捐赠者的慷慨解囊、每一位志愿者的无私奉献、每一位工作人员的辛勤付出，是你们的爱心让慈善之光照亮了无数需要帮助的生命。十年间，我们见证了无数感人故事，见证了困难家庭的微笑，见证了弱势群体的重生。这些珍贵的记忆，将永远镌刻在珥陵镇慈善分会的发展史上。

展望未来，我们将继续秉持“以人为本，关爱至上”的理念，不断提升服务水平，持续扩大慈善影响，动员更多的爱心人士参与到慈善事业中来。愿爱心之花永远盛开，愿慈善之路越走越宽广，珥陵镇慈善分会，未来可期，佳绩再创！

（撰文　孙　燕　毛琴方）

鹤溪河畔的慈善故事

——导墅镇慈善分会工作纪实

2014 年 5 月 5 日，导墅镇慈善分会成立大会现场

潺潺鹤溪河，悠悠导墅桥。相传千年前一道士为方便河道两岸百姓，捐资助建了一座便桥，导墅由此而得名。在这片水系纵横、经济发展、百姓富庶的土地上，扶危济困、乐善好施便成为这方水土的美好传承。尤其是近十几年来，导墅镇经济社会发展成就显著，群众生活幸福指数不断提升，慈善事业一直走在全市前列。让我们一起走进导墅，走进慈善，来感受一下处处充满爱和温暖，已然形成乐善好施、惜弱怜孤、济贫扶危、守望相助、善德育化、人人参与、合力慈善的浓厚大爱氛围。

全市唯一的慈善节日——导墅人自己的“慈善节”

9 月 5 日，是国家法定的“中华慈善日”。在导墅镇，也有一个属于导墅人的慈善节，那就是导墅传统庙会的这一天——农历三月十五日。1998 年 12 月，导墅镇党委书记贡国良同志、镇长李世华同志牵头，将导墅每年的庙会日确定为导墅人自己的“慈善节”，倡导社会各界爱心人士踊跃参与慈善公益活动，为促进和谐社会建设贡献一份力量。全镇党政领导、机关干部、企事业单位负责人和前来赶庙会的导墅人，参与慈善的热情空前高涨。尤其是导墅镇的企业和企业家，历来都有主动回报社会、积极参与慈善的优秀品质。当人民群众遭受灾难的时候，当困难群众需要救济的时候，他们都能及时伸出援手、慷慨解囊，体现了很强的社会责任感。首届“慈善节”当天就收到企事业单位的捐款 50 余万元。庙会现场，群众捐款 2. 5 万元，捐赠衣物 1000 余件、棉被 12 条。镇党委、政府主要领导现场向 4 名家庭困难学生和 6 名特困户发放帮扶金 2000 余元。此后每年的这一天，导墅人都会早早准备好要捐的钱物，为全镇的困难对象奉献一份自己力所能及的爱心，且每年的捐赠额都在 30 万元以上。截至 2018 年，导墅镇共举办了 20 届慈善节，而后年份因新冠疫情防控等情况，暂停了三年。随着疫情结束和发展向好，导墅人恢复了这一节日。慈善节活动的开启和延续，为导墅镇在全市率先成立镇级慈善分会打下了坚实的基础。

全市第一的开篇之作——导墅镇率先成立镇级慈善分会

慈善事业是救助社会弱势群体规模化、系统性的社会公益活动，是社会文明程度的重要标志，也是构建和谐社会的重要途径。经济比较发达、社会文明程度比较高的地方，必定也是慈善快速发展的地方。

2014 年，在丹阳市慈善总会和社会各界的帮助支持下，导墅镇党委、政府经过前期大量的研究和探讨、协商和沟通，于 2014 年5 月 5 日上午在全市率先成立了镇级慈善分会，在镇慈善分会成立大会上，丹阳市慈善总会会长陈步荣、丹阳市副市长林丹如、市慈善总会副会长谢建明及兄弟乡镇分管领导和民政科长等均到场参加。分会会员代表大会审议通过了《丹阳市导墅镇慈善分会章程（草案)》、《丹阳市导墅镇慈善分会资金管理办法(草案)》、《丹阳市导墅镇慈善分会救助办法（草案)》，选举产生了导墅镇慈善分会第一届理事会80余名理事，以及监事会成员，第一届理事会选举镇长颜卫军为分会会长、分管副镇长蔡小红为副会长，时任民政办主任为秘书长，聘请了名誉会长。此后，2016年、2020年镇慈善分会分别进行了换届，王啸同志、唐宁锋同志先后继任分会会长，钱红霞同志、庄英华同志先后继任分会副会长。导墅镇慈善分会的成立是导墅镇慈善事业发展的一个里程碑，对加快导墅乃至丹阳慈善事业发展，进一步完善社会保障体系，建设幸福和谐家园具有重要意义。

作为乡镇慈善事业发展的枢纽型、平台型组织，导墅镇慈善分会一直坚守打造“阳光慈善、透明慈善”的理念，认真贯彻落实丹阳市慈善总会的工作目标和任务，注重工作传承和精神传承，在继承中创新、在创新中发展。经过十年的探索创新，导墅镇慈善分会走出了一条适合导墅特色的传承、学习、规范、创新、专业、文化、合力、特色发展之路。

慈善之功德、“功底”在募捐。只有把慈善资金底盘做大夯实，慈善救助工作才能稳步持续开展。慈善资金募集不是单项工作，而是融宣传教育、项目推送、服务管理等于一体的综合性工作。2014年，为了做好镇慈善分会的筹备工作，有效组织好慈善资金募集活动，镇党委、政府专门发文，号召全镇企事业单位投身慈善事业，主动参与捐赠，全镇社会各界尤其是广大的企业家们给予了大力支持。镇党委、政府也坚持从实际出发，将慈善节与慈善分会成立募集资金活动合并，将当年募集资金30.2万元作为慈善分会的创始基金。除此之外，党政领导、机关部门还按照全市统一部署，开展了慈善“慈善一日捐”活动。

镇慈善分会的成立是一个新的起点，标志着导墅镇的慈善事业真正有了发展载体和工作依托，掀开了乡镇慈善事业快速发展的新篇章。自 2014 年镇慈善分会成立以来，围绕助老、助困、助学、助残等多个方面，对困难群众开展了慈善救助 429 人次，发放救助资金 9.64 万元。镇慈善分会还配合市慈善总会开展对本镇各类困难对象的救助活动，开展“慈善助学”活动，帮助困难家庭大学生顺利完成学业，共计帮扶 235 人 117.05 万元；对 468 名重大疾病人员进行帮扶，救助资金 233.28 万元；对 148 名精神类、尿毒症患者实行了专项救助，救助资金 57.2 万元；实施“冬季慈善送温暖”项目，共救助困难家庭 1527 户，救助金额 159.98 万元；对 74 户困难户进行危房改造，改造资金 96.3 万元。疫情期间，为创业大学生和农业发展大户开展助销活动，助销农产品金额在 100 万元以上。十年来，导墅镇慈善事业蓬勃发展，影响力不断扩大，从日常的困难救助，到重大突发事件援助，对口地区帮扶，再到助力乡村振兴等，每一件事都是实实在在、认认真真、用心用情地做，力求做好、做实、做精，让被关爱和帮扶对象感受到来自导墅慈善的温暖。

十年来，我们还积极配合市慈善总会开展各种善款募集活动。2013 年，在全市的“爱心至尚、善行丹阳”慈善资金募集活动中，全镇 4 家规模企业申阳集团、华昱机电、润阳伟业、雕皇集团共捐赠 80 万元，成为总会理事单位，其余企业也是踊跃捐赠。这是有史以来最广泛、最大额度的一次自愿捐赠，真实地反映了全镇人民对慈善事业的关心和支持。镇慈善分会成立后，除 4 家市慈善总会企业理事单位的捐赠之外，其余企事业单位的捐赠全部用于本镇的扶贫帮困。这里每一份捐赠、每一份关爱，都为农村的学子送去了更好的教育机会，为病患送去了康复的希望，为贫困家庭送去了温暖与关怀，为乡镇的弱势群体提供了实实在在的帮助。

2021 年 8 月，导墅镇又在全市组建了第一家镇级社工站（慈善服务中心），慈善服务中心作为镇慈善分会下属工作机构，由镇民政负责人任中心主任，配备了 3 名工作人员、1 名专职社工，由第三方承接运营。慈善社工站的建立，促进了基层民政和慈善组织紧密结合，建立了社工加慈善加志愿服务协同发展机制，全面提升了基层社会工作和慈善事业为民服务水平，为更好保障改善民生、创新社会治理、助力乡村振兴创造了条件。

全镇合一的发展模式——村级慈善工作站实现全覆盖

随着社会的快速发展和乡村振兴战略的深入实施，村级慈善工作站应运而生，它不仅为广大企业家和爱心人士搭建了更加广阔的慈善平台，更打通了慈善服务“最后一公里”，让爱心能够更加直接有效地传递到每一个需要帮助的角落，是顺应历史潮流、顺乎民心民意的重要举措。2015 年，导墅镇在东河村开展了村级慈善工作站建设试点工作。市慈善总会、导墅慈善分会高度重视，主要领导带队赴开发区考察学习、借鉴经验，结合实际，提出了“村委倡导，企业和个体工商户支持，居民人人参与，强化资金管理”的慈善资金劝募思路。东河村两委会也多次召开会议，专题研究慈善工作，通过向每家每户发放公开信、悬挂宣传横幅、党员走访群众联系户等各种方式广泛宣传，将舆论宣传工作贯穿筹建的全过程，向广大群众普及慈善知识，向社会各界宣讲筹建村级慈善工作站的目的和意义，营造出人人皆知、个个参与慈善活动的浓厚氛围。高频率的宣传发动，提高了群众的参与率，绝大多数村民、企业和个体工商户都给予了高度认可和大力支持，在筹建工作站的过程中，东河村在短短的十天内，动员筹集到的资金就达 32. 26 万元，镇慈善分会向试点村资助了 2 万元的建站资金，东河村也向慈善工作站捐赠了 5 万元。2015 年 11 月10 日上午，导墅镇举办东河村慈善工作站成立暨全镇村级慈善工作站集中授牌大会，会议审议通过了东河村慈善工作站工作规则、救助办法、资金管理办法和理事小组成员名单。与此同时，对全镇 11 个村级慈善工作站进行授牌，标志着导墅镇村级慈善工作站建设全覆盖，这是慈善组织向基层的进一步延伸，是社会联动救助体系的进一步完善，是为困难群众解决急难愁盼问题建起桥头堡、架起连心桥。镇村慈善发展不仅仅是献爱心，更重要的是立足于村社，以有效的方式去激活社会组织及村、家庭、个人，实现慈善资源的整合，进而推动基层治理和乡村振兴。导墅镇村级慈善工作站本金见下图。

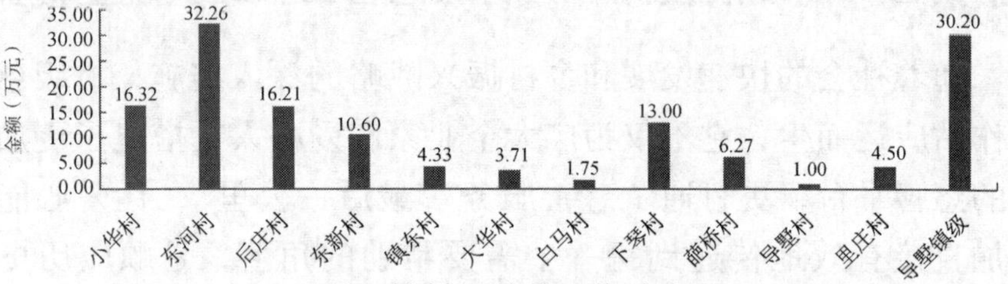

导墅镇村级慈善工作站本金

在各村慈善工作站成立之初，各村建站筹备组多次召开筹资专题会议，研究筹资方案，工作人员积极动员社会各界踊跃捐款，顺利完成了资金募集工作。

村级慈善工作站建立后，迅速开展慈善救助工作，平时主要用自身资金或配合市慈善总会，对因病、因灾等各类困难对象进行临时救助，每年元旦、春节前开展集中困难救助。在救助过程中，慈善工作站人员按照相关规定，在接到求助者申请之后，便由专人上门入户核实相关情况，在完成初审调查符合救助条件后，召开理事工作小组会议，讨论具体救助标准，随后经慈善工作站领导审批后，发放救助金。与此同时在救助过程中，严格审核及审批程序，始终坚持公开透明原则，落实有效监督机制，确保所有材料实事求是，所有救助钱款用的恰当。2014 年至 2024 年，全镇村慈善工作站共救助 1654 人次，发放救助金 66.01 万元。2021 年初，市慈善总会动员镇村慈善机构积极参与一年一度“99 公益日”活动网络慈善资金募集，导墅镇全程积极参与。2023 年 9 月，导墅镇慈善分会提前组织各村慈善工作站召开会议，结合推进“幸福家园”村社互助工程，指导各村精心选择慈善帮困和公益建设项目，组织开展业务培训，广泛发动爱心组织和爱心人士，通过送小红花、答题等互动行为参与助力，动员679人次进行爱心捐款，保证了当年各村共10多个小微慈善公益项目的实施。导墅镇“99公益日”募资情况见下表。

导墅镇“99公益日”募资详表

年份	募集资金（万元）	救助人数
2021	17. 48	447
2022	25. 62	613
2023	25. 29	622
2024	25. 25	678

全民如一的慈善合力——乡村慈善文化传播遍地开花

爱的种子需要传播和培养，导墅镇慈善分会一直将慈善文化建设作为工作重点，用慈善文化去感染人、影响人，吸引多方力量参与慈善事业，打造导墅人独有的“合力慈善”。“募集更多善款，帮助更多需要帮助的人；让更多人了解、支持、参与慈善”，是导墅慈善分会的价值理念。通过不断探索、创新、努力，通过冠名基金、专项资金，精准帮扶更多需要帮助的人，通过项目大赛、项目对接，让有慈善情怀的人找到需要资助的项目。同时，导墅慈善分会也不忘“微慈善”救助，发挥“小切口大作用”，初步形成了多层面、宽领域、广覆盖、开放式的慈善救助模式。各村慈善工作站也纷纷结合各自实际，分别组织“清风义工行”“春风送温暖”等活动，共同承担社会责任和义务，发挥公益慈善在扶贫济困、改善民生方面的积极作用，推动“合力慈善、人人慈善、全民慈善”格局的形成，共同促进导墅慈善事业发展进步。特别是在重大突发事件中，“合力慈善”的力量充分彰显，各成员单位有钱出钱，有力出力，媒体给予有力报道，撬动了更多社会资源共同参与慈善。

用情怀传递温暖。情怀，是一种高尚的心境、情趣和胸怀，曹加伟的情怀，是流淌在血脉中的爱心情感。曹加伟，江苏佩尔家纺有限公司董事长，一名退伍老兵，回乡30多年来在慈善公益的道路上一直默默前行。

他是教育大靠山。2005年他投入30余万元与本镇匡亚明小学合办“佩尔少儿艺校”，确立“以人为本、立美育人”的办学理念，开设书画、器乐等艺术教育，此后每年都出资10余万元，让农村孩子享受艺术熏陶，与学校合力打造艺术教育的特色品牌。他还在匡亚明小学建立了“佩尔爱心资金”，并参与筹建了匡亚明教育奖励奖教基金，帮助导墅镇贫困师生，为改善导墅的教育教学环境提供了经济支持。在建党100周年之际，曹加伟独资兴建2500平方米的“琴联文化园”，面向社会免费开放。依托琴联文化园，他又筹建了旅游户外行业人大代表联络站和曹加伟代表工作室，具有“党员活动、代表活动、行业代表互动、选民接待、图书阅览、书画创作、军舰模型展示、农村技术培训和家纺户外用品展示”八大功能，免费为全镇基层党员、人大代表、农村群众、留守儿童、退伍军人、行业人大代表、选区选民等提供产业指导、精神食粮和红色教育。

他是百姓暖心被。看到建档立卡户的困难生活，曹加伟总是感慨万千，他说：作为人大代表，有责任、有义务为实现“精准扶贫，不落一人”助一臂之力。多年来，村里有老百姓生大病，他总是第一个伸出援助之手；镇里敬老院缺被子，他总是第一时间送到；市里销售扶贫水蜜桃，他总是第一个采购……2018年初，当镇人大组织代表开展帮扶走访时，曹加伟又动员企业职工，赶制了100多条厚棉被，给下琴村的每个特困供养人员、低保户、重残户、建档立卡户送去了暖心被。此后的每一年春节临近，曹加伟总会给村里的弱势群体送上一份心意。

他是公益热心人。曹加伟对镇内外各类公益事业和扶贫济困乐此不疲，新冠疫情防控中，他利用家纺企业优势，迅速转产口罩，捐给市镇两级政府和全镇学校；“善行丹阳”慈善捐赠活动中连续4年捐赠10万元；导墅慈善节连续25年总计捐赠超50万元；汶川地震第一时间捐赠60万元床上用品……一桩桩、一件件、一年年的倾情奉献，体现了曹加伟的仁慈厚爱、高尚人格和高度的社会责任感。这些年，他在精准扶贫、道路建设、桥梁建设、“我为党旗添光彩”、匡亚明故里打造、疫情防控等各方面赞助、捐赠资金超过500万元。

惠及民生　琴心可赞。在导墅镇，江苏爱伦家纺有限公司的董事长符惠琴算是个名人，她以一位女性特有的细腻与温情几十年如一日默默关心着社会弱势群体。

扶助困难职工。无论哪位职工家中有急有难，都必亲自过问，并想方设法帮助解决。办企业将近三十年，她在帮助困难职工上的支出超过300万元。

情牵贫困家庭。导墅村村民沈玉仙家徒四壁，一贫如洗，屋漏偏遭连夜雨，她丈夫又因车祸压伤了大腿，全家为医疗费急得团团转。危难之时，符惠琴伸出了温暖的手，帮助支付了4000多元的医疗费。她还主动结对扶贫，将沈玉仙安排到自己企业工作，并资助1.5万元为她家翻建楼房，使得这个贫困农家生活峰回路转，重见曙光。这样的例子不胜枚举。

心系公益事业。2000年时，她就是支援祖国西部建设的“助西爱心大使”，作为镇江市唯一代表，参加全国“情系西部、共享母爱”世纪爱心行动表彰大会。2008年汶川大地震，她在第一时间向灾区送去价值230万元的被褥毛毯。2013年，与江苏省儿童基金会一同创办了“恒爱春蕾班”，为几十名贫困、单亲家庭的孩子解决上学问题。同年，为匡亚明文化教育基金赞助10万元。2014年被江苏省广播电视总台授予“中国好人爱心大使”称号。每年冬天，她都要为导墅敬老院、吕城敬老院、陵口敬老院数百名孤寡老人送上厚厚的羊毛被，在寒冷的冬天给他们带去温暖。

捐助灾区人民。当一场突如其来的新冠疫情在全国蔓延肆虐，清丽优雅的符惠琴在大灾面前再次彰显大爱，挺身而出，向江苏省镇江新区疫情防控指挥部捐助了数万元的防控储备物资，向湖北航天医院捐助了价值30万元的床上用品，解决了该院医疗床品紧缺的燃眉之急。湖北洪灾、河南暴雨……哪里有灾情哪里就有符惠琴的爱心捐助。乡亲们向她投来一束束赞美的目光，党和政府也授予了她一项项荣誉。她先后获得全国“助西爱心大使”、江苏省双学双比女能手标兵、镇江市优秀人大代表、镇江市“三八”红旗手、感动丹阳十佳女性、市镇优秀党员等荣誉。对符惠琴来说，鲜花和掌声是一种慰藉、鼓励，更是一种鞭策、责任，萦绕在她梦中的始终是乡亲们期待的眼神，造福村民、造福乡邻的初衷永远不改！

新星之火正在燎原。位于下琴村的江苏金鹤新材料有限公司，是导墅镇慈善界冉冉升起的一颗新星。2020年，该公司成立十周年，他们没有大搞庆典活动，而是以一种特有的方式庆祝，那就是给全镇的慈善基金捐赠10万元，用于全镇弱势群体的帮扶。自此开始，该公司每年分别向下琴村和里庄村两个慈善工作站捐赠5000～6000元的善款，每年向教育事业捐赠2万～10万元的助教资金，每年年底自发组织慰问10余户困难家庭，慰问金总额在5万元以上。除此之外，金鹤公司在修桥铺路、农村水利、文化教育、村级民生实事上慷慨解囊，近十年捐赠100万元以上。总经理戴明杰说，他的捐款动机源于对家乡的深厚感情和对社会的责任感。他认为，作为一名丹阳人，有义务回馈社会，为家乡的发展贡献自己的力量。同时，他也希望通过自己的行动，带动更多的人参与到慈善事业中来，共同营造一个更加和谐美好的社会。

非凡十年，导墅慈善人在奋斗，在付出，在收获，他们用激情、爱心、善念，坚守在慈善之路上，社会的温暖和力量如涓涓细流汇聚成爱心的海洋，推动导墅慈善事业稳步前行，一路凝聚爱、传播爱，把导墅的温暖送给更多需要的人。

结语。导墅镇慈善分会已经走过了十年的光辉历程。这十年，是充满挑战与机遇的十年，是爱心与力量汇聚的十年。在这十年里，我们始终坚守初心，组织开展了覆盖教育、医疗、扶贫等多个领域的各种慈善活动。我们为贫困学子提供助学金，帮助他们顺利完成学业；为病患送去医疗救助金，让他们重燃生命的希望；我们还为孤寡老人送去生活物资，让他们感受到社会的温暖与关怀。这些活动得到了社会各界的充分认可和广泛赞誉，也让更多的人了解并参与到乡镇慈善事业中来。慈善是平等、互助和共享，是温暖、弥合和抚慰，是社会良善的相互激发，是灵魂深处的郑重洗礼。在未来的日子里，导墅镇慈善分会将秉承初心，坚守使命，积极组织各类慈善活动，广泛动员社会力量参与乡镇慈善事业。同时，将进一步加强内部管理，提高资金使用效率，确保每一笔善款都能用到实处，发挥最大效益，让爱心在乡村生根发芽、开花结果。

（撰文　蔡小红　庄英华　蒋文莲）

慈善 在“八姑娘”家乡传承弘扬

——皇塘镇慈善分会工作纪实

2023 年 11 月皇塘镇慈善工作布置会议

相传，很久以前皇塘镇有一条白龙的孝心感动了天地，南朝梁武帝听闻后也深受感动，封白龙姑娘为“白龙圣母”，并为白龙建造“慈感殿”，“慈感殿”最终演变成现在皇塘镇的白龙寺。白龙寺的故事褒扬的是人间的孝义仁爱，更显现了皇塘久远的慈善文化。

“八姑娘”践行雷锋精神的传承

皇塘镇蒋墅“八姑娘”的故事，在丹阳闻名遐迩。

1963 年的春天，随着毛泽东主席 3 月 5 日“向雷锋同志学习”题词的发表，雷锋精神如春风般吹拂着神州大地，激励着人们去做好事、做善事。蒋墅八姑娘民兵班作为当地的模范单位，自然不会落后，其积极响应号召，投身到了这场学雷锋的热潮中。八位年轻的女民兵，她们学雷锋做好事，受到了社会的广泛赞誉。

这八位姑娘有一个共同的特点，那就是对家乡、对人民的深深热爱。她们深知，作为民兵，不仅要有保家卫国的本领，更要有服务人民、奉献社会的精神。因此，她们不甘于被动等待任务，而是主动请缨，走上街头，用自己的实际行动去践行雷锋精神。

她们的身影常常出现在皇塘蒋墅的大街小巷，无论清晨的露水还是傍晚的余晖，都见证了她们的辛勤付出。她们帮助孤寡老人干活，为迷路的孩子找到回家的路，在公共场所打扫卫生……只要能帮助别人，她们都抢着去做，从不计较个人得失。

“八姑娘精神”也代代相传，从未间断。

自成立以来，该民兵班班长先后换了 16 任，成员进出 152 人。2012 年 4 月，在部队服役 5 年，荣立三等功 1 次，获评优秀士官 3 次、优秀士兵 2 次的潘丽琴退役回乡后，通过笔试、面试等选拔流程，从众多应聘者中脱颖而出，成为“八姑娘民兵班”的第 16 任班长，也是第一任“专职班长”。一上任，这位“80 后”姑娘就细细琢磨起了“八姑娘”的未来发展。为了适应新时期的新情况、新要求，潘丽琴觉得队伍应该年龄年轻化、职业多元化。“作为一个传承了 60 年的团队，我们需要新鲜血液的融入。年轻人不会有太大的家庭负累，可以将更多精力投入民兵班的各项活动。而且，年轻人思维比较活跃，更容易适应当今社会飞速发展的步伐，有利于团队的发展创新。”幼儿园老师、小学老师、中学老师、卫生院护士……如今的“八姑娘民兵班”，成员职业各异，却是清一色的“90 后”、“00 后”，且都具备大专以上学历，党员比例超过 75%。

十几年来，潘丽琴不断提升民兵班的凝聚力、战斗力和影响力。她积极牵头，与政府、企事业单位结对共建，先后组建了“八姑娘”公益律师团、“八姑娘”退役军人志愿服务队、“八姑娘帮你忙”记者团等数十支以“八姑娘”命名的志愿服务团队，并与南京师范大学中北学院联合成立“八姑娘”志愿服务团，将“八姑娘”精神辐射到全市各行业各组织中，掀起了学雷锋热潮。近三年，她累计上了36次国防教育课，听众覆盖全市数千名中小学生和企业员工。

这些年，在潘丽琴的带领下，“八姑娘民兵班”收获满满，先后被江苏省军区评为“拥军工作先进集体”、“参加社会主义精神文明建设先进示范点”、“学雷锋先进集体”，被江苏省政府、省军区命名为“学雷锋模范民兵班”。她本人也被破格提拔为镇人武部干事，8次被评为镇江市征兵先进个人，荣获镇江市三八红旗手称号。

2025年1月16日晚，江苏省军区举行迎新春同乐会暨“王继才式十大国动先锋”颁奖仪式。“八姑娘民兵班”班长潘丽琴成功入选，系镇江市唯一，也是丹阳市首位被评选为全省“王继才式十大国动先锋”人员。

“八姑娘”的大爱精神，在新时期得到了传承和弘扬，皇塘的慈善事业也进入了一个新的纪元。

皇塘镇慈善分会积极发挥作用

2014年上半年，皇塘镇关于成立慈善分会的申请获得了市慈善总会的批复，2014年7月29日，皇塘镇召开慈善分会成立大会，开启了皇塘慈善事业的新篇章。分会成立大会审议通过了《皇塘镇慈善分会章程（草案）》和《皇塘镇慈善分会资金管理办法（草案）》。会议选举镇人大主席张正明为慈善分会会长，镇残联理事长张耀炜为慈善分会秘书长，分会第一届理事会有18家理事单位加入，这些理事单位包括镇政府部门领导、企业家及社会各界的代表，他们的参与和支持，为慈善分会提供了丰富的资源和广泛的社会联系，共同推动皇塘镇慈善事业的发展。

在成立大会上，皇塘镇党委书记黄俊杰深刻阐述了慈善事业在社会文明进步中的重要地位，并提出了推动慈善事业发展的要求和期望。他强调，慈善分会要扩大参与范围，创新捐赠方式，提高慈善资金的使用效率。

在谈到慈善事业的推进策略时，黄俊杰强调了动员社会力量、强化慈善组织建设及坚持公开、公正、规范、透明原则的重要性。他提出，通过多种方式动员社会力量参与慈善事业，不仅可以提供经济支持和人力资源，还能增强社会的凝聚力和向心力。

黄俊杰还强调了慈善事业的社会责任和全民参与的重要性，他呼吁企业家要成为慈善家，工作人员要成为慈善工作者，每个公民都应成为慈善事业的热心支持者。

皇塘镇慈善分会的成立，是多方参与、共同推动的结果。

皇塘镇慈善分会筹建之时，通过各种渠道和方式积极募集慈善资金。2013 年 5 月市慈善总会筹建时，导墅镇规模企业助剂化工、中彩印务、堂皇集团、荣嘉精密、绿叶锅炉各捐款 20 万元，鑫海铜业、辰阳电子各捐款 10 万元，成为总会第一届理事会企业理事。上述企业在镇村筹建慈善组织时也积极捐赠，带动全镇其他中小企业爱心奉献。分会成立共募集资金 37. 1 万元，按规定交由市慈善总会代管保值增值。2014 年至 2024 年，分会本金和利息收入共达 69. 07 万元，用于支持和推动慈善事业的发展。

皇塘镇慈善分会成立后，切实履行慈善宗旨，积极配合市慈善总会实施各种慈善公益项目。同时，使用分会慈善本金增值利息开展困难救助。2014 年至 2024 年，分会共救助 109 人，其中临时救助 99 人，助学支出 9 人，公益项目受益 1 人，共发放救助金 10. 6746 万元。

每一次救助、每一项工作都见证了皇塘慈善工作者和社会各界人士的辛勤努力与无私奉献。2022 年下半年，皇塘镇还成立了社工站（慈善服务中心），加强了慈善分会的力量，拓展了基层慈善工作的领域和范围。

建好村级慈善工作站，让其成为幸福家园的阶梯

2015 年，根据市委、市政府的工作要求，以及皇塘镇慈善事业发展的内在需要，皇塘镇慈善分会全面推进了村级慈善工作站建设。首先，在大南庄村进行试点，工作站将成为大南庄村慈善活动的中心，负责推动和管理村里的慈善事务。2015 年 11 月 18 日，大南庄村慈善工作站成立大会召开，村支书范金林当选为慈善工作站站长，并由村“两委会”领导，企业和村民代表组成理事小组，明确各自的工作职责，确保工作站的规范运作。

为了激发村民参与慈善活动的热情，村里通过发放公开信、宣传栏、广播、标语等形式广泛宣传建立慈善工作站的目的和意义。村里还组织老干部、老党员、企业家、个体工商户和知名人士的座谈会，以及村组干部的慈善募捐培训会，进行全方位的宣传发动。

募集资金是筹建慈善工作站的关键，村里结合实际情况，摸排需要捐款的对象，拟定募集目标，广泛动员村民积极参与慈善捐赠，村干部不辞辛劳挨家挨户地宣传，他们的足迹遍布大南庄村的 33 个村组，每一个角落都留下了他们为慈善事业奋斗的身影。只有以身作则，才能激发更多人的参与热情，8 名村干部带头捐出 6900 元。在他们的带领下，整个大南庄村迅速掀起了捐款的热潮，村民们纷纷解囊共捐款 7. 068 万元。

对于企业和个体工商户，村里的领导上门动员捐款。范金林站长与魏丽副站长并肩作战，带领工作站人员孔夕坤、村民代表范和生和企业代表缪家平，共同发动皇塘相关企业捐款。江苏绿叶锅炉有限公司捐赠 5 万元，江苏堂皇集团等 43 家企业也都响应号召，纷纷捐款，数额从几千到几万元不等，每一笔捐款都凝聚着他们对家乡的深情厚意，50 多家企业等单位和爱心人士捐款 23. 2 万元。在范金林和村干部们的共同努力下，大南庄村慈善工作站建站共募集资金 31 万元。

大南庄村慈善工作站严格按照规定管理善款，确保每一笔捐款的透明和公正。村里印制了捐款“爱心榜”，公布每一笔捐款的明细和总额，以增强透明度，消除捐赠者的疑虑，增强工作站的公信力，有效提升慈善组织的形象。大南庄村慈善工作站成立后，积极开展慈善救助活动，2015 年至 2024 年发放救助金 24.53 万元，有效帮助了全村的困难群众。

皇塘镇的其他村级慈善工作站也都在积极行动着。丁桥、皇塘、白兔、宏图、张埝、藤村、积善、后亭、蒋墅、鹤溪、大南庄村等 11 个村（社区）慈善工作站积极组织各类慈善活动，通过各种渠道和方式积极募集资金，纷纷号召村民、企事业单位，为助力慈善救助和乡村振兴捐款，畅通和规范社会力量参与慈善项目的渠道，村民家庭参捐率高达 98%，支持和推动慈善事业的发展，体现了广大村民的慈善热情和对困难群体的深切关怀。

从 2015 年至 2024 年，全镇各村慈善工作站慈善资金累计收入 701.445 万元，其中募集资金 381.595 万元，利息收入 319.85 万元，这展示了慈善工作站在资金募集和管理方面的成绩，也体现了社会各界对慈善事业的大力支持。

皇塘镇村级慈善工作站建立后，慈善救助也是成绩斐然。在配合市慈善总会实施慈善公益项目的基础上，各村还围绕困难群众救助需求，实施慈善救助项目，主要使用村慈善资金增值部分，每年在平时尤其春节前集中开展帮困活动，2015 年至 2024 年皇塘镇 12 个村慈善工作站共救助困难群众 6944 人，支出资金 255.24 万元，其中临时救助 5972 人，支出资金 235.93 万元；公益项目受益 972 人，支出资金 19.31 万元，这些数据显示了皇塘镇村级慈善工作站在慈善救助困难群众方面的显著成绩，以及在公益帮扶方面的积极作用。

慈善助力打造村社幸福家园

2021 年始，皇塘镇慈善分会按照总会的部署要求，组织所属村级慈善工作站，积极参与“99 公益日”慈善资金网络募集活动。2022 年始，皇塘镇慈善分会又按照市里要求组织村级慈善工作站，积极推进中华慈善总会联合各地慈善组织，实施的“幸福家园”村社互助工程，该项目是要动员村社各方力量，通过互助合作的方式，集聚慈善资源，聚焦困难群体急难愁盼，以及乡村振兴发展的多个领域，实施有针对性的慈善公益项目，助力提升乡村居民生活质量，促进社会和谐与进步。

自 2021 年以来，皇塘镇村级慈善工作站以市慈善总会打造的“丹心向阳，爱我家园”项目为平台，每年积极参加“99 公益日”网络资金募集，所得资金用于本地困难救助和公益项目，拓展了资金募集渠道，加大了慈善活动力度。如在 2023 年参与“99 公益日”网络募集活动中，全镇共募集善款 33.658108 万元，总会配捐 3.6489 万元，其他配捐 1.513207 万元，总计资金收入 38.820215 万元。救助支出达 30.8136 万元，惠及 749 名困难村民。

张埝村积极参加“99 公益日”活动网络募集，大力推进“幸福家园”村社互助工程，效果尤为明显，有效改善了村庄的基础设施和人居环境，提升了村民的生活品质和幸福感。

2023 年 5 月 9 日上午，镇江市慈善总会会长李国忠、民政局相关领导一行赴皇塘镇，进行基层慈善创新转型和“幸福家园”村社互助工程推进工作调研。丹阳市副市长杨文军、皇塘镇党委书记蒋俊华等人陪同，他们共同见证了皇塘镇慈善事业的进步。

李国忠会长一行来到张埝村，查看推进“幸福家园”村社互助工程，实施张埝村“美丽宜居”村庄建设项目现场。张埝村党委书记李伟松介绍说，张埝村注重运用慈善力量改善困难民生，促进乡村建设，大力传播慈善文化，营造“尽己所能、人人公益”的慈善氛围。2015 年成立慈善工作站，募集资金 74.25 万元，至今救助困难群众 1008 人次，支出 40.53 万元。近年来更是大力推进“99 公益日”网络募集和“幸福家园”村社互助工程，并把两项工作有机结合起来。为了做好“99公益日”网络募捐工作，张埝村专门成立募捐小组，村委会副主任易秋元任组长，制订了详细的募捐计划，明确了募捐的目标、时间节点和具体步骤，利用微信公众号、村民微信群、抖音等网络平台，广泛宣传，发动广大村民、爱心企业和社会各界人士积极参与募捐活动。还制作了募捐海报和宣传视频，在村庄内外张贴和播放，扩大了募捐活动的影响力。在推进“幸福家园”村社互助工程上，村里成立领导小组，在中华慈善总会线上平台注册认领，形成本村“幸福家园”村社互助工程微网站。为便于线上慈善捐款和村社治理，村两委成员、党员干部带头注册上线，全村注册上线人数535人，还组建了志愿服务队伍。同时，在广泛听取村民意见的基础上，以助力美丽乡村建设、提升村民人居环境为目标，具体提出分期分批对所属自然村实施整体环境整治的“美丽宜居村庄建设”公益项目，作为“幸福家园”村社互助工程项目全力实施。

2022年、2023年，张埝村通过“99公益日”网络募集近10万元，所募资金主要用于实施“美丽宜居”村庄建设公益项目。项目主要包括村庄道路整修、塘坝沟渠清理、文体设施修建、绿化美化种植、墙面粉刷、家禽养殖整治、污水管网铺设等。首期项目对后店、易家塘两个自然村进行整体改造，需资金48万元，由于有募集慈善资金的助力，整治项目得以顺利完成，共修建文体广场2个、整修道路5公里、清理塘坝5个和沟渠500米、绿化美化1500平方米、铺设污水管网近1.1万米，还对两个自然村所有农户房前屋后全面环境整治，大大改善了村民人居环境，推进了美丽乡村建设。

李国忠会长一行在参观过程中详细了解了皇塘镇，尤其是张埝村推进“幸福家园”村社互助工程项目的运作模式、资金管理、社会参与度及取得的成效。他们对皇塘镇和张埝村积极推进基层慈善创新转型，动员全村干部群众及社会力量参与慈善公益事业表现出浓厚兴趣，并对项目在传播慈善文化、巩固拓展脱贫攻坚和全面小康成果、促进乡村振兴等方面取得的成绩给予了高度评价。

人间自有真情在，基层慈善救助在行动

金健（化名），2015 年被诊断出白血病后，给这个在校大学生带来了巨大打击，也给他本不富裕的家庭带来了沉重负担。正在愁困无助之际，镇村慈善组织闻讯开展了综合救助，一方面组织村民和企业捐款，另一方面上报市慈善总会为他申请救助 10 万元。通过慈善救助，金健成功进行了骨髓移植，战胜了病魔，现在他已大学毕业，走上了工作岗位，开始了新的人生。

樊惠（化名），皇塘镇的一位女高中生，2017 年被诊断出急性髓系白血病，高达 90 余万元的医疗费用让这个家庭陷入了困境。樊惠父母是农民，家中还有小妹上学，原本就不富裕。这个家庭几乎无力承担如此巨额的医疗费用。在收到樊惠家庭求助申请后，皇塘镇镇村两级慈善组织上门了解核实，按照申报程序联系市慈善总会，为樊惠家庭送上了 20 万元的慈善救助金。社会各界的关怀和帮助，缓解了其家庭经济困难。

2023 年春，皇塘镇皇塘村的朱国夫遭遇了困境，他本人患有胃癌需要手术，而他的妻子季红秀此前因脑瘤手术导致面部瘫痪，视力严重受损，家庭经济十分紧张。皇塘村慈善工作站洪爱国站长深入了解他们的需求，以满腔热情和大爱之心，迅速制订救助计划，为朱国夫家庭申报批准了 6000 元慈善救助金。这笔钱虽然不多，但对于朱国夫一家来说无疑是雪中送炭，有效缓解了他们的经济压力。

潘洪福，这位 80 岁的老人，是皇塘丁桥村的一位普通村民，夫妇相依为命，靠着微薄的农保金度日。潘洪福被诊断患有癌症，需要高额的手术费用，这对他们来说根本无力承担。村慈善工作站迅速启动了救助程序，向上级部门提交了救助申请。经过

严格的审批流程，潘洪福两年分别获得3000元和5000元的慈善救助，救了他的燃眉之急。

皇塘镇的慈善救助工作，既体现了有情救助，也做到了规范救助，镇慈善分会、村慈善工作站都制定了慈善救助办法。各项救助工作始于困难对象的救助申请，或村慈善工作站的主动摸排。村慈善工作站时刻关注村民的生活状况，他们深知，只有深入了解每个家庭的情况，才能确保救助工作的及时、精准与高效。因此，每当接到求助申请或发现有家庭发生病灾，他们都会第一时间上门入户，详细了解困难对象的家庭成员情况、收入状况，以及遭遇的具体困境。汇总这些信息后，对照救助方案进行初审，符合条件的上报予以救助。

当救助申请和初审材料上报到镇慈善分会后，分会工作人员会进行严格的审核，这个过程他们会仔细核对每一项数据，根据申请人的家庭收入、支出及医疗费用等具体情况来判断是否符合救助条件。符合救助条件的根据情况的不同，上报市慈善总会，或由镇慈善分会、村慈善工作站分别予以救助，确保救助工作的公正性和有效性。

感召的力量，各路义工团队在行动

2022年，皇塘镇成立了慈善社工站（慈善服务中心），形成了“社工+慈善+志愿服务”的新模式，慈善服务中心的社工在分会的领导下，经常主动深入社区走访困难家庭。工作人员与困难对象促膝谈心，详细了解他们的健康状况、生活需求及面临的困境。在走访过程中，社工们不仅为困难家庭带去生活必需品，如食品、衣物等，还为他们提供健康指导服务。社工们耐心解答困难对象的疑惑，为他们提供心理支持，还向他们宣传政府部门和慈善机构的救助政策，帮助他们了解如何申请救助和享受相关政策。在敬老院里，社工们分工合作，有的为老人们理发，有的包馄饨，还有的陪老人们聊天、散步。他们用心倾听老人们的故事，与老人们分享生活中的趣事和喜悦，使得慈善帮扶展现出新的面貌。

在皇塘镇，近年来还成立并活跃着各种类型的志愿服务队伍。

荆浩全是如意慈善皇塘分队的队长，继承了他父亲乐善好施的品质。其不仅自己投身公益，还带动家人和团队成员一起帮助有需要的人。荆浩全不仅参与困难家庭走访帮扶，还在新冠疫情期间带领团队积极参与疫情防控，捐款捐物。荆浩全的妻子、弟弟等人都受到他的影响，加入了慈善团队，共同参与公益活动。他们一家人在活动中总是齐心协力，无论需要人手还是物资，都能迅速响应。荆浩全的女儿在暑假期间也成为一名疫情防控志愿者，参与志愿服务工作。荆浩全家庭因其和睦温馨的家庭氛围和热心公益的行为被评为丹阳市文明家庭、镇江市文明家庭，他们的善行义举，为社会贡献了正能量。

这些活跃在皇塘各个角落的慈善社工和志愿者，他们的热情和奉献，他们帮扶困难群众和志愿服务的行动，体现了皇塘人民的爱心和责任感，体现了皇塘全社会对慈善事业的重视和支持，促进了和谐社会的构建和文明程度的提升。

皇塘慈善分会这十年的慈善之路，是新时代慈善事业高质量发展洪流中的一朵浪花，展现的是慈善力量在助力健全社会保障和救助体系、构建城乡文明中发挥的积极作用。同时也充分证明，通过不断的努力和创新，镇村慈善组织已经成为社会建设和治理体系中不可或缺的重要组成部分。

（撰文　周建新）

架起爱心联结的桥梁

——吕城镇慈善分会工作纪实

2014 年 7 月 19 日，吕城镇慈善分会成立大会现场

吕城镇设立慈善分会，至今已有十多个年头。慈善分会的成立是吕城人民的幸事，扶危济困，为党政分忧，为群众解难，很多困难群众得到救助，爱心奉献与善行救助的故事，在吕城大地广为流传。

2014 年 7 月 19 日，吕城镇慈善分会成立大会在美丽的千年古镇召开，党政领导，以及各行政村、镇相关部门和企业负责人等都来参加这个会议。大会选举镇长崔晓俊担任分会会长，分管副镇长夏炜担任分会副会长，民政办主任陈吾苗担任秘书长，会议选举产生由镇相关部门 11 名负责人、爱心企业 7 名负责人组成的分会第一届理事会，成立由镇纪检、财税等部门 5 名负责人组成监事会。会上讨论通过了分会章程、资金管理办法等规章制度。这是重要的一年，随着吕城镇慈善分会的成立，吕城镇的弱势困难群体将得到进一步的关注和帮助。

吕城镇慈善分会成立之初，大力募集慈善资金，爱心企业、爱心人士纷纷捐赠，分会共筹得资金 55.4201 万元。这笔钱作为本金由市慈善总会负责管理，每年按约定的利息发放给吕城镇慈善分会，用于慈善救助。2014 年至 2024 年，吕城镇慈善分会慈善本金利息收入 49.13 万元，分会成立以后主要依靠这笔钱，主要用其对因遭逢病灾及意外导致基本生活困难的对象进行临时救助，很多困难家庭因此得到了及时有效救助。如 2019 年分会临时救助支出 4.81 万元，救助 95 人；2020 年分会临时救助支出 3.28 万元，救助 65 人……2015 年至 2024 年，吕城镇慈善分会救助困难群众 682 人次，发放救助金 27.14 万元，其中临时救助 342 人次，支出 21.34 万元；助困 155 人次，支出 3.43 万元；公益项目受益 185 人次，支出 2.37 万元。

分会作为慈善组织，救助政策需要根据现有慈善资源、困难群众需求，以及相关制度来制定，做到从实际出发，规范实施。困难对象求助需要提出申请，村调查审核，并经过分会的审批，符合条件的人才能获得救助。及时和规范的救助，温暖了许多家庭，让困难群众得到了体贴和关怀，让他们看到希望，一次次渡过难关。2022 年下半年，吕城镇慈善分会又组建了社工站（慈善服务中心），作为分会的工作机构，形成了“社工 + 慈善 + 志愿服务”新模式，加强了服务困难群众的慈善力量。

吕城镇慈善分会下属还有 11 个村级慈善工作站。2015 年，为了进一步加强基层慈善组织建设，市里全面推开村级慈善工作站建设，吕城镇各行政村纷纷响应，“两委会”广泛宣传发动，积极募集善款，发动广大村民、在外乡贤、爱心企业、爱心人士，为家乡慈善尽心尽力，集聚慈善资源，筹建村慈善工作站基金，用于慈善事业。其中河北村募得 50 万元、中心村募得 35 万元、西墅村募得 29.41 万元、河南村募得 22.01 万元、井园村募得 18.82 万元、蔡塔村募得 18.246 万元……2017 年到 2024 年，吕城镇11个村慈善工作站共募得资金274.64万元，这是一笔不小的数目，凝聚了吕城镇广大村民、爱心企业、爱心人士回报家乡和社会的爱心。这笔钱存放在市慈善总会，其间各村慈善工作站共获得利息收入196.61万元。

从2019年开始，各村慈善工作站主要使用慈善本金产生的利息，对困难对象临时救助，以及实施公益项目。据统计，截至2024年，工作站五年救助支出109.53万元，救助11786人次，其中临时救助支出35.135万元，救助764人次；公益项目支出74.395万元，受益11022人次。困难救助主要集中在每年春节前进行，帮助受助对象解决困难，度过安乐祥和的“两节”。平时则积极配合市慈善总会开展各类慈善救助活动。公益项目主要体现在资助乡村振兴路桥等基础设施建设，以及为60岁以上老年人购买意外保险，为老年人的健康和安全提供更多保障。资助农村基础设施建设也是一笔大开销，是为民造福的实事。现在各村水泥路、柏油路通到家家户户的门口，既美观又方便出行。在脱贫攻坚、全面小康、乡村振兴中，镇分会和村工作站慈善资金发挥了作用，是一种有益补充，而各村慈善工作站更是走在助困的前沿，随时了解困难村民情况，及时解决困难。尤其是2020年至2022年新冠疫情的三年，镇村慈善组织、爱心企业、爱心人士积极捐赠防疫抗疫资金、物资，如张新兴等人就捐款2.6682万元，为疫情防控做出了贡献。

2021年以来，吕城镇慈善分会、村级慈善工作站，每年还积极参加“99公益日”慈善资金网络募集活动，募集更多慈善资金，用于慈善公益项目。2022年，按照上级要求，结合本地实际，吕城镇村两级慈善组织，大力推进“幸福家园”村社互助工程，并结合每年开展的“99公益日”活动，以网络平台募集资金，用于“幸福家园”工程帮困及公益项目，进一步加强吕城镇困难民生保障。

这十年间，吕城镇爱心奉献的故事，为人广泛赞誉。

2013年上半年，市里成立慈善总会，广泛募集资金，吕城镇的丹毛纺织、四达化工、精密合金、正大油脂、顺发电热材料、同乐面粉、鸿业重工7家规模企业，各向市慈善总会捐赠20万元。吕城镇成为全市第一个完成倡议规模企业捐赠数的乡镇，这7家企业还当选为总会企业理事。在成立镇慈善分会和村慈善工作站时，吕城镇的大中小企业都是慷慨解囊，支持慈善事业，热心帮扶困难群众。尤其是在各村筹建慈善工作站时，广大村民守望相助，纷纷捐款，在吕城大地掀起了爱心捐赠的热潮。

令人特别感动的一幕，发生在吕城镇慈善分会筹建募集资金的时候。一位坐在轮椅上的老人，在下雨天独自来到了吕城镇慈善分会，从包里掏出了一大把零零散散的一元、五元的钱，要捐给慈善分会。他说这是平时存的一点积蓄，要支持家乡的慈善，恳请分会收下。工作人员感觉这是老人的养老钱不能收，于是婉言谢绝了老人的一番好意，却被这老人的爱心所深深感动。

"慈善一日捐"活动，面对的是机关事业单位工作人员。从2013年开始，吕城镇机关党员干部每年捐出大体相当于一天工资的善款，用于帮助全市困难群众，同时捐赠者本人及直系亲属以后如果遇有病灾，符合救助条件的都可以享受慈善帮助。机关事业单位工作人员对这项捐款都比较积极，不用人去催，他们认识到，这是慈善机构募集资金的有效途径，都愿意为大爱丹阳建设尽一份心力。

在这十年间，也陆续发生了一些感人的救助之事，值得称道。

2017年，西墅村村民庄燕萍被确诊肾脏病尿毒症，虽然经过了4年的血液透析治疗，病情却更趋严重，需要换肾才能延续生命，而这需要自费35万元。多年重病已经使她背负巨额债务，家庭根本无法承担换肾费用。吕城镇慈善分会和西墅村慈善工作站了解情况后，想方设法对她进行帮扶，通过"轻松筹"筹得爱心款11万余元，又联系吕城镇江苏启迪合金有限公司帮助她支付了剩下的换肾费用，对此庄燕萍全家感动得热泪盈眶。

2021 年 7 月，启迪公司定向救助款通过市慈善总会转到庄燕萍手中，共 23.998 万元，支持她在东部战区总医院顺利换肾成功。出院后，庄燕萍及其家人专程赶到启迪公司感谢董事长，送上一面写着“无私奉献　恩重如山　大爱无疆　上善若水”的锦旗。

而启迪公司董事长的一句话暖了多少人的心：“一定要帮她度过这个难关。”同时他还说：“我们做企业，不仅要寻求自身的发展，当社会需要时，更要承担责任，回报社会。”

这是一次慈善组织和企业共同携手救助困难群众的成功事例，好似向人们开出的一朵真善美的鲜花，芳香四溢。

花龙村村民赵坤，患了一种罕见的非霍奇金病，时常乏力发热，淋巴结肿大压迫神经和组织，也会引起疼痛。他在常州一家企业上班，患病后不能干重活，老板特意照顾他干些轻松的工作。他到处求医，每年自付医疗费用 10 多万元，家庭经济非常困难。吕城镇慈善分会工作人员了解到这个情况后，马上向市慈善总会申报救助。总会工作人员在详细了解情况后，决定以大病困难给予临时救助，2020 年至 2023 年每年给赵坤 1 万元救助金，已经连续给了四年。这种持续的帮助缓解了赵坤一家因病造成的经济困境，他和家人非常感激市慈善总会和镇慈善分会的帮助，专门来村慈善工作站道谢。他说一定会好好生活，好好养病，要对得起别人对自己的这份关心和帮助。

2023 年，井园村一村民姜金花患脑溢血，为了看病，东挪西凑了几十万元，但仍旧躺在床上不能下床。她丈夫早已去世，家中有一个尚未成家的女儿。对于这个岌岌可危的困境家庭，村里的慈善工作站人员立即把这个情况和慈善分会工作人员对接，决定伸出援助之手。他们把收集的材料按“临时救助”项目报送市慈善总会，给姜金花送去 2 万元的救助金，缓解了这户村民的困境。慈善救助递送的是城市的温暖，当有人陷入困境时，总会有人间温情降临。

吕城镇慈善分会也高度重视为困难家庭学子助学。西符村低保户家庭的邱蓉，母亲已经去世，她和父亲相依为命。她的父亲患有类风湿性关节炎，手脚变形，无工作能力。邱蓉学习刻苦，考上了大学，但生活费和学费让一家人一筹莫展。吕城镇慈善分会工作人员感到义不容辞，在征得她及家人同意的前提下，把她的家庭情况向市慈善总会报告，将她纳入慈善助学名单。邱蓉考取大学的当年，市慈善总会向她发放助学金 8000 元，后面 3 年每年发放助学金 2000 元，直至她大学毕业。这下邱蓉能够安心上大学了，她的笑容经常绽放在脸上，她说一定不会忘记人们对她的帮助和关心，在校认真学习，毕业后好好工作回报社会。

像这样面向困难家庭学子的慈善助学，吕城镇慈善分会每年都要上报一批，让寒门学子们安心求学，少些后顾之忧。看到学生们不再为学费发愁，分会工作人员内心充满了喜悦。

困境儿童也是吕城镇慈善分会帮扶的对象。去年，一户低收入人家的儿子听力受损，妈妈只能全职在家照顾他，只有父亲一人工作。这个儿子性格内向，语言迟缓，全家希望他能像正常人一样生活。但置换人工耳膜太贵，需要 30 多万元，而稍微好点的助听器也需八九万。他妈妈无奈之下想到了吕城镇慈善分会。慈善分会工作人员把材料报给市慈善总会，经过多次协商，按照医疗费用来上报，给予资助 4000 元。这次的救助是基于实际情况的考虑，而非死搬硬套原有框框。

十余年来，吕城镇慈善分会、各村慈善工作站开展过无数次的救助，尽心尽力为吕城人民求得一方平安，他们的辛勤付出赢得了一片称道。镇村慈善组织就像一座桥梁，联结社会资源，联结爱心善意，把有爱人士的爱心和资源送到真正需要的人们的手中，就像黑暗中的一座灯塔和连接河岸的桥梁，给困境中的人们带来希望和光明。

吕城慈善，成效彰显！吕城慈善，前程远大！

（撰文　李俊美）

“皮鞋之镇”的善行义举

——陵口镇慈善分会工作纪实

2014 年 7 月 18 日，陵口镇慈善分会成立大会现场

陵口镇因地处通往南朝齐梁帝王陵墓的肖（萧）梁河口而得名，传承着千年慈善文化，现今也因皮鞋产业发达而被誉为“皮鞋之镇”。2019 年 12 月，陵口镇被评为江苏省文明乡镇，在创建文明征程中高扬慈善旗帜，将一股慈善清泉注入文明沃土，汇入社会建设的壮阔长河，大力弘扬扶危济困的传统美德，倡导符合时代精神的道德风尚，动员和组织社会各界力量，筹募慈善资金，开展社会救助，帮扶弱势群体，发展慈善事业。正可谓“人间真情在，慈善抚人心”，陵口镇一直以昂扬的姿态蹚出一条大有可为的慈善工作之路。

扎根沃土，夯牢基石——陵口镇慈善分会的风雨兼程

十年来，陵口镇党委、政府高度重视慈善工作，按照上级要

求，结合陵口镇实际，大力促进基层慈善事业发展。2014 年 7 月 18 日成立陵口镇慈善分会，分会成立大会聘请镇党委书记贡涛为名誉会长，选举镇长马杰为分会会长、分管副镇长路建忠为分会副会长、民政办主任郦志华为分会秘书长，选举 11 名镇相关部门负责人、8 名爱心企业负责人为分会第一届理事会成员，选举由镇纪检、财税等部门 6 名负责人为第一届监事会，会议分别审议通过《陵口镇慈善分会章程（草案）》和《陵口镇慈善分会资金管理暂行办法（草案）》，组建了强有力的慈善工作领导机构。

在大会一片浓厚的慈善氛围中，爱心企业向市镇两级慈善组织现场亮牌捐赠，江苏金茂制链有限公司向市慈善总会捐赠 20 万元，并成为总会企业理事；江苏长鑫房地产开发、江苏中强钢结构、江苏威姿曼机械、江苏微莱尼卡鞋业、江苏华苏亚科技生物、丹阳佳景置业有限公司，向陵口镇慈善分会现场亮牌捐赠。陵口镇机关党员干部还在会场进行了“慈善一日捐”捐款活动，善行义举的价值观让大家积极响应，充分展现出陵口镇慈善组织和慈善文化的强大能量。在陵口镇慈善分会成立大会上，市人大常委会副主任、市慈善总会会长陈步荣讲话，祝贺陵口镇慈善分会成立，并对分会成立后的工作提出期望和要求。

陵口镇慈善分会成立以来，积极组织资金收入 42. 81 万元，其中筹集资金 13 万元、利息收入 12. 58 万元、组织其他收入 17. 23 万元，为开展慈善救助奠定了基础。分会成立后助力脱贫攻坚、精准扶贫、全面小康，大力开展慈善救助，除配合市慈善总会开展救助项目以外，还使用分会慈善资金利息救助困难群众，2014 年至 2024 年分会救助困难群众 450 人，发放救助金 42. 81 万元，其中临时救助 144 人，发放救助金 19. 59 万元；公益项目受益 306 人，支出资金 3. 07 万元。2022 年，又成立了社工站（慈善服务中心），拓展基层慈善工作领域，较好发挥了镇级慈善组织的作用。

十年征程不忘初心，陵口镇慈善分会充分认识到镇村慈善组织是党和政府发展慈善事业最基层的力量，是发挥慈善工作扶贫救助的最前沿阵地，始终秉持着慈善精神，深入开展慈善宣传，普及慈善文化，大力实施慈善救助，完善组织架构，加强内部管理，提升服务水平，受到群众一致好评。基层群众需要慈善、参与慈善大幅提高，慈善工作内容和领域不断拓展，成效持续彰显，为陵口镇民生保障和社会和谐贡献了力量。

慈善工作的活力在基层、重点在基层、诉求在基层，陵口镇慈善分会扎根基层，面向群众，发展慈善。2015 年在全镇全面推开村级慈善工作站建设，首先在煦庄村试点，该村成立了全镇首家村级慈善工作站。在慈善分会领导和支持下，煦庄村深入开展宣传发动，做到“六个一”：开好一个动员大会，印发一份给村民的倡议信，制定一份募资计划表，和相关募资对象交一次心，募资情况一日一汇总，建立一本爱心捐赠台账。所有村干部都上门入户动员村民群众，积极与企业法人交心，重点宣传建立慈善工作站的目的、意义和善款的使用管理，激发广大村民、爱心人士、企业的爱心，广泛募集慈善资金，全力做大村慈善工作站资金盘，其中募集重点是村民，支持力度最大的是企业，通过努力，建站募集慈善资金 77.17 万元。2015 年 10 月 29 日，煦庄村召开慈善工作站成立大会，村慈善工作站成立以后，加强制度建设，制定和严格实施工作站工作规则、资金管理办法、救助办法，全力开展困难救助，为本村困难群众雪中送炭，2015 年至 2024 年，慈善公益资金支出 47.99 万元，救助和公益项目覆盖 2276 人次，其中慈善救助 292 人次，发放救助金 18.01 万元；实施公益项目支出 29.98 万元，受益 1984 人次。同时，煦庄村慈善工作站在实践中积累经验，推进规范化、制度化建设，在做到“六有”（有组织、有制度、有工作人员、有办公场所、有基金、有档案管理）的基础上，着力提升慈善各项工作水平。

在煦庄村试点取得圆满成功的基础上，陵口镇其他村也纷纷建立了慈善工作站，各村大力募集慈善资金，2015 至 2024 年，陵口镇12个村级慈善工作站共募集资金432.69万元，利息收入341.72万元。全镇村级慈善工作站成立以后，除了配合市慈善总会开展各项救助项目以外，主要使用各自慈善本金所产生的利息，开展困难对象救助活动。2015年至2024年，全镇村级慈善工作站慈善救助等支出309.39万元，救助及公益受益人数22630人，其中临时救助4917人，支出176.71万元，公益项目覆盖17713人次，支出资金132.68万元。在此基础上，陵口镇慈善分会不断促进所属村慈善工作创新转型和高质量发展。2021年开始，每年组织各村积极参加“99公益日”网络慈善资金募集活动，2022年开始，组织各村大力推进“幸福家园”村社互助工程，并把两项工作有机结合起来，通过网络平台募集资金，实施幸福家园工程困难帮扶和公益项目，更好发挥了村级慈善组织的作用。

激发善心，集腋成裘——陵口镇的爱心捐赠之旅

做慈善工作，募集资金是有源之水，爱心捐赠是善行义举的重要体现。在推进镇村慈善组织建设和各项工作时，陵口镇慈善分会、村级慈善工作站，都是把组织发动慈善资金募集作为重中之重紧抓不放，全镇爱心企业和单位、爱心人士、村（居）民都是踊跃捐款，呈现出了一片片爱心捐赠的深切情怀。

在陵口镇善款募集过程中，镇机关党员干部进行“慈善一日捐”，起到了很好示范作用。从2013年开始，一年一度，陵口镇机关党员干部情系困难群众，无私爱心奉献，有的捐赠500元，有的捐赠200元，无论捐款多少，都彰显了他们的一片爱心，2013年至2024年陵口镇机关党员干部“慈善一日捐”共捐款24.86万元。

始终热心于慈善公益事业的陵口镇皮鞋商会也是一大亮点。近年来，在会长景金毅的带头和发动下，会员单位企业负责人积极响应，纷纷把慈善捐赠当成应尽的社会责任，慷慨解囊、积极

捐助，在2016年该商会会员单位已累计向市慈善总会捐赠40万元。该商会还开展“困难大学生助学圆梦”慈善活动，帮助了陵口镇困难家庭大学生完成学业。

在陵口镇各村筹建慈善工作站过程中，新陵村组织募集慈善资金颇具典型效应。该村通过宣传发动时印发卡片、拉横幅、举办座谈会、播放视频等，积极开展各项劝募活动，深入发动党员干部，以及辖区所有村民、企业积极捐款。

陵口镇跃辉鞋材坐落在新陵村，从事皮鞋附件等生产。该公司表示得益于党的好政策，企业不断发展，面对困难群众企业应履行社会责任，村成立慈善工作站是一个很好的机会，为此捐赠3万元。

名雪鞋业坐落在陵口镇煦庄村，从事皮鞋及附件、服装的生产销售等，在村慈善工作站成立时，捐赠3万元。

江苏金茂制链有限公司成立于2002年5月11日，坐落在陵口镇东首，从事高强度矿用链条、船用链条、工业用链条制造等，在村慈善工作站成立时捐赠3万元。

江苏博耐特新型建材有限公司位于新陵村，从事新型建材（自保温砌块）加工等业务，在村慈善工作站成立时，捐赠3万元。

江苏华美玻璃纤维有限公司坐落在新陵村，从事玻纤制品、保温材料、电力设备材料制造销售，在村慈善工作站成立时，捐赠2万元。

还有丹阳市长裕油脂有限公司、丹阳市瑞利金属公司、中泰鞋材有限公司，在村慈善工作站成立时，各捐赠1万元。

……

新陵村在建站过程中，共有24家企业捐赠29.6万元。与此同时，广大村民也积极捐款，该村党员干部和村民共捐赠10.1545万元，村民户捐参与率达100%。还有其他40名爱心人士捐赠11.1万元，村慈善工作站合计收到捐款51.3045万元。

这是陵口镇爱心捐赠的一个缩影，是新时期村级慈善募资的一个掠影，也是陵口镇企业和老百姓对慈善组织和慈善文化的高度认可和积极参与。尤其在宣传动员和慈善募捐过程中，陵口镇各村村民家庭的募捐覆盖率达到100%，这确实是一份响当当、亮闪闪的成绩。

慈善资金募集需要组织发动，更需要规范推进、阳光操作。为此，陵口镇慈善分会和村级慈善工作站，都会经常组织慈善业务培训，了解法规政策和工作方法。培训主要有两种方式，一是参加市慈善总会组织开展慈善法律法规、资金募集等业务培训。二是镇村慈善组织业务培训，为慈善工作人员扫除慈善工作尤其是资金募集上的盲区。由于掌握了政策法规和工作技巧，在动员募集资金时取得了明显成效。实践表明，只有克难奋进、勠力同心，才能聚沙成塔，集腋成裘，更多更好地聚集慈善资源。

同时，陵口镇慈善分会和村级慈善工作站，切实打造公信慈善，合理利用有限的慈善资金，募集善款专项用于救助，杜绝失误和浪费。尤其是在资金募集、慈善救助过程中，坚持公平公正、公开透明的原则，不厌其烦，始终保持热情、主动、诚恳的工作态度，努力提供优质服务，在广大群众心中获得了充足的公信力。

爱在人间，不忘感恩——陵口镇慈善分会救助案例

在盛世肌体上，既有婆娑繁花，也有困苦沉疴。面对困难群众的疾苦，陵口镇慈善分会始终责任依旧，情怀如一，在困难群众最需要的时候送上一份关怀和帮扶，用慈善的春风融化坚冰，熨帖人心，助力陵口盛世繁华。

吴爽（化名），陵口镇人。2016年还是在校大学生的他，不幸身患白血病，家中父母打工务农，经济也不宽裕，巨额的医疗费用让他的家庭顿时陷入困境。镇慈善分会、所在村慈善工作站闻讯，及时开展综合救助，除发动企业和村民捐款外，还向市慈

善总会申报救助 10 万元，由市领导亲自送到吴爽家中，使他经过治疗，稳定了病情，获得了新生。

八月烈日，骄阳似火，丹阳市慈善总会副秘书长吴家瑞、陵口镇民政办主任张琴华前往新庙村女孩周琪家中调查。周琪自小父母离异，父亲又是精神二级重残，全靠奶奶一人打工维持全家生计，经济十分困难。周琪在丹阳市吕叔湘中学高中毕业，以优异成绩拿到了江苏第二师范学院小学教育专业的录取通知书。就在周琪为大学学费担忧之际，市慈善总会的工作人员联系上了她，原来市慈善总会及丹阳大赛璐安全系统有限公司的慈善助学项目选中她，将每年资助她 5500 元，直至大学毕业。

“作为一名受助者，我在获得帮助的同时，内心感到无比温暖，我大学的专业是小学教育，我将会怀着一颗感恩的心完成我的学业，今后从事教育也会像你们一样去关心身边需要帮助的同学，让他们也能感受到这种温暖，体味获得帮助的那份喜悦，虽然现在的我一无所有，但是我有梦想，有抱负，有对社会的感恩，我会认真刻苦地学习，让你们觉得对我的付出是值得的。”周琪怀着感恩的心情如是说道。

秋意渐浓，丹桂飘香。在 2024 年中秋佳节来临之际，为营造“和谐、文明、温馨”的节日氛围，弘扬、传承中华民族传统美德，在陵口镇慈善分会领导下，镇慈善社工站开展“迎中秋送温暖”走访慰问活动，向辖区困难群众送去党和政府的温暖，本次活动走访困难群众 5 户。每到一户家中，走访人员与他们亲切交谈，认真查看居住环境，详细了解他们近期生产生活、身体健康等情况，并为他们送去了爱心企业捐赠的月饼、牛奶等慰问品，鼓励他们要坚定克服困难的信心，乐观勇敢地面对生活。

陵口镇慈善分会从 2015 年 1 月开始，就配合市委组织部、市慈善总会连年实施“党内关爱送温暖”行动，仅 2016 年助困金就达 8000 元，其中资助困难老村党组织书记 4 名，资助困难老党员 4 名。对这些困难党员，陵口镇慈善分会从来不会忘记他们曾经做出的贡献。老党员曾经也是社会建设的主力军，呵护他们，关照他们，让他们安享晚年或者继续发光发热，给年轻人做好榜样。

2016年，陵口镇慈善分会举办一项助学活动，目的是帮助贫困学子顺利入学，陵口镇民营经济协会大力协助，众多企业参与，很多企业老板都表现出高涨的热情，很愿意为家庭经济困难的大学生减轻一些生活压力。这一年，陵口民营经济协会的成员企业筹资近30万元，资助首批18名困难家庭大学生顺利完成学业。会议主持者陵口镇党委书记蒋敏希望越来越多的企业能把关爱的目光投向弱势群体，把热情的双手伸向贫困学生，大力倡导捐资助学善行义举，为建设家乡、培养人才争做贡献。

这是在陵口镇慈善救助工作中的一些典型案例，这就是慈善的价值之所在，也是陵口镇慈善组织永不泯灭的初心。

愿以深情，共筑幸福——陵口镇慈善文化生机蓬勃

陵口镇慈善文化源远流长，自镇慈善分会和村慈善工作站成立以来，注重慈善宣传，弘扬慈善文化，传承慈善精神，通过组织各种慈善文化知识、法律法规、业务技能等学习宣传，提高慈善工作人员能力素质，使慈善文化深入乡村、学校、企业，慈善文化已在陵口镇扎根奠基，发展壮大，慈善事业成为惠及群众的一桩民生工程，也是广大弱势困难群众所能沐浴的温暖阳光。在全镇慈善人的不懈努力下，陵口这块江南慈善热土的慈善文化正焕发出勃勃生机。同时，陵口镇慈善分会弘扬慈善文化，不限于停留在知识宣讲和精神层面，更注重将慈善文化转化为践行慈善、履行责任的实际行动，在这个过程中涌现出了诸多无私奉献，热心服务的先进典型。

在2015年第一届“丹阳慈善奖”评比中，陵口镇江苏金茂制链有限公司董事长束建平被评为“最具爱心慈善捐赠先进个人”，陵口镇民政办副主任、慈善分会副秘书长单玉林被评为

“优秀慈善工作者”。在2018年第二届“丹阳慈善奖”评比中，陵口镇民政办主任、慈善分会秘书长张琴华被评为“优秀慈善工作者”。

在陵口镇，说起乐善村党委书记、村慈善工作站站长邹双定，他在慈善事业上慷慨立世，为人称道。他组织成立乐善村慈善工作站，发动各方捐款达42.38万元，对全村困难对象开展救助。他个人也是在扶贫帮困上慷慨解囊，遇到村民上门求助或者走访困难家庭时，他就个人掏出三五百元。他还与全村19个建档立卡户中的5户结对精准扶贫。在邹书记办公室里，挂着一块“齐梁义工社爱心人士”的牌匾，镌刻着他数十年如一日的慈善爱心之路。如果说，直接扶贫帮困、公益资助是践行慈善的话，那么发展村级经济、改善村容村貌、致富一方百姓，就是更大的慈善。2024年是邹双定担任乐善村党委书记的第21个年头，2003年他接手这个贫困村子时，乐善村正处在经济薄弱、人居环境落后的瓶颈期，当时村集体经济年收入不足1万元，还背负了40多万元的债务。而那时候邹双定的皮鞋厂正是风生水起，一年的销售额就有1500多万元。作为陵口镇的致富能手，邹双定被镇党委寄予厚望，乡亲们也盼望他能找对路子，带领大家一起摆脱落后贫穷的困境。于是邹双定不负众望，毅然将皮鞋厂交给别人管理，自己则是全身心投入到乐善村的脱贫致富工作中。

寻找良策，发展经济，成为邹双定上任之后的重头戏。他通过整治盘活村级闲置资产，让村里的“死资产”变成了“活水源”，经过20多年的打拼，如今的乐善村年收入已达160万元，其中经营性收入125万元。2022年，邹书记又依托乐善村现有青虾养殖特色项目，与相关企业洽谈了总投资达2.5亿元的50兆瓦渔光互补光伏发电项目，2023年10月项目并网发电，为乐善村带来每年30余万元的经营性收入，村级年收入可达200万元，其中经营性收入约160万元。令人唏嘘的是，因一心扑在村里，邹书记无暇管理企业，导致原本发展良好的皮鞋厂规模减为小作坊，邹双定济世为民的慈善情怀让人动容。在他的带领下，如今乐善村已经创成“江苏省美丽宜居村庄”、“江苏省生态文明村”、江苏省“三星级”康居示范村、“江苏省民主法治示范村”、江苏省“一村一品一店”示范村。

在新建的乐善村党群服务中心办公楼里，邹双定依旧将自己牢牢扎根在群众中，特意将他的办公室放在一楼服务大厅的旁边，这样更方便村民来找他办事。他说，群众利益无小事，身为党员不能忘本。

这是陵口镇践行慈善文化的一个缩影，也是一个党员村干部履行党的宗旨和慈善使命的无悔历程，更标志着慈善文化已融入陵口镇的一方水土，牢牢扎根在广大干部群众和企业经营者的心灵家园深处。

这十年来，陵口镇的慈善事业蒸蒸日上，让困难弱势群众如沐春风，感受到党和政府的深切关怀，塑造了陵口慈善的好口碑。新时期、新要求，陵口镇慈善分会明确新任务，迎接新挑战，不断促进慈善事业创新转型和高质量发展，不辜负党和政府及人民群众的期盼，砥砺前行，开拓奋进，力争在新时代的舞台上让慈善大放异彩。

（撰文　刘圆娟）

慈善微光聚星河

——访仙镇慈善分会工作纪实

访仙镇慈善分会领导率员帮扶慰问困境儿童

云烟缭绕鹿山麓，舟楫往来九曲河。千年前这里的乡民感念仙者化形济世，以仁心渡人疾苦，此地遂被冠以“访仙”之美誉。自此，这片山水灵动的沃土上，尊道贵德、悯孤恤寡之风绵延不绝。时至今日，访仙镇在专注产业经济飞速发展之时，却始终未忘慈善之本。企业家慷慨解囊加入慈善分会，乡贤能人组建“护苗联盟”帮助困难孩童，各个自然村自发捐款，帮助村内困难群众。正如访仙镇慈善分会名誉会长所言：“慈善非独济人之困，更是润心之泉。当善意渗入街巷阡陌，便成了滋养文明的根系。”如今，“99 公益日”汇聚微光成炬，慈善工作站遍及村社解急难，访仙人以行动诠释：仙踪虽杳，善道永存。这座古镇，正以传统为舟、创新为楫，在新时代慈善长河中破浪前行。

搭建微光组织架构，确保慈善规范运作

为了确保慈善事业的规范运作和健康发展，访仙镇慈善分会不断完善内部管理机制。2014 年 5 月，响应上级部门号召，访仙镇慈善分会成立，由镇党委书记张冲、超力电器董事长沈中泉、江苏文光集团董事长张书荣、江苏仙境网纱有限公司董事长孙锁坤，丹阳市车船装饰件有限公司董事长李明 5 人共同担任名誉会长，镇长杨彬为分会会长，副镇长林国芳为副会长。2014 年 7 月，举办访仙镇慈善分会第一届第一次会员代表大会，大会审议通过了《访仙镇慈善分会章程（草案)》、《访仙镇慈善分会慈善资金管理暂行办法（草案)》，章程规定了业务范围、会员、组织架构、慈善资金管理、使用原则内容等，抓住经济快速发展、慈善工作环境越来越好的有利时机，进一步健全慈善组织机构和基层慈善网络，通过政企合作的方式，创新资金募集机制，跨界整合资源，提高慈善分会的公信力，坚持党政领导带头、企事业单位参与、群众自愿捐赠的原则，健全完善募集形式，完善内部机构和各项管理制度。

2015 年，为进一步优化基层慈善组织架构，按照全市统一部署，访仙镇慈善分会全力推进村级慈善工作站建设。草塘村被选为试点村级工作站。村两委思想高度重视，建立筹备工作小组，制定工作方案，确定村级工作站机构人选、办公场所。在全村内积极发动募捐活动，工作站工作人员深入企业宣传，为全镇村级慈善工作站全面铺开起到带头作用。2015 年 6 月，召开了村级慈善工作站成立大会，为全镇推广村级慈善工作站建设做了示范。2015 年三季度前，访仙镇全面完成了 11 个行政村级慈善工作站的建立。至此，访仙镇慈善工作全面进入正轨，激发了基层慈善活力，补充了公共服务短板，填补了慈善分会盲区，培育了慈善文化，最大限度地积聚慈善资源，最大限度地帮助困难群众。

多维汇聚慈善微光，持续提升帮扶效能

为履行好新时代慈善使命，访仙镇慈善分会以慈善募捐项目为抓手，不断做精做优救助项目，强力推进访仙镇慈善事业不断前行。

自2014年访仙镇慈善分会建成以来，每一年访仙镇政府都会发起“慈善一日捐”、“党内关爱”、“冬季送温暖”活动。“慈善一日捐”由政府机关单位工作人员带头参加，广泛动员下属单位及村、社区积极参与，学习优秀榜样精神，十年间共募捐232500元，有1000多人次参与；党员对履行社会义务有着不可推脱的责任，每年全镇党员都会自发加入慈善募捐工作中，充分发挥党员模范带头的作用，响应国家号召，十年间党内群体共同捐助88000元，共救助党员80人次；每到冬日，党政领导携带慰问金、棉被等生活用品，慰问困难家庭，送去冬日暖阳，十年间共下拨966000元，总计慰问2012人次。如今“慈善一日捐”、“冬日送温暖”活动已成为传统，熔铸成访仙镇机关群体向上向善的精神标识与文明自觉。

2021年开始，访仙镇积极参加“99公益日”网络募集活动，响应市慈善总会上线项目“丹心向阳、向我家园”的号召，2021年至2024年4年间，共募集慈善资金1210633.27元，救助2448人次，实施公益项目“窦庄道路维修”、“访仙镇亮化工程”、村级“老人意外险”等，“99公益日”活动从社会层面广泛号召爱心人士参与，为社会、为家园贡献自己微光。

2013年5月，市慈善总会成立时，访仙镇超力电器、文光车辆、车船装饰件三家企业分别向总会捐赠20万元，并成为总会理事单位。在2014年访仙镇慈善分会成立后，党政机关、优秀企业继续把慈善资金募集作为民生实事重要工作，呼吁全镇内企业、杰出人才群策群力，自分会成立至2024年，累计募集资金本金38.1万元，利息收入31.33万元，共救助309人次。

在访仙镇慈善分会的带领下，全镇 11 个村级慈善工作站如火如荼地开展了募捐工作，各村发动企业、乡贤、全体村民积极参与，自 2015 年至 2024 年，11 个村级慈善工作站共募集慈善本金 4963850 元，慈善本金利息收入 3553866.57 元，其突破性不仅在于构建了慈善资金可持续增长机制，更深层次推动了基层慈善文化浸润式培育。

在不断壮大的慈善工作队伍中，不仅仅有党政机关、村集体的身影，越来越多的爱心人士也涌入慈善队伍之中，在其中就有一位平凡的老人做不平凡的事，创造了“平凡中的伟大”。

汪深渠老人 1924 年 6 月出生于丹阳市访仙镇一户普通的农民家庭，读过几年私塾。1939 年他参加了抗日文化协会，1940 年递交了入党申请书，这一年，16 岁的汪深渠正式成为一名共产党员并参加村里的抗日儿童团，担任团长。1941 年汪深渠担任了地下党支部书记，又先后发动进步青年参加青抗会、小游击队等抗日组织，进行各种形式的抗战活动。1944 年下半年，汪深渠脱产离家参加革命，任山南县志明区区委宣传科长。北撤前，汪老一共发展了十几位新党员。1946 年，解放战争开始后，汪深渠转入军队，在苏中军区第九分区卫生部医疗队担任指导员，负责接收前方伤员。1950 年，汪深渠和所在卫生部刘湘举行了简朴的婚礼，也是这一年，他差点被敌机扫射而亡。

离休后的汪老和老伴刘湘生活安逸，生活简朴，然而他们作为老共产党员，始终助人为乐，一直保持着在部队时艰苦朴素的行为作风。按政策规定，汪老夫妇 80 岁起每月可领取 200 元的生活费，但夫妇俩却向所在社区写了一份委托书，委托社区将每月的生活费作为帮困资金，转交给社区内需要帮助的困难居民；为给汶川地震灾区捐款，汪深渠、刘湘夫妇拄着拐杖，相互搀扶赶到市委组织部，交纳了 5000 元“特殊党费”；2015 年 4 月，汪老的家乡访仙镇永丰村搞新农村建设，为支持家乡造路，汪老夫妇先后慷慨捐出 7 万元；2016 年盐城遭受龙卷风灾害，汪老夫妇捐助 2 万元；2016 年 8 月二人捐赠 10 万元用于慈善分会建设，并成立汪深渠助学基金，每年用于资助访仙镇户籍的贫困中小学生。

两位老人说，他们有工资，晚辈也有工作单位，所以有余力扶贫助困。“帮助困难群众，也是保持我们革命本色。”汪老作为访仙镇的一位平凡老人，用毕生行动诠释了“为国为民”崇高精神，他用情怀温暖了莘莘学子，用微光照亮了爱心之路。2017 年，镇江市人民政府授予汪深渠老人第一届“镇江慈善奖”中的“最具爱心慈善捐赠个人”奖项。

戎惠良教授，是访仙镇萧家村后册塘自然村人。他自幼聪颖，立志成才，一路求学，获得经济学博士学位。先后在中南财经政法大学、广东省级及地级政府机关工作，担任领导。他成才成功不忘初心，乡愁绵绵，想方设法，八方筹集资金数百万元，支持家乡基础设施建设，为改变村容村貌做贡献，受到了父老乡亲们的广泛好评。

凝聚爱心合力救助，织密民生保障网络

访仙镇慈善分会及各个村级慈善工作站始终将民生服务作为慈善工作的重中之重，通过“善 +”项目为困难群体提供精准帮扶。

戎方（化名），是萧家村的一名普通村民，1970 年出生，孤身一人。2023 年 11 月，他在导墅出租屋中因急性脑血管病发被好心人送进医院抢救，但脑梗后遗症让他行动不便、失去劳动能力。他家境贫困、居无定所，无力支付医药费。访仙镇慈善分会、民政办与萧家村村委得知他的情况后，共同承担起照顾戎方的责任，将其送到访仙敬老院照料，并为其办理了低保手续，填补医药费，保障其基本生活。现在每个月村里都会按时给他送药并提供生活照顾。

仁里村的张山（化名），2018 年家中遭遇大火，房屋与多年务农赚来的积蓄都毁于一旦。了解到他没有配偶，也无儿无女，仁里村慈善工作站及时为其申请了低保。屋漏偏逢连夜雨，火灾后两个月他突发脑梗死被送去医院抢救，慈善分会又给予其 5000 元医药费帮助。

48 岁的王辉（化名），因患有精神类疾病，数年前妻子带着儿子与其分开。2023 年王辉狂躁症复发，村委会将其送至丹阳市精神病医院救治。由于没有收入，无家可归，他无力承担诊疗费用，村级慈善工作站的工作人员调查了解其情况后，及时申请临时救助金 5102 元，用于支付其医药费。镇民政办了解情况后，协助村委帮他申请低保，稳住了他的病情。

同样因病致贫的红光村村民王方（化名）原经营一家水暖材料门店，在 2023 年患上病毒性脑炎，自费治疗花去了 30 余万元，但因脑部受损如今已无法生活自理，靠其 76 岁的母亲照料，全家生活费用仅由其妻子的微薄工资支撑。红光村慈善工作站了解他的情况后，将其列为重点救助对象，逢年过节对其发放救助物资，进行慰问。

访仙镇慈善分会与各村慈善工作站对困难家庭不仅仅提供资金的帮助，更从日常微小处入手。2021 年，为特困从养人员张荣方（化名）与低保户范生（化名）家里进行房屋微改造，帮助其修建卫生间，粉刷墙面。2023 年，经实地调研汇总，帮助庄国生（化名）、张红文（化名）等 5 户困难家庭修补门窗、硬化地面、修补屋顶、完善生活设施。“困难群众住房微改造”工作，消除了困难家庭日常生活安全隐患，精准解决了基本生活难题。

村级慈善工作站不仅是慈善资源的“毛细血管”，更是凝聚人心、促进共治的关键载体。红光村作为“全国文明村”，“慈善为民”工作也走在前列。2023 年 6 月，经过村级慈善工作站研究，决定在村委周边综合文化长廊项目增加部分照明设施，一致同意将该“幸福家园”村社互助项目从村级慈善工作站慈善资金中列支，用于保障村民在村内的休闲文化生活场地的需求及村民夜间出行的安全，为打造“幸福家园”助力。

多层次传播慈善文化，构建可持续生态体系

在慈善总会的带领下，访仙镇的慈善文化传播方面展现出多层次、多维度的实践模式，通过整合政府、社会组织、企业及公众资源，将慈善理念融入基层治理与民生服务中，以“贴近民生、多元参与、文化赋能”为核心。

敬老助老，传递温暖与关怀。访仙镇慈善社工站通过实际行动关爱老年群体，他们定期为敬老院老人赠送物资，照料老人的生活，并组织老人开展晨练、歌曲表演等活动，丰富老年人的精神生活。活动不仅满足老人的物质需求，更注重情感陪伴，弘扬“尊老敬老爱老”的中华传统美德，增强社会对弱势群体的关注。

助学帮困，助力青少年成长。访仙镇关工委成立“五老志愿育苗关爱团”，由退休教师、干部等组成，系统开展困境学生帮扶工作。通过资金发放、书籍捐赠及“绿书签行动”宣传，帮助困难学生完成学业。关爱团注重思想教育，结合社会主义核心价值观与传统文化，帮助青少年培养社会责任感。这也意味着访仙镇慈善工作由“物质救助”向“精神赋能”的升级，被慈善滋养的生命，如同成为新的微光。

新时代文明实践，凝聚乡村力量。访仙镇慈善宣传工作以新时代文明实践站为平台，通过大型慈善文艺汇演，生动展现文明城市创建成果，增强村民对慈善文化的认同感。同时，组织志愿者参与“植树护绿活动”，倡导环保理念，将慈善与生态保护结合。这不仅提升了乡村凝聚力，还通过“以文化人”的方式传播公益精神，推动乡风文明建设。

访仙镇慈善分会以善道为魂，以实践为脉，在九曲河畔织就温暖经纬。企业家们以产业反哺乡梓，让资本流动激荡出仁德回

响；“护苗联盟”用智慧点亮童真星火，使每株幼苗都沐浴人文光辉；村社互助如古樟根系般深扎泥土，守护着暮年安稳的岁月。当“99 公益日”的涓滴善流漫过青石街巷，当慈善工作站的灯火映亮每个急难时刻，这座古镇正以慈悲为墨，在新时代画卷上续写着“化形济世”的当代注脚——仙踪虽隐于传说，但人间大爱始终如云烟绕青山，生生不息。

（撰文　曹丹霖　周丽琴　姜舒蕾）

爱在丹北

——丹北镇慈善分会工作纪实

丹北镇开展助老慈善公益活动

慈善是一种有信仰的行动，它能够唤起人们的良知；慈善是一种温暖弥合和抚慰的力量；慈善是润泽心灵的善举。慈善又是平凡的，而平凡的善举也蕴含着最强大的爱的力量。

慈善更是艰巨的，特别是募集善款并不是一件轻松的事。不因艰难而却步，这需要一种情怀、一种担当、一种扑下身心的兢业，一种全民参与的热情！

“丹北镇人民有着历史悠久的行善积德良好风尚，丹北镇的广大企业家有慈心为人、善举济世、奉献社会、博爱弱势群体的高尚情操。丹北镇是丹阳市经济重镇，更是改革开放的先行区。丹北镇党委、政府全面贯彻落实市委、市政府《关于加快丹阳市慈善事业发展的实施意见》文件精神，思想重视，领导有力，措施扎实，积极推进慈善事业发展，切实加强慈善组织建设，取得明显成效，为丹北今后慈善事业发展奠定了良好基础。展望未来，丹北镇的经济社会发展和慈善事业将会取得更大成绩，丹北镇人民的幸福生活指数将会有更大提升。”

在 2014 年 7 月 4 日的丹北镇慈善分会成立大会上，丹阳市人大常委会副主任、市慈善总会会长陈步荣如是说。

丹北镇推进慈善事业发展，主要从以下几个方面着手。

加强慈善组织建设，完善慈善工作网络

丹北镇党委、政府从思想上增强加快慈善事业发展的紧迫感和使命感，树立“抓慈善就是抓民生”、“抓慈善就是促和谐”、“抓慈善就是建文明”的理念，增强促进慈善事业加快发展的自觉性，把慈善组织建设作为发展慈善事业的基础性工作来抓，积极筹备建立镇慈善分会。丹北镇慈善分会于 2014 年 7 月 4 日成立，由市委副书记、镇党委书记李忠法任名誉会长，镇长为分会会长，镇党委副书记束蓓玲及副镇长蒋勤花、殷昌敏、虞爱军 4 人任分会副会长，民政办主任何军忠任分会秘书长。会议选举由镇相关部门领导 22 人、爱心企业领导 21 人，共 43 人组成分会第一届理事会；选举镇党委副书记朱国祥任主任，纪检、财税等部门负责人，共 9 人组成分会第一届监事会。大会审议通过了《丹北镇慈善分会章程（草案）》、《丹北镇慈善分会慈善资金管理暂行办法（草案）》。分会成立以后，按照“六有”标准（有组织、有制度、有工作人员、有办公场所、有工作经费、有档案材料）的要求，将普及慈善文化，募集慈善资金，实施慈善公益项目，开展扶贫济困救助，组建志愿者队伍，配合市慈善总会开展各项工作，作为分会主要工作职责。为加强组织机构建设，分会秘书处与镇民政办合署办公，配备专兼职工作人员 3 名，确保各项工作落到实处。慈善分会的成立，为丹北镇慈善事业的持续

健康发展奠定了坚实基础。

2022年下半年，丹北镇又建立了社工站（慈善服务中心），形成“社工+慈善+志愿服务”的工作新模式。慈善服务中心作为镇慈善分会的工作机构，配备了2名专职社工，加强了慈善机构力量。慈善社工站成立后，工作人员深入基层，主动摸排困难对象底数和帮扶需求，落实社会救助和慈善救助政策，积极主动帮扶弱势困难群众，提升了镇级慈善工作组织的效果。

2015年，为进一步加强基层慈善组织建设，按照全市统一部署，丹北镇慈善分会全力推进村级慈善工作站建设。首先，在前巷村进行试点，前巷村是全镇先进村，也是规模企业天工集团所在村。村两委高度重视，成立领导小组，深入宣传发动，广泛募集资金。2015年7月15日上午，召开了村慈善工作站成立大会，为全镇推开村级慈善工作站建设做了示范。2015年第三季度前，丹北镇全面完成了20个行政村和2个社区慈善工作站的建立。做到镇村两级有组织、有机制、有人员去做慈善工作，最大限度地积聚慈善资源并帮助困难群众。

镇村慈善工作机构的建立，形成了基层慈善组织网络，对于弘扬扶危济困、邻里互助的传统美德，更好解决群众“最后一公里”的困难和问题，促进慈善事业的可持续发展，都有着十分重要的意义。

广泛募集慈善资金，不断增强救助实力

帮助弱势困难群众，慈善资金是关键。丹北镇慈善分会一班人广泛宣传发动，精心组织筹划，不断探索实践，多形式多渠道募集，使得慈善资金持续增长。

2014年至2024年，丹北镇慈善分会组织慈善资金收入219.43万元，其中募集资金115.08万元，慈善本金利息收入104.35万元。2015年至2024年，全镇22个村级慈善工作站资金收入达1183.241615万元，其中募集资金698.286365万元，慈善

本金利息收入 484.95 万元，为开展慈善救助提供了必要资金条件。此外，丹北镇慈善分会坚持参与全市开展的“慈善一日捐”活动，镇党政领导带头捐款，镇机关各部门积极响应，并广泛动员下属单位及村、社区积极参与，“慈善一日捐”已成为丹北镇机关事业单位干部职工奉献爱心的有效载体和自觉行动。

丹北镇慈善资金募集形成了三次高潮。

第一次，是在 2013 年 5 月成立市慈善总会的时候，丹北镇党政领导把慈善资金募集作为大事来抓，挂钩企业，动员捐赠，规模企业天工集团、飞达集团各捐赠 100 万元，成为市慈善总会企业副会长；长丰科技集团捐赠 50 万元，成为市慈善总会企业常务理事；利华铜业、呈飞精密、丰裕工具、晶工工具、华宇灯具、常诚汽车部件、新泉汽车饰件、林泉汽车装饰件等企业各捐款 20 万元，成为市慈善总会企业理事。其余中小企业也是纷纷捐款，当年全镇企业向市慈善总会捐款 1100 多万元，体现了丹北镇企业的慈善爱心和社会责任感，也体现了丹北镇党委、政府的凝聚力和战斗力。

第二次，是在 2014 年成立镇慈善分会的时候，按照市里关于慈善分会创设慈善基金不少于 100 万元的要求，镇领导分工到人，措施落实，主要发动爱心企业、爱心人士捐款，圆满完成了慈善资金募集任务。

第三次，是在 2015 年成立村级慈善工作站的时候。这次募集可以说是规模空前，盛况空前，主要表现是全镇发动、全民参与。在镇慈善分会的领导下，各村发动爱心企业、爱心人士、在外乡贤，尤其是全体村民，奉献爱心，积极捐款，掀起了建设大爱丹北的热潮，全镇村民户均捐赠参与率高达 95%，募集资金近 800 万元。这次募集的意义不仅在于募得了慈善资金，更是一次慈善文化的洗礼、精神领域的升华、社会正能量的凝聚，平民慈善和全民慈善成为现实。

加大慈善救助力度，惠及更多困难群众

丹北镇慈善分会和各村慈善工作站成立以来，加大了慈善救助力度，困难群众受惠范围不断扩大。

2015 年至 2024 年，丹北镇慈善分会使用善款 63. 7066 万元，救助困难群众 4347 人次，其中临时救助支出 54. 6166 万元，临时救助 4347 人次；助困支出 9. 09 万元。全镇 22 个村级慈善工作站共救助支出 313. 27 万元，救助和受益 1. 4 万余人次，其中临时救助支出 266. 2970 万元，临时救助 5490 人次；公益项目支出 46. 97 万元，受益 8897 人次。

镇村两级慈善组织每年主要使用慈善本金产生的利息开展慈善公益活动，救助困难群众。除了平时一些救助之外，如对困难对象进行临时救助，为低保、特困供养人员发放夏令用品，在每年重阳节为全镇 90 岁以上老人发放慰问金等，在每年冬季春节前会集中救助，解决因病因灾及其他原因陷入困境的弱势群体的困难。镇村两级慈善组织每年还积极配合市慈善总会开展各类慈善救助项目。各村公益项目主要是资助乡村振兴基础设施建设，以及为老年人办理意外伤害保险等内容。2021 年以来，按照市慈善总会统一部署，丹北镇各村慈善工作站，积极参加“99 公益日”慈善资金网络募集活动，大力推进“幸福家园”村社互助工程，聚焦群众急难愁盼，以及乡村振兴、新农村建设的公益需求，设置和实施慈善救助和公益项目，拓展了慈善公益的领域和范围，更好地发挥了基层慈善组织的作用。

这里有一些救助困难群众的具体事例。

丰裕村村民朱某，患有尿毒症多年，需血透治疗，后因病情恶化两次去上海手术，花费巨额医疗费；2021 年，换肾治疗又花费 40 余万元，且需终身服用排异药物。其妻因照顾他无法正常工作，还有 11 岁的女儿和 8 岁的儿子在读书，家中经济非常困难。镇村两级慈善组织得知该家庭情况后，及时向市慈善总会申

报临时救助 3 万元，镇村慈善也给予相关救助，三级慈善组织合力帮扶该家庭渡过难关。

新巷村村民俞某，50 岁突发重症胰腺炎，前往东部战区总医院等医疗机构治疗，花去巨额费用。俞某的妻子因照顾他无法工作，女儿女婿收入不高且需兼顾自己的小家，他家生活陷入困境。村慈善工作站得知此情后，迅速启动救助程序，2023 年 6 月市慈善总会为该家庭送去临时救助款 2 万元，帮助该家庭缓解了因病导致的困难。

飞达村村民张某，他罹患前列腺癌，其妻子患胃癌要持续治疗，依靠儿子、儿媳打零工维持基本生活，其子还有两个在读书的孩子。村慈善工作站上报市慈善总会后，2023 年年初为他发放临时救助款 3000 元。

在争取市慈善总会救助的同时，镇村慈善组织也按照相关规定，积极给予困难群体以慈善救助。

常兴村村民朱某，患肝腹水，无劳动能力。他妻子已去世，女儿远嫁，他还需赡养 80 多岁老母亲，生活困难。2024 年年初，村慈善工作站给予其 800 元救助。

埤城村村民王某，因肢体残疾无法正常行走，无劳动能力。女儿远嫁，王某孤身一人，衣食起居都存在问题。考虑王某的实际困难，村慈善工作站急其所急，经常到他家走访，并于 2024 年 1 月份救助其 600 元。

姚家弄村村民许某，本人脑梗，妻子巢某 2023 年因心膜破损在上海手术，两人均无法工作，其独生女又病故。村慈善工作站了解情况后给予其 1000 元救助。

滨江村村民王某，2022 年 12 月突发大脑缺氧致全身瘫痪，已有 2 年之久。其妻子照料他无法工作，儿媳妇还需照看 2 岁小孩，全家仅靠儿子一人收入维持生活，日子十分艰难。2023 年 12 月村慈善工作站救助其 900 元。

丰裕村村民王某，出生 3 个月时其父亲去世，母亲出走，由爷爷奶奶抚养长大，家庭无固定收入，生活困难。村慈善工作站2024年2月5日送去救助金1500元。

东方村村民吴某、朱某夫妇，其女儿2023年3月患癌，老两口花费近70万元也未能挽救女儿生命，还欠下巨额债务，生活窘迫。村慈善工作站了解情况后，迅速给予其夫妇慈善救助款500元，还于当年底为老两口办理了最低生活保障。

长春村村民陈某2022年中风，其子离异并在2023年年底被诊断为精神分裂症，村慈善工作站对其救助500元，2024年1月将其纳入最低生活保障，并帮助协调陈某至丹北镇林芳养老院居住、其子至丹阳市横塘苏康医院治疗。

新巷村村民陆某，身患淋巴癌，前期治疗花费20余万元，后期治疗仍需50余万元。家中只有父子二人，儿子离异，生意失败负债累累，又因照顾陆某无法正常工作。2024年年初，村慈善工作站给予其慈善救助款800元。

救助事例还有很多，数不胜数，上述事例只是丹北镇镇村慈善组织开展“扶弱济困、情暖丹北”的一个个缩影。

规范运作过程，打造公信慈善

丹北镇慈善分会成立以来，始终把打造公信、诚信慈善作为重点来抓。一是坚持依法行善，制度管人管事。镇慈善分会认真贯彻《慈善法》、《江苏省慈善条例》，修订完善分会章程、资金管理办法、救助办法，使得各项慈善工作有章可循。严格财务管理，配备专门财务人员，加强慈善资金使用管理，设立信息公开栏，公开慈善工作情况，主动接受总会财务检查、审计监督和社会监督，发现问题及时整改。二是坚持规范运作，公开透明。正确处理好市慈善总会、镇慈善分会和村慈善工作站三者关系，真正形成“一级法人、二级管理、三级运作”的慈善组织网络体系。镇村进行慈善资金募集，向社会公众公布每一笔捐款，募集资金汇总交由市慈善总会管理，负责资金安全增值，让捐赠者放心。实施每项慈善救助，都要明确救助范围、条件、标准、程序，坚持本人或家人申请，村级初审，镇级审核，上门入户调查，符合救助条件的，上会集体讨论，拟救助人员公示到村，无异议的才能给予救助。救助金原则上打卡发放，让受助者满意，让社会公众放心。三是加强能力建设，组织工作人员参加市慈善总会及民政部门有关慈善法律法规政策、网络募集、资金管理、“幸福家园”工程项目实施等理论和业务培训，不断提高慈善工作人员的能力、素质和水平。加强对所属村慈善工作站的管理和指导，尤其在慈善资金使用上规范运作，建立健全项目和资金的申报、审核、发放和督查制度，打造了镇村慈善组织的公信诚信形象。

“爱心至尚”，一点一滴的慈善，是一份份真心的爱，它像一座座桥梁，连接着人与人之间的心灵，传递着人间的温暖和社会的关怀。

“善行丹北”，赋予了丹北慈善人的担当，他们也将怀揣责任之心，关爱之心，兢兢业业做好每一件善事，为开创丹北镇慈善事业新局面而不懈努力。

（撰文　宦新华）

扬子江边多善举　爱心潮涌逐浪高

——界牌镇慈善分会工作纪实

2018 年 7 月界牌镇机关干部积极参加“慈善一日捐”捐款

位于长江岸边的界牌镇，是丹阳的工业重镇，也是全镇一体化建设新农村的典范。改革开放以来，界牌镇经济社会迅猛发展，形成汽摩配件全国最大市场和支柱产业。虽然界牌整体富裕水平居于全市前列，但因为贫富差距、遭逢意外等，仍有一定数量的弱势困难群体。多年来，界牌镇秉持扶危济困宗旨，高度重视和积极推进慈善事业发展，取得了显著成效。

成立慈善分会　点燃希望之光

界牌镇慈善分会是依法接受和使用境内外合法组织及个人自愿捐赠或资助的财产，进行慈善活动的非营利性的公益组织，属于丹阳市慈善总会的下设机构。

为更好发挥慈善扶贫济困作用，2014 年 6 月 20 日，界牌镇召开了隆重的慈善分会成立大会。会议选举镇长汤建俊任分会会长、分管副镇长陆纪方任分会副会长、民政办主任汤浩任分会秘书长，选举产生了界牌镇慈善分会第一届理事会及第一届监事会，理事会由热心于慈善公益的各界人士、对本地区慈善事业做出较大贡献企事业单位代表，及其他组织代表组成，会上镇全体党政领导及机关干部进行了“慈善一日捐”捐款活动。镇慈善分会的成立，标志着界牌镇慈善事业发展进入了一个新阶段。

镇慈善分会建立之初就明确了其职能，就是要遵循慈善宗旨，开展慈善资金募集，大力实施“助困、助医、助学、助残、助老、助孤”和赈灾等救助活动，支持本辖区慈善超市建设和开展公益项目。除此以外，明确要加大慈善宣传，弘扬慈善精神，吸引更多的人积极参与慈善。为了加强内部治理，界牌镇慈善分会明确会员大会、理事会、监事会职责，各司其职，相互监督，确保慈善分会规范运行。每年召开会员大会，听取并审议理事会年度工作报告及预算报告，召开理事会决定重大事项，监事会切实发挥作用，形成了规范有序的工作机制。

界牌镇慈善分会专门制定了慈善资金管理暂行办法，将接收到的善款存入丹阳市慈善总会账户，单独记账，保值增值，捐赠票据由市慈善总会统一提供，统一管理，开设独立的银行帐户，执行国家统一的财经纪律和政策规定，严格财务管理，接受财务监督、审计监督和社会监督，资金使用情况每年审计，慈善机构、资金募集、慈善救助等情况，通过适当方式向社会公布，加强信息公开，切实打造公信慈善，取信于民。

携手慈善　共筑美好未来

慈善资金是开展慈善公益活动的前提，界牌镇慈善分会成立以来，把大力募集慈善资金放在重要位置，在 2013 年市慈善总会成立、2014 年镇慈善分会成立时，都深入宣传，广泛开展慈善资金募集活动，发动爱心企业、爱心人士积极捐赠。镇规模企业江苏彤明车灯、中靖电器、卡威专用汽车制造、新美龙汽车软饰、海德莱特汽车部件、镇威汽配、新华美塑料、金长江环保汽摩消声器有限公司积极捐款，成为丹阳市慈善总会、界牌镇慈善分会理事会的成员。其他中小企业也是慷慨解囊，2014 年至 2024 年，镇慈善分会共组织资金收入 130.53 万元，其中募集资金 67.8 万元，慈善本金利息收入 62.73 万元。

2015 年，为进一步加强基层慈善组织建设，按照全市统一部署，界牌镇慈善分会大力推进社区慈善工作站建设。界牌镇所有 5 个社区闻风而动，把建立慈善工作站作为助力脱贫攻坚、精准扶贫、全面小康的重要举措，领导重视、宣传引路、措施落实。各社区“两委会”全面思想发动，通过召开动员大会、发放公开信、派出工作组上门宣讲、横幅标语宣传等多种形式，提升广大村（居）民对建立社区慈善工作站的认识。尤其把募集慈善资金作为重中之重，动员爱心企业、爱心人士、社区居民携手慈善，积极捐款，2015 年全镇 5 个社区共募集慈善资金 145.22 万元，2015 年至 2024 年慈善资金利息收入 131.11 万元。

从 2021 年开始，为促进基层慈善创新转型和高质量发展，界牌镇慈善分会和社区慈善工作站，积极参加“99 公益日”慈善资金网络募捐活动，增强慈善资金实力，加大困难帮扶。2022 年根据中华慈善总会的倡议要求，按照全市工作部署，大力推进“幸福家园”村社互助工程，聚焦困难群众急难愁盼问题，以及乡村振兴公益需求，利用网络平台募集慈善资金，实施“幸福家园”村社互助工程慈善公益项目，进一步发挥了镇村慈善组织的作用。

2022 年下半年，界牌镇又成立了社工站（慈善服务中心），作为慈善分会工作机构，打造“社工 + 慈善 + 志愿服务”新模式，加强慈善工作力量，拓展慈善公益领域和范围，更好地服务于全镇群众尤其是困难群众。

慈善之路　传递爱的力量

界牌镇慈善分会和社区慈善工作站成立以来，切实履行慈善宗旨，将慈善救助作为出发点和落脚点，突出对低保、低收入困难群体开展慈善救助活动，结合界牌特点做好具体慈善帮扶工作，收到了良好效果。

2014 年至 2024 年，界牌镇慈善分会共发放救助金 40.89 万元，救助 493 人次，其中临时救助支出 40.29 万元，救助 493 人次；公益项目支出 6000 元。

各社区工作站成立以来，全力开展慈善救助，每年主要使用市慈善总会下拨社区慈善资金利息，用于困难群众临时救助，2017 年至 2024 年共支出临时救助资金 84.68 万元，救助困难群众 1619 人次，同时每年还积极配合市慈善总会实施各类慈善公益项目，使得遭逢病灾和意外的困难群众得到了及时有效救助。

镇村两级慈善组织帮扶的人群从低保户到残障人士，从幼儿到老人，不漏掉任何一个应当帮扶的家庭或个人，真正为界牌镇老百姓做好事做实事，将善款用到了实处。

在具体慈善救助工作中，服务全镇工作大局，着眼本镇困难群众需求，有针对性地开展救助和公益活动。

1. 助力疫情防控。2020 年年初，一场突如其来的新冠疫情给界牌镇带来了严重的影响，界牌镇党委、政府发布了抗击疫情的动员令，镇慈善分会领导与全体会员积极响应，投入疫情防控一线战场。会员企业等捐款捐物，慈善分会和各社区慈善工作站组织慈善义工和志愿者，积极参与疫区封控、交通卡口值班、核酸检测秩序维护、封控居民生活物资配送等服务工作，助力党委政府打赢了三年疫情防控阻击战。

2. 兜底解忧暖民心。界牌镇慈善分会贯彻落实习近平总书记要求江苏“在强化基层治理和民生保障上走在前”的指示精神，始终把帮扶困难群体作为应尽职责，采取切实措施，助力解困兜底救助工作。2023 年 7 月，界牌镇部署开展社会救助领域“兜底解忧暖民心”行动，民政等部门牵头，镇慈善分会、社区慈善工作站配合，着力解决困难群众急难愁盼问题，帮助困难群众及时、便捷、高效地享受社会救助兜底保障政策。界牌镇慈善组织提高政治站位，将助力“兜底解忧暖民心”行动纳入重要工作日程，细化实施方案和任务措施，明确责任人、时间表和路线图，

镇慈善分会组织工作人员和慈善社工站社工在镇内开展全面走访，共走访摸排低保、特困人员、低保边缘及支出型困难家庭 81 户 119 人，摸排发现困难对象有效诉求 11 件，层层压实责任，形成动作一致、问题共答的工作闭环，推动救助政策执行“主动性”，并全部解决求助对象的各类困难诉求：给予救助 11 人；新增困境儿童 1 人；实施低保渐退 3 户 6 人，实现了救助工作由“群众找我办”到“我为群众主动办”的转变。

同时，注重落实分层分类的社会救助政策，对摸排核查中发现重点人群存在医疗、教育、就业等困难的，及时有针对性地按规定给予相应的专项社会救助；对符合低保、临时救助、特困人员救助供养等政策及其他兜底保障政策的，按程序纳入保障范围，实现应保尽保、应兜尽兜。2024 年以来，民政和慈善共同救助，民政共发放救助资金 220.5415 万元，其中保障困难残疾人生活补贴和重度残疾人护理补贴对象 99 人，累计发放残疾人两项补贴 161.1764 万元；累计发放低保金 28.0366 万元、特困供养金 24.1285 万元、临时救助资金 1.95 万元。慈善助学 3 名困难家庭学生，发放助学金 6500 元；慈善大病救助 9 人次，救助金额 4.6 万元。

此外，镇慈善社工站还通过发放“暖心卡”、推广“丹优助·码上办”二维码等方式，开展送政策上门活动，宣传社会和慈善救助政策，解答群众疑问，回应群众关切，把惠民生、暖民心、顺民意的工作做到群众心坎上。

这里有两个镇村慈善携手救助困难群众的故事。

界南社区居民潘秀琴，2019年被确诊患有白血病，需要巨额医疗费用。她丈夫59岁，前一年因患食道癌治病就用去几十万元，家中还有86岁婆母、9岁孙子需要赡养抚养，儿子儿媳为照顾两个重病号不能正常打工，收入骤降。镇慈善分会、社区慈善工作站了解该户困难情况后，采取了综合措施救助，除联系企业和爱心人士捐款外，还上报市慈善总会予以救助2万元，有效缓解了该户因病导致的困难。

界西社区郭凯，2023年突发主动脉夹层，病情凶险，治疗花费40余万元，家中父亲年近70岁，两个儿子分别是10岁、7岁，正上小学，妻子因照顾病人无法工作，家庭经济十分困难。社区慈善工作站及时将该户上报市慈善总会救助1万元，一定程度帮助其解决了困难。

3. 关爱少儿助成长。2021年，界牌镇慈善分会通过网络渠道，面向辖区内的留守儿童、单亲家庭儿童、孤儿等困境儿童征集微心愿，联合界牌镇新时代文明实践所，开展“网络公益点亮微心愿”关爱少儿助成长活动。2022年，慈善分会加大帮扶力度，开展“村村到、户户进、人人访”大走访，进一步了解困境儿童需求，有针对性地开展满足其“微心愿”帮扶。2022年端午节前，开展了“暖心端午圆心愿，结对帮扶助成长”的主题系列活动，为辖区内小朋友送上六一与端午节的“双份”祝福。2022年5月30日，镇党委和慈善分会代表、镇省文明单位（江苏丰德汽车内饰件有限公司）的代表，前往界西社区慰问困难家庭小朋友，为他们送去六一儿童节的礼物，帮3户家庭4名儿童实现了“微心愿”，还为其爷爷奶奶带去了粽子，提前送上端午节的祝福。与此同时，慈善分会还组织开展了面上儿童节慰问活动，与全镇各社区共计10余名儿童一起欢庆节日，慈善分会的志愿者们在新村儿童关爱之家和小朋友们一起读书、游戏等，为他们送上节日礼物和温馨祝福。

界西社区有这样一户困难家庭，孩子的父亲遭遇车祸去世，母亲改嫁，年幼的孩子全靠年迈的爷爷奶奶照顾，老人靠做零工勉强维持生活，家庭十分贫困。镇慈善分会和江苏丰德汽车内饰件有限公司得知这一情况后，对该困难家庭“一对一”帮扶，满足该家庭孩子的“微心愿”，全力帮助该困境儿童健康快乐成长。

界牌镇大小企业千余家，外来务工人口众多，随之而来便是外来务工人员子女的成长教育问题。为此，在2023年夏天，镇慈善分会实施关爱外来务工家庭少儿的项目，着力缓解外来务工子女暑期“看护难”问题。界牌镇慈善分会与镇团委牵头，界牌中心小学、界牌镇儿童关爱之家等单位共同参与，依托界牌镇亿达广场商圈党支部场地资源，举办“心有所暑，不负所托”爱心暑托班，面向暑期看护有困难的家庭，6岁至14岁的外来务工人员子女、困境少年、农村留守儿童等优先入托，通过开展思想引导、课业辅导、生活指导等关爱服务活动，帮助青少年提高学习兴趣，培养积极向上的良好心态，引导和帮助他们度过一个安全、快乐、有意义的假期。

界牌镇慈善分会注重节日对困境少儿的慰问，常言道每逢佳节倍思亲，镇慈善分会深知越是节日，少年儿童和老人就越需要关爱。2024年春节前，镇慈善社工站的社工和志愿者，冒雨走访了10户困境儿童家庭，社工和志愿者与孩子展开亲切交流，为困境儿童家庭送上冬季生活用品及学习用品，与家长促膝沟通，了解孩子思想动态和寒假安排情况，鼓励孩子乐观面对生活，引导孩子积极参与社交活动。由于寒假是交通安全事故等易发阶段，社工们向家长发放了安全宣传资料，还通过问答形式向孩子们介绍防水、防火灾、防触电等安全注意事项，有效提高了孩子们的安全意识。

重病重残儿童小刚的爷爷、奶奶看到社工们冒雨前来走访慰问，拉着社工们的手激动地说：“非常感谢政府和社会对孩子们的关爱，我一定照顾好孩子，督促孩子坚持康复训练，让孩子做一个对社会有用的人来回报社会。”界牌镇慈善分会主动有效的走访帮扶，不但给困境儿童带来了物质上的关怀，更给予了精神上的慰藉和鼓励，让每一位有需求的困境儿童，都能够在社会的呵护之下茁壮成长、幸福生活。

4. 孝老爱亲送温暖。镇慈善分会弘扬中华民族尊老、敬老、爱老的传统美德，每当重大节日来临之际，都要和新时代文明实践所站等单位合作，开展丰富多彩的活动，为老人送去温暖，为老人晚年生活添彩，彰显传统节日的新时代内涵，推动形成”爱老、助老、敬老“的文明风尚。

2022 年 9 月 7 日，中秋节即将来临，镇慈善分会和界牌镇新时代文明实践所、农业农村与社会事业局与志愿者们，前往界牌镇敬老院开展慰问活动——中秋送爱心、情暖敬老院。志愿者们在厨房里忙碌着，为老人们准备爱心午餐，为老人们提供理发、修脚等志愿服务。界牌卫生院的医护人员提供体检义诊服务。同样在 9 月 7 日，界牌社区居家养老服务中心举办了“悦享中秋，长长久久”活动，为老人准备了月饼、水果，东方艺术团的志愿者们为社区老人们表演节目，让老人们在欢乐、祥和的氛围中欢度中秋佳节。2023 年中秋节前，界牌镇慈善社工站持续开展公益活动进养老院活动，9 月 22 日的上午，他们联合丹北镇慈善社工站来到丹北镇前巷敬老院开展“我们的节日 · 中秋团圆”活动，老人们一起唱歌听曲儿、制花灯，爱心志愿者为老人送上了寓意团圆、安康、甜美的蛋糕，老人们在快乐祥和的氛围中迎接中秋佳节，看着社工和志愿者们说：“谢谢！有你们真好！”

2023 年 10 月，镇慈善分会、新时代文明实践所、农业农村与社会事业局，在全镇范围内开展了“我们的节日——重阳”系列活动。2023 年的 10 月 23 日下午，镇慈善社工站联合爱心商家，赴界牌镇敬老院组织开展了“传承社会美德　情暖桑榆之心　共度重阳佳节”活动。社工和爱心商家志愿者们根据不同分工，有序开展工作。一位社工帮老人开展康复训练，其他志愿者有的帮老人整理衣服，有的陪老人读报，还有的和老人玩欢乐套圈、趣味投球、小猫钓鱼、报纸传球等小游戏。不远处，秦语花艺的爱心志愿者熟练地拿起了理发工具，一边和老人聊着家常，一边理着发。老人们笑呵呵说道：“我就喜欢和你们年轻人一起聊天，感觉自己都年轻了十岁。”现场，还有奶茶店的爱心志愿者，提着慰问品送给敬老院老人，该店负责人介绍，他带着全体工作人员的心愿，特意给老人们送来了重阳节的特别礼物。

从 2014 年成立到 2024 年，界牌镇慈善分会走过了十年历程，镇内需要帮扶的人群都被登记在册。镇慈善分会和社区慈善工作站将始终秉承慈善理念，通过自己的辛勤努力和无私奉献，持续增强困难群众的获得感、幸福感、安全感，打造界牌慈善事业光辉灿烂的明天。

（撰文　裴　扬）

担起慈善使命　服务教育大局

——丹阳市慈善总会教育分会工作纪实

2022 年 12 月 14 日，镇江市向荆林学校、陵口中学授牌“校园慈善文化教育基地”现场

光阴荏苒，岁月如歌，从丹阳市中小学扶持特困生联合会，到丹阳市慈善总会教育分会，丹阳教育慈善助学助教已走过20 多个年头。回溯既往，风雨兼程，丹阳教育人忠诚于党的教育事业，立德树人，慈善助学，倾情帮扶困难家庭学子顺利完成学业，助力丹阳市基础教育高质量发展走在全省前列，做出了应有的努力和贡献。

开展教育慈善助学的背景

改革开放以来，丹阳市经济社会快速发展，人民群众生活水平显著提高。但由于诸多因素，尤其是因病因灾因意外等，全市还有不少弱势困难家庭，该类困难家庭无力支付子女学习费用，影响学生学习，甚至导致辍学，以致全市控制义务教育阶段流生任务艰巨，对丹阳市基础教育发展也产生消极影响。经深入调查摸底，全市学校困难家庭学生人数占全市中小学生人数的 3% 以上。面对这样的严峻局面，亟待建立帮扶特困生的政策机制和社会保障体系，同时也要组织动员社会力量助力特困生帮扶工作。

教育部门对困难家庭学生面临的学习和生活困境感受尤深。做好扶持特困生的工作，保障困难家庭学生接受高质量教育的权利，是体现党和政府对特困生的关怀、维护社会稳定、促进丹阳市教育均衡发展、提高九年义务教育水平的重要举措。

基于这样的认识，市委、市政府和市教育局把扶持特困生的工作，当作关爱祖国未来、巩固教育发展成果的大事，摆上重要议事日程，决定成立专门机构，通过加强领导，组织推进落实，倾注感情、倾注精力、倾注资源，努力把教育慈善帮扶困难家庭学生的工作落到实处。

教育慈善助学机构的发展沿革

2002 年 6 月 26 日，在市委组织部、市委宣传部、市级机关党委、民政局等单位的大力支持下，丹阳市中小学扶持特困生联合会正式成立，会长为沈华方，副会长为李忠法，秘书长为郦锁良，副秘书长兼办公室主任为史伟群。联合会制定了章程、扶持特困生暂行办法等工作制度，配备了专门人员，把慈善助学工作纳入制度化、规范化的轨道。2005 年，根据上级有关部门的要求，为整合慈善工作，丹阳市中小学扶持特困生联合会更名为丹阳市慈善会扶持特困生分会。2007 年，根据上级有关部门的精神，经会员单位一致通过，丹阳市慈善会扶持特困生分会更名为丹阳市慈善会教育分会。丹阳市慈善总会成立后，为了进一步理顺关系，提升和优化慈善助学工作，2024 年，丹阳市慈善会教育分会更名为丹阳市慈善总会教育分会。

丹阳市慈善总会教育分会，是市有关部门、企事业单位及市教育系统部门和学校自愿参加的非营利性社会组织，遵守法律法规和政策，维护国家利益、社会公共利益，提倡人道主义精神，弘扬中华民族扶危济困传统美德，积极筹募善款，改善学校办学条件，大力开展对困难家庭学生的救助工作，不让一名困难学生辍学。分会接受市慈善总会的领导和市教育局的指导，接受登记机关的监督管理。具体职责为，对全市中小学在籍困难家庭学生实施助学；对市特殊教育学校及其学生予以资助，不断改善学校教学条件；促进改善全市各级各类学校教学和学生生活条件；对在籍学生遭逢重大疾病、天灾人祸等造成家庭经济特别困难的，给予临时性救助。为确保分会工作正常运转，配备工作人员3名。

教育慈善助学扬帆启航

济困助学，几度春秋；受助学生，数以万计。我们用浓浓的爱心和款款深情，激发起了全市人民的慈善大爱。丹阳市中小学扶持特困生联合会成立后，召开了扶持特困生新闻发布会，宣传丹阳市开展这项工作的计划、内容、做法与意义。在《丹阳日报》开辟“扶持特困生在行动”栏目，并在丹阳电视台和丹阳日报社分别开辟专题栏目，长时间、大容量地宣传慈善助学工作。

2002年6月26日，丹阳市扶持特困生联合会成立当天，举办了“同在蓝天下”专场文艺晚会。通过多种形式，为助学资金的募集、为助学助教工作的开展营造良好社会氛围，动员全市上下关心并参与扶困助学工程。晚会现场，共接到热线电话280人次，43家捐款在万元以上的单位和个人，共捐资139.00346万元，群众及学生等现场捐款3345元。

2004年9月8日，丹阳市教育局主办、丹阳市扶持特困生联合会承办了“九月的歌”大型募捐文艺演出，所表演小品《春天的故事》中，受资助学生的真情表白感动了全场观众。现场有

18 家企事业单位和个人向联合会捐款 68 万元。文艺汇演的成功举办，掀起了全市关爱困难家庭学生的热潮。

募捐演出前后，联合会工作人员全力投入，全体领导和员工分工到人，克服高温天气，奔跑在丹阳的大街小巷、乡村企业，广泛开展宣传募捐活动，发动企事业单位、爱心人士积极捐赠，向社会各界发送了 500 余份献爱心倡议书，共筹集善款 19.3671 万元。

联合会借鉴中国青少年发展基金会“希望工程”募集资金的办法，注重发现并树立爱心捐款典型，典型引路，带动全面，及时宣传丹阳市豪莱斯制衣有限公司、丹阳市康博氏保健饮品有限公司等捐款事迹，示范带动许许多多的爱心人士热心捐赠。我们也深深感受到他们身上呈现出的扶危济困、助学为乐、关心他人的美德。如：

《丹阳古今》编辑部的老同志通过市关工委捐赠 1 万元。

苏州工业园区开泰纺织有限公司捐赠书包 2100 只、鞋 800 双，折合人民币 1.843 万元。

丹阳大富豪娱乐服务有限公司捐赠 5 万元。

台北丹阳同乡会捐款 1.023492 万元，镇江市台资企业协会资助丹阳市优秀困难家庭学生 1.2 万元。

2005 年 6 月 1 日，华地百货举办了“助学义卖”活动，义卖所得款项全部捐赠联合会。

2005 年 10 月 1 日，市医保中心搬迁，将不举办仪式所节约的 1 万元予以捐赠。

融锦集团连续多年每年捐赠 4 万元作为“奖教奖学”资金。

天波城房地产公司通过联合会向教育局定向捐赠土地加善款合计 3000 余万元。

特别是 2005 年 11 月 28 日，分会和丹阳市慈善会联合举办了“奉献爱心，放飞梦想”慈善爱心结对助学活动，引导企业和爱心人士与困难家庭学生结对，掀起了又一次爱心助学的热潮，帮助了450多名品学兼优但家庭生活困难的学生，这一活动取得了很大的社会反响。

2005年12月，分会联系市医保中心团支部，对珥陵中心校无父母仅依靠爷爷奶奶生活的唐乔丽同学进行结对帮扶。

这样的事例还有很多，如教育局党委的7名委员率先垂范每人捐献600元，一对一扶持行宫茅山老区的7名贫困学生。

联合会成立以来，政府支持，教育牵头，部门参与，整体覆盖，工作机构规范运行，教育慈善助学取得了初步成效，得到了社会的信任与支持。

丹阳市扶持特困生工作取得的阶段性成果，产生了十分良好的社会影响。《镇江日报》、《新华日报》、《扬子晚报》、《江苏教育》等报刊，新浪、搜狐等知名网站都报道过丹阳市扶持特困生的做法和经验。

教育慈善助学持续推进

丹阳市中小学扶持特困生联合会成立以来，无论教育慈善助学机构名称有几多更换，但助学助教初心不改，助学助教不断深入。20多年来，为数以万计的困难学生送去了党的温暖，用爱心点燃希望，用行动播撒阳光，多少感人的故事因此而演绎诉说，多少寒门的学子因此而放飞梦想。

2002年至2023年，教育慈善助学机构共募集慈善资金2386余万元，其中学校捐赠793万元，社会捐赠233万元，定向捐赠1359万元。发放扶持款超过2288万元，其中帮扶学生款527万元，定向帮扶款1359万元，专项扶持特教中心款项402万元，共扶持困难家庭学生2.5万多人次。在具体助学方法上，从2002年到2012年，主要是按各学校每年募集资金总量的35%，下拨资金到各相关学校，由各学校自行组织实施，重点助学低保类、低收入类等困难家庭学生；2013年至2016年，教育分会和市慈善总会合作，由各义务教育阶段学校申报困难家庭学生名单，对经审核符合条件的对象每人每年发放助学金 600 元；2016 年以来，为适应新形势新情况，进一步完善助学办法，重点突出低保类、建档立卡户、低收入类困难家庭学生，根据每个学生家庭不同困难程度，加大助学力度，具体按 1000 元、1200 元、1500 元的不同标准发放助学金，切实有效解决受助学生就学困难，提高了助学效果。在具体助教方法上，2002 年至 2012 年，主要按每年教育分会募集资金总量的 35%（约 20 万元），拨付给市特殊教育学校，用于助学助教；2013 年至 2023 年由市慈善总会每年定向资助该校 20 万元，其余募集资金则用于老区和薄弱学校的助教等。由于密切结合实际需求，注重实效，受到了社会的好评和群众的称赞。

尤其是 2018 年至 2022 年近五年间，慈善教育分会与丹阳市慈善总会、社会慈善团体开展合作，积极筹募善款，帮扶困难对象，加强资金管理，健全规章制度，完善工作机制，接受财税、审计等监督，规范开展对高中阶段和义务教育阶段学生的慈善助学，加大工作力度，将助学助教引向深入，取得明显成效。

1. 资金募集成效明显。共募集善款 358.26 万元，其中：①教育系统内部募集善款 173.26 万元；②市慈善总会资助善款 175 万元；③镇江市慈善总会下拨校园慈善文化专款 10 万元。

2. 慈善助学成效明显。共资助学生、学校善款 317.73 万元，其中：①资助义务教育阶段困难家庭学生 646 人次，支出善款 86.25 万元。严格审核标准，精确识别对象，教育分会审核确定，确保需要帮助的困难家庭学生都能得到帮助。②资助患大病学生等 47 人次，支出善款 29.5 万元。主要对因患白血病等重大疾病，导致家庭遭遇临时性生活困难的学生，予以及时救助。同时，将因病困难学生情况上报市慈善总会救助，帮助大病学生战胜病魔，恢复正常学业和生活。③针对特殊教育学校均为残障弱势学生的实际情况，每年向市慈善总会争取定向资金 20 万元，以及分会资助合计 103.98 万元，帮助该校改善学校教学条件和学生生活条件。④重点对延陵学校、云林学校、行宫中心校、麦溪中心校等茅山老区学校或薄弱学校，资助其改善办学条件57校次，支出善款98万元。

3. 慈善合作成效明显。配合丹阳市慈善总会、丹阳市慈善总分海会寺慈善分会、“徽聚爱”公益组织等开展助学活动，共资助学生901人次，支出善款180.2万元，其中：①配合市慈善总会开展高中阶段家庭特别困难学生助学838人次，支出善款167.6万元。由慈善教育分会负责实施，突出低保类、建档立卡户、低收入类困难家庭学生，组织各高中学校申报，经审核符合助学条件的，每人每年发放助学金2000元，取得了良好的助学效果。②协助海会寺慈善分会对孤儿、大病等困难家庭学生开展助学63人次，支出善款12.6万元。

2023年，教育慈善分会配合市慈善总会在学校布设AED（体外自动除颤仪）34台；接受一位安徽籍在丹贤达捐赠的书包文具70套、保暖内衣110套，发放给丹凤实验小学、建山学校、吴塘实验学校等家庭条件困难的学生。

推进校园慈善文化建设

积极开展慈善文化进校园活动，加强中小学生德育，培养师生们的慈善意识和慈善精神。

1. 制定文件布置落实。2021年上半年，教育局转发市委办、市府办转发的《镇江市教育局　镇江市慈善总会关于深入推进全市中小学校园慈善文化建设的意见》；2021年7月，教育局向全市义务教育阶段学校下发《关于印发加强丹阳市中小学校园慈善文化建设实施方案的通知》；2022年又下发《关于开展“向善向上、健康成长”青少年慈善征文推荐活动的通知》以及《关于公布“向善向上、健康成长”青少年慈善征文评选结果的通知》等，学校普遍开展校园慈善文化建设“五个一”活动（建好一个慈善文化长廊、发放一册慈善读本、举办一次慈善讲座、开展一次主题实践活动、组织一次慈善征文比赛），并将活动常态化。

2. 创成校园慈善文化建设基地。经过调研筛选，把丹阳市荆林学校、丹阳市陵口初级中学作为基地建设重点校。2019 年 12 月26 日下午，市慈善总会、市教育局在荆林学校举行“慈善文化进校园活动”启动仪式，邀请市四套班子分管领导、各义务教育阶段学校主要领导等参加活动，拉开了校园慈善文化建设的序幕。基地学校紧扣落实立德树人根本任务，高标准建设慈善主题广场、慈善雕塑构建、慈善宣传橱窗等设施，将体验公益、感受慈善，以及慈善美德教育融入了校园文化建设。2022 年 12 月，经镇江市教育局、镇江市慈善总会检查验收，两所学校被评为镇江市慈善文化教育基地。在试点成功的基础上，对全市城乡39 所义务教育阶段学校，8. 2 万名学生，全面推开校园慈善文化建设工作，各学校结合自身特色特点，积极推进以“五个一”活动为主要内容的校园慈善文化建设，对于强化德育教育、培育学生慈善意识、建立和谐校园关系、增强师生社会责任感、促进学生形成正确“三观”，起到了良好作用。其中，正则小学、折柳小学等重视校园慈善文化建设，取得显著成绩。

3. 免费发放慈善读本。为确保校园慈善文化建设顺利开展，配合市慈善总会发放《慈善读本》。2019 年年底，向荆林学校免费发放 2500 本，购书资金 5. 5 万元；2020 年 9 月，向城区学校免费发放 41370 本，购书资金 91. 104 万元；2021 年，又向农村义务教育阶段学校的四年级、七年级学生免费发放 9050 本，其中初中七年级 4042 册、小学四年级 5008 册，购书资金 19. 8 万元。共发放 52920 本，购书资金 116. 404 万元。

4. 举行慈善征文推荐比赛。根据镇教发〔2022〕28 号《镇江市教育局、镇江市慈善总会关于举行“向善向上、健康成长”青少年慈善征文大赛的通知》要求，在全市义务教育学校开展青少年慈善征文推荐活动，共收到慈善征文 248 篇，其中初中组 131 篇，小学组 117 篇，经专家组评审，评出一等奖 35 篇，二等奖52篇。向镇江市推荐的53篇征文全部获奖，其中初中组28篇、小学组25篇。2022年8月，丹阳市教育局、丹阳市慈善总会被镇江市授予“向善向上、健康成长”青少年慈善征文大赛优秀组织奖。

全市校园慈善文化建设取得丰硕成果，在2023年第一届“镇江市校园育善工程”表彰活动中，丹阳市教育局、丹阳市慈善总会获“校园慈善文化优秀组织奖”，荆林学校、陵口中学、折柳小学获“校园慈善文化最佳项目奖”，全市8名师生获“校园慈善文化行为楷模”称号。

（撰文　王华旺　江　涛　史伟群）

菩提树下　众善奉行

——丹阳市慈善总会海会慈善分会工作纪实

海会慈善分会成立大会全体人员合影

2019 年 4 月 19 日，我和友人相约去上海看望病中的礼相法师。在病床前，礼相法师告诉我，他要尽快成立海会慈善分会。他济世扶贫、惠及芸芸众生的这一宏愿，深深地感染了我。同年 7 月 13 日，海会寺斋堂二楼大厅华灯齐放，五百余位信众、僧侣云集于此，召开了海会慈善分会成立大会。神采奕奕的礼相法师在大家共同的企盼中荣任海会慈善分会会长。他在致辞中庄重宣布，将自己的生病期间所得各界人士的慰问金 5 万元全部捐赠给海会慈善分会。瞬时，现场响起了雷鸣般的掌声，将成立大会推向了高潮……

自此，海会慈善分会犹如爱心的使者，以“众善奉行”为己任，服务众生，奉献社会，谱写一曲曲爱的乐章。

慰问老兵

海会慈善分会成立之际，正逢中华人民共和国成立 70 周年。分会将“不忘初心，爱国感恩”作为慈善公益活动主题，开展了慰问老兵活动。

20 世纪 30 年代，日本悍然侵华，中华民族陷入了艰难困苦的境地，在事关民族存亡和祖国安危之际，无数热血中华儿女义无反顾，“苟利国家生死以，岂因祸福避趋之”，奔赴战场，为国家独立、民族解放付出了血的代价，为中华民族抗击外来侵略立下了不朽功勋。

饮水思源。正是有了老兵生命不息、战斗不止的流血牺牲，才有了新中国的诞生，才有了今天和平安宁的幸福生活，才有了祖国的日益繁荣昌盛。如今，这些参加过抗战和抗美援朝的老兵，战场上的幸存者都已进入了耄耋之年。“感恩老兵，关爱老兵”，成为海会慈善分会会员们的共同心声，大家慷慨解囊，掀起了为老兵捐款捐物的热潮。

盛夏酷暑，骄阳似火。“八一”建军节前夕，在会长礼相法师带领下，大家满怀对老兵的感恩之心，深入延陵、珥陵等有关乡镇，由当地党委和政府领导陪同，挨家挨户走访慰问参加过抗战和抗美援朝的老兵，为他们送上了慰问品和慰问金，将党的关怀和社会的温暖传递给他们。严锁荣、蒋长春、陈金龙等老兵有的参加过抗战，有的参加过抗美援朝，有的既参加抗战又参加了抗美援朝。在抗美援朝老兵陈金龙家里，大家发现他生活比较困难，家中没有一件像样的家用电器。随访义工於忠云当场向陈金龙捐赠液晶电视机一台。当电视机送达现场，老兵看着电视上漂亮的彩色画面时，脸上露出了幸福的笑容，大家纷纷鼓起了掌。

短短几天，海会慈善分会共走访了 42 位老兵。走访慰问老兵，为老兵送上一份关爱之情，表达人们对老兵的敬慕之意，发扬他们的爱国情怀，受到了社会的广泛关注和赞誉。在难忘的战争岁月中，老兵们留下了许多可歌可泣的感人故事，仍将激励后人为实现中华民族伟大复兴的中国梦而奋斗，使慈善公益活动愈加富有意义。

服务竞赛

2019 年 12 月 1 日上午，细雨霏霏。丹阳市举办的首届半程马拉松竞赛正在举行。随着赛场发令枪响，来自世界和全国各地的万名运动员冲出了起跑线。蒙蒙细雨挡不住丹阳人的热情好客，人们夹道呐喊，为运动员加油。望着运动员冒雨参赛的飒爽英姿，海会慈善分会的所有义工露出了欣慰的笑容，因为在万名运动员中，就有 700 多位来自海会寺慈善分会为之服务的参赛者。

11 月初，海会慈善分会得知丹阳将举办首届半程马拉松比赛，为了支持全民体育事业，减轻丹阳宾馆行业接待压力和运动员参赛费用压力，充分展示丹阳全国文明城市的风范，积极践行众善奉行之精神，主动和组委会联系并征得其同意，决定利用海会寺现有设施，为入住海会寺的运动员免费提供食宿，免费提供运动员去赛场的交通车辆。首先，专门成立以会长礼相法师为组长、原政协副主席陆雨生为总顾问的接待领导小组，制定了详细的接待方案。其次，组织了百名义工服务队，并对其进行了专门培训。再次，邀请市有关部门对寮房消防和厨房食品进行安全检查，以保证运动员人身安全。最后，在有关爱心人士的帮助下，组织了 15 辆公交车接送运动员。周到细致的准备工作，为运动员入住打下良好的基础。

11 月 30 日当晚，海会慈善分会为入住运动员专门举办欢迎仪式。在灯火通明的斋堂二楼大厅欢声笑语连绵不断。会长礼相法师发表了热情洋溢的讲话，海会梵音艺术表演中心专门为运动员演奏中华优秀传统文化梵音禅乐，并请海会书画院的艺术家为有需求的运动员现场挥毫送“福”字。尽管初冬的夜晚带有几分寒意，但是会场内春意盎然，运动员沉浸其中，享受着家一般的温暖。

“有朋自远方来，不亦乐乎”。半程马拉松比赛期间，海会慈善分会共接待746位运动员，为他们提供了优质服务，广受运动员们的好评。此事经人民网报道后，在全国引起良好反响，同时也为分会今后开展组织大型慈善公益活动提供了经验。

助力扶贫

延陵镇大吕村位于茅山革命老区，是镇江市重点扶持的贫困村。海会慈善分会为响应习近平总书记精准扶贫的号召，将大吕村列为分会重点帮扶对象，扶智扶志，精准施策。

第一是选好带头人。该村村民谭三林在20世纪80年代就是丹阳市知名种粮大户、全国劳动模范，却因粮价倒挂等诸多因素致贫，在分会的牵头搭桥和扶持下，他靠生猪养殖而脱贫致富。谭三林十分感恩，在分会的鼓励支持下，他决心带领全村村民共同脱贫，共同致富。

第二是建好示范基地。海会慈善分会与丹阳市恒丰科技实业有限公司合作，邀请农业专家、全国劳模、镇江市人大常委会副主任赵亚夫指导，帮助谭三林兴建了新时代文明实践中心——草莓、火龙果示范种植基地，致力引导农民发展高效农业，尽快脱贫致富。

第三是多管齐下，巩固扶贫成果。为进一步打赢高水平全面建成小康社会的决胜仗。2020年4月28日，礼相法师带领分会一行人赴大吕村走访，实地察看由分会资助建设的农民脱贫致富火龙果示范种植基地后，决定加强扶贫力度：对40户贫困户和贫困生进行精准帮扶，并连续3年每年出资5万元，对大吕进行帮扶，为小康建设助力。2023年上半年，海会慈善分会与大吕村共同制定了富民强村帮促行动实施方案，由分会出资帮助大吕村安装了太阳能路灯。2023年12月2日，法常法师再次带领分会一行人赴大吕村进行走访。现在每当夜幕降临，村里的路灯就会亮起来。在路灯照耀下，村广场上村民开展了打篮球、健身等娱乐活动。点亮乡村道路，既增加了老百姓的安全感，又提升了老百姓的生活质量，得到村民的广泛赞誉。如今，大吕村已摘掉了贫困村的帽子，昂首阔步走上“建设美丽乡村”的康庄大道。

此外，海会慈善分会在抗疫救灾、扶贫济困、帮困助学等方面也颇有建树，有口皆碑。

“老吾老，以及人之老；幼吾幼，以及人之幼。”海会慈善分会作为爱心的使者，走过了近 5 年的历程，会长礼相法师虽然因病离开了人世，但令人欣慰的是他开创的海会慈善公益事业，却一步一个脚印继续前行，留下了一个又一个动人的爱心故事，赓续着“大爱无疆”的中华优秀文化传统。

（撰文　姜伏虎）

善行共举篇

篇首语

本篇汇集反映丹阳市慈善总会义工服务总队所属慈善义工团队工作情况的文章十六篇（含附录文章）。

慈善志愿服务，是慈善工作的重要组成部分。丹阳市慈善总会成立以后，大力实施慈善救助和志愿服务“双轮”驱动战略，以更好救助和服务困难群众。

2013 年 12 月 4 日，市慈善总会成立义工服务总队，组织动员社会爱心组织、爱心人士参与慈善志愿服务，当时就有“爱在飘扬”等 10 支义工团队参加，到 2024 年年底，市慈善总会义工服务总队已下辖 20 个义工团队，4000 多名注册和非注册慈善义工常年参加志愿服务。

十余年来，慈善义工团队和广大慈善义工秉持社会责任和慈善大爱，无私奉献着自己的时间、精力和金钱，无怨无悔地为困难群众服务。截至 2024 年，据不完全统计，慈善义工团队开展义工服务 28807 场次，出动义工服务 18.85 万人次，义工服务 73.88 万小时，投入资金 3501.53 万元，受益群众 98.84 万人次，有力促进了大爱丹阳建设，成为曲阿大地构建和谐社会和创建城乡文明的亮丽风景。

身残心善　因爱精彩

——正明力慈善义工团队志愿服务掠影

正明力慈善义工团队开展助残系列活动

虽然身体残缺，但我们不缺爱心；因行动不便，我们更懂得团结的力量：我的好手加上他的好腿，合起来也能发挥所长，照样可以奉献爱心，回报社会——元元心语。

“正明力”的两位创始人

正明力义工团队队长赵正元，小名元元，现年 36 岁，他出生时遭遇难产导致脑瘫，语言和肢体都有严重障碍。他家住丹阳人民大桥和云阳大桥之间京杭大运河段东侧河畔，瘫痪在床的童年时期，他每天都在运河上飞来的轮船汽笛声中，听祖父和父亲讲述在大江大河弄船、与风浪搏斗的故事。或许是这些故事潜移默化地培养了小元元坚毅的性格，又或许他生来就遗传了祖辈父辈那种不屈不挠的精神，抑或兼而有之，元元懂事以后多次向父母表达了不服命运安排的想法：他要从床上下来，要学会走路和读书，以知识弥补身体缺陷，成为一个有用的人。可是这些对健全儿童来说称不上“愿望”的愿望，对他而言却是不可能实现的梦想！

爸爸妈妈尽管对儿子的病情已经失望，但是他们对残疾儿子的爱始终没有缺失，而是给予了更多更深的爱。小时候，妈妈每天除了伺候他吃喝拉撒，每隔一段时间要帮他翻身，以免生褥疮。稍大点，爸爸妈妈每天还要花几个小时帮他按摩，进行功能锻炼。

儿子不服输的精神加上父母倾情的关爱，终于产生了奇迹。元元 8 岁时实现了第一个梦想：从床上下来活动。经过刻苦锻炼，他还掌握了一些基本的自理能力。10 岁以后实现了第二个梦想：不要别人搀扶，自己歪歪斜斜走了几步。那一刻，儿子笑了，妈妈却哭了——这几步路儿子走了 10 年，跌过的跟头难以计数，儿子痛在皮肉，母亲却疼在心里！但这些特殊的经历或磨砺，让少年元元比同龄人成熟，比同龄人更早产生对父母的感恩之心，更加坚定了“通过刻苦努力，可以改变命运”的信念。

由于语言和手部残障等，元元到学校上学的梦想最终未能实现。但他没有因此放弃“以文化知识弥补身体残障的缺陷，做一个有用的人”的梦想。在妈妈的辅导下，他学完了小学课程，又自学中学课程和电脑。书本和互联网为他展现了精彩纷呈的大千世界，引发了这位从没离开过家的青少年去看看祖国大好河山的强烈愿望。那时，他多想拥有一辆可以助他出行的轮椅车啊！可是家中吃“低保”的经济状况和父亲头上过早出现的白发，让他张不开嘴提这个“非分”的要求。让他惊喜的是在 17 岁那年的年末，爸爸不声不响给他买来了一辆红色轮椅车。有了这辆轮椅车，他可以独自走亲访友，可以自行到大运河边去看鸣着汽笛的轮船，到大街小巷去感受人间烟火，体验社会进步。

借助这辆轮椅车，元元还独自去过首都北京，圆了多年的心愿。三天两夜的北京之行，让他亲身体验到了残疾人出远门的不易。这就是日后“正明力”开展慈善旅游活动的动因。

如果说手动轮椅车给他安上了自由出行的腿，那么 22 岁那年好心人赠送的一辆电动轮椅车，就好比给了他自由飞翔的翅膀，让他的出行更快捷更省力。这辆电动轮椅车经过爸爸的改装，还变成了一辆货郎车，元元从此成为一名自食其力的卖货郎。

前文已经说过，与生俱来的艰难历程让元元比同龄人更成熟，更懂得感恩。随着年龄的增长，经历和阅历的丰富，他感受到的恩情越深：从父母亲的养育之恩到党和政府的关爱之恩，到社会各界人士的援手之恩。难能可贵的是，这位残障青年没有停留在感恩阶段，而是发展到报恩和传递爱心的强烈愿望，并积极付诸行动。他摆摊卖货有了一些收入以后，便经常带着妹妹去特殊教育学校和孤儿院、敬老院慰问。通过爱心传递，他体验到了心灵的愉悦和生命的意义，同时结交了一些志同道合的伙伴。副队长窦俊杰便是他最早的朋友，最默契的合作者。

窦俊杰今年 45 岁，同为依靠轮椅车代步的二级残障人士，家住丹阳教师新村。与元元出生即遭磨难不同的是，他有一个幸福欢乐的童年。俊杰的爸爸是老师，妈妈是上海知青，小俊杰的童年是跟随外公外婆在上海度过的。他相貌俊朗、乖巧懂事，又好学上进，每年都是“三好”学生、优秀班干部，从记事起到 10 岁，一直生活在大人的赞美声、夸奖声和小朋友羡慕、嫉妒的眼光中。他满怀自信，将清华、北大定为自己理想学府。但是，厄运就在他对前途充满阳光的时候猝不及防地降临了。三年级那年，他患上了一种怪病，持续发高烧，浑身疼痛，病情反复，越来越严重。他身体僵硬，四肢变形，不能行走，由母亲背着去上学。尽管如此，每年期末考试他还能取得优良成绩。

由于病情持续恶化，初中只上了一个月他便无奈终结了学生生涯，成为一名不能出门、也不想出门的重残青少年。他无法接受这种急剧变化，不想看人们鄙视、惊讶或者怜悯的表情，也不愿听亲友同情和勉励的话语。他感觉自己就像从阳光明媚、风光无限的山顶，突然跌进了万劫不复的冰窟窿，心情低到了冰点。

那几年里，正处于叛逆期的他几次用小刀割腕自残，欲以皮肉之痛来掩盖心灵的疼痛。但小刀割肉的疼痛感很快就过去了，而心灵的疼痛却更加厉害。随着病情的加重并不可逆转，他对前途完全绝望了。在19岁的人生花季，在昔日的众多同学考取大学的喜报声中，他选择了以结束生命的方式解除心灵之痛。

当然，他的自杀没有成功，不然也就没有了后面的故事。爸爸妈妈发现他服用了大量的安眠药，及时将他送到医院抢救，从鬼门关将他拉回了人世间。有位伟人曾经说过，在一定的条件下，坏事也能变成好事，经此一劫，俊杰仿佛涅槃重生了。他从昏迷中醒来第一眼看到的情景永远定格在了记忆中——9岁的妹妹在拍手大叫："哥哥醒来了！"妈妈像怕他跑掉似的使劲攥着他的手喜极而泣，爸爸背过身去偷偷抹泪，他从未见爸爸掉过眼泪。他醒悟到，人的生命不仅仅属于自己，也属于爱你的人，你无权擅自终结生命。他感到了自己的自私和渺小，也感到了后怕。假如自己没有抢救过来，爸爸妈妈和妹妹以及爱他的亲人们将要承受多大、多久的痛苦？他怪自己，深爱自己的爸妈的话，以前怎么就听不进去呢？比如妈妈反复唠叨的"投胎为人不容易，好死不如赖活着；积德行善，不为现世为来世"。爸爸语重心长地说过："为什么现在没有'残废'这个词了？因为有无数残障人士用自己的人生经历证明了，残疾人照样可以自强自立，有尊严、有意义地活着。"

从此以后，他懂得了珍爱生命，接受了身体残疾的现状，逐渐恢复了自信，学会了感恩，为他人着想，慢慢变得阳光起来。为了减轻父母的经济负担，他利用自己反应快普通话好的特长，在网站做客服赚钱补贴家用。为了积德行善，他从和妹妹一起用零花钱向慈善机构捐钱，发展到与妹妹一起去敬老院、孤儿院慰问孤寡老人和孤儿。正是在奉献爱心的道路上，35岁的窦俊杰遇到了26岁的赵正元。

从QQ群到慈善公益组织

赵正元和窦俊杰两位残疾青年，尽管年龄、致残原因及性格脾气存在差异，但相似的经历与相同的善心和传递爱心的愿望，让赵正元与窦俊杰两位残疾青年一经接触，便有相见恨晚之感，很快成为知心朋友，经常在一起交流人生经历和感悟，相约去慰问孤寡老人和孤儿，从中感受到了从未有过的人生乐趣，并由此想到了丹阳还有很多和他俩一样的肢体残障人士，也和他俩以前一样宅在家中，产生了将他们召集起来共同帮助他人，快乐自己的想法。

赵正元自强自立的事迹已在《丹阳日报》和丹阳广播电台报道过，有一定知名度，便由他通过丹阳广播电台和QQ发出召集肢体残疾人朋友的广告。2013年春暖花开之际，丹阳出现了一个名为“丹阳残疾人之家”的QQ群，群员由十几人迅速增至数十人。平时他们在网上聊天，交流思想，倾诉烦恼，分享喜悦，有时也线下聚会开怀畅谈，其乐融融。

这本是一个残疾人的精神家园，由于一位成员的突然患病，而演变成了互帮互助的群体。群友发展到100多人时，王秋香大姐罹患癌症，急需几万元治疗费，一下子牵动了全体群友的心，大家纷纷慷慨解囊，两天就筹集了1万多元，为大姐解了燃眉之急。这次成功的互助行动对群主和群友的启发都很大，更为后面的慈善活动开了好头。从此，只要群里有人遇到困难，大家都会主动伸出援手帮一把。在元元和俊杰两位发起人的影响和带动下，群友们逐渐将“伸出援手帮一把”的对象扩大到了群友以外的困境残疾人和孤寡老人等。他们从中发现了自身的价值和团队的力量，提高了自信心，体会到了帮助别人带来的喜悦，这就是他们公益慈善的初心。

这些自强自立的残疾人学雷锋做好事的事迹经媒体报道，在丹阳引起热烈的反响，也引起了丹阳明翼社会组织指导服务中心毛吉仙主任的关注。在她的建议和帮助下，赵正元于2018年7月以丹阳残疾人之家QQ群为基础，向丹阳市民政局申请注册了“丹阳正明力残疾人公益服务社”，并于2019年8月7日经丹阳市慈善总会批准成立了丹阳市慈善总会义工服务总队正明力义工团队，走上了常态化、规范化的慈善之路。有人问元元：“正明力的含义是什么?”他自豪地回答：“就是证明生而为爱，我们都一样!”

“正明力”在行动

正明力慈善义工团队现有云阳、皇塘、延陵、丹北、开发区、里庄6个分队，72名在册义工。截至2023年12月底，共出动义工633人次，服务4033人次，服务时长12167小时，服务困难群众10049人次，支出救助资金29.57万元。

“关爱重度和困境残疾人”是“正明力”始终坚持的初衷。一是给长期卧床的失能残疾人赠送电动康复护理床，减轻家人的护理负担。二是帮助重度残疾人进行康复训练。三是积极倡导无障碍环境建设。四是向一、二级肢体残疾人赠送防滑脚垫等专用耗材。五是定期举办集体生日会，为困境残疾人送上生日的美好祝福。六是定期组织义工、志愿者上门服务，为各乡镇缺乏劳动能力、行动不便的重残人士提供爱心理发、修剪指甲、洗头洗澡、打扫卫生、换洗被褥、做农活、包馄饨等特色服务帮扶。还定期对一些空巢重残老人进行慰问和陪伴聊天的精神抚慰。至今为止，已上门为重度和困境残疾人服务300多次。现举两例：

针对卧床的重度残疾人的需求启动的“关爱重度残疾人”公益项目，是正明力通过腾讯公益平台筹集善款，向长期卧床的失能残疾人赠送康复护理床。该项目筹得的善款，购买了5张遥控手动一体护理床。2022年6月9日，赵正元、窦俊杰等几位管理员收到各乡镇义工摸排的情况汇总后，不顾天气炎热，克服行动不便之困难，立即到珥陵、后巷、延陵、导墅、界牌的5位重残人家中走访、复核。3 天后，5 位重残者就先后在正明力义工的帮助下睡上了舒适方便的康复护理床，他们和家人都笑逐颜开，连声道谢。54 岁的丰女士因脑瘤导致全身瘫痪且丧失语言功能，则用她眼角晶莹的泪花表达了感激之情。

2023 年 7 月 21 日上午，正明力皇塘分队易玲队长（女，因小儿麻痹症双腿残疾）一行 7 人，来到皇塘乡下一户困境残疾人家中帮扶服务。这是一户因病致残陷入困境的家庭，丈夫姓周，70 岁，老伴 68 岁，独生女儿远嫁外地。周先生因糖尿病导致双目失明，家庭生活主要靠政府的残疾补助金维持，农活、家务都落到体弱多病的老伴身上，难免力不从心。在义工们分头打扫卫生、包馄饨之际，周先生告诉笔者，这些好心人每个月都会来为他家打扫卫生，帮他洗澡理发，剪指甲，逢年过节会来慰问，农忙时节还专门来帮他家干农活。临别之际，他握住笔者的手，再三恳求："一定要把党和政府的好政策和这些好心人的事迹写出来，让大家都知道！"

"以残助残"是正明力的服务特色。他们从残疾人的需求出发，开展集体性公益活动，引导、帮助残疾人走出家门，融入社会，共享美好生活。每年春暖花开之际，他们都会组织残疾人集体外出参观游览。苏州太湖湿地公园、南京玄武湖公园、无锡动物园，都留下过丹阳残疾游客的欢声笑语。身穿红马甲的正明力义工和志愿者，帮助重残人士上下大巴车，沿途一对一地照顾坐轮椅的残疾人，一路上都在传递着以残助残、互帮互助的爱心，给广大游客留下了美好的印象。

除了外出旅游，他们每年还定期与丹阳吾悦广场保利影城共同举办"正明力公益观影日"活动，让残疾朋友走进影院看电影。2023 年 2 月 19 日，笔者现场采访过第六届爱心公益观影活动。公益观影安排在上午 9 时，要求大家 8 时 30 分报到，赵队长考虑到从各乡镇赶来的残疾人来不及吃早饭，为每人准备了一份早餐。笔者 8 时 10 分许来到影院休息大厅时，已经有七八十位残疾人朋友在聊天或吃早餐了，个个脸上都洋溢着幸福快乐的笑容。原以为这个公益观影活动的意义，就是给残疾人看一场免费的电影，看到那些腿无残疾的义工和志愿者一人负责一位坐轮椅的残疾人，将他们推进影院、抱上座椅时，才明白了它的主要意义，是让腿脚不便的残疾人感受到关爱。笔者不由想到，如此看似简单、意义不大的助残项目，只有赵队长他们本身靠轮椅车代步的肢体残疾人才想得到，做得好。而且在这类助残活动中，残疾人义工既是助人者，也是受益者。

每年 10 月 3 日，丹阳正明力残疾人公益服务社都要在吾悦广场举办正明力公益义卖日活动，筹集爱心善款，用于帮扶困境残疾人家庭。笔者在今年的正明力第七届义卖现场看到，有近百名残疾人义工和志愿者在忙碌。有的在当售货员，有的在义务为参会的爱心人士提供按摩服务，有的在发放宣传资料，有的在维持秩序，更有许多具有才艺的义工、志愿者及社会各界爱心人士，为市民呈上精彩的文艺演出，营造弘扬扶残助残的社会氛围。在这场人员众多，气氛热烈的大型公益活动背后，是正明力管理人员的精心策划、组织和管理，以及义工家人和爱心人士的大力支持和默默付出。据悉，第七届公益义卖共筹得善款约 6 万元，为丹阳市特殊教育学校、唐氏综合征儿童、困境残疾人（家庭）和重病残疾人患者，都送上了特别的关爱。正明力公益义卖日项目已经深入人心，成为残疾人自己的公益品牌。

为了增加残疾人义工的技能，拓宽就业门路，也为了挖掘残疾人自身潜能，让受助者成为助人者，“正明力”每年都组织健康讲座和急救、书法、手机摄影、中国象棋等特色赋能培训活动。定期开展各类艺术辅导培训班，邀请专业音乐教师为残疾人音乐爱好者提供声乐、葫芦丝、吉他、非洲鼓等公益教学服务。从中挖掘、选拔了一批残疾人文艺爱好者，邀请专业教师对他们针对性的培训，组建了正明力残疾人合唱团，助力残疾人登上公益文艺演出舞台，定期或不定期走进养老院等社会福利机构举办公益慰问演出，获得良好社会效益。

除此之外，旨在引领残疾人群体听党话、感党恩，以实际行动报答党和政府对残疾人特殊关爱的党史学习教育，是“正明力”每年雷打不动的政治培训。经过几年的培训，“正明力”管理员和普通义工以及志愿者的政治素质和思想境界，都有了显著提高。他们已不满足当年抱团取暖和赠人玫瑰手留余香的喜悦，他们看到了各自残缺的、微不足道的力量融合成“正明力”的强大力量，他们有了更大的抱负和追求。

“正明力”成立以来，始终以活动项目化，服务标准化为指引，先后参与实施了《轮椅上的中国梦》、《生而为爱，我们都一样》、《残健共融，情暖丹阳》等一系列丹阳市民政局开设的公益创投项目，帮助困境残疾人链接社会资源，纾困解难，改善服务对象的生活质量与心理状态，促进服务对象更好地自我发展。同时积极参与丹阳市新时代文明实践志愿服务大赛，“轮椅同行·红歌嘹亮”和“以残助残，与爱同行”志愿服务项目，均喜获三等奖。其中，“轮椅同行·红歌嘹亮”项目还获得江苏省优秀志愿服务项目案例。“残健共融·情暖丹阳”公益助残项目获评丹阳市民政局“优秀项目”奖。

作为“残健共融·情暖丹阳”项目内容之一的慰问孤寡老人活动，于2023年4月2日上午在开发区敬老院举行，有二十几名义工和志愿者以及爱心理发师等参加。活动的内容有赠送慰问品、为老人理发剪指甲、为老人包馄饨和文艺演出。给大家留下深刻印象的是这样一段情景：一位短头发、大眼睛、穿蓝衣服红马甲的中年女义工，要给一位七十几岁的老先生脱下袜子剪脚趾甲时，老人不好意思地缩回脚。女义工说：“你这个年龄可以当我父亲了，有什么不好意思的？”女义工低头给老人剪脚趾甲时，老人的眼眶就红了。在剪完手指甲，女义工认认真真地给老人的手指甲打磨时，老人终于忍不住流下眼泪哽咽起来。女义工问他：“老先生怎么了？”老人哽咽着说不出话来。女义工一边用餐巾纸为他擦眼泪，一边安慰他。老人平息了一下说："我想起了我死去的女儿。"女义工说："你就把我当女儿好了，我会经常来看你的。"老人又哭了。很明显，这次是被女义工贴心的语言感动得哭了。

面对成绩和荣誉

古人云："福往者福来，爱出者爱返。""正明力"人在长期的慈善公益活动中献出的爱心，付出的辛劳，做出的贡献，都得到了社会大众的认可和政府的表彰：

团队方面，2019 年被评为丹阳市爱心助残团队，2020 年被评为优秀会员单位，2021 年被评为丹阳市助残优秀公益组织。

个人方面，赵正元 2010 年被评为镇江市"大爱之星"，荣获 2019 年镇江市和丹阳市两级"最美志愿者"称号，被评为丹阳市 2019 年度"助人为乐 · 丹阳好人"、丹阳市残疾人"自强模范"，2018 年和 2022 年两次当选丹阳市肢体残疾人协会副主席。窦俊杰 2023 年被评为丹阳市残疾人"自强模范"。张国斌被评为 2021 年度丹阳市"优秀志愿者"、丹阳市残疾人"自强模范"。任启君被评为 2022 年度丹阳市"优秀志愿者"、助残先进个人。陈华林 2023 年被评为丹阳市残疾人"自强模范"。朱纪龙被评为 2023 年度丹阳市优秀慈善义工。

他们的感人事迹被学习强国平台、《中华志愿者》杂志、《扬子晚报》、《镇江日报》、《丹阳日报》、丹阳电视台等众多媒体近千次报道，在丹阳、镇江，乃至江苏省内外都引起了一定反响。赵正元和窦俊杰几次受邀去中北学院、丹阳师范学院、华南小学等院校与学生交流心得体会。

不仅如此，在正明力的团队里，还有两位残疾人队友在奉献爱心的过程中找到了自己的另一半，收获了爱情，喜结良缘，传为佳话。

更值得一提的是，赵正元经过 10 余年慈善公益活动的实践锻炼，思想觉悟和文学知识都有了长足进步，已在《中华志愿者》杂志、《扬子晚报》、《京江晚报》、《丹阳日报》等媒体发表文章200余篇，于2022年6月成为一名光荣的中国共产党党员，2024年3月成为丹阳市作家协会会员。

面对成绩和荣誉，赵正元表示，作为残疾人的慈善公益社团，“正明力”的生存发展离不开政府的扶持、社会各界爱心人士的支持和残疾人家属默默的付出。而且，成绩只说明过去，荣誉是对我们的鞭策。今后，“正明力”人将进一步加强团队规范化建设，继续发扬自强不息、以残助残的精神，常态化为困难残疾人及其他困难群体提供优质服务。让服务对象拥有更多的参与感、获得感和幸福感，为促进残疾人事业健康发展，推动城市文明进步，做出更大贡献。

他们本是慈善事业的受益者，因感恩加入慈善队伍，成为助人者，他们的生活也因慈善而精彩。

补记：

本文定稿后，忽闻噩耗，“正明力”创始人之一的窦俊杰，因病医治无效，于2024年6月4日去世了，享年才45岁。窦俊杰的骤然离世，义工团队的同人们都说与他常年殚精竭虑于“正明力”的慈善工作、操劳过度密切相关。

虽说，我们大多数人的生命都是平凡的、渺小的，甚或是卑微的，生老病死本是人间常态，但窦俊杰的离世，依然引起了正明力全体成员，以及丹阳残障界内外相当范围的巨大悲痛。

人们感念的是，窦俊杰作为一个重度残障人士，处于社会的弱势地位，可以说是面临着自顾不暇、风雨飘摇的人生境遇，非常需要别人的帮扶和资助。但他自强不息、直面人生、抗争命运，更难能可贵的是，毅然决然将帮助和他一样不幸的残疾人士，作为自己毕生为之奋斗的事业，致力于慈善公益，矢志不渝，无怨无悔，默默付出十余年的时间、精力、金钱，乃至生命。这些，即便正常人都难以做到，但一个重残人士做到了，毫无疑问，支撑着他的是顽强的意志和不屈的精神。

从窦俊杰身上，我们分明看到的是，向上向善、奋发拼搏、爱人自爱、无私奉献、胸怀社会、勇于担责的精神，他的精神和作为，早就超越了为自身生存而斗争的原始本能，体现出的是对生命意义价值的正确把握，体现出的是舍小我、为大家的高尚情怀，体现出的是整个人类“真善美”的价值取向，这种精神也正是当今社会所需要的。

窦俊杰虽然离开了他热爱的团队，但“正明力”正为他的精神所感召和激励，凝聚起献身慈善公益的更大力量！

（撰文　孙荣生）

附：

永远的窦哥

不知不觉中，我亦师亦友的好兄长窦俊杰先生已离开我三个多月了。又是一个想念他的漫漫长夜，我不争气的眼泪再次夺眶而出。

其实我向来不轻易流泪，可自从窦哥在上海手术病危以后，心疼的泪水就一次次地划过我的脸颊。更让我潸然泪下的是，最能懂我、帮助我的窦哥，年仅 45 岁竟突然离我而去了。

我因身患脑瘫，肢体运动和语言表达都有较为严重的残障，小时候不能去学校读书，长大后也不能参加工作，在与窦哥相识前，“朋友”对我而言，只是一个虚无缥缈的名词，从来不敢奢望获得一份珍贵的友情。

永远忘不了与窦哥初次相识的场景。那是一个冬日的傍晚，身体虚弱最怕寒冷的窦哥，戴着厚实的帽子和围巾，腿上披着毛毯，在妹妹的陪同下开着电动轮椅，特意来到我卖小商品的摊位前看望我。帽檐下他那双大眼睛特别有神。他的博学多才和优雅的谈吐，都给我留下了深刻的第一印象。原本说话不清楚的我，面对陌生人更会不由得紧张，初识窦哥，我们便能流畅的交流，我说的每一句话，他都能听得懂，缘分是如此的奇妙。

我们都是重度肢体残疾人，面对命运的捉弄，都能保持积极的心态，很快便成了无话不谈的挚友。通过慢慢接触，我了解到，窦哥出生于书香门第，母亲是上海知青。少年时期的他本与普通孩子无异，是聪明伶俐、人人夸赞的优秀少年，对未来充满美好憧憬。可是窦哥在十岁那年，持续高烧不退，患上了类风湿性关节炎。全国各地寻医问药，终无好转，全身关节逐渐僵硬变形，渐渐丧失了生活自理能力，辍学在家。曾一度丧失对生活的希望。

家人的关心，亲人的爱护，重新点燃了窦哥对生活的希望。他一边依靠药物控制病情、缓解关节疼痛，一边继续自学文化知识。早些年病情发展迅速，只能借助木棍在键盘上打字来控制电脑，但他依然坚持从事网店客服工作。那些艰难的处境，使他更能体谅别人的难处。逐渐独立的窦哥，经常主动为需要帮助的人伸出援手，他资助贫困孩子完成学业，还会和妹妹一同前往孤儿院看望孤残儿童。他正是从孤儿院阿姨的口中听说还有一位坐轮椅的残疾青年也经常来看望孩子，于是委托他妹妹，在街头寻觅我的踪迹。

自那次见面以后，我们的友谊日益深厚。不仅经常通过网络交流心声，我们还会一起开着电动轮椅，穿梭在丹阳的大街小巷，感受城市里的浓浓烟火气，分享彼此的喜怒哀乐。每次一起外出，我的轮椅车速慢一些，体贴的窦哥总会让我走在前面，自己紧随其后，唯恐我追赶不及。我与别人交流时，窦哥总会在一旁帮我做翻译，他经常在众人前讲述我的故事，而我也会为窦哥做一些力所能及的事。

深厚的友谊恰似春日里的暖阳，温暖着彼此的心房。渐渐地，我和窦哥共同萌生出一个念头：不妨建立一个本地的残疾人社群，多结识一些朋友，让大家拥有互相交流的平台，一定是一件开心有意义的事！于是，一个名为“丹阳残疾人之家”的 QQ 群诞生了。我们借助同城网络论坛以及广播电台发布交友信息等方式，广泛招募残疾人朋友加入其中。

最初，我们的社群刚刚起步，每当有新成员加入，我和窦哥几乎都会开着电动轮椅，一同登门拜访。窦哥不仅共情能力强，而且团队组织能力更是格外出色。他经常把大家组织到一起，开展诸如照片分享会、厨艺分享会等趣味性极强的活动。有成员遭遇重大疾病，我们还会积极倡导大家以残助残，互帮互助。

从小我就对文字满怀热爱，苦于未掌握适宜的学习方法，写作水平停滞不前。自从残疾人社群创立后，从一则简单的群公告，到各类相关活动的文章，窦哥总会向我指明内容核心，激励我展开创作，接着他给出意见，我再予以修改。窦哥所耗费的精力甚至远超他自己写作所需，在他的指导下，我的写作水平逐渐提高。

随着残疾人成员持续增加，社群日益壮大，还吸引了一些爱心人士的加入。在有关部门的关怀下，丹阳地区首家由残疾人发起并运营的公益组织——丹阳正明力残疾人公益服务社正式成立了。我们每年都会组织残疾人开展集体观影游园、爱心义卖、帮扶困境中的残疾人等独具特色的公益助残活动。我和窦哥之间的交流，渐渐转移到了围绕着团队内的各种事务和组织发展。我们一起参与公益创投，我制作准备项目 PPT 演示文稿，窦哥进行现场项目路演讲解，两人配合十分默契，每次参与公益项目，都能取得理想成绩。

我们还成功组建了残疾人合唱团，我因口齿不清未能成为其中一员，但我作为组织者，几乎参与了每一场合唱团的培训和演出。看着窦哥和众多残疾人朋友们在舞台上绽放光彩，唱响动听的歌声，展示团队风采，我的内心同样无比开心和自豪。

去年岁末，我们公益团队的年度感恩盛典隆重举行。我终于有机会和窦哥一同登上华丽的舞台，唱响了深藏在心底的歌。为此我们都穿上了帅气的西服。即便我吐字仍不够清晰，简单的歌词，是我们对众多到场嘉宾以及残疾人朋友最深情的告白，窦哥坚定的眼神，更带给我无穷的力量。我们这对特殊的组合，作为团队的共同发起人，同样收获了大家鼓励的掌声。未曾想，那次合唱，竟成了我俩的“绝唱”!

自 2024 年春节过后，窦哥的身体状况每况愈下。双腿麻木让他痛苦不堪，为了找出病因，他辗转多家医院，最终查出是极为严重的脊椎神经压迫。无奈之下，他在上海的专科医院接受了脊椎矫正手术治疗。然而手术后并发症导致呼吸困难，不得不切开气管，依靠体外呼吸机来维持生命，窦哥面临着更为严峻的考验。

当我通过他妹妹发给我的视频看到，窦哥躺在重症监护室的病床上，全身插满了管子。一向口齿伶俐的他，此刻只能通过眨眼进行交流，正在生命线上与死神苦苦抗争，我心疼的泪水汹涌而出。

我为窦哥筹措医疗善款，我录制加油打气的视频鼓励窦哥战胜病魔，我甚至还以窦哥的方式去为他放生祈福……我心里唯一的念头就是：我要救他，我一定要救活他。然而无论我多么执着，还是没能留住我窦哥的生命，他永远停留在了45岁，停留在了那个栀子花开、清香弥漫的初夏。

我像家人一样参与了窦哥所有的后事。在告别仪式上，即将与我的好朋友、好伙伴、好兄长永别的那一刻，我再也无法控制心底的哀伤，号啕大哭起来。可撕心裂肺的哭声也无法表达我对窦哥如海洋般的深厚感情以及割心挖肉般的疼痛不舍！

窦哥走后，我感觉我的天黑了，很长时间脸上没有笑容，无尽的思念如一双无形的大手紧紧抓着我的心。那个从来不曾嫌弃过我的人，那个逐字逐句耐心帮我修改文章的人，那个总是在人后默默给予建议、真心期盼我越来越好的人，真的永远离开我了。12年的欢声笑语，如同流星一般转瞬即逝划过我的生命。生命如此脆弱无常令我迷茫：意义又在哪里？

迷茫之时，我忽然想到，假如窦哥在天有灵，他会怎样？他会看着我消沉下去吗？肯定不会！我幡然醒悟，窦哥不在了我应该将他的精神作为璀璨星辰，照亮前进的道路，将两人共同创办的公益事业延续下去，并力争越办越好，这就是人生的意义。我还想到，正因为人生短暂无常，更应加倍珍爱，努力在有限的时间里实现人生价值。众多好心人也及时给予了我相应的关爱和指引：窦俊杰先生虽然走了，但他的精神还在，他和你共同组建训练的团队还在，政府和爱心人士也会一如既往地支持你们。如今，我正在努力适应没有窦哥的日子，尝试用不够清晰的表达与人交流，像他一样用心组织开展每一次公益助残活动。

未来的漫漫长路，我会传承窦哥的精神，继续带领公益团队奋勇前行，让更多残疾人志愿者证明自己的力量，为身处困境的残疾人群体传递更多的关爱与温暖。

未来的悠悠岁月中，我会永远铭记、怀念我生命中无可替代的挚友、我尊敬的兄长窦俊杰先生。

（撰文　赵正元）

大爱旗帜 永远飘扬

——爱在飘扬慈善义工团队志愿服务掠影

爱在飘扬慈善义工团队在练湖新城社区开展慈善公益助学活动

在丹阳，说起“爱在飘扬”公益活动中心，人们都戏称她为丹阳民办公益组织的“黄埔军校”。因为她成立最早，本市不少此后成立的民办公益组织的领导或骨干，都是在“爱在飘扬”团队历练后出去的。

说到“爱在飘扬”的领头雁王建平，那在丹阳慈善公益界也是人所共知，他是第一届丹阳慈善奖“最具爱心慈善行为楷模”的奖项获得者，2020 年“爱在飘扬”慈善义工团队也被评为丹阳市“优秀慈善义工团队”。王建平出生于 1961 年，给人打过工，自己办过厂，却创业失利。但无论有多少生活的艰辛，都无法磨灭他对于困难群体的恻隐和关爱，都不能消解他对于社会责任的担当和作为。他心想着，行动着，竖起了“爱在飘扬”的一面大爱旗帜。

又到一年年关时，凛冬将至，爱善相随。尤其是困境儿童和流动儿童家庭中，一群“红马甲”的身影如约而至，有人搀扶着残障人士嘘寒问暖，有人蹲坐在孩子身旁辅导学业，有人埋头记录着走访中发现的问题……他们就是来自丹阳这座小城“爱在飘扬”公益活动中心（爱在飘扬慈善义工团队）的义工们。

对焦“爱飘人”的十三载奔波日夜

“爱在飘扬”成立十三年，募集善款1000余万元，救助帮扶困难群众2万余人次。这些数字背后，是一次次的街头募捐，是一趟趟的爱心帮扶，是“爱飘人”十三年来不舍昼夜的坚守与付出。从一个人到一群人，从一次帮扶到无数次关爱，当大爱的旗帜在帮助者和受助者心中飘扬的时候，善行义举也就成了一项永无止境的事业。

起初，只是王建平等一群经常做好事、献爱心的人，机缘巧合之下进入了同一个QQ群，每当群中出现急难困苦的“求救”信息时，他们便慷慨解囊；当善款一次又一次汇集，救助一次又一次进行，他们因为爱而心灵贴得更近，并在不知不觉间形成了较为紧密的爱心团体。王建平首先提出团队正规化运营的理念，渐渐成为这个团队的核心。在他的身边，庞继雷、朱佳敏、冷玉香等团队骨干紧紧跟随，公益活动中心现在已有中级社工3人、初级社工8人，还拥有一支包括医护人员、教师、心理咨询师、会计师、非遗传承人等专业人员及大学生、社会工作者在内的义工服务团队，其中有500多名慈善义工。众人携手，一走就是十余载，对扶贫帮困、服务社会提供了有力的保障。

在最初做慈善的日子里，团队运营并不容易，工作之余几乎全成了公益时间，养老钱成了善款，私家车成了“公用车”……每每说起这些年“爱在飘扬”在慈善事业领域所做的大量工作，所取得的丰硕成果，王建平总会说，“这是全体‘爱飘人’的共同付出，我不过是其中一员。”

丹阳市爱在飘扬公益活动中心成立于2012年5月，2013年8月在市民政部门正式注册。为了慈善公益力量优势互补，2013年12月26日又成立了“爱在飘扬”慈善义工团队，并加入丹阳市慈善总会义工服务总队。团队成立初期，“爱在飘扬”的慈善公益活动主要聚焦困难大病救助、困难学生资助两大领域。“爱飘人”用双脚丈量着小城中的不幸与悲剧，也用双手捧起爱心，点燃希望。

多年前，开发区高楼社区年仅二十余岁的杨某不幸罹患白血病，本就家境困难的他，既要面对每日数千元的治疗费用，又要面对怀有身孕的新婚妻子，小伙一度陷入绝望。王建平在得知此事后，马上行动起来，带领“爱在飘扬”联合丹阳电视台民生频道“八姑娘帮你忙”义工团队等组织，共同为小伙发起了公益募捐活动。短短的一天，就筹集到善款6万余元，并带动更多的企业、学校和社会人士加入这场爱心接力中，共同为杨某筹集了30余万元，将救命善款递到了杨某手中。如今，杨某战胜了病魔，有了工作，虽然生活不易，但有了奔向幸福的盼头。

曾有这样一户农村困难家庭，母亲智力有障碍，父亲收入微薄，家中两个孩子也存在智力障碍，尽管已纳入低保并接受多次慈善资金援助，但问题始终未得到根本解决。得知情况后，王建平组织“爱在飘扬”的义工们走进这户家庭，和他们一起改善家庭卫生条件，帮助他们掌握基本生活技能，逐步改变生活环境。同时，积极联系村委会和周边企业，为智障母亲提供劳动技能培训，并安排简单工作，增加家庭收入，形成自我造血功能。通过一系列救助，该家庭从昔日被动的“等、要、靠”转变为积极主动的“想、做、造”，大大改善了家庭境遇。

十三年来，这样的故事太多太多，王建平和“爱飘人”为此感到由衷的高兴，自己再苦再累，也值了。

以慈心善举点亮社会责任之光

作为慈善事业从业者，“爱飘人”不仅为疾病困难家庭带去了希望，也在社会多个领域彰显了深厚的社会责任感和无私奉献的精神。

一位葡萄种植户因病致困，连续五年滞销。为此，“爱在飘扬”组织义工自掏腰包，通过各种渠道帮助其销售，义工参与达300余人次，为困难农户带来了实质性的帮助。

为响应垃圾分类政策，“爱在飘扬”深入社区、景区开展垃圾分类与清理，开展保护母亲河复苏行动。通过一系列举措，不仅有效促进了环境改善，也带动更多群众加入垃圾分类、环境清理等行动中，增强了公众环保意识，为构建清洁美丽的人居环境作出了积极贡献。

新冠疫情来袭时，“爱在飘扬”又是第一时间响应党和政府的号召，广泛发动和组织志愿者，在市疫情防控指挥部统一部署下，依法有序参与社区疫情防控工作。带头捐款捐物、核酸检测码申领、维持秩序、信息核对与录入、咽拭子采样、核酸样本转运，几乎每个岗位上都有“爱飘人”忙碌的身影。疫情期间，参与志愿者300余人次，服务时长3000多小时，为打赢疫情防控战贡献了力量。

“爱在飘扬”注重助老服务，自成立之初便联合民政局福彩公益、村（居）委会等单位，开展了一系列老年服务公益项目。通过定期探访各乡镇敬老院，为孤寡老人理发、剪指甲、测血压，传递温暖与关怀；组织志愿者深入社区，为五保家庭老人打扫房间，改善生活环境；通过智能手机培训帮助老年人融入数字生活，提升生活品质；节假日慰问社区老人，组织文艺演出和外出旅游活动，丰富生活、拓宽视野等一系列贴心服务，努力营造尊老敬老的社会氛围，提升老年群体福祉，让每一位老人都能享有幸福、安康的老年生活。

爱心助农、疫情防控、环境保护、公众倡导、关爱老人……“爱飘人”活跃在各种志愿服务活动中，不仅自身践行了社会责任，还带动了越来越多的群众参与到各种志愿服务当中。

打通儿童关爱保护“最后一公里”

在各类慈善活动中，儿童始终是“爱在飘扬”最为关注的群体。

2012年9月，就在“爱在飘扬”成立的第一年，开发区一对年轻夫妇因家庭矛盾意外身亡，留下年仅9个月大的婴儿巢某。这是“爱在飘扬”帮扶的第一个孩子。“爱飘人”抱起襁褓中的婴儿，也与这孩子结下了不解之缘。当时，队长王建平带领“爱飘人”，在市民广场紧急筹集善款，很快就募集到了2.3万元，送到巢某爷爷奶奶手中，为他提供了基本生活保障。当孩子到了上学年龄，队长王建平又与公安部门以及巢某远房亲属等多方沟通协调，调动资源，成功解决了孩子的落户及入学难题。此后的十余年里，“爱飘人”一直关注着巢某的成长，逢年过节总会通过家庭走访或电话的方式，慰问巢某及其家庭，详细了解孩子的学习与生活情况。同时，还联系有资质的社会机构，为巢某提供心理疏导和绘画学习机会，帮助他缓解心理问题，培养兴趣爱好，塑造健全人格。如今，巢某已是一名身心健康的少年，享受着青春校园的美好。每年的正月初一，巢某的爷爷奶奶都会给王建平打来拜年电话，表达感激之情。现在，这场爱心传奇还在继续，王建平带领“爱飘人”对巢某一如既往地关注关爱，同时这也成了市民广泛赞誉和津津乐道的动人故事。

对于农村困境留守儿童，“爱在飘扬”和属地政府联合行动，相继成立运营了省级访仙镇儿童关爱之家（现为访仙镇未成年人保护站）、开发区儿童关爱之家、延陵镇儿童关爱之家，并一次性通过验收。为农村留守困境儿童提供入户探访、个案跟踪、学习帮扶、兴趣赋能、心理疏导、家庭教育指导、安全法治教育等专业服务，并链接社会资源，进行积极干预，因地制宜地为农村留守困境儿童及其家庭纾困解难，打通未成年人关爱保护的“最后一公里”。

对于城市流动儿童，“爱在飘扬”以不预设儿童成长方向为主张，为流动儿童打造安全、受孩子喜欢的社区儿童空间。先是针对练湖片区一些放学后无人管理的学生，利用练湖成教中心闲置校舍，办起免费晚托班，接送学生，聘请教师，耐心辅导，效果显著。从2014年又开始设立的“逐梦公益助学班”，发展至“U积木计划”，再到如今的“宝藏小屋”项目，已惠及片区流动儿童1000余名，受到社区、家长和儿童的一致好评。

十多年来，“爱在飘扬”在丹阳市慈善总会的支持下，每年举办“慈善之家暑期公益夏令营”，组织本地大学生志愿者，为流动、留守、困境儿童以及其他儿童开展各类丰富多彩的兴趣活动，陪伴孩子们度过一个个安全、充实、温馨、有意义的假期，同时也缓解了双职工家庭假期“看护难”的压力。

“爱在飘扬”通过儿童友好空间营造、儿童及家庭教育发展、社会融合支持等服务模块，提供长期持续、多元化的服务，致力于挖掘每个儿童自身的潜能、创造发展友好有机的伙伴关系，助力儿童成长为健康、友爱、积极的人。

从慈善救助迈向社会专业化服务

近些年，“爱在飘扬”的服务模式不断升级：从“埋头行善”到“授人以渔”的赋能模式，从慈善救助发展到社会专业化服务，从对困难群体简单的输血型经济帮助，到对他们进行综合援助和专业的支持服务。十三年来，王建平注重团队的组织化程度和服务效能的持续提高，大力推动“爱在飘扬”逐步转型升级，引导团队走在了一条专业化服务的道路上。2016年，“爱在飘扬”取得了首批镇江市政府购买服务资格。2017年，为了推动公益服务专业化、职业化发展，在王建平的带领下，“爱在飘扬”和北京、上海、浙江等地的慈善机构合作，引进先进公益理念，创新救助和管理方式，提升团队服务能力水平。王建平与上海联动公益基金会积极互动，成立了专业的社工机构——丹阳佳苑社会工作服务中心，开展慈善公益平台化、项目化服务。目前，“爱在飘扬”正在实施“家校社协同培养儿童公益素养”，“‘让爱呼吸’、为精神障碍家庭赋能”等专题公益项目，把慈善公益的触角伸向小区、伸向社会、伸向受助者心里。“爱在飘扬”还和本地城中医院、曙光医院、里庄中心校等单位合作，开展助学、助医、助老等公益暖心行动，取得了良好效果。

多年来，爱在飘扬公益活动中心以专业性和社会性服务为主要目标，致力于提供青少年陪伴成长、社区老年人服务、家庭教育等服务，并积极探索做好居家养老、五社联动、社区营造、社区治理工作，努力发展成为一个综合性公益组织和社会服务平台，通过了中国社会组织4A等级评估。此外，“爱在飘扬”在慈善事业中坚持党建引领，2018年成立党支部，拥有正式党员8人，预备党员2人，入党积极分子2人。自此，机构具备了“一个志愿平台、党建与专业社工两翼支持”的良好功能运转模式。

王建平说，“做公益早已成了我们‘爱飘人’的日常，而如何让受助者真正获益，靠的是助与受助双方，在思考这一问题的过程中，我们的团队也向着专业化的目标不断迈进。”

当大爱的旗帜如微风拂过每一颗心灵，便种下了爱的种子；当大爱的旗帜汇聚成海，小城丹阳也必将绽放灿烂芳华。

（撰文　马　俊）

如意慈善　爱在身边

——如意慈善义工团队志愿服务掠影

2021 年 5 月 20 日，如意慈善义工团队“万善丹阳　为爱奔跑”慈善公益活动现场

在丹阳，说到“如意慈善”，那是闻名遐迩。论规模，论实绩，“如意慈善”在本市民办公益社会组织中，都是名列前茅，响当当的。八年多一路走来，“如意慈善”扶贫帮困，志愿服务，播撒大爱，成绩斐然，如今团队已有 3800 多人，18 个镇区分队，3 个特扶小分队。2016 年至 2023 年，募集慈善资金 1600 余万元，帮扶困难群众 500 余人，支出救助资金 1400 余万元，组织义工服务活动 6321 场次，参与服务义工 47352 人次，义工服务时长 15.7472 万小时，多次受到上级表彰。2017 年被丹阳市委宣传部评为首批“丹阳市优秀志愿者团队”，2020 年被评为丹阳市“优秀慈善义工团队”，2021 年被评为丹阳市“丹阳市十佳社会组织”，2022 年被评为镇江市“优秀志愿服务团队”，2023 年被评为镇江市“最佳社会组织”，2024 年被评为丹阳市“优秀社会

组织”，连续7年被评为丹阳市无偿献血优秀团队。团队总队长丁斌先后获得“江苏省慈善之星”、“江苏好人”等诸多荣誉，2023年年底还被民盟中央和司法部联合授予“黄丝带帮教工作先进个人”。

从逍遥如意群到慈善义工团队

丁斌，如意慈善义工团队总队长，从小生长在丹阳市埤城镇（现划归丹北镇）后水晶山村。山村虽然景色秀美，但是经济落后。丁斌小时候家境也是十分贫困，从小立志奋发成才，要改变自己的命运和村里的面貌，来回报社会。待到丁斌成为一名律师，有了一定能力，他就经常做资助村里修水泥路、装路灯、助老旅游、为有需要的困难群众提供法律援助等好事。丁斌自发参与慈善公益，萌生了与志同道合的人一起，帮扶更多需要帮助的人的想法。因此，2014年1月，丁斌就组建了“逍遥如意”微信群，可以说是“振臂一呼，应者云集”，群友一下子就发展到近百人，大家在微信群里发布所了解到的需帮助困难对象的信息，交流帮扶措施和办法，而后群下落实困难帮扶。

有个叫邵某阳的女孩，因一次意外导致下肢瘫痪，与年迈的母亲相依为命。2012年其母中风，更令其家庭雪上加霜。丁斌得知此情，就和群友商量，成立了“苏阳爱心帮扶小分队”，不定期去她家，帮助解决经济困难、生活服务等问题，并坚持不懈，一直志愿服务到现在。

还有丹北镇后巷村，身患神经母细胞瘤的1岁婴儿魏思睿，2016年因病危在旦夕，丁斌和群友们，专门在后巷飞达广场举行募捐活动，募集善款3万多元，帮助小思睿战胜病魔。现在思睿已经完全康复，健康成长。

2016年5月18日，群内又出现一条信息，丹北镇幼儿园一个名叫小如的孩子，单亲家庭，爷爷身患癌症，奶奶又病倒了，急需帮助。丁斌看到后，立即召开群友会议，组织专人上门调查核实，确定困难属实后，他就带头捐款，大家纷纷响应，仅仅5月19日一天就募集了1.528万元，送到了小如家中。

随着参与做好事的人越来越多，慈善公益做得越来越大，《慈善法》也于2016年9月正式施行，作为律师的丁斌，深感要持续优质做好慈善公益，必须提高组织化程度，更要加强规范化管理。为此，丁斌主动发起，经民政部门注册，成立了“丹阳市如意慈善公益服务团”，逐步又在全市各镇区成立了服务分队，以及困境儿童帮护、献血、巾帼志愿者特扶分队。而后，为了慈善公益资源共享、优势互补，2017年12月2日，丁斌又领衔组建了“如意慈善义工团队”，并加入丹阳市慈善总会义工服务总队。从此，如意慈善的扶贫帮困事业发展进入了一个新的阶段。

如意慈善团队始终秉持“爱在身边”的理念，以做好“家门口慈善”为目标，从帮助身边人做起，让面临困境的人们，能够感受到社会的关注和关爱，树立信心，看到希望，最终走出困境，共同回报社会。现在参与“如意慈善”的爱心人士有3800多名，其中有公务员、教师、医生、律师，也有民营企业家和个体工商户，更多的是各行各业的普通人，他们为了一个共同目标走到一起来了，为了慈善公益，为了帮助他人，奉献着他们的光和热。

爱心捐赠　集聚善源

一个公益组织，没有慈善资金，等于无米之炊，什么事也办不成。起先，如意慈善帮扶困难对象需要慈善资金，都是群友、队友自行捐赠，针对帮扶个案，根据能力大小和主观意愿，队员们有的捐超千元，有的捐几百元、一百元或几十元，后来就形成团队队员个人月捐制度，每人每月自愿最少捐款8元，大家都慷慨解囊。后来，所需帮助的人日渐增多，项目所需资金也越来越大，个人捐款明显不敷需求。丁斌与团队管理层通过人脉关系，发动爱心商家、爱心企业捐赠慈善资金，还组建了“如意爱心商业联盟”，由近百家有意愿爱心捐赠的企业组成，这些企业每年都要定向捐赠如意慈善帮困资金，并形成企业月捐制度，每个企业每月自愿捐赠不少于2000元。

访仙镇访仙村的蒯国贞是一位个体老板，也是如意慈善访仙分队队长。六年多来，他先后捐款10余万元，帮扶了100多个困难家庭，他的爱人、儿子、儿媳、孙女和亲家母都是如意慈善的义工，全家老少齐上阵，他家也被评为“丹阳市最美家庭”。很多被帮扶者为他的热情所感染，后来也都加入团队成为志愿者。

虞伟华是如意慈善的副监事长，也是一家服装企业老板，多年来一直向如意慈善爱心捐赠。2018年，如意慈善在云林学校建立助学基金，虞伟华不仅向助学基金捐款，还为该校学生定做了近200双球鞋。

导墅镇规模企业新感觉户外用品有限公司总经理张国忠，踏踏实实走进困难家庭开展帮扶活动。河南洪灾时，得知灾区急需帐篷，他第一时间安排救灾帐篷，并亲自驾驶大货车免费将几千顶帐篷送到灾区。因大爱善举他被评为“镇江好人”，镇江市委宣传部还批准设立了“张国忠好人工作室”，这是继“丁斌好人工作室”之后，镇江市委宣传部设立的如意慈善第二个好人工作室。他将带领更多身边人共同践行慈善。

还有很多像蒯国贞、虞伟华、张国忠等一样的爱心捐赠者和志愿者，他们的善行义举得到了社会的高度认可和赞许。

与此同时，随着事业的发展，丁斌和其他管理者认为，发展现代慈善，募集慈善资金，还是要走项目化、网络化募集的路子。

*一是组织“520”为爱奔跑活动募集资金。*从2020年开始，每年如意慈善都要和市慈善总会合作，5月20日在本市丹凤公园，组织为爱奔跑活动。活动前两个月，就要制定方案，由下属各分队及其他合作团体，组建各自的运动员队伍。同时，动员相

关企业、商家，下属分队和队员个人，捐赠或意向捐赠爱心善款。5 月 20 日当天晚上，邀请市委宣传部，市文明办、总工会、市妇联、市慈善总会等部门负责人参加，举行“520”为爱奔跑仪式，表演慈善公益文艺节目，进行 5 公里的爱心奔跑比赛，并进行颁奖。每年活动都非常成功，扩大了慈善宣传和组织影响，更重要的是募集了慈善资金，每次活动募得资金都在 30 万元以上，为爱奔跑活动也成为如意慈善每年的盛大节日。

二是积极参与“99 公益日”网络慈善募集。从 2019 年开始，如意慈善把积极参与“99 公益日”网络募集活动，作为募集资金的重要渠道和措施紧抓不放。为了提高网络募集效果，如意慈善每年都要筛选优化上线项目，力求募资项目切合实际，有针对性、有操作性、可感可及。同时，围绕项目资金募集，做好事前筹划组织工作，明确职责，落实到人，分层分级，宣传发动，业务培训，事先落实各方面的捐赠意向，“99 公益日”募集时段，集中上线捐赠。由于思想重视，方法得当，措施有力，如意慈善每年“99 公益日”网络资金募集都在 100 万元以上。“如意手拉手”网络资金募集项目，还被江苏省慈善总会评为“99 公益日慈善品牌项目”。

有效的资金募集，为如意慈善开展慈善公益活动奠定了坚实基础。

倾情帮扶　爱在身边

一个公益组织的运作效果，很大程度要看能否找准工作领域和帮扶对象。如意慈善公益服务团及其义工团队成立以后，始终聚焦社会最同情、遭遇最不幸、家庭最困难的弱势群体，全力开展困难帮扶，并对开展慈善公益活动采取了项目化管理的方法，先后实施了“如意手拉手助困”、“爱在身边、关爱困难残疾女性”、“如意公益环保行”、“如意微心愿”、“致敬最可爱的人”等品牌服务项目，围绕项目实施，组织开展慈善公益活动数千起。

“如意手拉手助困”是团队成立以来，就开始实施的时间最长的品牌项目，2019 年 5 月被评为第二届丹阳慈善奖“最具影响力慈善项目”。项目主要对本市因病、因残、因意外灾祸导致生活困难的家庭，进行慈善帮困救助。截至 2023 年，共对 2324 户因病、因残、因意外致困家庭，予以了经济帮困、生产生活服务、心理疏导等系列帮扶活动，组织义工服务活动 6321 场次，参与服务义工 47352 人次，义工服务时长 15.7472 万小时，发放善款 1200 余万元。除此以外，“手拉手”项目还长期帮助 88 位孤寡老人、51 位困境儿童，慰问敬老院五保老人、一线环卫和园林工人等 227 次，惠及 8000 多人次。组织献血活动 30 次，参加 1380 人次，累计献血 32.656 万毫升。“如意手拉手助困”项目，一方面拉住困难群众的手，帮助他们摆脱困境；另一方面拉住爱心企业和爱心人士的手，让他们更精准地为困难群众献爱心，项目实施取得了显著成绩，该项目还被江苏省慈善总会评为“慈善品牌项目”。

丹北镇新桥村的赵琳患有先天性心脏病且视力三级残疾，父母同为残疾人，家中尚有 90 岁的奶奶、嗷嗷待哺的幼女需要照顾和抚养，十分困难。2018 年 9 月，赵琳心脏病发作必须马上手术，却拿不出高达近 30 万元的费用。新桥分队队长孙立新得知这个情况，立刻向总队汇报，如意慈善在 18 个分队中开展善款募集，3 天就筹集了 14 万元，帮助赵琳在上海一家医院成功手术，身体逐渐恢复，赵琳如今也在热心参与慈善。

“爱在身边，帮助困境残疾妇女”项目。如意慈善以“巾帼志愿者分队”为主，由 100 名巾帼志愿者，结对帮扶云阳街道 100 名困难残疾女性，主要给予医疗康复、心理疏导、生活服务等志愿帮扶。项目开展以来，共投入帮扶资金 12.5 万元，取得预期效果。2020 年 11 月，该项目被评为丹阳市“最具影响力义工服务项目”，还被省妇联评为“新时代文明实践优秀案例”。

“致敬最可爱的人”项目。2019 年 5 月以来，如意慈善和退役军人事务局合作，对退役军人、烈士遗属本人或家庭遭遇困难的，分别不同情况，给予有针对性的帮助。2023 年，如意慈善的“为爱奔跑”活动，专门为该项目筹集资金，为拥军优属、社会和谐，助力党委、政府解决困难退役军人和烈士遗属的各种困难。项目实施以来，帮扶了 203 位困难退役军人，支出帮扶资金 47 万余元，多名项目志愿者获得丹阳市双拥办表彰。

助力疫情防控。2020 年初，突如其来的新冠疫情席卷中华大地。面对疫情，面对党委、政府的召唤，如意慈善奋起抗疫。组织 21 支分队队员，参加核酸检测秩序维持、交通卡口执勤值班、社区“敲门行动”，以及小区封控生活物资配送等志愿服务。疫情紧张时期，每天都要安排 100 多名志愿者，在城乡核酸检测点提供志愿服务，哪里有需要，哪里就有如意慈善人。疫情期间，共出动义工 397 名，义工服务时长 8000 多小时。还组织动员爱心企业、爱心人士，向武汉及本市捐赠善款和防疫物资，各项捐款及慰问本市防疫抗疫一线人员资金共达 55. 45 万元。

为重病对象募捐救助，对因意外致困、因残致贫家庭进行帮扶，对困难学生助学，关爱五保老人，开展环保活动，参与疫情防控，帮助反诈宣传，慰问参加过抗日战争、抗美援朝等战争的老兵及遗孀，慰问社会福利院、乡镇敬老院，设立义务法律咨询点……如意慈善义工团队锲而不舍，坚持不懈，弘扬大善大爱，成为大爱丹阳的一道亮丽风景。

2023 年腾讯公益在全国寻找全民公益典型，最终选定“如意慈善”，出资安排专业机构来丹阳拍摄了《一个县级市的全民公益探索：从拉 1 个微信群到 3800 名志愿者》视频，并在腾讯平台发布，提升了丹阳慈善的知名度、美誉度。

规范管理　行稳致远

民办公益组织，往往存在组织松散、管理不严等问题。“如意慈善”认真对待内部管理和规范运作问题，在还未注册时，就设定了一些行为规范，比如不准说脏话、不准刷屏等。待到成立公益服务团和慈善义工团队后，更是加强了规范化、制度化管理。如意慈善义工团队设立了理事会，制定了工作规则、管理员暂行规则、资金管理办法、救助办法、走访调查帮扶制度，以及财务管理制度等，做到制度管人管事。在队伍建设和救助职责上，实行了网格化治理模式，如意慈善义工团队负责管理各分队，每个分队都有 5 个管理员，分别是队长、秘书长、宣传委员、财务委员、活动委员，每个月必须召开例会，每半年团队召开全体管理员会议。分队由各级管理员带头，服务本区域的困难群众，这样就形成了及时、快捷的帮扶机制。求助信息由总队直接派发至属地分队，方便及时解决。

在及时救助方面，总队对分队的要求是，接到求助三天之内要上门走访，走访时进行三方确认，包括求助者本人、邻居、村（居）委会干部。每次走访需有 3～5 名志愿者在场见证，确认困难属实后制定帮扶方案，三天之内上报总队。总队接到帮扶方案后，召集 9 位常务理事及时讨论表决救助方法和金额，通过后三天内善款必须送到求助者。同时，对每次分队救助事项进行回访，加强检查监督。

为确保每一分善款用到实处，2020 年如意慈善还成立了资金审批和采购小组，根据每次慈善救助活动，以及物品采购清单，进行讨论，再经理事会讨论表决，做到账目清楚了然。同时，明确报销制度和报销流程，收支两条线，做到每笔收支必须公示，每月通过微信公众号公示财务明细，每年接受审计机构审计，接受市慈善总会年度和日常检查监督，发现问题，及时整改，切实打造公信和诚信慈善。

（撰文　王国生）

齐梁义工的暖心行动

——齐梁义工社义工团队志愿服务掠影

齐梁义工团队长期开展助困助老、帮扶失独群体等慈善公益活动

扶危助困、乐善好施是中华民族传统美德长河中一朵朵璀璨的浪花，蕴含着丰富的慈善精神。

曲阿大地上活跃着这样一群身穿蓝马甲的人，哪里有需要，哪里就闪现着他们的身影，他们就是以奉献自己、帮助他人为己任的齐梁义工团队的慈善义工们。

红绿灯下，他们是倡议文明出行的引导者；灾难面前，他们是义无反顾的救援者；献血屋里，他们是为生命续航的奉献者；脱贫攻坚，他们是助力扶贫事业的促进者；失独老人身旁，他们是弘扬孝道文化的践行者；困境学子成长路上，他们是放飞梦想的燃灯者。他们总是身穿义工蓝马甲，用行动绘就大爱丹阳的画卷。

从2005年开始，吕铁勤等4名爱心人士，为了一个共同目标聚集在一起，开展了慰问敬老院、为白血病患者陈静和孤儿巢某募捐帮扶等公益活动，并在丹阳翼网上发布进展情况，吸引了一大批爱心人士的加入。为了集聚起更多爱心人士加入义工服务队伍，去帮助更多需要帮助的人，2015年9月7日，吕铁勤等又领衔成立了丹阳市齐梁义工社，同年10月28日又成立了丹阳市慈善总会义工服务总队齐梁义工团队，2018年6月还成立了齐梁义工社党支部。

10年的风雨历程，齐梁义工社及其义工团队从一家名不见经传的公益组织，发展成为拥有500多名义工的4A级公益类社会组织。10年来，齐梁义工与爱同行，无私奉献，创新作为，积极探索，着眼于困难群体最迫切的需求，在助老、助残、助困、助学等领域开展困难帮扶和义工服务。每年都要组织各类慈善公益活动140多次，出动义工1300多人次，义工服务时长超8000小时，投入资金70余万元，帮扶各类困难群体1500多人，得到了党委政府的认可和人民群众的赞扬，也获得了上级多次表彰。

2019年，“关爱空巢失独老人”项目先后荣获镇江市、丹阳市“最具影响力慈善项目奖”，齐梁义工团队2020年被丹阳市委宣传部评为“最佳志愿服务组织”，2021年被丹阳市民政局评为“十佳社会组织”，2022年被镇江市委宣传部评为“最佳志愿服务组织”，2023年被评为丹阳市文明单位，2024年被镇江市评为“十佳网络社会组织”。

尤其是齐梁义工社和义工团队的创始人吕铁勤，义无反顾投身慈善公益事业17年，倾情倾力服务困难群众，赢得广泛赞誉，2015年荣获第一届丹阳慈善奖“最具爱心慈善行为楷模”，2021年6月被评为“江苏好人”。由于长期积劳成疾，2021年2月12日，年仅50岁的齐梁义工领头雁“老铁”吕铁勤将生命永远定格在牛年的春天里。一腔热血献公益，壮志不负爱心路，在丹阳慈善公益的沃土上，他辛勤耕耘、无私奉献，用短暂的人生点亮了爱的灯塔。

在齐梁义工社和义工团队，人们都知道郝丽和吕铁勤是一对志同于爱心奉献的夫妻搭档。从 2007 年参加援救白血病孩童陈静开始，郝丽就走上了慈善公益之路。她和丈夫吕铁勤共同创办了齐梁义工社和义工团队，作为山水旅行社的总经理，她每年都要拿出数万元，资助齐梁义工开展慈善公益活动，并亲身参与团队各项慈善公益项目的策划和实施。丈夫去世后，郝丽抑制内心的悲伤，毅然继承丈夫的遗志，挑起齐梁义工社的重担，推进和光大齐梁义工的爱心事业，带领齐梁义工，在扶弱助残、尊老助老、失独帮扶、疫情防控等方面，都做出了显著成绩。郝丽的付出也得到了社会的认可，她获得 2017 年度丹阳市“十佳社会妈妈”，2022 年被评为第四届镇江慈善奖“最具爱心慈善行为楷模”，2022 年 1 月当选为丹阳市政协委员。她的家庭获得 2018 年全国“最美家庭”称号。多家媒体对她的先进事迹进行了报道。

爱心捐赠，无私奉献。资金是慈善公益的血液，在不具备公募资质的情况下，齐梁义工社和义工团队早期实施慈善公益项目，所需资金主要由本团体成员捐赠解决，2018 年至 2024 年，义工们累计捐赠约 35 万元，同时通过讲好爱心故事吸引爱心企业、爱心人士慈善捐赠约 28 万元。2019 年开始每年都积极参加“99 公益日”网络慈善资金募集，仅 2022 年至 2024 年就募集 40. 87 万元。2020 年开始，还和市慈善总会合作失独帮扶项目，总会每年提供专项资金 30 万元，多渠道募集资金，确保了慈善公益项目的顺利实施。

爱心助残，放飞梦想。关心残疾人是社会文明进步的标志。2015 年 9 月，齐梁义工社启动了“筑爱助残，暖心相伴”项目，具体到残疾人相对较多的吕城、访仙等乡镇和社区，和 75 位残障人士结对，针对残疾人不同情况，开展“一对一”、“多对一”经济帮困和生产生活服务帮扶。尤其注重“造血型”帮扶，努力使残疾人自立自强。南京航空航天大学毕业的高才生陈荣华，突遭横祸，一次交通事故使他永远地失去双下肢，几年后妻子离家出走，他本人仅靠每月数百元的重残补助金维持生计，且需要抚养年幼的儿子，生活极为拮据。齐梁义工得知情况后，及时对他送钱送物帮扶，同时为更好改变他的困境，既“输血”又“造血”，针对陈荣华的实际情况，制定了产业帮扶方案，与相关眼镜企业联系，帮助他开办了眼镜加工作坊。现在陈荣华通过自身努力，已经能够自食其力，并抚养孩子健康成长。齐梁义工每年还组织“坐上轮椅去旅游”活动，组织残疾人春、秋短途旅游，让残疾人与普通人一样感受时代变迁和美丽风景，消除残疾人自卑心理。通过全方位的关爱与帮扶，目前所结对的75位残障人士实现了“平等、参与、共享”，共同迈向美好生活。

同心童行，结伴成长。孩子是祖国的未来，困境少年儿童需要全社会的关爱。从2015年9月起，齐梁义工就开展了困境儿童关爱服务项目，根据村和社区申报等，结对关爱11位困境儿童及部分特殊儿童。通过建立“爱心妈妈”队伍，以结对的形式，从孩子的学习、生活、健康、安全状况等方面进行帮扶，使困境儿童感受到社会大家庭的温暖和关爱，弥补了亲情缺失带来的情感空白，树立起积极向上、乐观的生活和学习态度。“何妈妈，五年前，绝望感就像无边的黑暗快要将我淹没了，近五年来，却有一盏温暖的灯火，为我照亮未来之路，这就是您啊！”这是一名困境女孩格里花（化名）给齐梁义工何正娥的信。19岁的格里花把何正娥当成这世上倾诉衷肠的唯一对象，人世间最重的信任莫过于“以生命相托”，最亲的称呼莫过于“母亲”。格里花年幼时父亲去世，母亲改嫁后，她在家中缺少温暖，后来被奶奶接来共同生活。童年的心理阴影，造成她性格孤僻，始终开心不起来。何正娥决定结对帮扶格里花后，发现事情并没有想得那么顺利，多次的闭门羹、多次的不理不睬，都没有打消何正娥想要帮格里花的念头，她始终用自己的坚定和坚守，用自己暖心的帮扶行动，融化了格里花心中的坚冰，使得她成为性格开朗、努力学习、热爱生活的女孩。同时，齐梁义工所帮扶的困境少年儿童，都能够学有所成、健康成长，如帮扶3年的成军（化名）已初中毕业，相伴6年的迟名（化名）已就读高中，从三年级就开始结对帮扶的李平（化名）已大学毕业。

无偿献血，谱写壮歌。多年来，齐梁义工积极参与无偿献血活动，他们用真情传递爱心，用献血护航生命。截至2023年，齐梁义工已连续开展了十五届无偿献血活动，义工264人次参加无偿献血，合计献血量为9.18万毫升。2022年7月27日，南京明基医院，齐梁义工俞秀芳为素未谋面的血液病患者送去“生命的种子”，带去重生的希望，成为丹阳市第7例造血干细胞志愿捐献者。2023年2月21日丹阳血站还特意为齐梁义工葛海清同志举办了一场“热心公益廿二载　涓涓热血传爱心”的感谢活动，这是他60周岁前最后一次献血。葛海清，一位平凡的志愿者，从壮年到花甲，他用热血书写生命的华章。

疫情防控，不忘初心。2020年初，一场突如其来的新冠疫情牵动着每一个国人的心。面对严峻的防控形势，齐梁义工迅疾行动、助力抗疫。疫情发生第一时间，齐梁义工通过各种渠道给武汉捐款，组织口罩、防护服、护目镜等防护物资共计51360元。为全力配合部门开展疫情防控工作，齐梁义工积极参与，他们奔赴火车站，穿戴防护服，给出入口的旅客测量体温，2020年2月份每天四个班次，连续奋战25天，出动义工200人次，服务时长1000小时。在这一过程中，涌现出了义工夫妻、义工叔侄前赴后继、轮番上阵的感人场景。为激励一线人员战疫的信心和决心，齐梁义工组织防护用品和鲜花水果、牛奶等物资，慰问市人民医院、中医院医务工作者和在大泊、河阳高速公路出口处执勤的公安干警。为持续做好常态化疫情防控工作，齐梁义工组建了一支50多人的志愿服务队，从2021年到2022年，从参与“敲门行动”到核酸检测秩序维持，从华甸社区到白云街社区、香草新村社区，从城市到乡村，他们为疫情防控注入了温暖和力量。截至2022年11月28日，助力抗疫参加义工664人次，服务总时长 5146.5 小时，服务对象 12.6927 万人次，助力丹阳市筑牢严密疫情防护网。

情系失独，守护夕阳。有这样一个特殊的群体，本应享受儿孙同堂天伦之乐，却经历了“白发人送黑发人”的悲楚，失去了唯一的子女，成了“失独者”。步入暮年，风烛残年的他们除了失去子女的孤苦外，如今更担心疾病、养老等一系列现实难题，如何为这一群体提供有效的关爱与帮扶，如何接手他们原本寄希望于子女身上的未来，如何让失独老人安度余生，成为社会关注的热点。

2020 年 2 月 5 日，春节刚过，市委黄春年书记召集社会公益组织座谈会，意在动员社会力量，推动“高水平小康 丹阳在行动”和帮扶困难群众“万善丹阳”App 上线各项工作。在听了齐梁义工社吕铁勤汇报帮扶失独群体情况后，黄春年书记明确要求，要加大对失独家庭的帮扶力度，由市民政、卫健委、慈善总会、齐梁义工社，共同编织失独群体帮扶防护网，切实解决他们的实际困难和问题。不忘市委和市政府领导的嘱托，不负失独群体的期望，齐梁义工团队和市慈善总会迅疾行动，制定《丹阳慈善关爱失独家庭“连心家园、暖心行动”项目实施方案》，并于当年 5 月 20 日正式启动该项目。项目每年预算投入 100 万元，其中市慈善总会出资 30 万元，确定“经济帮困、精神抚慰、生产生活服务”的总体思路，主要对老年失独群体开展全方位帮扶，项目实施五年来，用善心、爱心和恒心，努力为失独老人撑起坍塌的天空。

*深入走访调查，精准把脉帮扶。*2020 年，为做到底数清、情况明，齐梁义工根据市卫健委提供的数据，对全市失独家庭进行了梳理，确定了 882 位 60 周岁以上失独老人作为首批帮扶对象。关爱失独老人没有统一的模式，齐梁义工首先通过认真细致的入户调查，切实了解老人的实际需求，在各镇村计生干部的协助下，走村入户、挨家挨户对帮扶对象的家庭收入、居家环境、健

康情况、心理状况进行了实地调查，制作调查表格，形成实时数据，划分帮扶类别，完成建档立卡。在入户调查过程中，齐梁义工克服了部分受访对象排斥、逃避的困难，通过细心沟通，赢得失独老人的信任和理解，全面完成了入户调查工作，为后期制定有针对性、操作性的帮扶方案奠定了基础。“关爱失独老人，哪怕第一次上门拜访吃了闭门羹，哪怕他们总是选择沉默，拒绝聊天，但我们一直坚持‘敲门’，盼望着早些敲开他们自我封闭的心门。”齐梁义工相关负责人这样表示，他们看重的是失独老人能否重拾生活信心，生出战胜苦痛的勇气。

落实帮扶措施，开展多样化关爱。组织春秋短游，给予亲情陪伴。为丰富失独老人的精神文化生活，给老人晚年生活增添一份美丽色彩，齐梁义工每年组织老人开展春秋两季短途旅游。每次组织500多名失独老人，在镇村计生干部、齐梁义工、云天救援的陪伴下走出家门，去欣赏大自然的美景，感受时代的变迁。在老人放松心情的同时，增加彼此间的互动和交流，改变压抑已久的心境。旅游也许对大多数老人来说是一件奢侈的事，而如今却变成了每年的常态。

“今天能和大家一起春游特别开心，这个活动对我来说太有意义了。”陈阿姨说。孩子的去世，对她无疑是个巨大的打击，她的生活一度处于与世隔绝的状态。齐梁义工了解情况后，通过上门走访、交谈的方式为她提供心理疏导，了解她在生活上的具体困难和需要，并鼓励她积极面对生活。每逢春秋时节，都要接她和团队一起出游，宽慰她的身心。如今，陈阿姨已走出阴影，解开心结，重拾对生活的信心。

开展节日慰问，增添真情温暖。每逢佳节倍思亲，节日的到来往往触动着失独老人的孤独和伤痛。为给失独老人营造浓郁的节日氛围，让其度过一个快乐祥和的节日，每逢佳节，齐梁义工都要组织专门队伍，分工负责，到所有帮扶的失独老人家庭，送去节日礼品和真情问候。齐梁义工走进老人家里，陪伴老人左右，用爱心送去祝福，用真情温暖人心。元宵节的爱心汤圆，三八节的温馨玫瑰，端午节的连心粽子，中秋节的暖心月饼；夏日送清凉，重阳送关爱，春节送温暖……齐梁义工在陪老人共度节日的同时，真正把党和政府的关爱、丹阳慈善的温暖送到了失独老人的心坎上。

“齐梁义工初来我家走访时，我就像是一个看客，比较淡漠。”家住云阳街道华阳苑小区的唐春霞说，直到第一次参加齐梁义工组织的端午节包粽子活动，发现大家都是跟自己一样的情况，都是失去唯一子女的同命人，当时就想着，“他们都能够走出来，我也一定可以。”从那以后，唐春霞不断鼓励自己，经常参加齐梁义工组织的活动，逐渐融入了这个大家庭。

“义工为我们城区组的失独老人组建了一个微信群，意外发现群中一些人竟是老相识。”唐春霞说。大家有着同样的经历、同样的痛苦，都觉得应该经常往来，互相帮助，自己也在这种互帮互助中慢慢变得开朗了起来。唐春霞经常帮助小区邻居，其丈夫更是义务帮助小区居民接收快递，夫妻俩成了小区的热心人。

举办集体生日，几多关爱温馨。每逢失独老人生日，齐梁义工都会将附近生日将至的老人们组织到一起，为他们集体举办一场特别的生日会。活动中，失独老人和志愿者合唱生日歌、集体许愿、吹蜡烛、切蛋糕、小互动，传递彼此的祝福，言语和动作当中洋溢着喜悦和感动。一场集体生日会，给失独家庭带去家一般的温暖；小小的举动，给失独家庭带去了幸福的欢笑；浓浓的关爱，温暖了每一个失独家庭成员的心。

“夏师傅，今天是您66岁生日，这是我们几个‘闺女’买的66块肉，您快尝尝。”这是齐梁义工城区组志愿者陪失独老人过生日时，送给老人的一份特殊生日礼物。面对志愿者细致入微的举措，老人心里倍感温暖。不久前，齐梁义工在入户走访中，得知7月14日是夏师傅66岁的生日，他很希望有人能陪自己一起过个生日。夏师傅唯一的儿子15岁时因病离世，目前他和老伴相依为命，他们也一直把齐梁义工当成自己的儿女。“原本以为一句客套话，没想到你们还用心了，谢谢你们。”这是齐梁义工给老人过生日的一个画面。

实现微小心愿，丰富生活色彩。“谢谢你们，这下我总算看上彩色电视了，这是我期盼已久的心愿，没想到如今变成了现实，你们真是好心人。”2021 年 12 月 13 日，当齐梁义工将崭新的液晶电视机送到范大爷家里时，老人激动地连声道谢。家住珥陵镇大施村前头庄的范奋兆 72 岁，在他 32 岁那年 3 岁的儿子因病离世，妻子承受不了打击离家出走，从此他与弟弟相依为伴，20 多年前弟弟也离他而去，剩下老人一人孤独地守望着三间破旧的平房。前几年地方政府为改善老人的居住环境，对他的房屋进行简单翻建和装修。几天前，齐梁义工到老人家走访慰问时发现老人家里的老旧电视机出现故障已经好几个月了，看电视成了难题，于是齐梁义工便购买一台 42 寸液晶电视给老人送去。

“买一台电视机对普通家庭来说或许并非很大的开支，但对于孤身老人来说，不仅仅是一双眼睛，也是余生的陪伴，更是安享晚年的依靠，我们能做的就是满足老人的心愿，让失独老人感受到社会的关爱，真正体会到老有所养、老有所乐。”齐梁义工社党支部书记、珥陵组组长葛海清这样说道。

提供健康辅导，播洒心理阳光。在开展失独老人精神抚慰帮扶中，齐梁义工通过电话问候、上门慰问、陪老人聊天等方式，定期或不定期为精神寂寞、有心理疾患的老人提供心理关怀。同时邀请专家定期开展老年健康保健知识讲座、心理咨询和心理辅导，以实际行动驱散“失独”老人心里的阴霾，为他们送去阳光和温暖。

“周阿姨，我们来看您了。”前不久，齐梁义工拎着大包小包走进周阿芝家中。“你们来啦，怎么还带这么多东西，快进来坐。”75 岁的周阿芝放下手头的事情，热情地招呼着大家。周阿芝和志愿者们围坐在桌前聊着天，就像是一家人一样。然而，三年前，周阿芝却是沉默寡言、自我封闭，甚至一度对生活失去信心。

11年前，周阿芝唯一的儿子因病去世，老伴也因承受不了这个打击，于不久后离世。周阿芝大受打击，情绪一度低落，甚至有了轻生的念头。“当时，要不是还有个9岁的孙女，我真想跟着丈夫儿子一起走了。”周阿芝说，之后，她与孙女二人相依为命，过着清苦的日子。这些年来，周阿芝一直沉默寡言，甚少与人交流，完全把自己封闭了起来。

“记得齐梁义工第一次来我家，虽然有所排斥，但还是被他们所感动。”周阿芝接着说，“当时他们陪我聊天，帮我做家务，就像是自己亲人一样。”之后，义工们每逢节日都会走进周阿芝家中，陪伴在老人左右。周阿芝与义工们也逐渐熟悉了起来，开始参与齐梁义工组织的一些活动。“要不是他们，我到现在都不一定能够走出来。”周阿芝坦言。每一个节日，对于他们这种失独家庭来说，都是一种煎熬，而义工们一次次的真情陪伴，又让她找回了家的感觉。“如今，孙女已经20岁，马上就要工作了。”周阿芝说，等孙女工作后，她会有更多的时间参与社会活动，走出家庭、融入社会、拥抱社会，“相信，以后的生活会越来越美好”。

丰富生活内涵，让未来多份希望。齐梁义工为丰富失独老年群体的生活，经常举办集体文化娱乐活动。2021年的一天下午，白云街社区居委会三楼会议室里人头攒动，热闹非凡，坐满了前来参加活动的老人。桌上摆放的是齐梁义工提前为老人准备的糕点、瓜子和水果。76岁的叶师傅表演了精彩的民族舞蹈，老当益壮的史叔叔展现了舞狮表演，深谙养生之道的薛师傅现场传授保健操，乐观开朗的朱阿姨一曲红歌将活动推上了高潮。清脆的歌声、轻松的舞蹈、悠扬的乐声，老人们听得入神，看得喜悦，掌声雷动，笑声不断。歌声、欢笑声、喝彩声汇聚一堂，成了一片欢乐的海洋。

齐梁义工在为老人提供全面帮扶服务的同时，还注重针对有需求的老人，提供“造血型”帮扶。

“谢谢你们，帮我找了份称心如意的工作，这下我可以自食其力了。”近日，家住珥陵镇丈山后庄村的失独老人庄国平被丹阳八佰伴商厦录用后，连连对齐梁义工葛海清表示感谢。现年64岁的庄国平老人，前两年唯一的儿子因脑癌离世，他为给儿子治病花光了积蓄，还欠下了10万元的外债。目前，老人靠打零工贴补家用，还要供养12岁的孙女上学，前不久自己又查出了脑瘤，需筹钱看病，家境十分困难。齐梁义工在入户走访中发现这一情况后，立即开展结对帮扶。对齐梁义工的帮助，老人非常过意不去，感觉自己年纪不大，体力还行，就想凭着自己的体力找一份工作维持生计。齐梁义工得知老人需求后，主动和八佰伴人事部联系，并很快录用老人为商场保洁员。原本庄国平正在犯愁如何找工作，没想到齐梁义工们都替他考虑周到了，如此的贴心之举真令人感动。

“连心家园、暖心行动”让失独老人荒芜的家园开出了一朵朵幸福之花。居家环境改善了，老人心里敞亮了，紧锁的眉头松开了，未来的生活有奔头了，欢声笑语萦绕在失独老人的左右。从孤独身影到相伴左右，从自我封闭到拥抱社会，从灰暗暮色到绚丽晚霞，从受助到自助再到助他人，失独老人发生了翻天覆地的变化。5年来丹阳市失独老人未发生一起群体性上访事件。

慈悲济心灵，善德存大爱，公益慈善像一盏明灯，为困难群众化解燃眉之急，为弱势群体送去温暖关爱，为社会和谐做出贡献。齐梁义工们用自己真诚的爱心，用自己无私的“暖心行动”，为弱势困难群体浇灌出了一朵朵名为“爱”的艳丽花朵。

（撰文　徐冬阳）

附：

春风化雨露　热心何大姐

何正娥，是丹阳市中医院的一名护士，也是一名慈善义工。她的大爱奉献，让她先后获得了江苏省“慈善之星”、第二届丹阳慈善奖“最具爱心慈善行为楷模”、镇江市和丹阳市“十佳慈善义工”、“丹阳好人”等荣誉称号。

她是中医院里无数个患者的“亲人”，只是她与这些患者并没有血缘关系；她是困境女孩的“母亲”，却是原来和这名女孩素昧平生；她是空巢失独老人眼中的“闺女”，总是老人遇到困难分享快乐第一个想到的人……

就是这位温和柔弱的女性，用她的大爱真情，不仅让一个个躺在手术台上紧张的患者感到温暖，还用一颗暖心去融化困境女孩心中的“冰冷”，更是用无微不至的关怀重燃空巢失独老人生活的希望，在与爱同行中演绎了一个个催人泪下的故事。

她是“暖心大姐”，把病房患者当成“亲人”

今年 52 岁的何正娥，在护士这个岗位上已经工作了 32 年。32 年的重复工作，不仅没有磨灭她的耐心，反而让她更懂得如何去与病人相处。每次看到患者，她总是主动和患者热情交流，以至于别人还以为患者是她家亲戚。

32 年来，何正娥经历了父母去世的悲痛，也经历了自己手术的伤痛，因此她更懂病人的心情。“虽然不认识他们，但我知道他们躺在手术台上的内心恐惧，而我要做的就是让他们减少恐惧感。”何正娥说。

“10 年前，有一名患者乳房有肿块，要做病理切片手术。在术后等待的 50 分钟时间内，患者情绪相当消极，一直在哭，我当时都不知道怎么去安慰她，就主动握着她的手一起等待，也渐渐缓解了她紧张的情绪。”何正娥说，“当病理结果显示肿块为良性的时候，我自己都哭了，是真的为她高兴。”

凭着多年的工作经验，何正娥经过多次发现：每当白内障患者进入手术室时，他们总会不自觉地伸出手求助，每当这时，何正娥都会站在手术室门口去“迎接”他们，希望自己扶一把的举动能够消除他们内心的紧张感。

她是“爱心妈妈”，把困境女孩当成“女儿”

“何妈妈，五年前，绝望感就像无边的黑暗快要将我淹没了，近五年来，却有一盏温暖的灯火，为我照亮未来之路，这就是您啊！……”夜深沉，何正娥的房子里还亮着光。她打开了一封来信，眼角泪花闪烁，双手微微颤抖。

这是一名困境女孩格里花（化名）给何正娥的信。19 岁的格里花把她当成这世上倾诉衷肠的唯一依靠。人世间有什么信任能比“以生命相托”？人世间有哪种称呼更重于“母亲”？……格里花年幼时父亲去世，母亲带着她改嫁他乡后，格里花经常被继父打骂，也没了母亲的关爱。后来她被奶奶从外地接回来，童年的心理阴影，造成她性格孤僻，始终开心不起来。

2015 年，何正娥加入丹阳齐梁义工社，成为一名慈善义工，她在了解格里花的情况后，决定结对帮扶格里花。“我准备帮扶到她有自立能力为止，一心一意把这件事做好。”何正娥说。结对帮扶并没有那么顺利，多次的闭门羹、多次的不理不睬，都没有打消何正娥想要帮格里花的念头，她始终相信行动能够证明一切。

“再冷的心，只要你愿意去焐，就可以把她焐暖。”何正娥笑着说。2017 年的一天，是格里花的生日，何正娥带着格里花一起吃饭，还拍了很多照片。“我丈夫、儿子都很支持我，只要一家人出去玩，或者吃饭，我丈夫都会主动提出把她带上，现在我们可以说是一家四口。”何正娥很是欣慰，就在前两天，格里花给何正娥写了一封信，信中写了她的感激，写了她的纠结，最主要的是格里花愿意主动向她敞开心扉。

近年来，何正娥做义工时也带上格里花，让她也去体验生活。“其实这也是她自己提出来的，让看望老人的时候带着她一起去，说老人看到孩子肯定很开心。”何正娥表示，“看到格里花能有这样的想法，我也十分欣慰。”

她是“贴心闺女”，把失独老人当成“父母”

没有血缘关系，仅仅是因为老人遭遇失子的迷茫；没有亲情关系，仅仅是因为老人生活无助的眼神。从2019年开始，她义无反顾地开始了关爱失独老人之行。尽管自己生活并不宽裕，她仍旧默默奉献，不求回报；自己平时工作很忙，可她硬是挤出时间，陪伴老人。不是女儿却胜似女儿，何正娥六年如一日悉心照顾身边的失独老人。

何正娥是齐梁义工社城区组组长，肩负着云阳街道200多位失独老人的爱心帮扶工作。每当休息，她都会去辖区陪伴失独老人，和他们聊天、散步，她用自己的时间，让这些老人感受到亲人般的陪伴和关心，老人们不再孤独和失望，而是找到了新的希望和快乐。

为便于及时掌握老人的需求和动态，她为老人建立了一个爱心群，老人生活上遇到困难，她就立马组织志愿者上门服务，帮助老人解决日常生活困难。

多年的志愿服务经验让她懂得关爱失独老人不仅体现在物资帮助上，更重要的是给老人带来精神上的温暖和关怀。“夏主任，今天是您66岁生日，这是我们几个‘闺女’买的66块肉，您快尝尝。”这是齐梁义工社城区组志愿者陪失独老人过生日时，送给老人的一份特殊生日礼物。在丹阳有句俗语叫作“人活六十六，要吃闺女一刀肉”，就是在老人66岁生日的时候，女儿需要在生日当天买肉回家，这样老人可以平安度过长寿路上的这个坎儿。夏师傅唯一的儿子15岁时因病离世，目前和老伴相依为命，齐梁义工就是他的儿女，所以专门在他的生日会上奉上66块肉。“接触几年来感谢的话也不说了，原以为你们的关心是个形式，走过场、作秀而已，没曾想到节假日看望我们，生日陪伴我们，旅游搀扶我们，看病帮助我们，一切都是那么的真实，虽然我们失去了子女，但你们比亲生女儿还亲啊！”面对志愿者细微的举措，老人心里感到非常的温暖。母亲节的鲜花、父亲节的背心、中秋节的糕点、端午节的粽子……在何正娥的点滴付出下，老人们已经把义工们当成了自己的亲人。

她是爱心公益事业的一面旗帜。护士的职业本身就充满苦与累，但面对爱心公益，她总是放弃节假日的休息，放弃与家人的陪伴，全身心投入进去。9年来，何正娥帮助的人、做过的好事，没人数得清，每年的义工服务工时都超过200小时，“何大姐”已经成为她在义工社的一个昵称。做一个小时的公益很简单，但坚持一年做200个小时的公益却很难，又何况坚持做慈善公益义工服务十余年！义工社的人都知道何大姐的闲暇时间不是在做公益的现场，就是在做公益的路上，在何正娥身上，我们看到了许多中华传统美德的元素——仁爱孝悌，助人为乐，无私奉献，勇毅力行。

何正娥所做的这些，都是看似平凡的小事，可这些小事，就像点点星光，虽不惊天动地，却温暖你我，如爱之芬芳，沁人心脾，催人奋进，引人向善。

“兰生深山中，馥馥吐幽香”，她是一名普通的慈善义工，也是春天里传递温暖的使者。

（撰文　徐冬阳）

蒲公英绽放在爱心的阳光下

——蒲公英慈善义工团队志愿服务掠影

蒲公英慈善义工团队广泛开展帮扶困境少儿系列活动

蒲公英慈善义工团队是享誉丹阳城乡的一支义工团队。2013 年 12 月 4 日，丹阳市慈善总会义工服务总队成立，张叶宏任队长的“蒲公英”慈善义工团队也随即成立，并加入了总会义工服务总队。十多年来，义工团队持续实施“蒲公英之家”关爱留守困境儿童项目，在全市范围建成“蒲公英之家”22 个，以民警志愿者为主体，结对帮扶全市留守、困难、流动儿童 900 余名，支出帮扶款 200 余万元、帮扶物品 90 余万元，项目先后被评为镇江市“最具影响力慈善项目”、“最佳志愿服务项目”，以及江苏省“优秀志愿服务项目”、“优秀青年志愿服务项目”，取得“结对一个孩子，改变一个家庭，影响一片社会”的卓越成效。

缘　起

2012 年初的一天，丹阳市公安局妇女工作委员会在讨论当年的“大手拉小手，警心暖童心”志愿服务活动如何开展，专门邀请了关注留守儿童问题的延陵派出所民警张叶宏参加。张叶宏说，延陵镇行宫村有许多年轻人外出打工，把上学的孩子留在村里，没人管、没人教、没人问，这就是“留守儿童”。他们大多数家庭的生活并不算贫穷，但他们的心灵相对贫瘠，放学后他们就像蒲公英的种子一样，被风吹散、四处飘荡。蒲公英的种子落在黑暗贫瘠的角落，即使生根发芽也终将枯萎；落在阳光肥沃的土地，便会开花成为有益药材，人不也一样吗？而且这类人群特别容易遭受侵害，也特别容易被不良思想所诱导，从而走上违纪违法，甚至犯罪的不归路。听了张叶宏的一番言语，妇委会成员们经过商讨，决定把当年的“大手拉小手，警心暖童心”志愿活动放在延陵镇，内容重点是关爱留守儿童。一位女警说：“最好先从小学开始，小学生处于智力逐步增长、社会认知逐渐形成、性格可塑可调的关键期，更需要，也更容易接受成人的介入。此时正确的引导能够对其思想产生深刻的影响，帮助他们长正长直，最起码不会走上歪路邪道。”另一位女警建议说：“最好能有个固定的场所，作为组织留守儿童参加文化活动的营地。”张叶宏熟悉当地情况，想了想说：“在行宫村老年活动中心刚好有一个房间，可以重新布置，作为活动中心。”

要建留守儿童活动中心，就得有个响亮的名字。张叶宏说：“干脆就叫‘蒲公英之家’吧。这些孩子就像蒲公英一样，微小、无助，生于荒野、无人在意，远离父母、随风飘荡，可蒲公英又是朴素的、坚强的、有价值的，相信我们的‘蒲公英之家’能让这些孩子远离孤独、思念和无助，助力他们健康成长。”

2012 年 1 月 9 日，丹阳市公安局妇委会在全局召集十位女民警，参加“关爱留守儿童献爱心”活动。张叶宏去行宫小学联系老师，筛选出十名留守儿童，实行一对一结对帮扶。这十名儿童就成了丹阳市公安局关爱“留守儿童”的首批帮扶对象，也成了入住“蒲公英之家”的第一批小主人。谁也不会想到，“蒲公英之家”从2012年到2024年，先后搭载了900多名“留守、流动、困境”儿童，驶向更加丰富多彩的人生之海。

经过多年实践，关爱留守困境儿童项目，已形成了一套成熟的帮扶机制。2018年2月，市“蒲公英”关爱留守儿童志愿者协会和市慈善总会共同制定实施《合力帮扶弱势困难少年儿童实施方案》。第一，明确帮扶对象，确定全市低保、低收入类，以及其他困难家庭子女，在义务教育阶段，处于留守、困境或流动状态的儿童，由相关学校及社区民警摸排确定帮扶对象名单，并实行动态管理。第二，结对帮扶，以市公安派驻各镇（区）党员民警、辅警，对所在区域确定的弱势困难少儿实行一对一结对帮扶。第三，落实帮扶措施，针对帮扶对象具体情况，采取个别与集中帮扶相结合的方法，给予经济帮困、学业辅导、心理疏导、社会实践、精神赋能等有效帮扶。第四，丰富帮扶形式，每批次结对帮扶均需举行仪式，明确帮扶对象任务及措施，在一对一个别帮扶的同时，每年每个“蒲公英之家”都要举办多次集中活动，开学前集中发放学习物品，寒暑假期都要举办活动班、兴趣班、培训班，开展学习辅导和丰富多彩的文化娱乐活动等，开阔眼界，丰富生活。第五，注重总结提高，各“蒲公英之家”每年都要总结帮扶工作情况，提炼成功做法，找出薄弱环节，不断改进提高。

萌　芽

有些烙印，是深埋心中难以忘怀的痛；有些烙印，是刻骨铭心一生的感动。这是一个关于烙印的故事。

在延陵镇行宫村的一间瓦房屋外，张叶宏坐在树荫下的凳子上，这时，一个孩子被奶奶夹着手走来。这是一个忧郁安静的小男孩，孩子嘴巴抿得很紧，看得出不愿与陌生人，特别是一个警察说话。“别站着，到叔叔这里坐。来呀，跟叔叔说说话。”警察将手向孩子伸过去，刚触及孩子的肩膀，孩子的身体就猛地一颤，向后退缩。警察的手落空了，他笑了笑，蹲下身子说“你爸爸妈妈让我给你带句话。”孩子仍垂着脑袋，用呆滞的目光看自己脚下的蚂蚁。“他们非常想你，又非常担心你。”孩子还是没反应。“啊，你爸爸妈妈说对了，你在恨他们，你真的在恨他们。”警察撒了个小小的谎。“没有!”孩子飞快地抬头，朝警察叫了一句。警察笑笑问:“那么，你想他们了?”孩子又陷入了沉默。“啊呀，我这可怎么告诉你爸妈啊，你是想他们，还是不想他们?”警察叹口气说。孩子再次拉住衣袖的下摆。警察看见孩子的嘴唇动了:“我不知道。”

孩子的回答出人意料，张叶宏暗自吃了一惊，好奇地看着面前的孩子。孩子父母常年在外打工，随爷爷奶奶生活，是茅山老区常见的留守儿童。这个年龄的孩子，都希望得到父母的宠爱，喜欢在父母面前撒娇。然而这个孩子居然不知道自己想不想念父母。“我叫张叶宏，你叫什么?”孩子没有反应。“你叫贡辰宽，对不对?”这是张叶宏第一次见贡辰宽。

从2012年到2018年，张叶宏一对一帮扶陪伴了贡辰宽整整六年，这六年里，张叶宏几乎每次路过贡辰宽家门口，都会进去坐坐，问问贡辰宽学习如何，家里有啥困难需要帮忙。有时，他也会把车停在门口，高喊:“贡辰宽在不在?”正在写作业的贡辰宽会飞快地跑出来，依然不苟言笑的他，会一本正经地说:“张叔好。”张叶宏从车窗里递过一袋水果，问他最近学习怎样，和同学发生矛盾没有，奶奶还好吧。

贡辰宽逐渐长大。有一天，张叶宏听奶奶无意念叨，说贡辰宽最近总断断续续地咳嗽。晚上，张叶宏等贡辰宽放学，开车带他去开药。回家的路上，张叶宏严厉地教育贡辰宽:“体格再强，也不能得病不看医生啊，小病拖成大病，谁受苦，还不是你自己吃苦受罪?”贡辰宽一路默不作声，可内心却充满了感动，那是一种久违的亲昵感，就像是父亲的严厉。第二天，张叶宏下班回家，再路过贡辰宽家，停车摇下窗户，像往常一样高喊:“贡辰宽在家不?”贡辰宽如一只小鹿般蹦跳着跑出来，笑容满脸，站在车旁，小脸透过车窗探进来说：“张叔好!”张叶宏后来说：“我这辈子都忘不了那一刻，看着孩子欢笑着向我奔来，如此亲昵，心里暖融融的。”是啊，有时候小孩子紧锁的心，如同考验大人的时间，时间不会辜负真诚。

贡辰宽初中二年级时，张叶宏带他去参加江苏省公安厅组织的一场文艺晚会。贡辰宽和许多被警察帮助过的孩子们一起，为一位唱歌的大姐姐伴舞。这位大姐姐刚被清华大学录取，她也是在警察的资助下完成学业的。那天，舞台上的贡辰宽站在小伙伴中间，忽然感受到一种爱，不是亲人之间与生俱来的爱，而是生命对生命焕发出的博爱，他忽然意识到，自己在警察爸爸、妈妈的关爱下，走出了心灵的阴影，走向了更广阔的世界，分明感受到了爱的力量的强大。

2018 年，贡辰宽考上了大学。局政治处主任周建军和张叶宏一起去送他。贡辰宽背起行囊检票进站，腼腆地微笑，冲着大家挥手道别。张叶宏仿佛看到了一朵历经风雨长大成熟的蒲公英，迎风飞扬，从过去胆小敏感的留守儿童，变成如今自信自强的茁壮青年，带着梦想、带着自信，去开辟一片属于自己的新天地。那个烙印在他心头的羞赧的笑脸，如今闪耀着金子一样的光辉。

起　航

“全国公安机关爱民模范”、“江苏最美警察”、“江苏省三八红旗手标兵”薛晓静，也是“蒲公英”慈善义工团队的负责人之一。她与延陵镇大吕村的留守儿童张涛，是在 2012 年“蒲公英之家”成立，结对帮扶留守儿童仪式上认识的，从此薛晓静就成了张涛的警察妈妈。那年张涛刚 9 岁。可是很长时间张涛都没喊过薛晓静一句警察妈妈。因为张涛从小父母离异，母亲改嫁，父亲再婚后又外出打工，他只能跟着爷爷奶奶留在村里。“妈妈”这个词，对于从小没有母爱的张涛来说，特别珍贵也特别陌生。

所以，张涛总是喊薛晓静为“薛阿姨”。直到2014年冬天，“蒲公英之家”又一次组织留守儿童暖冬行，薛晓静发现张涛耳朵上生了冻疮，就带他去药店买药。付款时收银员责怪道：“你怎么当妈的，孩子都生冻疮了才知道买药。”说得薛晓静一通脸红。旁边的张涛却突然说：“她不是我妈妈，她是我的警察妈妈，你别怪她。”薛晓静一阵心热，张涛从此喊她“薛妈妈”。

2015年张涛的爷爷去世了，那段时间张涛很悲痛。12月12日，刚好是张涛的十二岁生日。那天，薛晓静带着亲生儿子，捧着一个托马斯大蛋糕，没打招呼就来到张涛家。奶奶下地干活去了，家里只有张涛一人。薛晓静问：“涛涛，你知道今天是什么日子吗?”涛涛茫然地摇摇头。“今天是你的十二岁生日啊，12月12日，又是你十二岁生日，今天是属于你的‘三个十二’。我们应该好好庆祝一下，对吧?”薛晓静的儿子亲昵地给涛涛哥哥戴上王冠，帮涛涛哥哥点燃蜡烛，又噘着小嘴唱起了生日歌，薛晓静催促张涛快闭上眼睛，许下生日愿望。张涛不肯。薛晓静说：“涛涛，过了今天，你就长大了。过去的十二年，你经历了很多很多，往后的日子，让我们一起祝福吧。你从来都没有给自己送过祝福吧？今天，就祝福一次自己。”张涛的眼泪夺眶而出。他闭上眼，双手合十，许了一个只有自己知道的愿望。吹灭蜡烛，切好蛋糕，张涛小口地吃着蛋糕。薛晓静看着张涛说：“爷爷去世，爸爸在外打工，以后你就是家中的男子汉了，你要快快长大，平时能做的就多去帮奶奶，自己学习不要让大家操心。涛涛，人都是经历了痛苦与欢乐，才慢慢长大的。”

上天要让一个男孩儿早日长大，就会给他设置一道又一道关卡。就在张涛的爷爷去世一年后，奶奶又查出了癌症。又一个晴天霹雳！薛晓静经常去看望张涛的奶奶，化疗的副作用使奶奶皮肤逐渐变得铁青，眼神迟钝又痛苦。她总是拉着薛晓静说：“我把他从小带大，总指望他能长大成才。可现在，我是等不到那一天了，也不知道涛涛以后会干什么，能不能娶个漂亮媳妇。”奶奶三番五次地叮嘱薛晓静：“薛警官啊，孩子以后就靠你了，你一定不要放弃他，要教他好好做人。”薛晓静一听这个也哭了，她说：“奶奶你放心，涛涛是个好孩子，他会越来越好的，以后还会娶妻生子，有个幸福的家庭，涛涛一定会有出息的，会的。”薛晓静哽咽了。

2017年春，薛晓静的父亲不幸去世。那段时间，薛晓静感觉整个天都塌了，原来面对不幸，每个人都是脆弱不堪的。有一天，张涛突然给她发来一条短信：“薛妈妈，我的好妈妈，我相信您会坚强的。”薛晓静感觉布满阴霾的天空，忽然被一道光穿透，她只觉眼前一亮，整个世界的颜色都变了。是呀，这是一个同样失去了亲人的十四岁孩子给她发来的宽慰的语言，鼓励她鼓起勇气，走出痛苦，继续面对未来的人生。多少年来，她一直帮助的小男孩儿，却在那一刻帮助了她。当爱的付出在不经意间得到回馈，薛晓静忽然对人生有了更广阔的认识和理解。她说：“就是张涛的这句话，让我突然觉得，人生在世，不是孤零零的一个人。虽然我们每个人的生命都很脆弱渺小，但我们可以因为爱连接成一个强大的群体，是爱，让我们生生不息。”

2019年6月，张涛成功考入江苏省丹阳市高级中学。在丹阳，城里孩子能考入这所学校，家长都会四处宣扬，这是一种莫大的荣耀。而农村的孩子考入省丹中，简直是凤毛麟角，张涛却做到了。

6月26日凌晨1点5分，王涛给薛晓静发来微信：“薛妈妈，我过了！超省丹中分数线十分。”

薛晓静回复道：“哇，厉害厉害，为你骄傲！新的起点，加油！”发送完信息，薛晓静辗转难眠，她的眼中噙满激动的泪水，她为张涛感到欣慰，他没有辜负奶奶的期望，他的美好人生，正在起航。

绽　放

作为全国公安系统二级英模的张叶宏，珍藏着两幅照片。一幅是在一片烂漫的油菜花田里，张叶宏微笑着张开双臂，像母鸡护仔儿一样，护着身后洋溢着欢笑的孩子们，花开得热烈奔放，人笑得温馨甜美。另一幅照片，是张叶宏 2017 年在人民大会堂全国公安系统英雄模范立功集体表彰大会现场的留影。这两张照片代表着张叶宏的价值追求。

自 2012 年张叶宏在延陵镇发起创建“蒲公英之家”以来，经过近六年的发展，民警先后与延陵镇的 300 余名儿童结对，开展“大手拉小手，警心暖童心”系列志愿服务活动，为有效关爱留守儿童、困境儿童作出了有益尝试，除了张叶宏本人陪伴贡辰宽成长直至其考上大学外，还涌现出了帮扶死刑犯的孩子考入大学的“全国优秀人民警察”陈坚，十年陪伴与留守儿童亲如一家的“全国公安机关爱民模范”薛晓静，自学心理学帮助抑郁症孩子重回课堂的“丹阳最美警察”陈春芳，创立后巷“新星市民之家”关爱务工人员子女的“丹阳最美警察”王守国等优秀民警，他们不但是本职工作上的岗位标兵，还是“蒲公英之家”的警察爸爸、警察妈妈，他们用自己的爱心、陪伴与引领，改变着孩子们的命运。

然而，“蒲公英之家”却面临着发展的瓶颈，一方面，当时它仅仅局限于延陵一个乡镇。另一方面，结对帮扶的形式比较单一，宣传力度小、影响力不够，张叶宏思索着如何才能让“蒲公英之家”在社会上发挥更大的作用。思来想去，他决定去找市局政治处主任周建军好好聊一聊。周建军思绪飘荡，边行边思，党的十九大报告中提出的“坚持在发展中保障和改善民生，在幼有所育、学有所教、弱有所扶上不断取得新进展”、“健全农村留守儿童关爱服务体系”、“构建共建共享的社会治理格局”，在他脑海中久久回旋。周建军说：“不能把‘蒲公英之家’只看作是公益活动，从长远看，这是一项事业，一项投资未来的事业！我们要看到，留守困境儿童问题和未成年人违法犯罪问题是交织在一起的，多陪伴一个孩子，可能就少了一个潜在的违法者；多帮助一个家庭，可能化解一起未来的警情。从源头上有效遏制违纪违法行为的发生，可以降低社会治理成本。社会更加安定了，警察不就更轻松了吗？还有，警察帮助一个孩子，孩子感到幸福，民警也会得到一份爱的滋养，也是一个不断成长、体现担当的过程。这不仅对孩子有好处，对民警也有好处，我们为什么不把它推广开来呢？我们好好做，往实处做，它就是多赢的。”“我们成立一个协会，把‘蒲公英之家’做大做强，推广到全市。”周建军向张叶宏提议，“但在注册社团、结对审核、接受捐助、开展活动、经费使用上，要做到‘法制、规范、透明’，只有这样，才能走得更远。”

2017 年 5 月，在公安局九楼 9003 小会议室，周建军向市局党委作了汇报，建议向民政部门申请注册成立“丹阳市蒲公英关爱留守儿童志愿者协会”。市局党委同意了这个提议，并委派周建军筹办此事。

市慈善总会对“蒲公英”关爱困境少儿项目非常支持，陈步荣会长对周建军说：“你这个想法，对丹阳慈善公益事业的发展也很有意义。市局全体民辅警，每年都参加慈善总会的‘慈善一日捐’，每年的捐款超过 20 万元。慈善资金取之于民，也理应用之于民。20 万元交给你们，慈善总会每年再加 10 万元，用于帮助留守、流动、困境孩子。”教育局领导了解情况后，也毫不犹豫地说：“我们愿意作为你们协会的成员单位。”在市民政局，社会事务科科长表示，根据相关规定，民政部门可以在资金方面给予支持。市委宣传部、市委政法委、市妇联、团市委等部门也纷纷用实际行动来表示支持。

2017 年 8 月 18 日，丹阳市委宣传部、市文明办、市委政法委、市关工委、市妇联、团市委、市民政局、市教育局代表济济一堂，共同见证“蒲公英志愿者协会”的成立。周建军在讲台上说：“蒲公英象征着希望，寓意着我们关爱留守儿童的努力，会像蒲公英的种子一样飞扬，激发起全市各阶层关爱留守儿童的热情。”他掷地有声地讲，“‘对党忠诚、服务人民’，这不仅是每个警察的誓言，更是每名党员的承诺，只要我们不忘初心，一心向阳，蒲公英就一定会将爱的种子洒满人间。”

2018 年，丹阳成为全国首批创建新时代文明实践中心的五十个城市之一。古城曲阿、旭日丹阳，涌动起了一波波志愿服务的浪潮，“蒲公英志愿者协会”也迎来了新的花季。2018 年、2023 年，蒲公英志愿者协会，以及“蒲公英”慈善义工团队，集中两年时间，分别开展了 11 次“用爱心践行新时代平安使命——‘蒲公英’党员志愿服务进镇（区）活动”，“蒲公英”的脚步，由延陵镇的“蒲公英之家”迈向全市十二个镇（区），每次活动都要举办激情洋溢的启动仪式，各镇区梳理需要帮扶的留守、困境、流动儿童，由所在公安派出所干警一一结对帮扶。从 2012 年至 2024 年累计完成 900 余名留守、流动、困境儿童的结对帮扶。

从 2019 年开始，丹阳市蒲公英关爱留守儿童志愿者协会，及其“蒲公英”慈善义工团队，还将视野从留守流动困境儿童转向全市所有的中小学生。和市慈善总会共同制定实施《帮扶弱势困难少年儿童提质升效实施方案》，创新关爱帮扶方式，在法治教育、学业辅导、亲情陪伴、表彰奖励、感受城市、自护教育、社会实践等方面，拓展关爱帮扶服务，设立了“蒲公英奖学金”，对学期内表现优异的结对儿童进行表彰奖励；为解决结对儿童家庭教育不足的现状，协会依托“蒲公英之家”活动阵地，针对周边结对帮扶儿童，每周六上午开展“蒲公英公益课堂”设置法制课堂、家长课堂、各类兴趣班、心理团辅、作业辅导等活动；为丰富节假日生活，每逢六一、中秋、国庆、春节等节日，都会组织开展家庭走访慰问和各主题社会实践活动，为帮扶对象提供物质和精神食粮。为此，还依托江苏省未成年人社会实践基地，成立了“蒲公英少年警校”。公安局从各警种抽调优秀共产党员民警组成“警官宣讲团”授课，开展爱党、爱国、爱民的红色教育，以案释法预防青少年犯罪，开展禁毒防诈骗反邪教宣传，通过警营开放日组织中小学生观看“丹豹”突击队战术表演、“110”报警中心，还组织高中生赴看守所开展警示教育，赴江苏警官学院开展爱警、尊警、从警教育。2019 年至今，“蒲公英少年警校”共为丹阳市 3.5 万余名中小学生授课，让他们小小的心“有爱、有德、有法”。

“蒲公英之家”的优异成绩，受到上级多次表彰，引起领导关注。江苏省关工委主任张连珍、江苏省关工委常务副主任李明朝、江苏省公安厅长李耀光先后赴“蒲公英之家”调研指导。

经过十多年的发展壮大，“蒲公英”已经成为丹阳市慈善公益事业发展、新时代文明实践的一张亮丽名片。现在不但有延陵“蒲公英之家”，还成立了“曲阿之家”、“高楼之家”、“珥城之家”、“荆林之家”、“滨河之家”等，在全市每个乡镇都成立了自己的“蒲公英之家”，让守护常在，让爱心传承。

2022 年，市关爱留守儿童志愿者协会及其“蒲公英”慈善义工团队，和丹阳戏剧总团合作，编排了现代慈善丹剧《蒲公英》，精彩演绎了十年来“蒲公英”关爱留守儿童的动人故事。该剧到全市十二个镇区进行巡回演出，引起强烈反响，对于弘扬慈善公益理念，推进大爱丹阳建设，起到了积极作用。

丹凤朝阳，人间有爱。“蒲公英”慈善义工团队获得了丹阳社会各界的认可与支持。一个个志愿者与一个个孩子，都有着共同的心愿，我们同心同向同行同力，共建平安丹阳、大爱丹阳、美丽丹阳、幸福丹阳。

一座城开满一朵花，这朵花是关爱未成年人健康成长之花，是新时代文明实践之花，是人间温暖、人性大爱之花。在丹阳，这朵花叫“蒲公英”慈善义工团队。

（撰文　王东海）

凤凰520　真爱如甘霖

——凤凰520慈善义工团队志愿服务掠影

凤凰520慈善义工团队广泛开展志愿服务活动

“凤凰520”慈善义工团队成立已近8年时间。8年来，义工团队义无反顾、无怨无悔、无私奉献，尽力为弱势困难群体服务，受到了人民群众的广泛赞誉，得到了很多荣誉和表彰。2019年5月，“助残就业、圆梦小康”项目被评为第二届丹阳慈善奖“最具影响力慈善项目”，而后又被评为镇江市优秀助残项目。2019年，被评为丹阳市“爱心助残团队”；2020年，被评为丹阳市“助残优秀公益组织”。团队多年被评为“无偿献血志愿服务优秀分队”。

箫韶九成，凤凰来仪

司徒既是一片经济发展的热土，也是一片慈善公益的热土。

2017年5月20日下午，司徒镇影剧院里，“凤凰520”慈善义工团队成立仪式隆重举行。

万新光学集团有限公司董事长、市眼镜商会会长汤龙保宣读《倡议书》，倡导爱心人士踊跃参与慈善公益活动。

司徒镇党委书记热情致辞，充分肯定慈善义工团队成立的意义。

义工团队负责人蒋露静发言，说："我们慈善义工团队成立的初衷是扶危济困，突发特殊困难家庭、困境儿童以及失独老人群体都是我们重点关注的对象。"

市慈善总会负责人为"凤凰520"慈善义工团队授牌、授旗，标志着总会所属第一个乡镇慈善义工团队的正式成立。

仁者爱人，大爱无疆。

从此，爱如同甘霖，滋润着许许多多残疾人、困境儿童、失独老人的心田……

凤凰鸣矣，于彼高冈

"凤凰520，关爱永不停"。

这是"凤凰520"义工团队的口号；这是镌刻在每个义工队员心田的誓言；这是义工团队每次慈善公益活动最好的诠释。

助残，是"凤凰520"实施的慈善公益主要项目

义工团队以司徒镇为主，对接镇残联，了解需要帮助的困难残疾对象，上门入户走访调查，根据不同情况予以帮扶救助。同时，对司徒镇以外的困难残疾对象也同样给予帮扶。

珥陵镇高甲村一对聋哑夫妇喜得儿子，经医学检查，孩子竟患有先天性耳神经细弱症，成了听力残疾，奶奶几近崩溃，哭诉求助。"凤凰520"义工听说后，立即安排人员走访，及时给予帮助，决定采取定向募捐的方法，筹集善款2万元，用于为孩子治疗和配置助听器，给孩子一个"有声有爱"的世界。

"凤凰520"在助残实践中发现，传统"输血型"帮扶容易导致受助者形成依赖心理。为此，决定开展"造血型"帮扶，让受助困难残疾人有一技之长，缓解他们就业难的问题。

“凤凰520”秘书长吴志斌说，捐款捐物，只是助残的“1.0版”；而助力残疾人士自立自强，才是助残的“2.0版”。

2018年5月27日上午，正值芳华的冷晨艳，在横塘立交桥附近遭遇严重车祸，一次次手术，一次次风险，虽然车祸致残，冷晨艳凭借着顽强的意志挺了过来。为了给冷晨艳一个能够自立的未来，“凤凰520”管理层积极与丹阳金鹰商厦物业沟通，并捐助启动资金3000元，帮助冷晨艳在金鹰商厦开了个冷饮店，使得她能够自食其力，而今冷晨艳已被丹阳市残联聘为工作人员。

义工团队还组织开展技能培训，让受助残疾人掌握相关生存技能。

“这一次，在‘凤凰520’的帮助下，在老师们的教导下，我们又掌握了一门生活的技能，心里也多了一份满足和喜悦……”一位残疾人学员在参加完“助残茶艺特训班”后，捧着老师递上的结业证书，脸上挂着笑容，激动地回应记者的采访。

“授人以鱼不如授人以渔”，“凤凰520”负责人告诉记者，茶艺培训是他们面向残疾人诸项培训中的一项，他们还计划开展美容美发培训、手工皂培训、餐饮培训、验光师培训，支持残疾人就业、创业。“用心相伴，以爱相助。”让残疾人融入社会，并享受有尊严的生活，正成为“凤凰520”努力践行的新常态。

几年来，“凤凰520”组织丹阳市许多残疾人多次出游，领略祖国的大好河山，他们带着残疾人，去过句容茅山、镇江南山和西津渡、苏州拙政园、无锡灵山、泰州溱潼等，帮助并陪伴残疾人登山、游园、划船，让残疾人感受到了前所未有的快乐。

2024年3月31日，“凤凰520”组织丹阳市部分残疾人去许杏虎烈士纪念馆祭扫，在现场，我接触了参加活动的“正明力”残疾人公益团体的两位代表，从他们与义工者熟悉的互动中，我感受到了他们参加公益活动的健康心态，体会到了“凤凰520”

组织活动的不易，也加深了对助残活动意义的感性认识。

助学，也是“凤凰520”慈善公益的重要内容

每年，“凤凰520”都向司徒镇中心小学捐赠助学资金，还设置“爱心衣橱”，帮扶困难家庭学生。

2018年冬，徐州工程学院“守望者”支教团队，就助学项目联系“凤凰520”，“凤凰520”及时募集资金，为河南睢县董点乡帝丘小学留守儿童送去助学款2万元。“凤凰520”也携手南京中医药大学研究生支教团，发起“情系归柳·暖冬行动”爱心捐赠活动，将所筹集的467件冬衣、174双棉鞋运送至1651公里之外的贵州归柳小学。

公益活动，更是“凤凰520”一直坚持在做的

2020年新冠疫情暴发，“凤凰520”慈善义工团队主动走访杏虎村的困难桃农、屯甸村的困难茶农，深入田间地头，帮助采摘，并广泛发动志愿者、爱心企业主为他们销售桃子、茶叶，解了他们燃眉之急。杏虎村委会特为此事授予了“凤凰520”奖牌。

夏天，组织志愿者赴水晶山风景区捡拾垃圾；寒冬，组织志愿者走上街头扫雪。每年重阳节组织志愿者走进敬老院，帮助老人清洗、理发、修剪指甲……据不完全统计，每年义工参加公益活动均达2000人次。

“凤凰520”慈善义工团队，还多次组织开展“助力成员献血，爱在凤凰520”活动。每次活动，义工团队成员总是早早来到血站，填表、检测、等候、献血……蒋云芳等多位队员被丹阳市血站评为“无偿献血优秀志愿者”。

凤凰于飞，翙翙其羽

凤凰高飞，百鸟慕而随之。

“凤凰520”慈善义工团队甫成立，应者云集，加入者最多

时达2000人，公益活动做得风生水起。

市慈善总会予以工作指导，规范培训义工；司徒镇眼镜工业园区、谭巷村委会辟出专用办公室，为“凤凰520”提供了办公场所；许多爱心人士踊跃捐赠款物，支持他们开展各项公益活动。

2017年10月，为进一步提升慈善公益活动层次和水平，以“凤凰520”慈善义工团队为基础，注册成立了“丹阳凤凰慈善公益服务中心”，蒋露静为法人。其时，蒋露静担任司徒镇谭巷村委团支部书记、妇女主任。其兼职公益组织职务，尽心尽力，成绩卓著；2018年被评为“丹阳好人”，2020年被评为江苏省助残先进个人。

访谈中，她说，在基层一线工作，耳闻目睹百姓疾苦，心有不忍，所以与丈夫潘伟兵商量共同发起成立“凤凰520”慈善义工团队和服务中心，意在为困难群众尽一份心。为了慈善公益项目的顺利推进，夫妇俩已捐赠款物10余万元。

她说，“凤凰520”一路走来，由于本职工作期间冲突，有些义工活动不能分身参加，主要依靠全体队委和义工出力出汗，心里很感激。

储春良，“凤凰520”慈善义工团队队长，被评为丹阳市十佳义工。

作为凤凰慈善公益活动具体负责人，平时无论是组织义工走访慰问困难家庭，参加无偿献血，还是关爱特殊儿童，帮助残疾人出游，他都亲力亲为，以身作则。

储春良一直主张要迎难而上，做好困难帮扶工作。2018年中秋节前，对是否帮扶河阳普下村一户孤寡老人（患有间歇性精神病，对陌生人极度排斥），队委讨论时存在畏难情绪，储春良力排众议，认为困难越大越要上。中秋节当天，储春良亲自带领义工前往。虽有思想准备，也没想到老人不让义工进门，引来好多村民观望后，老人情绪更加激烈。储春良妥善处置，握着老人的手，拉着他交流，问生活，问身体，谈饮食，谈农作……苦口婆心，用了近半个小时平息老人的情绪，顺利地完成了慰问帮扶。到了2019年春节，储春良再次带义工前往，老人一见储春良就一脸笑意，表现出了久违的亲近感，储春良甚感欣慰，每每以此为例，引导义工克难前行。

访谈中，储春良说，八年来开展了数百次慈善公益活动，筹款筹物要靠大家支持，组织协调更是费心费力，可以说每一次活动里都凝聚了许许多多无私的付出。

朱兰娣，“凤凰520”队委，轻言轻语，温婉明理。队委里多人向我推荐她的事迹、点赞她的为人。在团队里，她总是默默地做事，内勤记录一丝不苟，跑前跑后毫无怨言。每有活动，她总是用无声的行动给其他义工做榜样。疫情期间，她暂停烘焙房经营，主动投身社区服务。在司徒集镇片区“敲门”行动中，上楼下楼，一户一户，一幢一幢，反反复复，常常早晨七点开车出门，晚上九点多才能回家，其间的辛劳疲惫，难以言说。访谈中，她说：“做慈善义工，做好事，就要心无旁骛，才纯粹。”

步春兰，“凤凰520”监事长。第一次见她时，她抱着宠物狗小泰迪去赴闺蜜的邀约，我感觉她养尊处优，似乎与慈善与义工“不搭界”，但队委们向我介绍，说她就是“苹果”。

苹果？听介绍，“苹果”原来是她的微信名，在团队里大名鼎鼎。她是志愿者中的爽快人、性情中人，她一次捐款就是3万元，她在活动中还亲手去抬残疾人的轮椅……放下身段的助残举止，更加彰显了她的“优雅”。

储春良、朱兰娣、步春兰……“凤凰520”团队中，这样的“凤凰”还有很多，如发起人潘伟兵、吴良才，副队长陈才华，管理员孙二和等，他们都以各自的方式，积极投身慈善公益活动，赢得了广大群众的赞誉。

凤凰涅槃，浴火重生

传说中，凤凰每隔一定的时间就会燃烧自己，于烈烈火焰中再生。这象征着凤凰的自我淬炼、自我扬弃、自我新生，寓意着凤凰生命的不灭与永恒。

凤凰涅槃，这不仅仅是对个体生命的独特诠释，更是对团队乃至整个社会的深度启示。

一路走来，“凤凰520”风风火火，有辉煌，有口碑，也有遗憾，甚至也有所“痛”。

而今，“凤凰520”正处在团队建设、长远发展的一个关键节点。

2024年4月27日下午，“凤凰520”召开新的管理层会议，热议项目活动、管理制度、未来发展。市慈善总会的吴主任到会指导，大家士气倍增，达成了广泛共识。

我有幸参与，并访谈了他们管理层的几位同志，请他们谈了从事慈善公益活动的认识、感悟和对未来的设想。

志愿者雨情，与“凤凰520”结缘后，闲时就带着两个女儿一起参加公益活动。她说，现在的孩子，生活上的事情都被父母包揽，看不到生活的不易，希望他们在公益活动中有所收获，学会关爱他人、关心社会，知道感恩、知道担当。

管理员刘爱华，本乡本土司徒美女，善良贤惠。她说：“做慈善公益活动是不计报酬、不谋私利、不斤斤计较的，就比如我和队友们去敬老院，帮助老人们洗脚、修指甲、理发，陪他们聊聊天、谈谈心，体会到了他们的孤独，即使是短暂的陪伴也使他们开心，我们也开心；还有，每次出去走访残障人士，看到他们生活那么困难，深深触动自己，就会暗暗下决心好好发动身边的人，有钱出钱，有力出力，来关心他们，来帮助他们。”

管理员池芊诺，来自福州，扎根丹阳，说话爽快，面容透出慈祥的光辉，“凤凰520”成立之初就加入团队。她说，慈善传递着爱与希望，不仅给予他人温暖和希望，也激发了社会的正能量，并提升了自我心灵的力量，更加明白生命的真谛和价值。对于团队未来的建设，她说，我们每个成员都应该把自己视为“凤凰520”的一部分，内部要加强沟通与协作，要确保每个成员都能够发挥自己的优势，未来应以开放的心态接纳新思想、新人才，以创新的精神探索新的方法、新的路径，打造一个积极向上、充满正能量的团队文化。

秘书长吴志斌，丹阳市特教中心副校长，长期从事教育工作，对慈善公益有认真的思考。他说，公益需要的是奉献之心，一切都是志愿，一切都是自愿；公益路没有门槛，有心就行；钱能解决很多问题，但不能解决所有的问题，公益可能需要更多的专业支持与真情陪伴；公益不应以投入资金衡量，而应以实际成效评估。

他认为，公益组织是需要帮助者与能提供帮助者之间的纽带与链接，是将有爱心的志愿者组织起来，为每一份求助及时寻找到适合的人与物来帮助；公益组织是否优秀，取决于一是有没有人愿意将善款交给你，二是有没有人愿意将自己交给你，三是有没有人愿意将需求交给你。公益组织必须拥有格局、信任、品牌，才能凝聚爱的力量，让爱得以流淌。

义工团队队长储春良，团队工作的热心人。访谈中，他说，之所以乐意接受这份本职工作之外的任务，是因为对慈善公益的感情、对“凤凰520”未来发展的期待。

他畅谈了未来建设的构想，那就是做“凤凰520”的特色，做“凤凰520”的品牌。以“助残”为核心，打造特色品牌项目，从司徒做起，做实、做好，做出成效。

27日下午的管理层会议结束时，他明确了助残工作的要求、任务和工作步骤，非常干练地说：“今年，就以助残项目为重点，谱写我们‘凤凰520’慈善公益的新篇章。”

历经八年洗礼，“凤凰520”已经在助残方面做了许多实事，获得了许多荣誉，尝试了一些项目，积累了一定的经验。相信，进一步明确了发展目标之后，“凤凰520”一定能够在丹阳慈善公益的群体中成为令人瞩目的美“凤凰”。

八年来，“凤凰 520”的每一位成员，以他们的真爱，为丹阳市困难民生保障、和谐社会构建，新时代文明建设做出了最生动的实践。

丹凤朝阳。“凤凰 520”的每一位成员，就是我们身边最美的“凤凰”！

（撰文　陆廷荣）

凡人善行绘就人间大爱

——爱心义工社慈善义工团队志愿服务掠影

爱心义工社慈善义工团队开展志愿服务活动

2018 年 3 月 20 日，丹阳市爱心义工社慈善义工团队，经市慈善总会批复正式成立，大爱丹阳又增添了一支服务困难群众的生力军。义工团队成立以来，秉持慈善宗旨，主要开展帮扶孤寡老人和困境儿童活动。2019 年至 2023 年，组织开展义工服务 838 场次，出动服务义工 21. 1386 万人次、服务时长 15. 29085 万小时、受益 50. 009 万人次、投入资金 46. 4058 万元、投入物资 1270 件，成效显著，受到广泛好评。团队负责人曹霞 2020 年被评为“丹阳好人”、2022 年被评为镇江市“十佳优秀志愿者”。团队也多次被评为丹阳市“最佳服务组织”、“优秀志愿组织”等。团队组织实施的“幸福来敲门”、“小雏鹰暑期公益班”等公益项目多次获奖。

从个体献爱到组团慈善的嬗变

曹霞——丹阳市爱心义工社及下属慈善义工团队的主要发起人，原是丹阳市棉纺织厂的一名普通女工，经历过下岗再就业的时代之痛。曹霞下岗后在练湖幼儿园找了一份保育员的工作，那时的她上有老、下有小，为减轻家庭生活重担，在从事幼儿保育工作的业余时间又找了一份兼职。就在一次兼职回家路过市民广场时，看到一群人围着孤苦伶仃的爷孙俩，他们的脸上透出愁苦而又无助的神情，让人顿生同情。

人生无常，有时求福不得，但祸至就是分分钟的事情。

从围观者口中得知：孩子的父母因故双双溺水身亡，一个圆满的家庭顿时分崩离析，只留下了尚未成年的孩子和失去劳动能力的耄耋老人……见此情形，心善的曹霞不禁鼻子一酸，本就不富裕的她摸遍口袋，把身上所有的钱都掏了出来。回家的路上，虽然钱少了，但是她内心体会到前所未有的满足感，“帮助别人，快乐自己”的种子由此埋下、生根发芽。而后，曹霞开启了她的公益之路，每每遇有遭逢困厄、需要帮助的人，曹霞都是义不容辞，尽其所能给予帮助。但在做公益的过程中，她也常常感觉到个人力量的渺小，想着只有参加集体，组织起来，才能更好更多地帮助遭遇不幸、陷入困境的人们。于是，曹霞在 2012 年上半年加入了本市“爱在飘扬 QQ 群”，成为“爱在飘扬”公益组织的一员。

在“爱在飘扬”这个群体里，大家都是发自内心地，自觉地在做慈善，做好事。“这么多年来做了多少小时的公益，具体走访帮扶了多少人次我已经记不清了。”曹霞如是说。但在随后几年的公益活动实践中，曹霞越来越觉得那些孤寡老人、失独老人、重病老人及留守困境儿童。除了需要经济和物质的帮助外，这些困难群体也需要精神抚慰和心理疏导，以及解决多种多样生活服务层面的问题，这就需要有人专门专项在这方面为这些特殊困难群体提供援助和服务。

于是，2017 年 10 月 18 日，在曹霞的倡导下，一群志同道合的社会爱心人士成立了丹阳市爱心义工社，2018 年又成立了慈善义工团队，在这个群体中，既有机关工作人员、教师、医务工作者、企业家，也有自由职业者和退休人员等。他们倡导“参与、互助、奉献、进步”的志愿服务精神，传播“助人自助”的互助理念，“送人玫瑰、手有余香”，关爱老年弱势群体，关注青少年健康成长的帮扶内容，也得到了社会各界的积极响应，义工社成立不到一年，队伍就扩展到 100 多人。爱心社成立后，按照当时设想，主要把华都锦城社区和云阳街道的其他老旧小区的孤寡、失独、空巢等特殊困难老人及留守等困境儿童作为了重点关注和帮扶对象。

成立了公益组织，可以更好帮扶困难对象，但是作为慈善义工团队队长，责任更大了，担子更重了，牵涉时间精力更多了，难免也会影响本人及家庭的日常生活。有人对曹霞不理解，曹霞答道，最开始做这件事时，家人也不太理解，但当爱人及女儿和她一起参与帮扶老人的公益活动后，他们开始理解，还加入了曹霞的行列。现在，曹霞爱人陈介彤一有机会就和她一起去帮扶老人，一起去助学；女儿陈乐也会带上血压计、血糖仪、听诊器等，去给老人们免费健康服务。“一家人一起做这些事情，我觉得很开心，氛围也很融洽。”曹霞开心地说。

做助老帮扶“爱”的使者

在助老帮扶方面，爱心义工社慈善义工团队从基础工作抓起，专门到华都锦城等社区了解情况，由社区提供需要帮扶困难老人的名单，而后组成专门小组，落实专人负责，到每个需要帮扶的困难老人家中，走访了解具体困难情况，记录在册，一人一档。制定了“幸福来敲门”助老帮扶方案和实施计划，分类实施经济帮困、精神抚慰、生活服务等帮扶，并做到定期走访，跟踪服务。“帮扶老人这一块，我们主要是针对华都锦城社区及社区附近的困难老人，帮他们解决生活困难，帮他们做家务，陪他们聊天，义工们把自己的电话都留给老人们，只要老人有需要，我们的义工就会随时到场。就算老人没有什么需要帮助的，我们也会每个月定期走访帮扶，不让老人太孤单。”曹霞如此说道。

现在，不少老人把曹霞当作家人，不管发生什么事，都喜欢找她聊聊，其中有几个失独母亲还跟她成为好姐妹，周树根老人也把曹霞视如己出。

农历2024年的正月初五，迎财神的焰火和爆竹声不时爆响，气温却在零度上下穿梭，傍晚的西北风带着湿冷的寒气和绵绵春雨，可苦了那些身子虚弱和有基础病的老年人群。曹霞凝望窗外如墨的夜空，微微皱了皱眉头，简单洗漱一番便睡下了，心里却放不下辖区内那几位老病号。“叮铃铃……叮铃铃……”，一阵急促的铃声打破夜空的寂静，睡梦中的曹霞一下被惊醒，电话那头传来老病号周书根虚弱而粗重的喘息声：“老毛病又犯了……”曹霞下意识地看了看闹钟，指针正指向12：30。

古话说“麻绳专挑细处断，厄运只找苦命人”，此话用来形容周树根老人一点都不为过。居住在华南社区的周树根早年丧子，老两口又先后确诊为癌症，爱心义工社慈善义工团队成立以后，便把夫妇俩纳入帮扶对象。就在一年前，周书根的老伴又撒手人寰，撇下了风烛残年、孤苦伶仃的周书根，从此爱心义工社义工团队成员便成了他的家人，曹霞是他最亲的人。

放下电话，曹霞没有丝毫迟疑，立刻拨通爱心车队队长包启农的电话，但春节期间，包队一时还派不来车。情急之下，曹霞又拨通了120请求救援，并很快来到周书根住所，引导120把老人快速送往医院。凌晨的急诊室灯光如昼，不一会，转接周树根老人的救护车停在急救中心门前，担架车推下周书根的同时，曹霞也跟着下来了，述说老人的病史、挂号、交钱、住院……忙完这一切，东方已经泛起鱼肚白，曹霞等来为周书根请的专业护工，向他交代了一些注意事项之后，这才告别周书根老人，拖着疲惫的身躯迎着朝阳向着家的方向走去。

徐求良是爱心义工社慈善义工团队副队长，他是一位残障人士，凭着一股不服输的韧劲，仍然在事业上闯出了一片天地，残而弥坚、为富求仁的徐求良，为反哺社会进入了义工团队行列，组织开展和积极参与敬老、助老等慰问活动，为老人义诊、理发服务等，成为团队困难帮扶的骨干。

岳冬霞，助老助残战线的老兵，2018 年加入爱心义工社义工团队以来，服务老年群体 1000 余人次，义工服务时间 1000 多小时。作为一名义工团队的管理员，岳东霞坚持带队不定期上门为社区的孤寡、空巢老人提供量血压、剪头发、搞卫生等各类服务。如华南新村孤寡老人徐如璋体弱多病，腿脚不便，岳东霞责无旁贷地承担起家人的角色，陪他看病买药，串门聊天，帮助解决日常生活问题等，真可谓不是亲人胜似亲人。

陈丽美，凭借一门出色理发技术在开发区开了一家美发店，平时只要看到体弱多病的孤寡老人到店里来，她都会格外热心、体贴服务，看到困难的还会减免服务费。因为志同道合，陈丽美加入了爱心义工社义工团队。

陈丽美对笔者说："从小，我就是热心肠，喜欢帮助别人。在这个大家庭，能够帮助那么多需要帮助的人，我很开心，也很快乐"，"参加义工团队至今，我每个月参加上门为孤寡、空巢老人服务的活动，一次都没有中断，这期间在为老人服务互动中，慢慢感受到的那种信任感，使我体会到了自身的价值，生意受点影响就算不了什么。"陈丽美提到了一位居住在荣城国际小区的阿姨，因为类风湿关节炎导致她关节变形致残，严重影响日常生活，得了这种病真是很无奈，陈丽美她们因此经常到她家去帮忙，为她做家务，陪她聊天，舒缓精神。"对于我们的每一次帮助，她总是左一次谢谢、右一次谢谢，言语满是真诚，眼里充满善意，服务他人，快乐自己！有时候，爱就是这么简单。"陈丽美说。

关爱困境儿童就是关心美好未来

早在成立爱心义工社慈善义工团队之前，曹霞就经常参与慈善助学活动，深感帮扶留守等困境少儿的社会意义。

义工团队成立后，把帮扶困境儿童作为公益活动的重点项目。主要面向华都锦城社区及周边的困难家庭、父母外出打工或放学无人看管的留守等困境儿童，为他们举办看护班，以及在暑假等假期，举办“小雏鹰”七彩暑期兴趣班等公益助学。义工团队认真筹划，组织丰富多彩的文化知识教学、艺术兴趣培养、文体等活动，让孩子们的学习和生活有人管、有人教，培养他们正确三观和健全人格，助力其健康成长。很多义工团队的义工，每年暑假除了自己参与外，也会带着儿子或女儿做志愿者，为社区开展的小雏鹰助学培训班服务。义工团队成立以来，累计举办“小雏鹰”暑期班 7 次，服务困境儿童 600 多人次。

从 2018 年起，曹霞持续结对资助西藏自治区阿里地区措勤县达雄乡一个单亲贫困家庭的孩子。除了给他寄去学习费用以外，曹霞还总要安排时间，专程赴藏，给这个孩子送去衣物、文具等生活和学习用品，还有一些零食。曹霞说：“孩子很懂事，学习很努力，成绩也很好，我要尽己所能，通过自己的助学努力，让这个孩子健康成长，早日成才。”看到曹霞的助学事例，不少爱心人士也想要一对一地结对帮扶本地和外地的困难家庭学生。

奉献爱的精神　谱写爱的篇章

积极爱心捐款。开展慈善公益活动，进行困难帮扶，慈善资金是公益活动的基石，在这方面，爱心义工社和义工团队主要靠各位成员自愿捐款来解决。不管从事什么工作，不管收入状况如何，义工团队成员每年都要慷慨解囊，爱心捐款。2019 年至 2023 年，累计募集善款 46.4 万元，保证了团队慈善公益项目的实施。

助力疫情防控。2020年初，突如其来的新冠疫情打乱了人们的生产生活节奏，这时爱心义工社义工团队已成立近两年。面对疫情，爱心义工社义工团队积极动员，发动所有义工，响应市委、市政府的号召，积极参与到抗疫防疫中去。义工团队积极参与核酸检测秩序维持志愿服务、加入全市组织的抗疫“敲门行动”、上门摸排疫情防控登记、挨家挨户排查外省回丹人员信息等等。在抗疫三年中，据不完全统计，爱心义工社义工团队参与核酸检测秩序维持47次，义工服务3383人次，服务时长18.535万小时，服务群众41.2229万人次；参加抗疫“敲门行动”25次，出动义工210人次，服务时长1.05万小时，服务群众6.39万户；疫情值班30天，出动义工90人次，服务时长360个小时；慰问孤寡老人50户，开展生活必需品“无接触配送”服务，送菜价值2000元；慰问奋斗在一线社区工作者，发放牛奶、饼干、水果、方便面价值5000元（上述数据独立统计，与首段义工服务数据无重叠）。

参与其他公益活动。爱心义工社义工团队还积极助力文明城市创建，在创建文明城市迎检工作中，参加清理楼道、治安巡逻等志愿服务。与此同时，在学雷锋日、助残日、重阳节等重大活动时，也都积极参与，提供志愿服务，受到了广大群众的一致好评。

加强内部规范管理。麻雀虽小五脏俱全，爱心义工社义工团队注重规范化、制度化管理，打造社会组织公信形象。使用具有财务资质的吴风琴担任义工团队会计一职，严格按照财务管理制度，实行收支分离制度，募集的资金进行公示，每一笔支出按照财务审批制度执行，让义工团队的每一分钱的来去明了、清晰。定期接受审计部门审计，接受管理部门年度检查，年末向上级领导部门、慈善总会和志愿者如实汇报本年度的工作。

慈善义工服务从某种意义来说是“火种”，它不仅温暖着被服务方，也照亮着服务方，传播的是积极向上的正能量！

爱心义工社义工团队的成员，都是平凡而普通的人，他们质朴而无邪，他们因为爱心而崇高，他们用实际行动诠释了甘于奉献和大爱无疆的精神！

谁是最可爱的人？答案已跃然纸上！

（撰文　顾金燕）

车队行驶在爱心的道路上

——爱心车队慈善义工团队志愿服务掠影

爱心车队慈善义工团队连年实施“爱心送考”品牌服务项目

在丹阳城乡，人们往往在道路上看到车身标有“爱心车队”字样的出租车从身边驶过，这就是爱心车队义工团队成员驾驶的车辆。20 多年来，爱心车队始终秉持“遵章守纪、扶危济困、见义勇为、奉献爱心”的宗旨，以车为媒，奉献爱心，服务弱势困难群众，成为丹阳城市慈善公益的一张亮丽名片，受到上级领导和人民群众的广泛赞誉。义工团队原队长丁金高，2015 年 5 月被评为第一届丹阳慈善奖“最具爱心慈善行为楷模”，2018 年被授予“镇江好人”称号。2019 年 5 月，爱心车队“爱心送考”助学项目被评为第二届丹阳慈善奖“最具影响力慈善项目”；爱心车队慈善义工团队 2020 年 11 月被评为全市“优秀慈善义工团队”，现任队长包启农被评为“十佳慈善义工”，而后团队还获得多次表彰。

爱心车队因爱而生

困难和困境是社会长期存在的问题，当丁金高等出租车驾驶员，在行车途中或在日常生活中，每每遇有需要帮助尤其是需要出行帮助的弱势困难人群时，他们的心中总是怀揣着滚烫的慈善爱心，想要去帮助他们。尤其是21世纪初，私车尚未普及，弱势群体用车尤为困难，作为中共党员、退伍军人的丁金高，还有包启农等有志于慈善公益的出租车驾驶员，就商量着要利用车辆的便利条件来帮助有需要的困难群众。2003年11月，在市文明办、交通运输局、公安局、广电集团等单位的大力支持下，丹阳爱心车队正式成立，有30名素质过硬、服务优质的爱心出租车驾驶员参与。为了更好地服务困难群众，2013年11月26日，又成立了丹阳市慈善总会义工服务总队爱心车队慈善义工团队。20多年来，丹阳爱心车队和义工团队，积极实施“爱心方向盘”这一志愿服务项目，热诚开展慈善公益服务工作，利用车辆优势，每年都要为急需帮助的困难对象提供免费用车服务累计400余车次，其中“爱心送考”项目成为品牌义工服务项目。同时，还对困难对象开展经济帮困和生活服务，取得明显成效。

爱心车轮滚滚，出行服务不止

针对病残老弱出行难题，爱心车队和义工团队实施“爱心方向盘——助残扶老助医在路上”项目，发挥自身优势，全力提供出行志愿服务，取得明显成效，受到广泛好评。该项目2021年至2023年连续三年获评丹阳市新时代文明实践中心志愿服务大赛（社会组织类）一、二等奖。

1. 提供助医出行服务。助医弱势困难群体一直是社会关心帮扶的重点，爱心车队勇于履行社会责任，每年结对帮扶多名病残困难对象，为他们提供去医院看病等出行免费接送服务。

2015年，车队了解到家住练湖新城的尿毒症患者吴柏英因病家境困难，去医院血透治疗无人接送的情况，把她列为结对帮扶对象，从当年5月25日开始，每周三次接送她去人民医院血透治疗，直到她数年后去世。王美仙，70多岁的尿毒症患者，丈夫年迈多病，不久后去世，一个女儿出嫁小家庭都忙不过来，得知王美仙的困难，2017年11月，爱心车队将她确定为结对帮扶对象，每周一、三、五免费接送她去人民医院血透治疗，直到她2024年3月24日去世。

这样的服务事例还有不少，如2018年6月14日至8月30日，每周三次为尿毒症患者俞凯，提供去人民医院血透车辆免费接送服务；2020年7月2日至2022年12月24日，每周三次为老年尿毒症患者束顺康，提供去人民医院血透车辆免费接送服务；2023年3月11日开始，每周三次为家住吕城镇留庄村尿毒症患者周金娣，提供去人民医院血透车辆免费接送服务；等等。只要有需要，爱心车队义工团队的队员们都会第一时间赶到，提供优质出行服务。

2. 定时服务高考学生。“爱心送考”，是爱心车队“爱心方向盘”的重要服务项目，主要内容是每年高考期间，为需要帮助的高考学生提供免费接送服务，从2003年开始已坚持了21年，累计义务接送考生6500多人次，该项目受到镇江市和丹阳市多次表彰。

2019年高考前夕，一次突发交通事故导致刘瑜霏和她父亲两人身体多处受伤，无法正常坐立，但坚强的刘瑜霏坚持要求参加高考。为难之时，刘瑜霏的父亲向社会求助，希望得到好心人的帮助。爱心车队获知这一求助信息后，立即行动起来，制定详细送考方案，征得高考主管部门同意，租来小客车、担架和医院的护理床，调派专车与担架是用于每天接送刘瑜霏，而医院护理床则被安置在特殊考场内，便于刘瑜霏以一种躺在床上的特殊姿势参加高考。

坚持就是胜利。尽管身受重伤，尽管躺着考试，但刘瑜霏以顽强拼搏的精神，以扎实的学习成绩，获得了361分的高分，顺利被南京林业大学录取。虽然成绩较平时略有遗憾，但在特殊状况下能取得这样的成绩，刘瑜霏感到非常欣喜。爱心车队的队员们更是开心异常，感觉这一年的“爱心送考”特别有意义，因为提供力所能及的帮助，成功圆了一位坚强女孩的大学梦。

多年来，爱心送考的感人事例还有很多。2010年高考前夕，五中学生毛俊不慎腿部受伤，行动不便，爱心车队安排队员定人定时接送，保证毛俊同学顺利完成高考；2020年高考期间，爱心车队专门为有特殊需要的省丹中学生贡颜茹、六中学生许哲、五中学生周洁制定车辆接送方案，定点定时优质接送，帮助他们顺利完成高考，圆梦大学。

社会需要爱心，为考生尽一份心，出一份力，这就是“爱心送考”始终坚守的初衷。

3. 服务特殊对象。面对高温、暴雨、大雪等灾害性天气，可能造成的特殊出行困难，爱心车队推出“爱心热线电话”及“爱心车队”微信交流群，以便特殊天气出行有困难的市民，第一时间发布“求助信息”，爱心车队可以及时解决其出行难问题。同时，车队义工队员在日常行车中遇到急需帮助的对象时，也都是主动施以援手，从不迟缓。

2016年的某天晚间，爱心车队队员毛华兴开车行至城区太阳城路，突遇一位中年男子骑电动车摔倒在路上，满脸鲜血，毛华兴立即停车，把伤者抱到路边，拨打120急救电话，等救护车接走伤者治疗之后，毛华兴才离开。同年8月，爱心车队队员岳斌在营运过程中，行至千家乐转盘地带，一个约6岁的小孩招手打车要去常州。看到小孩没有父母监护，为保障儿童安全，岳斌随即将其送到和平桥派出所予以处置，并及时联系到其父母。他们的爱心行为受到了好评和感谢。

2018 年 10 月 30 日清晨，爱心车队队员景爱仙行车路上突遇一个烧伤严重急需用车的伤者，她马上停车，将伤员扶上车，然后紧急把伤员送到市人民医院，为抢救赢得了宝贵的时间。2021 年6 月 6 日中午，爱心车队队员朱国华驾车从新民西路往水关路方向右拐行驶，在路口等红灯时，看到前方一辆载满水果的电动三轮车与一辆私家车相撞，电动三轮车发生侧翻，压在驾驶员身上，当时电动三轮车蓄电池的电解液洒了一地，还冒起了烟，随时都有爆炸的危险。危急时刻朱国华立即下车和另一辆私家车驾驶员一起将电动三轮车翻过来，救出受伤被压的驾驶员。随后联系 120 急救车，把受伤人员送往附近医院救治，事后了解到电动三轮车驾驶员肋骨断了 4 根，受伤严重，但得到了及时救治。朱国华见义勇为的精神确实值得学习。

4. 订单出行服务。针对丹阳市文明创建、社会团体公益活动等实际需要，爱心车队推出用车预约“订单志愿服务”活动，为丹阳市相关部门、单位、社会团体，提供交通出行公益服务。2016 年至 2021 年，爱心车队与“玉汝于成”助学社合作，承担了学生夏令营活动的接送任务。每年的夏令营活动期间，队员们把“玉汝于成”助学社帮扶的优秀特困生，从各乡镇相关村和社区接到指定地点参加活动，活动结束后再把这些孩子送回家，确保安全优质接送，得到活动主办单位及家长们的好评。2022 年至 2024 年，爱心车队与爱心义工社合作，承担爱心义工社志愿者的免费接送任务。爱心义工社积极参与丹阳市新时代文明实践“五下乡”活动，提供免费理发等惠民服务，爱心车队对理发师等提供车辆免费接送志愿服务，三年累计接送近 50 车次。

拓展服务范围，丰富服务内容

爱心车队在提供慈善公益出行服务中，面对弱势群体的生活困难，以及社会服务需求，勇担责任，乐于奉献，积极拓展志愿服务领域和范围，不断提升慈善公益项目实施的层次和效果。

1. 积极筹集善款。对困难群体予以经济帮扶，需要资金支持。爱心车队每年都要发动所有队员奉献爱心，积极捐款。为了更多筹集资金，爱心车队还联系有意愿、有条件的企业和商家，自愿捐赠慈善资金，保证了开展经济帮扶慰问等活动所需要的资金。

2. 开展困难帮扶。一是开展困难对象经济帮扶。每当逢年过节，对于结对帮扶的困难对象，爱心车队都要上门看望慰问，送钱送物，帮助缓解他们生活上的困难。一直以来，爱心车队先后为特困家庭定点帮扶达30余人，还为陈静、王如平等4位白血病人，以及其他弱势困难对象积极募集善款50余万元，尽力为解决他们的困难贡献力量。二是开展困难对象生活服务帮扶。对于生活不能自理的困难对象，爱心车队也是结对帮扶，在生活服务、精神抚慰等方面予以帮助。邵苏阳，大学毕业后不久，因车祸双腿残疾，父母早年离异，他随母亲生活。从2010年开始至今，爱心车队就对他结对帮扶，经常免费接送他到医院看病。他母亲去世后，车队帮助料理后事。考虑到他重残孤身一人的生活困难，车队义工定期为他提供上门服务，为他买菜做饭、打扫房间、整理内务等。家住河阳新村的刘家锋原左腿伤残，近期骑电动车时右腿又被摔成骨折，行动非常不便，要去人民医院复查希望得到社会爱心人士的帮助。了解情况后，爱心车队安排2名队员从三楼把他背下来，陪同医院复查后再背着送回家。

3. 提供社会服务。“弘扬时代新风，倡导文明出行”，这是爱心车队成立之初就一直坚持的社会服务项目，主要是利用车队的流动性，配合有关部门宣传各类公益性的活动。车队先后被本市有关部门和单位聘为“无偿献血宣传志愿服务队”、“见义勇为宣传志愿服务队”、“九一八警报鸣放志愿服务队”、“慈善义工志愿服务队”等，积极参加活动，车辆顶端显示屏常年滚动展示各种公益宣传标语，成为宣传公益、倡导文明、弘扬社会正能量的流动阵地，起到了其他宣传方式起不到的作用。

车轮滚滚，一路向前，爱心服务，永不止歇。爱心车队已驶过 20 多年，现任爱心车队队长包启农表示，爱心车队承载着每个队员的无私奉献精神，将永远行驶在服务人民群众，尤其是服务困难群众的爱心的道路上。

（撰文　张　军）

徽聚爱　徽洒爱

——徽聚爱慈善义工团队志愿服务掠影

徽聚爱慈善义工团队帮扶慰问陵口镇敬老院老人

听说，丹阳有一个以徽商为主体的爱心组织，慈善公益活动做得风生水起，为了一探究竟，2024 年 12 月下旬，我与徽聚爱慈善义工团队队长於文全先生约定，在“徽聚堂”华东企业联盟的办事处见面。

於先生是安徽人，一个看上去有些粗犷的中年汉子。他出身安徽农村，沟通时了解到我大学毕业于安徽，同样农村出身，从外地来丹阳定居，并且从事眼镜行业，于是，我们的交流似乎更轻松了起来。以下是采访的主要内容：

问：於先生，你们办事处门口挂着“徽聚堂华东企业联盟总会”的牌子，可以介绍一下吗？

答：我们徽聚堂华东企业联盟总会，是由来自华东地区六省一市 400 名年销售超 2000 万元以上的企业家组成的，总会设立了多个分会。主要是加强企业之间的联系，互通信息资源，促进共同发展，为所在地经济社会建设、民生事业发展多做贡献。同时，帮助困难对象，也是成立联盟的动因之一，这是我们的共同责任。

问：您从事慈善事业的初衷是什么？

答：我20世纪70年代中期出生在安徽农村，记忆中的家乡是极度贫困。父母都是农民，生有4个孩子，姐姐还是小儿麻痹症，生活艰难可想而知。我从小立下志向，通过奋斗改变命运，助力家乡脱贫，并尽力帮助遇到困难的人。

我初中毕业后就外出打工，备尝艰辛，经过十几年的打拼，小有所成，开启了创业之路。2010年前后来到丹阳，虽然几经起伏，但所创办的江苏东嘉光学眼镜有限公司发展势头良好，具有一定经济实力。现在我是一家企业的老板，始终觉得企业应该履行社会责任，就是我们常说的“能力越大，责任越大”。再说，我的创业初成，除了个人努力，还有丹阳人民、政府部门，以及朋友们的帮助。“徽聚爱”里的企业家大多是来丹阳慢慢打拼出现在的生活的，我们有能力就应该回报丹阳人民。

问：听说，“徽聚爱”慈善义工团队成立之前，你就一直在做慈善公益？

答：是的，我在具有一定能力之后，就一直在做帮扶困难人群的事，成立义工团队之前，主要从两个方面做慈善公益。一方面，主要是帮助遭遇困难的安徽籍在丹创业及打工人群。联合在丹阳有心从事慈善的安徽籍企业家，一起来帮助在外地谋生的安徽人，如帮助他们解决因病困难的问题，以及解决子女上学等问题。2023年，一个在丹阳大润发肯德基打工的安徽阜阳小女孩，忽然遭遇车祸，我们紧急联系进行抢救，而后又为其协助追讨赔偿金16万元。当然我们群里的企业家们，如果他们遇到了困难，我们也会去帮助他们，上海分会的一个会长前段时间因心梗去世了，其子女教育费用已被纳入长期资助计划。我们同样也帮助安徽家乡，如采购安徽农民的米、面、油、蜂蜜、玉米等农产品，用于慰问困难帮扶对象，这样可以一举两得。

另外，参与本地爱心组织做慈善公益，帮助安徽籍以外需要帮助的人。2017 年，位于司徒的凤凰 520 义工团队成立，他们来向我们徽商募集资金，在慈善捐赠的同时，我感觉参与他们的活动也很好，一来二去，我就做了凤凰 520 的项目总监，深度参与慈善公益项目，自己也单独帮扶了一些困难对象。2020 年，联系“玉汝于成”助学社资助一位困难家庭小学生 3000 元。陵口有一户困难家庭，两个孩子分别 17 岁、6 岁，都患有肌肉萎缩症，父亲打工，母亲在家照顾孩子，家庭十分困难。我们先是捐款 5000 元，又送两个孩子到上海检查病因，再募集 1 万元，帮他们解决医疗费用。

问：为什么要成立“徽聚爱”慈善义工团队？

答：主要是为了发挥我们的优势和特色，提高慈善公益活动的组织化程度，更好帮助需要帮助的人。经过多年的实践，我们感觉要在原有基础上提升慈善公益活动的水平和层次。而依托我们的徽聚堂华东企业联盟，组建自己的公益队伍，能够在慈善公益上发挥更大作用。我们徽聚堂丹阳的成员经过商量，于 2023 年 8 月注册成立了“徽聚爱”公益服务中心，当年 11 月又成立了“徽聚爱”慈善义工团队，并加入丹阳市慈善总会义工服务总队，义工团队理事会共有 11 人，还有基层小组骨干等，现在是一个有三四十人的团队。

问：“徽聚爱”慈善义工团队慈善公益活动有哪些设想和行动？

答：我们义工团队成立才一年，工作大体上抓好以下几个方面。一是募集慈善公益活动所需要的资金。二是开展慈善救助和公益活动，具体分两大类：一类是群体性和个体性困难帮扶。另一类是助力乡村振兴，实施慈善公益项目。在困难帮扶上，主要挂钩帮扶丹阳市“富民强村”帮促行动的 5 个经济薄弱村，即陵口镇的折柳村、煦庄村、郑店村，珥陵镇的积庆村、新庄村，经过摸底排查，找出困难对象，予以结对帮扶。一年来，开展了“夏季送清凉”、“冬季送温暖”困难帮扶活动，对低保类对象，每户每次发放帮扶金500元，以及油、米等价值200元以上的生活物品；对低收入困难对象，每户每次发放价值200元以上的生活物品，共帮扶了246户，支出助困金10万余元。还开展了助老志愿服务，组织义工团队成员，多次到陵口敬老院，为五保老人理发、剪指甲、洗床单等，同时，还送去生活物品。今年我们还帮助积庆村一困难农户销售翠冠梨120箱价值1.2万元，帮助司徒镇杏虎村销售600多箱水蜜桃。我们还推出造血帮扶项目，如有一个残疾女孩，想自立自强开一家花店，在调查核实符合帮扶条件后，我们会帮她租赁店铺、装修店铺，使她能够顺利营业，自食其力，融入社会，体现价值。

在助力乡村振兴方面，我们在去年的12月3日进行了第三次管理大会期间，确定我们重点结对帮扶对象——丹阳市经济薄弱村茅山老区的珥陵镇积庆村。我们上门入户排查出52户重点困难对象，采取一户一档，根据实际情况予以帮扶。除了夏、冬两季困难帮扶慰问外，还助学珥陵镇积庆村困难家庭两个中学生、三个小学生，主要解决他们的学费，以及开学时为他们购买学习和生活用品，并且要跟踪助学直至他们大学毕业。还为积庆村10个困难家庭的子女安排了就业，每人岗位月收入3000元以上。2024年12月26日，毛主席诞辰纪念日，我们还去积庆村慰问在党50年的困难老党员42名。同时，通过农商结合的方式，实施产业项目来进行整体帮扶。我们联系了安徽省农科院专家来积庆村调研考察，提出“车厘子栽种采摘建设项目”，项目共39亩地，总投入50万元，项目实施成功后，预计每亩产值10万元，将有效提高村里收入。另外，帮助积庆村建设两处标准厂房，分别用地7.9亩和4.2亩，建成后出租给企业，可形成固定收益。目前，两个项目我们正在协助积庆村紧锣密鼓地推进中。

问：於先生，听您讲开展这么多慈善公益活动，那所需要的资金怎么募集呢？

答：我们的慈善公益活动实施项目化管理，募集资金也是围绕项目来开展的。比如我们开展夏、冬两季困难群体帮扶慰问，会提出实施方案，明确帮扶对象、标准、办法和资金，理事会讨论通过后，围绕这个项目开展资金募集。再比如，我们帮扶珥陵镇积庆村产业项目，需要建设标准厂房，或者企业入驻标准厂房，我们都会向爱心企业发布信息，争取他们的支持。

我们有 115 个相对固定的徽商来爱心捐赠，每次把帮扶项目发在群里，他们根据自己意愿进行捐款，每次项目启动，捐款响应都很踊跃。我们联盟有一个好兄弟让我很感动，他得了癌症，花了很多钱来治疗，但是看到群里发布的困难帮扶信息还是捐了钱。今年 9 月，我们还成立了“丹阳市滁州经济文化发展促进会”，也是向我们慈善公益项目开展捐赠的重要力量。除此以外，我们义工团队的成员也会自愿捐款，这样就比较好地解决了我们开展慈善公益活动所需要的资金问题。

当然，我们也会确保账上有一定存量的资金，如果有临时困难对象求助，或者一些突发的事情需要帮扶和处理，我们就可以有资金在第一时间响应和解决。

问：“徽聚爱”慈善义工团队要持续健康运作，在组织建设和规范管理上，也要花费不少精力吧？

答：我们成立“徽聚爱”慈善义工团队的目的，就是要以此为阵地长期去做慈善，把它做成一份事业。为此，我们高度重视内部管理，组建了比较完备的管理机构。我当义工团队队长，两个分别负责联系企业和义工服务的副队长，下面还有理事长、秘书长、行政总监负责执行工作。再下面还设置了走访组负责困难情况调查核实，慰问组负责上门入户困难帮扶慰问，义工组负责义工志愿服务，宣传组负责宣传报道工作，还有财务主管、项目总监，这样就做到分工明确，各负其责，形成了完备的组织架构和工作体系。除了管理层和队伍骨干外，我们还有100多个义工队员，近40名注册义工。注册义工都要接受专业培训，经过考试，取得义工证，开展专业化的志愿服务，还要接受年度考核，保证了团队各项慈善公益活动和内部管理工作保质保量地完成。

同时，我们尤其重视资金管理和财务管理，制定了相关工作制度，任何资金的使用，都要理事会9个成员集体研究，讨论决定，多个负责人签字才能支出。每一笔善款，都是专款专用，确保用于困难帮扶和公益活动。财务管理方面，配备了具有资质的财务人员，收支两条线，确保账目清楚，没有瑕疵。每年都要接受审计机构审计，接受市慈善总会的年度检查，切实让捐赠者放心，让受助者满意，让社会信任。

问：於先生，您是一名企业家，平时要忙于自己的企业，同时在徽聚爱担任领头羊的角色，怎样兼顾呢？

答：企业和慈善两边的工作对我都很重要，没有企业，想做成“徽聚爱”这样一个慈善机构也会有心无力。同时，“徽聚爱”是一个团队，大家信任我，愿意聚在一起来做慈善，并且共事这么多年。那么除了团队的大事要谋划外，其他一些具体工作比如下乡帮扶，我都会尽量和“徽聚爱”团队一起去做。毕竟我们在做的善事，是需要大家共同出力的。同时，我们的团队中都是志愿者，其中还有不少女性志愿者。大家都有自己的工作，还有家庭需要照顾。全体成员长期投身“徽聚爱”的参与慈善公益事业，不少人在时间、精力上所面临的困难比我更多。但我们公布一项任务布置下去，大家都可以很快响应，积极去落实，把事情做好，这一点我很欣慰。作为团队的领头羊，我更应该和大家一样去无私奉献。

结语

慈善事业是一份高尚的事业，在与於先生的对话过程中，可以感觉到徽聚爱慈善义工团队是一群了不起的人。其中所有人都像於先生一样，需要在自己的工作及生活之外，付出大量的时间与精力，才能够做好“徽聚爱”的慈善事业，这种奉献精神和高尚情怀令我深为感佩。本次对话，让我，一个对于慈善事业没有深入了解的人，明白了慈善事业的意义和价值之所在。“徽聚爱”音同“汇聚爱”，我想这便是“徽聚爱”慈善义工团队从事慈善事业的精神力量。唯有彼此守望相助，方能共克时艰。

（撰文 陆 闵 於文奎）

舞者之美　源于大爱

——群星艺术团慈善义工团队志愿服务掠影

群星艺术团慈善义工团队开展文化助老志愿服务活动

在丹阳市慈善总会义工服务总队所属的义工团队里，有一支特殊的团队，她们以排练和演出文艺节目的形式，来参与慈善公益活动，她们就是群星艺术团慈善义工团队。

八年前，原本属于文化馆的群星艺术团，只是一个以张利民为首自发组织的舞蹈爱好者业余文艺团体。艺术团的“领头雁”张利民，原是丹棉集团的中层干部，长期爱好文艺，退休后被聘为丹阳市老年大学舞蹈教师，并担任群星艺术团团长。张利民热心以舞蹈丰富群众文化生活，热心以舞蹈参与慈善公益事业。即便身患多种疾病，张利民也是矢志不渝，带领艺术团做出显著成绩，多次获得上级表彰。面对赞誉，张利民只是笑笑说：“我只是丹阳慈善事业队伍中的普通一兵，做了自己能做且应该做的事而已。”

群星艺术团成立之初，大家为了舞蹈艺术聚集在一起，为了丰富群众文化生活而排练和演出。为了进一步扩大服务对象和服务领域，团长张利民倡议以文艺表演的方式投入慈善公益活动中去。张团长的建议，得到了全体队员的一致赞同。2017 年的 3 月 13 日下午，丹阳市慈善总会义工服务总队群星艺术团慈善义工团队，在市总工会三楼小礼堂召开成立大会，丹阳市有史以来的第一支慈善公益文艺服务义工团队应运而生。

义工团队创立之初，就提出并实施了“文化助老乡镇行”的慈善义工服务项目，每年适时走进乡镇，为各乡镇敬老院的老人们进行公益助老慰问演出，以歌舞表演的方式，传递党的声音，弘扬文明新风，丰富老人文化生活。八年来，群星艺术团慈善义工团队履约践诺，彰显了“奉献　友爱　互助　进步”的志愿者精神，发挥了慈善组织在社会生活中的积极作用，成了丹阳市慈善义工服务活动中的一支别具风采的力量。

八年来，群星艺术团慈善义工团队，累计慈善公益演出近百场，演出各种文艺节目 178 个，服务人数近 2 万人，每个义工队员服务时间近 520 个小时。

有这样一个场景，随着欢快的音乐响起，十二位身穿红色舞蹈服装的演员，在延陵镇敬老院的院子里，大地做舞台，天空为背景，面对敬老院的老人们，欢快地跳起了《送吉祥》的舞蹈，这些舞者就是群星艺术团慈善义工团队的队员们。伴随着一阵阵热烈的掌声，队员们陆续为老人们送上了锡剧、越剧、独唱、合唱、歌伴舞、小品、配乐诗朗诵等一个又一个精彩节目……

这是群星艺术团慈善义工团队举办的一次普通的慈善演出。像这样的演出，每年都会举办十几场，演出的地点遍布全市各个乡镇的敬老院、老年公寓、养老所、疗养院、福利院等等。

“文化助老乡镇行”的慈善义工服务，主要有三个内容：

一是文艺演出，以此丰富老人的文化和精神生活。

二是助老慰问，群星艺术团义工团队每次慈善演出，不收敬老院的一分钱，不吃敬老院的一顿饭。反而每次上门演出前，队员们都会自发地捐钱，购买一些时令水果和生活必需品，演出后慰问并发放给敬老院的老人们。同时，自带盒饭和饮用水，不给敬老院增加一丝一毫的负担。

三是生活服务，群星艺术团义工团队每次演出结束后，队员们都要给老人们理理发、修修指甲、量量血压，同他们聊聊天，嘘寒问暖拉拉家常。“老吾老，以及人之老；幼吾幼，以及人之幼”，让老人们感受到虽然不是家人却胜似家人的精神慰藉。

记得有一次在横塘敬老院演出结束后，队员们对老人们开展慰问交流，得知一位张大妈因骨折卧床休养，没能到院子里观看演出，感到非常遗憾，因为张大妈年轻的时候，也是一位文艺爱好者，喜欢唱歌跳舞。

张利民团长获悉这一情况后，二话不说，立刻组织了部分队员，专门到张大妈的床前，为她进行了舞蹈和歌唱表演，队员们的表演使张大妈感动得热泪盈眶，那些闻讯赶来的其他老人看到此情此景也纷纷道谢，感谢队员们的真情实意。最后，在队员们的提议下，敬老院的老人们和义工团队的队员们合唱一曲《爱的奉献》结束了这场特殊的专场演出。

回城的大巴上，大家纷纷感慨地说，以前总以为，我们唱歌跳舞只是自娱自乐，别人观看，也只是一种消遣。但是，通过今天的慈善演出可以看出，对于敬老院的老人们来说，我们的慈善演出，不仅仅是一种消遣和娱乐，更是让他们体会到党的温暖和社会的关怀，丰富了他们的文化生活，满足了他们的精神需求，让他们感受到“老有所养、老有所乐、老有所为”的真正意义，满满的幸福感也会油然而生。队员们说到，感受到了自己被别人所需要，也感受到了被别人所认可和尊重，我为人人，人人为我，“赠人玫瑰、手留余香”确是一句至理名言。

慈善演出是这样，其他公益活动也是如此。通过八年来的实践，显著增强了全体队员的慈善意识，激发了参与热情，只要市内有单位举办慈善活动，总会看到群星艺术团慈善义工团队的身影。如果说在职时参与慈善义工活动，是为了提升自我价值，那么退休后参与义工服务，更多的是出于一份社会责任。尤其是在那三年的艰难抗疫岁月里，全体队员更是不畏风险，踊跃投身到各种抗疫义工服务活动中去。

俗话说得好，台上一分钟，台下十年功。为了保证演出质量，队员们坚持每周三到四次的训练。这样的训练次数，对于普通的舞蹈爱好者来说不算多，但是对于群星艺术团的成员来说，确实不容易，因为她们大都是年近花甲的退休人员，家里家外诸事缠身。支撑她们的，是通过一次次的慈善公益演出活动，所感受到她们的行动能够带给别人的正面效应，每一次活动都会给社会带来积极的作用。久而久之，内心深处这种感动升华成了队员们的一种社会责任，似乎不做不行，非做不可。就是这样简单朴素的情感，促使她们不断将公益理想和慈善项目实践下去，造福更多的人。

除此之外，群星艺术团不仅是江苏省首批优秀群众文艺团队，也是丹阳市的优秀群众文艺团队，隶属于丹阳市文体广电和旅游局，是市文化馆的馆办团队。他们除了每年有十几场慈善演出外，还肩负着丹阳市文化惠民公益演出的重任，每年参加全市大大小小的各种文化惠民演出，多达五六十场。这里，除了队员们紧张的排练和付出之外，更离不开张利民团长对演出节目的不断创作和创新。八年来，张团长自编自导的演出节目多次获得江苏省、镇江市、丹阳市等各种艺术类和体育健身类的奖项，也为群星艺术团赢得了广泛的赞誉。在2019年镇江市金山文化艺术节中，群星艺术团被评为“优秀文艺团队”，还先后被评为江苏省群众文化百千万工程优秀群众文艺团队、镇江市群众文化十百千工程优秀群众文艺团队。

八年如一日的训练和演出，不但充实了大家的精神生活，也凝聚了团员们的集体意识，大家是义工队员，更像是家人。在训练和演出之余，大家每年也会抽出时间去团游，把美丽的舞姿和温暖的大爱传送所到之处的旅游景点，做好事善事不留名，但她们也会将那些乐于助人、无私奉献的善举，拍成小视频发布到网络上，把义工队员们的美好倩影推送到更加广阔的天地，使大爱无疆的美好事业发扬光大，永久传递。

也许是舞蹈的魅力，也许是慈善的力量，让这支义工团队的队员们看上去依然那样的年轻、漂亮、激情四溢而又充满青春的活力。

正所谓舞者之美，源于大爱。

（撰文　佟　云　张利民）

医者仁慈心　行善云州城

——城中医院慈善义工团队志愿服务掠影

城中医院慈善义工团队积极开展志愿服务活动

2015 年 5 月 22 日下午，丹阳城中医院会议室，会场洋溢着热烈、欢快的气氛，丹阳市慈善总会义工服务总队城中医院慈善义工团队成立大会在这里召开。义工团队由本院医生和护士 18 人组成，主要利用业余时间，开展系列医疗为民义工服务。

慈善助医　扶贫帮困

说起城中医院做慈善公益，那是由来已久。2013 年 5 月，市慈善总会刚刚成立，易金李，这位多家民营医院的老板，来丹阳接手城中医院不久，就找到了市慈善总会陈步荣会长，说是开办医疗机构，本就是为了救死扶伤，医院和慈善有着天然的联系，听说丹阳成立了慈善总会，就想和总会合作，对到城中医院就医的困难群众给予帮助。而后，医院和总会签订了爱心助医协议书，明确规定，本市低保类困难群众到城中医院住院治疗，可以得到城中医院的慈善资金帮扶。2018 年，助医范围又扩大到低收入困难对象，具体分别给予低保类、低收入类住院困难对象自付医疗费用 30% 和 20% 的慈善资金救助。而且，符合救助条件的对象到城中医院住院就医和出院，城中医院都派出专车接送。2014 年至 2023 年，累计共助医 3481 人次，支出助医金 112.33 万元，体现了城中医院的社会责任感和大爱情怀。

为了更好地服务于弱势困难群众，2015 年城中医院在市慈善总会的帮助支持下，又成立了慈善义工团队，要求义工成员牢固树立“以人民为中心”的理念，提高为弱势困难群体服务的自觉性和责任感。同时，组织义工开展医疗业务知识技能学习培训，力求服务质量和水平，确保提供义工医疗服务无差错，把为民服务做牢做实，为构建和谐社会贡献力量。

医者仁慈心　关爱人之老

城中医院义工团队成立以后，深入调查研究，找准服务方向。针对我国已进入老龄化社会，老年人健康状况相对较差，寻医问药服务需求较多的实际情况，城中医院义工团队从自身行业特点和优势出发，把对老年人提供健康医疗服务作为重点，明确为社区老年人提供义诊和免费体检等服务内容，全力推进各项医疗助老义工服务措施的落实。

一是深入开展固定场所义诊活动。为了让城区老人享受到城中医院义工团队的优质服务，团队组织义工深入各街道社区进行义诊活动。起先是利用节假日，到市民广场等公共场所设置义诊点开展医疗服务，而后发展到和社区合作，有针对性地为老年人提供医疗服务。只要社区提供场所，城中医院义工团队便会设置服务点，免费为社区居民服务。尤其是老小区，居住的老人比较多，他们年纪大，腿脚不灵活，很多子女不在身边，又有各种各样的基础病，迫切需要这样的服务。义诊服务对他们而言不收费，没有经济压力，又能了解自己的健康状况，发现问题可以对症下药，及时治疗。每到一个社区，城中医院义工团队都要布设义诊点位，为有需求的老人义诊，并登记存档相关信息，以便后续跟踪服务。还专门组建中医专家义工组赴老年人较多的小区，进行中医把脉问诊和康复理疗等服务。仅 2023 年就开展义诊 86 场次，服务老人 1978 人次。

二是深入开展上门问诊服务。随着科学技术的进步，医疗机构智能化服务程度不断提升，却让很多老年人难以适应，他们有的不会用医保卡，有的不会用微信支付宝，去医院看病难成了他们的一块心病。为此，城中医院义工团队除进行固定场所的义诊之外，还委派专职医生对有需求的老人上门入户问诊和检查。如对云阳小区老人的上门问诊服务多达 260 户，到太阳城小区专门为 80 岁以上老人上门开展医疗问诊和其他健康服务等。

三是深入开展免费体检服务。一人生病，全家受累，小病不看，大病遭殃，保持健康的首要前提就是重视体检。而做好老年人的体检尤其重要，及时体检发现情况，有利于尽早治疗，去除病痛。在这方面，城中医院义工团队将老年人体检纳入固定场所义诊、上门入户问诊等医疗服务的重要内容，对服务对象有病看病，没病体检，一人一档，动态管理，把对老年人的健康医疗服务推进到更深层次。

四是为失能老人提供生活服务。每年义工团队都要对义工服务工作进行分析和总结，在服务的过程中发现，社区的孤寡老人不仅需要健康服务，同时因为缺失子女亲人照顾，生活不便也是需要解决的现实问题。针对老年人的综合服务需求，城中医院义工团队不断丰富服务内容，持续拓宽服务领域，除了提供义诊和免费体检服务外，只要社区和老年人有健康维护和生活服务需求，义工团队都是义不容辞，倾力提供志愿服务。如经常帮助卧病在床的老人打扫环境卫生、购置生活用品等等，这些延伸的温馨服务，受到了社区居民的夸赞，称义工们是一群不怕苦不怕脏的好儿女。

71 岁的毛文琴，家住城市绿洲小区，丈夫和儿子都已病故。毛文琴患有严重的风湿关节炎，不能正常行走，生活很不方便。义工团队主动结对帮扶，上门为她提供各种服务。毛文琴身体稍有不适或生活需要帮助，一个电话，不管白天还是深夜，义工们都会赶过去看望，陪她就医抓药配药，并定期去她家做家务，有时还烧好了饭菜送到她的床头，基本解决了她的生活困难。多年的服务，义工们和毛文琴建立了深厚的感情，成了她生命中唯一的依靠，无私的帮助，常常让毛文琴感动得想哭。

在固定场所义诊、上门问诊和免费体检等服务活动中，义工团队的义工们，冒酷暑忍严寒，带着医疗器械，走街串巷，挨家挨户，为居家老人仔细检查身体，成了社区一道亮丽的风景，他们辛勤的付出，得到社区居民的一致好评。

打造爱心小屋　升级医疗服务

为了提升对弱势困难群体的医疗服务内容和水平，城中医院义工团队在义工医疗服务上，实行三个“提升转变”。一是从单项服务向综合服务提升转变。二是从临时服务向经常服务提升转变。三是从流动服务向固定与流动结合服务提升转变。具体做法是，与社区合作，打造“爱心小屋”医疗服务站点阵地，由社区提供固定场所，城中医院义工团队为每个爱心小屋配备专职服务人员，为布设爱心小屋所在社区居民，尤其是老年居民提供义诊、上门入户问诊、体检、陪医、配药送药等，综合性和经常性医疗健康服务，把爱心、便利、健康送给每一个需要的群众，尤其是老年弱势困难群众。

城中医院院长、义工团队队长周亚华说，“爱心小屋”是这座城市弱势群体看病就医的一个平台，它解决的是居家老人、特困户、残障人员及卧病在床、行动不便患者就医困难问题。这种层面的问题解决好了，对家庭和社会都是一种减压，可以让更多年轻人释放能量，把精力投入工作中去。

截至2024年3月，城中医院义工团队和社区合作，在云阳桥、大定船、太阳城、凤美新村等社区，先后打造了15个慈善“爱心小屋”医疗服务点。“爱心小屋”医疗服务点由社区提供场所，城中医院义工团队提供服务，以前是定时定期提供服务，现在是每天轮流不间断服务。这些“爱心小屋”医疗服务点布设科学，几乎辐射到丹阳整个城区，为社区居民尤其是老人，提供综合医疗服务。“爱心小屋”站点义工服务的具体流程是：早上6点40分至9点提供免费体检和义诊，9点以后上门问诊服务，并登记买药配药需求，下午上门送药服务，并根据需要提供失能老人生活服务。

“爱心小屋”医疗服务点的出现，很好地解决了社区居家老人、特殊困难户、残障人员、行动不便和卧床不起患者等弱势困难群体就医看病配药不方便的问题，让他们不出小区大门，就能看病抓药和免费体检，切身感受到了“爱心小屋”工程的好处。有些社区领导也主动找到城中医院，希望将“爱心小屋”医疗服务点落户本社区，更好地为社区老人和困难群众服务。

十余年来，城中医院义工团队秉持慈善为民、服务为先的宗旨，积极为社区居民提供周到服务，“爱心小屋”得到了社区居民的一致拥护，也得到了市委、市政府和市慈善总会的充分肯定和高度评价。这一成绩的取得，离不开城中医院的组织领导，离不开义工团队成员的辛勤付出。他们用无私奉献的精神和精湛优质的服务，在爱心小屋书写着一段段感人的故事。

云阳小区“爱心小屋”医疗服务点，设置在云阳小区一条并不宽敞的弄堂内。这是个老小区，老年居民很多，每天一大早，就有很多老人在爱心小屋门口排队等候体检和义诊。云阳小区爱心小屋每天义诊、体检等服务一般都有40至50人次，多的时候60多人次，配药送药服务一个月有300多户次。

说起爱心小屋，社区的老人们一个个都拍手叫好，夸奖说城中医院义工团队为老百姓办了一件大实事大好事，让他们不用出小区大门，就能检查身体，看病抓药，而且不收他们一分钱。

姜云仙负责云阳小区等三个“爱心小屋”，每天轮流值守，基本没有休息时间。姜云仙每天都是 6 点 40 分前到达点位，虽然非常辛苦，但从无怨言。她想着尤其对于患有糖尿病的老人，空腹时间太长会引发低血糖，严重的会导致昏迷，早一点为他们检查，能让他们早一点吃上早饭。为此，无论冬夏，她都尽心尽职把义工服务做好，不希望因为自己的疏忽，让“爱心小屋”的名誉受损。

提起义工姜云仙，大家竖起了大拇指，说她工作细致入微，服务热情，对于记性不太好的老人，她会把药名写在便签上，防止他们买错药吃错药。一位在爱心小屋体检出来的老人说：“姜云仙是一位很负责任的义工，她每天都帮我们这些孤寡老人买药送药，比我们的亲生儿女还要孝顺，她是我们的恩人！我们已经把爱心小屋当成生命中另外一个家，一个安全的可以信赖的港湾，只要到爱心小屋服务的日子，我们都要过来走一走看一看。”老小区都是楼梯房，上楼下楼很考验人体力，虽然身心很累，但姜云仙仍马不停蹄。每天下午，她都会背着包出现在小区里，满脸大汗穿梭在林立高耸的大楼之间。包里的药是那些行动不便和卧床不起的患者的救命丸，她要把延续生命的希望及时送达。十年风雨路，姜云仙不知在这些小区和大楼间来去了多少回，老人们听到她的脚步声，心里总是涌起一股不舍的情感。这种不是亲人却胜似亲人的关爱，让他们心中暖流涌动。

大定船社区“爱心小屋”医疗服务点，位于云阳街道海幼路 88 号。“爱心小屋”原先设在社区院子的一间小房子里，由于前来体检和问诊的居民渐渐变多，城中医院义工团队和社区商量搬到临街一间比较宽敞的门面房内，并一直在这里免费为居民尤其是老人服务。每天来大定船社区“爱心小屋”检查身体和问诊有 20 多人次，多的时候有 40 多人次。

樊卿是负责大定船社区“爱心小屋”的义工，每次一大早，聚集在爱心小屋门口的老人看见她就像看见亲人一样，这些老人的情况都由她登记在册。为了让老人及时了解自己健康状况的变化，测血糖、量血压，测体温，樊卿从不马虎，一再细心叮嘱。有基础病史的老人，樊卿还为他们进行问诊和购药指导。除此之外，樊卿所在的“爱心小屋”还为居民和老人提供中医咨询、心理咨询、健康咨询、免费理疗，居民们亲切地称赞这个“爱心小屋”为慈善超市，一个免费的超市。

便捷式的上门入户问诊服务是城中医院义工团队一种特殊服务。樊卿也不例外，在“爱心小屋”的体检和义诊结束后，一些家属会预约她去上门服务，并为他们买药送药。义工服务多年，樊卿深有感触，一些行动不便卧病在床的老人，他们需要的不仅仅是身体的康复，更需要心灵的慰藉，城中医院义工团队的这种服务，满足了她们内心深处情感的需求。久病无孝子，而“爱心小屋”的服务只有安慰，没有怨言。

朱腊娣、朱二保夫妇，家住大桥新村 170 号楼 401 室，身患多种疾病，儿子 20 年前失踪未归。查志云夫妇，90 多岁高龄，身患心脏病和哮喘等多种疾病，儿女在外地工作。还有很多寡居孤独的老人，因为没人照顾，生活很是糟糕，就医更是一件难事。“爱心小屋”和义工服务的出现，无疑为他们打开了方便之门，让他们的生命多了些慰藉，樊卿和其他义工一样，只要有事相求，总会及时出现在他们面前。

兴隆苑社区“爱心小屋”医疗服务点，设在小区北大门，虽然房子有些简陋，但居民们对它却赞不绝口。

张清莲是负责这个点的义工，也是每次早早来到点位。看到那些步履蹒跚的老人排队等候在“爱心小屋”门口，张清莲就生出不舍，看着那一双双期待的眼睛，张清莲话不多说，卸下肩上的包袱，准备好简单的医疗器具，就投入工作状态。一位老人提起张清莲说：“她把我们当亲人一样对待，比我们亲闺女还要孝顺。”听说“爱心小屋”要拆迁，他激动地说：“‘爱心小屋’不能拆，它拆了，我们就没有地方了。”老人的话，可以看出“爱心小屋”在老百姓心目中的分量。有老人在“爱心小屋”做完体检，想到大医院进一步就医，张清莲一个字：“行。”尊重服务对象，是城中医院义工团队“爱心小屋”的行为准则，义工服务是付出，不是交易。老人外出就医，如果没有子女陪同，老人又腿脚不便，张清莲也会陪同就医。张清莲说，“爱心小屋”会尽最大努力，去帮助这个社会的弱势群体，让他们老有所医，老有所养。

张清莲服务的对象很多，配药送药，是每天必须去做的。对于一些特殊的困难户，她也是结对帮扶。87 岁的王月华家住小牛场，患有心脏病、脑梗等疾病 31 年，还患有先天性白内障。丈夫 2014 年去世，女儿是残疾人。王月华生活无法自理，患病及有事的时候，她第一个想到就是张清莲，一有风吹草动，张清莲就会出现在她的身边。张清莲已经连续为这个家庭服务了四年多。一年四季，寒来暑往，张清莲细心照顾，嘘寒问暖，成了王月华生命里唯一的希望。人生苦短，岁月茫茫，四年弹指一挥间，但在王月华母女心中，却是一辈子的恩情。

以上只是城中医院义工团队“爱心小屋”义工服务的几个剪影，还有其他十几个“爱心小屋”，每天同样也在述说着温情、感人的义工服务爱心故事。

关爱弱势群体是整个社会应尽的责任和义务，城中医院义工团队用实际行动，向他们伸出了援助之手，值得夸赞。“爱心小屋”和义工团队成员，用无私奉献的精神和细致入微的服务，交出了一份满意的答卷。

2021 年，城中医院获得丹阳市卫健委“爱心小屋社区助老”项目三等奖；2020 年，城中医院义工团队束志云被丹阳市新时代文明实践中心、市文明办、市慈善总会评为“优秀慈善义工”。

慈善是我们这个社会可贵精神的体现，是中华大地上发光的金子，它为贫困者和弱势群体送去的是尊严和希望。

在接下来的义工服务中，城中医院义工团队将进一步发展壮大，医疗健康义工服务将做得越来越好，尤其还要和各社区精诚协作，把空白社区的“爱心小屋”规划建设好，让我们的医疗健康义工服务走进千家万户，为和谐社会添砖加瓦。

行善一座城，温暖全社会，始终是城中医院义工团队的不懈追求！

（撰文　郭建华　周亚华）

用爱心点亮万家灯火

——萤火虫慈善义工团队志愿服务掠影

萤火虫慈善义工团队为困难群众送去温暖和光明

在丹阳市慈善总会义工服务总队的队伍里，有一支萤火虫慈善义工团队。义工团队 2013 年 12 月成立以后，团队队员就像一只只萤火虫，用精湛的电力技术、深沉的慈善爱心，无私地奉献自己，一心想着群众，一切为了群众，守护一方城乡灯火，为千家万户，尤其是为困难群众送去了温暖和光明。

姜敏是供电公司萤火虫慈善义工团队的队长。

说到义工团队为何冠之以“萤火虫”的名称，姜敏说：“我们作为慈善义工个人，服务群众，尤其是帮扶困难群众，也许作用较小，就像萤火虫一样，发出的光亮有限。但是，我们始终秉持燃烧自己、照亮别人的信念，像萤火虫一样，努力发光，尽最大力量，给人温暖，给人光明。”

姜敏 1991 年 7 月来到丹阳市供电局，长期从事电力设备检测、抢修、建设等一线工作，无论春夏秋冬，不管刮风下雨，姜敏都是不怕困难，不畏艰险，冲在前，干在先，燃烧青春年华，奋力服务电力用户，在人生道路上绽放光芒。

姜敏 2013 年 12 月担任供电公司萤火虫慈善义工团队队长，在做好本职工作的同时，带领团队发挥电力专业技术优势，倾情倾心倾力，服务电力大局，帮扶困难群众，用慈善爱心解决弱势群体用电困难，送去光明，做出了显著成绩。

其实，在成立义工团队之前，队员们就已经在践行着慈善公益理念，为群众解忧、为群众送爱了。公司退休职工马勇长期参与慈善公益活动，也为他们树立了榜样。马勇，供电公司退休职工，已 85 岁高龄。说到马老，他在当地可是一位家喻户晓的人物，因为他退休后二十年如一日，在社会上坚持进行义务红色宣传教育，以及做其他好人好事，他的先进事迹广为流传，并被评为“丹阳好人”。见贤思齐，在马老的精神感召下，队员们只要遇到客户和群众有困难，他们总是要帮一把，送一程。

早些年的一天晚上，天正下着雨，姜敏接到了丹阳城区麻巷门一位 60 多岁老人的报修电话，姜敏和同事冒雨赶到老人家里，通过一番检测，发现靠着窗口的插座漏电，导致家电跳闸停电。按理说，故障原因不是电力服务范围，无须抢修处理。但经了解，这位老人是抗美援朝残疾军人，因为子女长期不在身边，过着独居生活，需要帮助，于是姜敏就采取临时措施，确保老人当晚恢复用电。次日，姜敏利用工作之余新买了插座，上门为老人更换，还留下了自己的联系号码，称以后有事直接找他。当年“八一”建军节前夕，姜敏还带着鲜花送给老人，并将老人家的电力线路重新检测了一遍。老人感动得流泪，拉着姜敏的手，述说着他抗美援朝的故事。从此，姜敏将这位老人作为自己的长期帮扶对象，经常带着水果去看望老人，而且义务为老人缴电费长达七个年头……

丹阳市供电公司萤火虫慈善义工团队成立以后，秉持“给人光明，照亮别人”的宗旨，以“丹心为民扬旗帜、筑梦奋进新征程”为主题，开展一系列志愿服务活动。立足本职实际，服务工作大局，聚焦政治保电、接电办电、乡村振兴等方面，大力开展无人机巡线助力中考保电、党史宣讲提升服务质效、文明实践助力乡村振兴、帮助弱势群体解决用电困难等，为丹阳的经济社会发展和慈善公益事业，贡献自己的一分光和一分热。

在政治保电服务中展现“电担当”。比如，迎峰度夏、迎峰度冬、中高考保电、重大活动等重要时刻，义工团队队员总是冲锋在前，现场值守，及时消除安全隐患，坚守电力保供首要责任，确保电力供应无虞。

在办电接电服务中传播“电精彩”。萤火虫慈善义工团队主动服务产业强市“一号战略”，开展“‘舒心丹电’客户走访”活动。义工团队队员常常深入辖区小微企业、街头店铺、家庭住户开展一对一“敲门式”宣传工作，积极帮助客户解决用电问题。在老年人现场缴纳电费的高峰时期，团队义工们帮助老人快捷办理电费业务的同时，还手把手教会他们国家电网官方 App“网上国网”的使用方法，方便老人足不出户办理用电业务。同时，与退休职工马勇实现“红色联动”，在城区营业厅布展马勇策划的“建功新时代　喜迎二十大”图片展，让用户在营业厅接受红色教育的同时，也能感受到这位耄耋老人热爱祖国、一心向党的红色情怀。

在乡村振兴服务中体现“电专业”。根据各个乡镇具体产业特点，义工团队开展助农惠农用电安全大检查，以专业化“电小二”服务助力乡村振兴。义工团队主动前往“电力爱心超市”团队，通过生动的案例，向村民们详细介绍用电安全知识。此外，结合“夏收”时节，义工团队队员向村民们推广如何使用“电力爱心超市”积分租用电动农机具。义工团队队员还前往村民家中及附近的电力排灌站进行电力安全隐患排查，并走访当地用电企业详细了解用电需求。

同时，大力开展弱势困难群体帮扶。

2019 年 5 月的一天，萤火虫慈善义工团队得知珥陵的低保户陈洪元家中用电出现了问题，姜敏和其他义工团队队员，当天就驱车前往现场了解情况。得知陈洪元家的电线是从很远的一个鱼塘那里接过来的，由于距离远而且还从鱼塘上通过，一到刮风下雨的天气他家就频繁跳电。根据这个情况，姜敏和义工团队队员与当地供电所取得联系，提出并优化安全供电方案，利用休息日在陈洪元家门口，专门免费架设了一根电线杆，重新安装了 100 多米的电力线路，又在陈洪元家里安装了触电保护器。这样既保证了老人的正常用电，又保证了老人的安全用电。通电当天，老人激动地说："真没想到你们用了短短的四天时间，就解决了我几年的用电困难，真的是太感谢你们这些供电公司的慈善义工了，谢谢了！"

丹阳城区西门一户困难家庭，有一位身患小儿麻痹症的女孩。姜敏得知这户人家电力线路杂乱，存在安全隐患，很不放心，于是自己掏钱买来电线、开关、插座、灯泡，利用工作之余的时间，义务为这户困难家庭进行了整体更换。不仅如此，他还四处奔波，帮这户困难家庭的女主人找到了一份相对稳定的工作，并买来书籍，送给小女孩阅读，每年"六一"儿童节，他还和义工团队队员一起去看望小女孩。这户困难人家和周边邻居看到义工团队的善行义举，无不为之感动。

2020 年，正值新冠疫情期间，丹阳城区西门的葛姓养殖户，家境本来就比较困难，因为疫情，又面临所养殖几千只鸡滞销的难题。义工团队得知这一情况后，将这个情况发到微信朋友圈发动销售，还组织 7 名义工、4 辆商务车，专门帮助葛姓养殖户向采购方配送 6000 余只鸡，大大缓解了葛家困难，也彰显了大爱丹阳的城市温度。

还是新冠疫情期间，那是 2021 年春节的初二，当时正在家中休假的姜敏，从微信工作群里得知凤美小区门口的变压器烧坏了，导致该小区及两个核酸检查点停电。当时该小区还有存在新冠疫情病例的风险，为了防疫抗疫工作，为了小区群众欢度安乐祥和的春节，姜敏和其他义工团队队员，不顾病毒传染的风险，放弃假日休息时间，迅疾赶到了现场抢修，经过近 3 小时的抢修后，变压器恢复了正常工作。

坚守十余年，说长也长，说短也短，萤火虫慈善义工团队始终不忘初心，坚持服务，无私奉献，姜敏作为义工团队的队长，在本职工作之外，从 1996 年至 2024 年，做慈善义工服务多达近 6000 次，其他义工团队队员也是踊跃参加义工服务，“萤火虫”成为丹阳慈善公益事业一支有生力量。2020 年 11 月，姜敏被评为丹阳市优秀慈善义工。

回溯既往，萤火虫慈善义工团队，身在电力一线，为多少用户提供服务，帮多少百姓解过困扰。他们深知，作为一名电力职工和义工团队队员，自己必须担负比常人更大的责任，经受比常人更多的考验。“只要生命不结束，服务人民不停止。”这是义工团队所有成员甘做“萤火虫”的一颗初心，也是他们甘做“萤火虫”的理由，更是他们甘做“萤火虫”的真实写照。

（撰文　佘记其）

碧水情

——碧水情慈善义工团队志愿服务掠影

碧水情慈善义工团队持续开展志愿服务活动

初识"碧水情"

2023年冬季的一天下午，丹阳市水务集团宽敞明亮的营业大厅里，每个接待窗口都有用户在静静地办理业务，坐在沙发和椅子上等候的用户有的在看报纸，有的在刷手机，突然，一位女性激动的声音打破了宁静祥和的气氛，"不公平"三个字更让大家吃了一惊，众人的眼睛齐刷刷地看向了2号窗口，只见一位五十几岁的大妈，满脸不平地拿着《缴款通知单》朝等候区走来。

大妈向一位身穿"丹水"制服的中年女干部讲述了心中的不平，却引出一段爱心故事。

大妈居住在丹阳老城区的私房，平时和老伴在镇江带孙子，逢年过节才回老家祭祖。可昨天却收到水务集团的电话通知，称

“疑似表后管道漏水，产生水费600余元，已代为关闭总阀”。她想不通，管道漏水为何要用户买单？

女干部在手机中找到《江苏省城乡供水管理条例》，翻到第25条读给她听：“……结算水表以后的管道等用水设施由最终用户负责管理。”但她不服，“为什么有的人家表后管道漏水产生的水费你们给免了，还免费为他家更换管道？同样的事情，不同的对待，就是不公平！”说着，大妈又有点激动了。

女干部微笑着说：“大姐您别激动，这家人的经济情况怎样？”

“经济情况再差，也不能作为不公平的理由。”大妈嘟囔着说。

女干部根据大妈提供的信息，在电脑上查到了减免这户人家水费的案例。这是一户持证的低保家庭，70多岁的老夫妻和50多岁的患病儿子都无经济来源，靠政府的低保金维持生活。她告诉大妈，她也是在告诉大家：“帮扶特殊困难群体，是全社会的责任，是作为国企的水务集团应尽的义务。减免水费这块，是公司根据相关政策办理的。表后设施的更换维修工时，则是我们碧水情慈善义工团队的队员，利用休息时间提供的爱心帮助。”

然后问大妈：“大姐，还有什么疑问和意见吗？”

大妈看来是个直性子，爽快地说：“原来是这样，为你们点赞！”在场的群众也鼓起掌来。“碧水情慈善义工团队”，好美的名字！

走近“碧水情”

这场误会引起了笔者浓厚的兴趣，通过丹阳市作家协会与丹阳市慈善总会义工服务总队协调，笔者采访了碧水情慈善义工团队的队长和部分队员。第一次采访是上班时间，受访者工作繁忙，不过还是见缝插针了解了义工团队的基本情况。

碧水情慈善义工团队全称“丹阳市慈善总会义工服务总队水

务集团‘碧水情’慈善义工团队”，成立于2013年11月26日，由水务集团慈善义工工作小组直接领导。宗旨是立足供水本职，关爱困难群体，开展帮扶活动。服务内容和特色是：大多数义工本身是一线工人，在日常的设施维护维修中遇到或接到指令时，为帮扶对象义务提供表后受损各种用水设施的维修更换。此外，他们还在市慈善总会、市精神文明办公室等引领下，开展形式多样的延伸服务、志愿服务等公益慈善活动。

团队现有在册义工25名，覆盖全市每个乡镇。2014年至2023年，共服务928人次，参加义工1280人次。2021年，碧水情慈善义工团队“水蕴红心社会志愿服务”项目荣获市级三等奖。2022年，水务集团荣获丹阳市“最佳慈善义工服务支持奖”、“镇江市第五届慈善志愿者奖”、“最佳慈善志愿服务组织支持单位奖”。义工团队成立以来，多名义工被评为丹阳市“优秀志愿者”或“十佳慈善义工”。

了解这些基本情况后，更激起了我深入了解的欲望，并改变采访策略，通过线上交流和工余时间面谈的方式，知晓了许多感人故事，一个个义工的形象和抽象的数据都鲜活起来了。

悠悠碧水情

1. 以水传情，达善社会。

2014年7月7日上午，水云新村19栋某单元6楼某室居民电话报修，请求水务集团为其安装进户管阀门。按照规定，安装进户管阀门的事不在集团的抢修服务范围以内，但碧水情慈善义工团队领导了解到这对老夫妻的实际困难后，做出了帮扶决定。

这是一对居住在6楼的70多岁的老夫妇，独生儿子远在安徽省合肥市。老爷爷腿脚不灵便，老奶奶身体笨拙，日常生活中需要关下水阀，要从6楼走到1楼，完了再气喘吁吁地从1楼爬到6楼，有时还得上下好几趟，苦不堪言，昨天为了关水阀，老爷爷还摔了一跤，所以申请安装进户管阀门。

时任义工团队副队长的束再新说："虽然不在集团的抢修范围以内，作为水务义工，我们还是应该帮助老人解决实际困难，体现水务人'以水传情，达善社会'的宗旨。"

当天下午2时许，义工团队宋文俊、朱文华便顶着似火骄阳，冒着37℃高温，来给这对古稀夫妇安装进户管阀门。两位义工从询问、勘查、方案制度到施工，每一道工序都井井有条，忙而不乱，完美表现出水务义工的爱心、细心和责任心。

施工中，老人见他俩满脸的汗水和湿透的衣服，深感过意不去，不时给他们倒茶递烟，都被婉言谢绝，老人感动不已，不停地说："水务义工真的不错，太谢谢你们了！"

施工结束，老人见他们顾不上休息，又去帮自己清理垃圾，激动地说："你们已经帮我们解决大问题了，还帮我们清理垃圾，真是太感谢了！"一位义工以笑作答，另一位义工说："不用谢，关爱老人是我们的义务，要是我们早点知道，早就来了。"

临走时，二位义工留下了集团24小时服务电话，叮嘱老人保管好，有事随时联系。二位老人送至门外，不停地说："谢谢，谢谢！"

2. *爱心洒满小院。*

四月，春意盎然，繁花似锦，给人间带来了无尽的生机和美丽。碧水情义工队员也用自己的实际行动，为这美好的春天增添了一份暖意。

2017年4月12日一大早，阜阳一村143号小院里便传出了一阵"吭噔、吭噔"的声音，时而还夹杂着几声"咚咚"声。好奇的邻居走进小院，只见两位身着红色义工马甲的师傅头戴安全帽，手持电镐、榔头等工具，正在坚硬的水泥地上开凿。满头白发的周奶奶向邻居们讲述了事情的原委。

昨天下午，周奶奶夫妻俩兴冲冲买回一台全自动洗衣机，可安装师傅发现水龙头不出水，洗衣机无法使用。周爷爷打电话到水务集团清水热线求助，单春荀和宦乐二位师傅接收任务后立即赶到周爷爷家。经现场勘查、试验分析，发现水表处水压正常，问题出在年代较长的表后镀锌管的锈蚀上。他们将没水的原因，以及表后管道不在集团服务范围之内的事告知周爷爷后，两位老人顿时面露难色。了解到两位老人均已80多岁，体弱多病，子女又不在身边，两位师傅想到，表后锈蚀的水管必须重新放管才能解决问题，而找水电工、买材料、开挖、恢复等对两位耄耋老人来说确非易事。他们同时也想到了自己的另一个身份——水务义工，于是立即将情况反映给义工团队领导，今天一早就来做义工了。

经过一上午不停的忙碌，事情全部结束了。周爷爷和周奶奶看着新买的洗衣机终于在小院里正常运转起来，开心得合不拢嘴，不停地向满头大汗、浑身是灰的义工师傅道谢。邻居们也交口夸赞水务义工有爱心，为困难百姓解决实实在在的生活困难！小院里洋溢着浓浓的温情。

3. 关爱失独老人。

和煦的春风、明媚的阳光带给人们纯真与美好的5月，水务义工给失独老人送去了独特的关爱。

2018年5月18日上午9时，义工朱文华和张文华二人驱车来到和平桥派出所，他们将与该所片警共同对金宛新村10幢某单元某室的王炳南夫妇进行“送关爱、送温暖”活动。

王炳南夫妇多年前痛丧独女，使原本不富裕的家庭雪上加霜，两人精神上也备受打击，王老太因此长年疾病缠身。两位老人均已70多岁，生活上的拮据和不便，使他们不太爱与人交流。碧水情义工团队从辖区片警处了解这一情况后积极行动，踊跃参与到“关爱失独老人，帮扶社会弱势群体”的慈善活动中。

朱文华和张文华两人在民警引领下来到老人家中，热情问候老人身体情况，询问生活需求，提醒日常安全注意事项。然后，他们运用工作专长，发挥自身技能，认真排查老人家中与水有关的生活设施。水管、水龙头，洁具、热水器以及水表，一样一样仔细查看。结束后，两人已经汗流浃背。朱文华擦着汗对老人说：“王大爷，您家里我们都检查过了，没什么问题，以后‘水’上面有任何问题都可以告诉片警或者直接跟我们联系，我们会随叫随到的！”朴实的话语温暖着王大爷的心，让他感受到了党和社会对失独老人的特殊关爱，连声说着“谢谢！谢谢！”眼眶竟红了。

4. 情暖“五保户”。

2019 年寒意渐浓的秋日，一份来自市慈善总会的诉求引起了集团党委的注意。市慈善总会在进行危房改造的过程中了解到，延陵镇九里村“五保户”贡小庚老人家中至今未通自来水，希望水务集团协助解决。

民有所呼，我必有应。集团党委立即安排勘察设计人员前往老人家中了解情况，并进行工程前期勘测。老人房屋远离村中供水主管道，仅管线铺设就需近 400 米，而且需要破开村头水泥路，再通过弯曲狭窄的田间小路，才能到达老人家中，施工难度较大，工程费用较高。

为尽快解决老人的用水问题，集团党委书记、董事长吴光平亲率集团领导班子到现场办公，简单商议后向老人承诺：一是材料费用由集团领导班子爱心捐助。二是由水务义工、志愿者上门免费施工，不用老人出一分钱。三是开通绿色通道，上门为老人办理“五保户”水费减免手续。

10 月 26 日是星期六休息天，上午 7 时许，吴书记带领集团中层以上干部作为志愿者和水务义工一起，来到老人家按照施工方案操作起来。

憨厚的老人万万没有想到，吴书记“这么大的领导”，会亲自为他干活，激动得搓着长满老茧的手，嘴里“这、这、这”的不知说什么好。吴书记是从一线工人一步一步走过来的“老水务”，对道路开挖，管道敷设、碰接，水表碰接，开阀，通水，沟槽回填，各道工序了如指掌。虽已年过半百，但干起活来仍不减当年。他身先士卒，干部职工干劲冲天，工期比预计提前了一个多小时。

现场办妥“五保户”水费减免手续的贡小庚老人，看到新装的洗脸盆上，水龙头哗哗流出清亮的自来水，拍着手，笑得像小孩。

5. 水务义工就在身边。

2022 年盛夏某日，碧水情慈善义工团队束队长收到一封来自香草新村 23 栋某单元某室周先生夫妇的感谢信。经了解，事情发生在 7 月 16 日。

那天，义工团队秦英朝、单春苟两位师傅到老小区香草新村执行防潮管巡查修补、保暖任务，抢修车刚停下一会儿就有一位白发老太太朝他们走来，问：“师傅，你们是自来水抢修的吗？”

“是的。您有什么事吗？”秦师傅笑着回答道。

老太太顿时满脸喜色，接着又有点迟疑地说：“师傅，我家有水管在滴水，虽然漏得不大但有好长时间了。漏水点不好找，也没法修，一直烦着我们。”

话音刚落。秦师傅便说：“我就知道您老肯定有事。走，老太太，去你家瞧瞧去！”

秦师傅来到老太太家经过一番仔细查找，发现是较老的 PVC 管的接头在滴水，但抢修车上没有此类材料，无法施工。得知老夫妇均已 70 多岁，无子女照料，便答应抽空带上材料来帮助解决。老太太将信将疑地点了点头。

二位师傅回单位后，向领导汇报，得到支持和鼓励。由于 PVC 材料配件已被淘汰，他们在仓库花了很长时间也没找到适用的材料。为了信守承诺，他俩自己花钱在一家水暖商店买了 PVC 材料配件，第二天如约上门。不巧，老太太家中无人。

次日，秦师傅、单师傅再次利用抢修间隙时间，第二次上门为老人服务。打开门，两位老人又惊又喜。两位义工解决了困扰老人的水管漏水问题后，周先生往秦师傅口袋里塞了张百元钞票以表谢意，秦师傅不肯收，二位老人一人抓住秦师傅一只胳膊往外推。秦师父担心老人受伤，便假装收下，下楼以后重新上楼，重重敲了几下门，将钱放在门口，赶紧离开了。

束队长说，这是义工经常碰到的，本来没当回事。但周先生夫妇的感谢信让他感到了这种小事的分量，特别是信中“他们的爱心善举，让我们觉得水务义工就在身边”的话，引起了他的注意，觉得义工团队的工作，与群众的期盼还有一定的差距。

水务集团慈善义工工作小组以此为契机，在碧水情慈善义工团队开展专题教育动员，要求队员牢固树立“人民至上”的服务理念、“用户需求无小事”的观念，着力提升服务质量，让人民群众实实在在地感觉水务义工就在身边，真真切切地感受到水务人的“碧水情”。

水务义工就是这样通过一桩桩“小事”，向人民群众传递着党的温暖和自己的爱心。

（撰文　孙荣生）

蓝焰烈烈　爱心灼灼

——蓝焰慈善义工团队志愿服务掠影

蓝焰慈善义工团队开展“爱心驿站”志愿服务活动

是谁，为了经济社会发展和城乡居民生活品质提升，铺设完善燃气管网？是谁，冒着严寒酷暑，顶着风雨雷电，每天都在巡查燃气设施运行情况，确保生产生活用气安全？是谁，用精湛的专业技能、热情的服务态度在为市民解决燃眉之急？是我们丹阳的港华燃气人，在为我们这个城市，为我们的市民，默默地坚守着、奉献着。在这群为城市的繁荣和市民生活做出贡献的港华燃气人中，活跃着一支朝气蓬勃、奉献爱心的义工团队——蓝焰慈善义工团队。

对于慈善，我们并不陌生。我们今天的慈善事业，既是助力民生改善的重要力量，更是一种精神上的施予，是一种正能量的传递。当我们见到慈善公益的践行者，去帮助需要帮助的人们时，我们是不是也能感同身受，心生赞许，见贤思齐呢？

丹阳港华燃气人是用心用情，以优质服务点亮百姓美好生活的一群人，而蓝焰慈善义工团队成员就是这群人中最具慈心善行的人，他们以燃气服务为阵地，在做好本职工作的同时，开展慈善公益活动，帮助人民群众尤其是困难群众解决实际问题，用爱心温暖人间。践行善行义举的人是美丽的，他们用爱心播撒希望，世界也因他们而变得更加美好。

九曲黄河万里沙，浪淘风簸自天涯

“浪淘风簸自天涯”，万事皆有起源，就像那九曲黄河，自那天涯由涓涓细流到奔腾咆哮流向大海一样，蓝焰慈善义工团队也是从无到有、发展壮大的。

那是2013年12月4日的下午，丹阳市慈善总会隆重召开慈善义工服务总队成立大会。就在那一天，丹阳港华蓝焰慈善义工团队也正式成立，并加入了市慈善总会义工服务总队，这也标志着丹阳港华燃气有限公司（以下简称“丹阳港华”）有了自己的慈善义工团队。那天会上，市领导为新成立的慈善义工服务总队授旗，通过简单的仪式宣示宗旨，做出承诺，展示力量，凝聚队伍，慈善义工以更昂扬的姿态走上了服务社会、服务群众的大舞台。

蓝焰慈善义工团队成立时仅有9名成员，他们始终秉承“奉献、友爱、互助、进步”的志愿精神，致力于为社会带来关爱和正能量。如今团队已发展壮大至26人，团队所有义工都秉持着乐于助人、热爱公益的心。丹阳港华对义工活动给予了大力支持，义工团队的所需服务资金都由公司承担，对于具体的慈善公益项目，公司也发动全体员工参与，进行了多次善款募集。

十多年来，蓝焰慈善义工团队立足本职，拓展服务，加强燃气安全宣传，将安全知识送进社区、校园、企业，提升公众对燃气安全的认识和应对能力。团队成员通过举办讲座、发放宣传资料、现场演示等多种方式，普及燃气使用常识和紧急处理措施，为广大市民提供燃气维修、社区宣传、专业咨询等帮助，为燃气安全做出了积极贡献。蓝焰慈善义工团队从成立那天起，就不断开拓志愿服务内容，广泛开展困难群众帮扶，积极参与各项社会公益活动，逐渐形成并丰富具有港华特色的义工服务项目内容，用实际行动传递着爱心与温暖，取得良好效果，也提升了丹阳港华的整体形象和社会效益，并产生了良好的效果。

濯锦江边两岸花，春风吹浪正淘沙

“春风吹浪正淘沙”，蓝焰慈善义工团队的每位成员，都清楚地知道慈善的重要意义和自己肩上的责任。他们积极参与各类慈善公益活动，在建筑工地、工厂车间、大街小巷、田间地头、校园商场，时时处处都能看到他们参与文明城市创建、义务献血、义务劳动、困难帮扶的身影，为需要帮助的对象传递爱心并提供服务。连年开展“万粽同心为公益”、“爱心书库”捐献、“燃气宣传进社区、进乡镇、进校园”，以及植树造林、生态环保等各类公益志愿服务活动。

让我们沿着时间的隧道，见证蓝焰慈善义工团队坚守公益情怀、铸就慈善之路的历程，虽然这可以说只是管中窥豹。

……

2019年，蓝焰慈善义工团队开展20多次丰富多彩的义工服务活动，参与义工200多人次，受益群众近万人。他们开展了“安全宣传·上门服务”、“敬老慰老·助老帮扶”、“走进美丽乡村·传承农耕文化”、“低碳环保·绿色生态”等活动，以及“信用让消费更放心”3·15消费者权益日活动、“安全生产月”暨防灾减灾广场宣传咨询活动、“12345”广场宣传活动等。蓝焰慈善义工团队还依托新时代文明实践中心平台，先后参加了2019丹阳市志愿服务暨“文化庙会”第2站“幸福丹北”活动、第3站“走进开发区”活动、第5站“走进访仙”活动、第7站“走进皇塘镇”活动、第8站“生态司徒”活动、第9站“魅力高新区”活动、第10站“美丽界牌”活动、第11站“生态珥陵”活动、第12站“幸福导墅”活动，深入全市各地开展燃气知识普及、传播，以及燃气安装和运维援助志愿服务，把燃气送进了千家万户，把服务送到了群众家门，把爱心送进了群众心里。

蓝焰慈善义工团队也多次在市民广场参加“文明丹阳·志愿同行”学雷锋志愿服务，现场为市民提供燃气业务咨询、介绍线上缴费功能、入户安检维修预约等服务。

“万粽同心为公益”是港华集团特色公益活动，“为公益万粽同心·送温暖港华有爱”，每年端午节前夕丹阳港华都会积极参与，和相关社区联系，每年都要包好千把只爱心粽，送到孤寡老人、退休困难老党员等困难群众家中，将温情暖意奉献于社会。12年来，他们已陆续走进丹阳市多个社区，送出爱心粽近万只。

“用气安全人人知·燃气安全进校园”，蓝焰慈善义工团队积极开展燃气安全进校园系列活动，2019年5月28日下午，走进活动第一站——丹阳市实验小学，与学校、家庭、社会一起共同构建平安用气环境。

“传承农耕文化·助力乡村振兴”，2019年6月16日上午，蓝焰慈善义工团队开展延陵镇首届“港华杯”农民插秧节活动，做精助力乡村振兴工作。

2020年12月22日上午，蓝焰慈善义工团队开展了捐资助学活动，为珥陵高级中学困难家庭的同学们送上了爱心助学金，勉励他们常怀进取之心、乐观之心，克服暂时的困难、努力学习，在学有所成后回报家乡、奉献社会。

12月23日上午，蓝焰慈善义工团队志愿者通过“万善丹阳”App，对导墅镇小华村两个因病致困家庭开展慈善助医爱心帮扶。

2021年6月4日，为响应第二十个全国“安全生产月”号召，蓝焰慈善义工团队在练湖中心小学开展了“安全宣传进校园”主题活动。

2022 年 3 月 5 日上午，蓝焰慈善义工团队受邀参加由丹阳市新时代文明实践中心主办的“强国复兴有我 · 文明实践同行”，“3 · 5”学雷锋集中志愿服务活动。

4 月 13 日下午，蓝焰慈善义工团队在开发区实验小学食堂，组织对开发区实验小学、车站小学、马相伯小学的食堂燃气操作人员开展“天然气安全使用”培训。

4 月 22 日上午，蓝焰慈善义工团队在丹北镇前巷村委会，举办燃气安全进乡镇主题讲座。

6 月 26 日上午，蓝焰慈善义工团队在皇塘镇皇塘村委会，举办以“除患务尽筑安全 · 规范用气记心间”为主题的燃气安全进乡镇讲座。

8 月 12 日，蓝焰慈善义工团队参加“文明实践 · 你我同行”志愿服务活动。烈日炎炎，蓝焰志愿者们身穿红马甲，出现在万善路段，引导行人、车辆遵章行驶，纠正市民驾驶电动车闯红灯、不佩戴安全帽等各类违章行为……

抗击新冠疫情期间，蓝焰慈善义工团队成员前往北环路、华南、丹北、行政审批中心等燃气服务中心，帮助进行测温、登记、引导等疫情防控工作。

2023 年 3 月 5 日上午，蓝焰慈善义工团队参加市新时代文明实践中心主办的“传承雷锋精神 · 弘扬时代新风”，学雷锋志愿服务集中行动。

3 月 10 日上午，蓝焰慈善义工团队联合公司人事行政部、管网部，组织了以“燃点绿色 · 碳索未来”为主题的绿植日活动。

2023 年，为惠泽社群，传递港华温暖，蓝焰慈善义工团队还以“践行社会责任 · 传递港华力量”为主题，针对燃气特困用户制定帮扶方案，实行精准帮扶体系，主要为困难对象减免用气费用。深入调查摸底，核定困难帮扶对象 182 户，于 4 月形成详细的帮扶清单并实行精细化、动态化管理，严格执行“申请一户，办理一户，惠及一户”，杜绝推诿拖延，确保气费减免政策落到实处，让困难群体感受到来自港华的温暖。这一年丹阳港华燃气有限公司共办理困难对象燃气减免申请64次，为全市特困家庭和低保户减免气费16527.36元。

6月16日上午，蓝焰慈善义工团队参加由市安委会主办的“6·16安全宣传咨询日”——“人人讲安全·个个会应急”全国第22个安全生产月广场咨询活动。

6月17日下午，蓝焰慈善义工团队参加了港华集团“万粽同心为公益”——2023线上线下齐包粽活动，此次活动直播连线香港总部主会场及各兄弟公司会场，共同创造线上线下齐包粽吉尼斯世界纪录。

8月18日下午，蓝焰慈善义工团队在凤美新村社区开展了主题为“大手拉小手·燃气安全暑期行”的燃气安全宣讲活动。

……

一件件，一桩桩，说不尽，道不完，这只是蓝焰慈善义工团队坚守公益情怀、铸就慈善之路的部分事例。蓝焰慈善义工团队始终坚持义工服务与个人发展相统一，在为他人送温暖、为社会做贡献的过程中经受锻炼、增长才干；始终坚持自愿参与与社会倡导相结合，努力扩大义工服务覆盖面，增强慈善义工活动的影响力；始终坚持社会化运行模式，将企业、社区、学校、用户等各方面的力量结合起来，形成了强大的工作合力。

千淘万漉虽辛苦，吹尽黄沙始到金

“吹尽黄沙始到金”，做公益慈善不是为了沽名钓誉，更不是为了出风头，玩噱头，而是心和爱并肩同行的一个过程。做公益慈善不能靠心血来潮一时兴起，而是要从一而终，坚持到底。做公益慈善没有高低之分，献爱心、献温暖没有多少之别，只要做了，持之以恒，就是成功。

就读陵口中心小学五年级的小雨（化名），父母离异，这些年跟着父亲和爷爷奶奶生活。父亲是听力一级残障人士，在市区一处超市打工。为了进一步在生活和学习上帮助小雨，2023 年 6月21 日下午，蓝焰慈善义工团队的队员们一起参加孩子班级以“感恩父母”为主题的班会课，并与小雨进行交流，为她送上了学习用品。在详细了解孩子的学习生活情况后，蓝焰慈善义工团队的队员们纷纷鼓励小雨乐观面对生活，努力学习，自强自立，立志成为有理想、有道德、有文化、有纪律的栋梁之才，用优异的成绩回报家庭，回馈社会。

李奶奶年过八旬，独居在云阳小区，是蓝焰慈善义工团队定点帮扶的对象，“他们时时把我们老人的用气安全挂在心上，常常主动上门检修，反复提醒注意事项，真是我们身边的活雷锋啊。”李奶奶向蓝焰慈善义工团队的队员们再三表达着感激之情。

燃气安全无小事。蓝焰慈善义工团队的队员们走村入户为村民开展义务燃气安全检查。每到一户，他们都仔细查看居民家中是否存在安全隐患，并将存在的问题一一告知村民。在一户村民家中，义工队员们发现，连接液化气钢瓶和燃气灶的软管不是燃气专用胶管，而是普通的软管，远远达不到使用要求，极易发生危险，就及时为村民更换了专用燃气胶管，并教给村民检查燃气是否泄漏的方式，叮嘱村民做完饭后及时关闭阀门，确保安全。蓝焰慈善义工团队队员表示，有些村民的安全意识较低，对存在的安全隐患不太了解。他们将从专业出发，履职尽责，做好燃气安全检查服务，为老百姓的安全用气尽一份自己的责任。

蓝焰慈善义工团队队员们常年穿梭在一个个居民小区中，左手提着 10 多斤的工具包，右手拿着检测仪，无论刮风下雨，还是炎炎夏日，只要有“急电”，他们总是第一时间赶到。“印象比较深的是在服务一位腿脚不方便的老人时，那次他正拄拐在楼下锻炼，得知我们的来意，直接把家里钥匙交给了我，没有一丝防备之心，这份信任让我们很受感动。”

刘奶奶是一位八旬空巢老人，老伴因病基本无法自理，两个女儿又不在身边，义工团队便将她列入了重点关注的用户名单，平时只要路过就会过来看看，顺便帮刘奶奶检查一下燃气设施情况。然而，最近刘奶奶家的燃气灶具频频打不着火，两位老人无法按时吃午饭。蓝焰慈善义工团队队员们是看在眼里，急在心里，便送来了免费的新燃气灶帮老人安装调试好，并耐心告知老人如何操作及安全用气事项。看着燃气灶冒出令人安心的蓝色火焰，老人终于踏实地舒了口气，不停地说着“谢谢”。“您今后有任何燃气问题，还是可以随时联系我们，随叫随到。”蓝焰慈善义工团队的队员们握着老人的手说。

群众无小事，细微见真情。蓝焰慈善义工团队及港华燃气人用真情、真诚、真心的服务赢得了群众的赞誉。

流水淘沙不暂停，前波未灭后波生

长江后浪推前浪，前波未灭后波生。蓝焰慈善义工团队一直行走在慈善公益的路途上……

丹阳港华充分发挥自身优势，通过各种形式，积极参与到公益慈善事业中来，有担当、有责任，弘扬了新时代企业精神，彰显出丹阳港华的风采，在辛勤付出的路上，也收获了诸多的荣誉。

2021 年，丹阳港华被丹阳市红十字会授予“2015—2020 年度红十字公益捐赠爱心奉献奖”。

2021 年，丹阳港华在新时代文明实践志愿服务大赛中，荣获优秀奖。

2021 年，丹阳港华在支持扶贫事业中，成绩显著，被市老区开发促进会、扶贫开发协会、扶贫惠农基金会评为扶贫工作先进集体。

……

蓝焰烈烈，爱心灼灼，慈善之路，任重道远。蓝焰慈善义工团队将以习近平新时代中国特色社会主义思想为指导，坚持“慈善为民、服务为本、乐善好施、扶贫济困”的工作方针，立足天然气事业，充分发挥自身特长、专业优势、技术资源，继续深入开展普及、传播、援助、服务类义工活动，扩大服务范围，丰富服务内容，为建设更加和谐、美好的社会贡献力量。

（撰文　秦曼村）

善星闪耀篇

篇首语

本篇汇集反映爱心企业、爱心楷模等爱心奉献感人事迹的文章十二篇。

丹阳市的爱心企业不仅是经济社会发展的中坚力量，更是推动慈善事业发展的核心力量。爱心企业在发展经济的同时，不忘履行社会责任，慷慨解囊，为发展市镇村三级慈善组织捐款，为资助教育、卫生、文体等社会事业捐款，为帮助困难群众捐款，为赈灾救难捐款，体现了令人尊崇的大爱境界。

丹阳市的爱心楷模，是践行慈善、爱心奉献的代表者、佼佼者。他们一以贯之，自始至终做好事，做善事，正如伟人所说，一个人做点好事并不难，难的是一辈子做好事。爱心楷模的奉献，是一种品格，是一种精神，是一种高尚的情怀。

爱心企业、爱心楷模，以他们的大爱情操和宽广胸怀，为丹阳的慈善事业做出了重大贡献，他们无愧于“慈善之星”的称号。

大亚人的大爱

——大亚科技集团慈善公益活动纪事

大亚集团向新冠疫情防控工作捐款

大亚科技集团始建于1978年，是中国民营企业500强、中国制造业企业500强、中国大企业创新100强，也是国家高新技术企业、农业产业化国家重点龙头企业、国家重点林业龙头企业、国家知识产权示范企业、中国林产工业创新成果产业化示范基地。目前，集团拥有大家居、智能包装、新材料、新能源四大产业板块，员工2.3万余人。

多年来，大亚集团积极履行社会责任，恪守“勇于变革、锐意创新、共享成长、奋斗不息”的企业价值观，秉持“兼济天下”的企业家精神，坚持产业报国，回馈桑梓。既为经济社会发展做贡献，也为民生改善和社会和谐传递正能量，积极参与慈善公益，倾注大亚人的爱心情怀，扶贫济困、捐资助学、投资环保，切实履行和彰显国家重点企业的社会责任和公众形象。2022 年，大亚集团被江苏省慈善总会授予“慈善之星”称号。2024 年，大亚集团党委书记、董事局主席陈建军被镇江市慈善总会和镇江市劳模协会授予“镇江好人”称号。

慷慨捐赠助慈善

作为一家拥有 40 多年发展历史的规模企业，多年来，大亚集团始终关注和支持慈善事业发展。2006 年，丹阳市成立慈善会，大亚集团捐赠 100 万元，而后一直对慈善组织积极捐赠。丹阳市慈善总会自 2013 年成立以来，大亚集团累计共向总会捐款 330 万元。2014 年，本市各镇（区、街道）成立慈善分会，2015 年，本市各村（社区）成立慈善工作站，大亚集团都向镇村基层慈善组织积极捐赠，为丹阳市的慈善事业、慈善组织的发展贡献了力量，成为市慈善总会第一届、第二届企业副会长，被评为 2015 年第一届丹阳慈善奖、2019 年第二届丹阳慈善奖“最具爱心慈善捐赠突出贡献企业”，被评为 2017 年第一届镇江慈善奖“最具爱心慈善捐赠企业”。同时，服务全市大局，积极参与全市“富民强村”帮扶经济薄弱村活动，积极开展了村企结对帮扶，帮扶资金达 600 多万元，主要支持陵口镇郑店村，丹北镇城南村，司徒镇杏虎村、丰洛村、毛甲村，珥陵镇祥里村，开发区三桥村、胡桥村、高楼村新农村建设和扶贫帮困。成立“大亚爱心基金”，累计投入达 200 多万元，资助特困对象 150 余户。2023 年，向本市困难老党员帮扶基金捐赠 100 万元。还开展企业内部爱心捐助等活动，对企业职工因病因意外发生困难的给予帮助。2021 年，被镇江市慈善总会授予“脱贫攻坚先进集体”称号。

慈善助学育希望

“十年树木、百年树人”，促进教育事业发展，帮助困难家庭学子圆就成才梦想，从来都是慈善公益活动的重要方面。近年来，大亚集团积极响应丹阳慈善“助力千名学子成才”活动，与南京林业大学结对，成立“大亚助学基金”，助学该校困难家庭大学生，让受助学子扬帆梦想。投资100多万元在丹阳中专成立“大亚班”，支持职业高等教育。大亚集团连续10年开展的“绿校园”公益活动，以“大美圣象，承载美好”的企业形象，相继在江西、云南、四川、山东、青海等20多个省市，慈善助学30多所学校530余万元，为他们新建塑料草坪操场，图书室和购置学习用品等，为学校建设和孩子们读书成才贡献一份心力，传递温馨与希望……每年的6月1日儿童节，公司的“绿校园”公益行动组都会来到一处新的地方，为祖国的未来接班人庆祝节日，让温暖蔓延。从山东章丘樊家小学、云南马路乡弯寨小学，到安徽金寨实验小学、宁夏海源关桥乡脱场小学……再到2024年的青海湟中县上五庄镇大一小学。我们还资助丹阳地方教育事业350多万元。2021年我们与中国少年儿童基金会达成战略合作，成为其公益支持单位，联合开展“少年儿童心向党”，庆祝中国共产党成立100周年系列活动，并积极支持儿童基金会“鹰翔计划”，为公安英烈子女发放扶助金，向孩子们传递生活的真善美！

出钱出力抗疫情

拳拳之心，殷殷之情，众志成城，共抗疫情。2020年初，突如其来的新冠疫情席卷神州大地，大亚集团第一时间向中国红十字会和本市疫情防控指挥部定向捐赠400万元，并向公司全体员工发出“奉献爱心　共抗疫情”捐款倡议书，组织员工捐款135.58万元，全部用于抗击新冠疫情。同年4月，公司捐赠9500平方米医用抗菌地面材料，定向援助上海、安徽建设抗疫医疗方舱。星夜兼程，提供全国方舱基建地材共达15万平方米，充分彰显公司的社会责任与家国情怀，以及“疫无情，人有爱”的仁心大爱。配合丹阳市医务人员在大亚集团丹阳区域进行了

17 次核酸检测大会战。由大亚集团董事局办公室、行政部、发展保障部等部门和企业成立的三个“大白小蓝”先锋队，严格按照规定时间、规范程序，为企业员工进行一轮又一轮的核酸检测，据统计集团在丹参检总人数达 8.16 万人次。在丹阳疫情防控“最吃紧”的重要关头，集团党委及时组织圣象强化地板厂 81 名党员干部和员工分二批，昼夜驰援开发区疫情防控第一线，大家用“最美防疫志愿者”的先锋形象，为打赢“丹阳防疫抗疫攻坚战”洒下了青春热血与辛劳汗水。

为了践行产业报国之志，最大限度地降低疫情对企业发展的影响，大亚集团党委书记、董事局主席陈建军高效统筹疫情防控和企业经济发展，发出《致全体大亚圣象人的一封信》，要求全体人员以“抢订单、稳市场、保供应、畅物流”为核心，多措并举，推动企业复工复产和有序经营，全力保障目标任务的顺利完成。公司从 32 个方面制定“一对一”的暖心措施，对 1270 名外地员工实施精细化管理，精确掌握每位员工的动态信息，保证了疫情期间企业发展势头不减、职工岗位不丢和收入不降。企业还每年投入 600 余万元，做好职业健康监护体检、劳防用品保障、职业健康安全培训，在夏季高温季节，公司都组织“送清凉、夺高产、保安全”活动，疫情期间更是加强职工防疫健康保护。三年抗疫，涌现出一批可歌可泣、可圈可点的先进事迹和模范典型，为守护丹阳这方美丽家园撑起了一片“洁净蓝天”。大亚集团被授予了“镇江市抗击新冠肺炎疫情先进集体”和“江苏省红十字博爱奖”。

订单种树促增收

大亚集团年产 230 万立方米特大型人造板、8500 万平方米地板，对速生丰产林和次小薪材，以及林区“三剩物”有着巨大需求。我们本着“富民、利民、强民”的发展理念，引导农民积极种树，把林农种在“四旁”的树木变成“银行绿卡”。一是设立育林基金，扶持农民种树。我们积极完善农业产业链与农民的利益联结机制，促进农业产销紧密衔接、农村一二三产业深度融合，推进农业产业链整合和价值链提升，让农民共享产业融合发展的增值收益，培育农民增收新模式。二是提供技术市场，保障农户收益。积极注重农产品加工技术创新，促进农产品初加工、精深加工及综合利用加工协调发展，提高农产品加工转化率和附加值，增强对农民增收的带动能力。为突破技术瓶颈，我们专门聘请行业专家，亲临田边地头现场指导，通过加强与农民的对口培训指导，使林农具备扎实的产业化运营的基本功。三是发展订单农业，全力推进“订单式”收购。面对育林大户和散户，我们在全国重点基地设立收购点，与林农签订收购战略协议，规范合同内容，明确权利保障，确保订单履约率，全面形成农户与企业的稳定购销关系，实现最低保护价（按吨位计算），上不封顶，随行就市，切实保障农民稳定增收。

绿色环保重生命

大亚集团董事局主席陈建军多次指出，必须始终把“注重生态保护利用、注重绿色品质效益、注重集约节约生产”一以贯之落到实处，坚定不移地走生态优先和绿色发展之路。近年来，公司用实际行动践行“绿水青山就是金山银山”的发展理念，在环保达标升级方面的投资达 6.89 亿元，企业绿色制造达到世界领先水准，开创了行业环境综合治理的先河，为满足市场对高端产品的需求，大亚圣象以“用户主义”的多个维度向大众传递独有的消费价值导向，激发家居消费高质量发展新引擎，公司相继研发了包括大亚炭净板、大亚无醛桉芯板等多品类无醛人造板、无醛地板、拥有强化木地板芯、多层实木复合地板芯、三层实木复合地板芯等共 8 项无醛认证，每个品类都采用了不同的新技术，来实现健康环保和居家实用的多种功能，圣象与 Pantone 色彩机构制定地板色彩新标准，让颜色之美更有“尺度”。圣象 · 1515

强化地板深度融合黑科技新工艺，研发全新“强芯”基材，创新采用全松木纤维及竹碳纤维进行科学混比，有效提高基材稳定性和吸水厚度膨胀率。无醛芯地板采用的无醛胶黏剂复配及基材生产工艺，解决了多年来无胶不成板、无醛不成胶的难题。尤其是高分子无醛复合地板搭配 PUR 热熔工艺，实现了全结构、全生产的无醛化，完全满足健康环保的同时，具有防潮耐污的强大实用功能，获得了多项国家发明技术专利。

大亚圣象发布《2023 年度社会责任报告》，公司作为家居行业领军者，三十年来以“用爱承载，美好生活”的品牌理念，凝聚了 3000 多万忠实用户的喜爱与认可，公司不断丰富文化内涵，提出“绿色人居生活空间的领军企业”的企业愿景及使命，用爱承载中国亿万家庭对绿色人居生活的“象”往！作为行业的龙头企业，我们正以坚实的脚步将可持续发展理念，纵向贯通于产业链上下游，形成严格的品控体系，让产品的诞生从保护生态环境为前提，构建起全程可追溯的生态环保健康系统。近年来，集团旗下相继拥有大亚人造板集团有限公司、大亚（江苏）地板有限公司、圣象实业（江苏）有限公司、圣象地板（句容）有限公司等五家企业获得“江苏省绿色工厂”荣誉称号；大亚车轮制造有限公司、福建居怡竹木业有限公司、大亚木业（茂名）有限公司等三家企业荣膺“全国绿色制造工厂”荣誉称号，

慈善是彰显人性光辉的高尚选择。未来，我们将继续致力公益、热心慈善，把企业对社会所做的贡献，作为衡量企业价值的重要标尺，为慈善事业尽一份心、为大爱丹阳出一份力，为产业振兴扛一份责，为全市经济社会和慈善事业的高质量发展做出新的更大贡献。

（撰文　张建松）

海纳百川　昌达善界

——海昌隐形眼镜公司慈善公益活动纪事

海昌公司重阳节慰问司徒镇敬老院老人

海昌公司是一家生产隐形眼镜及其配套产品的台商独资企业。说到海昌公司，人们首先想到的是，该公司在国内外隐形眼镜行业的领先地位和品牌效应。而对于熟知丹阳慈善事业发展的人们来说，大家都知道，海昌公司是一家恪尽社会责任、热心慈善公益的爱心企业，是丹阳市慈善总会的企业副会长单位。

2013 年 5 月，丹阳市慈善总会成立，在全市范围开展慈善资金募集活动，倡议全市最大 10 家规模企业 5 年捐赠 500 万元。市委主要领导来到海昌公司，联系沟通资金募集。公司领导慨然表示，慈善事业扶贫帮困，理应支持，公司来到丹阳发展，得到市镇领导和群众的支持，更应为丹阳尽力，主动增加认捐 20%，5 年累计认捐 600 万元，为全市慈善资金认捐金额最高的企业，一时传为佳话。

一路走来　硕果累累

提到隐形眼镜，人们必然想到海昌公司，“海昌”这两个字，“海”是“海阔天空”的“海”，“昌”是“昌达世界”的“昌”。是的，海昌公司是第一家将软性隐形眼镜核心技术带入中国市场的专业隐形眼镜公司，也是严谨的医疗行业模范企业。

海昌隐形眼镜有限公司，成立于1995年10月，位于丹阳市司徒镇丹伏路1号，公司注册资本为8131.89万美元，为台港澳法人独资有限责任公司。经过近三十年的发展，公司已成为集研发、生产、销售、物流配送为一体的世界级隐形眼镜及护理液专业生产企业。

多年来，海昌公司凭借“树行业典范、创完美视野”的信念，致力于产品研发和创新。公司每年都会投入大量人力、物力、财力用于新产品研发。除了在企业内部成立江苏省商务厅挂牌的外资研发机构中心外，还和东南大学等国内知名高校产学研合作，成立了东南—海昌/海伦生物材料工程技术研究中心，攻克眼镜技术难题，打破国外垄断，填补国内空白。公司自主研发出的“软性亲水接触镜”等系列产品，成为国家火炬计划项目，并取得了国家发明专利多项。

海昌公司参与执行国家隐形眼镜标准，是全国范围内医疗器械行业获得GMP通过的公司，在生产全过程中，对原物料、洁净环境、用水、半成品层层把关，并经最终检查合格后才可入库出厂。

与此同时，海昌坚持以“质量第一”的经营管理方针，以“品牌化、专业化、国际化”的发展战略，不断超越自己，实现稳步发展。迄今为止，海昌公司已获得国家火炬计划项目、江苏省高新技术企业、江苏省高新技术产品、医疗器械质量管理体系认证等多项国家级、省级荣誉及各种体系认证。公司拥有一个驰名商标。

根据全国眼镜协会统计，2010—2024 年海昌公司品牌系列产品产量、产值及市场占有率连续位于全国同行业中首位。2024 年全年主营业务收入 16.1 亿元人民币。

公司目前共拥有有效专利 68 项，其中发明专利 28 项。并获得国家知识产权示范企业、省级角膜接触镜工程技术研究中心、省级重点企业研发机构、省级企业技术中心、省级工业设计中心、省研究生工作站等挂牌和荣誉。

公司通过建立 SAP 系统、引进智能化设备、建造自动化仓储中心，并对员工进行智能化设备操作培训，实现公司制造过程自动化数字化，公司 2016 年即获批省级示范智能车间，现正在积极开展智改数转工作。

海昌公司秉持饮水思源的理念，企业的发展离不开地方的支持。多年来，海昌公司坚持招收本地员工。截至目前，海昌公司近千名员工中，超过 70% 都是丹阳本地人，为地方就业和社会稳定贡献力量。

事实也证明，海昌花的这些代价是相当值得的。十多年来，海昌公司不仅为所在丹阳地方贡献了丰厚的税收，更在商务、药监、安全、环保、劳动等许多方面得到了丹阳市委、市政府及社会各界人士的高度评价和一致好评。

助力慈善　彰显责任

更值得称道的是，海昌公司在保持高速发展的同时，更将社会责任摆在了重要位置。多年来积极参与慈善公益事业，为促进扶贫、救灾、教育、文化等做出了积极贡献，将绵延“大爱”洒向了中国大地的许多角落，释放了温暖人心的社会正能量，让社会共享企业发展的成果。

海昌公司对于社会弱势群体和公益事业，不遗余力地付出和奉献，得到了社会的广泛认可和赞赏，获得 2015 年第一届丹阳慈善奖、2019 年第二届丹阳慈善奖“最具爱心慈善捐赠突出贡献企业”，以及镇江市慈善奖“最具爱心捐赠企业”荣誉称号。

2013 年，丹阳市慈善总会成立，海昌公司第一时间给予积极响应，截至 2023 年共捐赠 290 万元人民币，捐款总额位居丹阳规模企业前列。

2015 年，丹阳市村（社区）成立慈善工作站，海昌公司向司徒镇杏虎村、谭巷村、培棠村 3 个村级慈善工作站捐款共 15 万元。

这只是海昌善举中的“沧海一粟”。近年来，海昌公司的“大爱”不分地域、群体，赋予了许多亟待救助人群以新的希望——

2017 年 9 月由上海市台湾同胞投资企业协会代收捐款 10 万元；

2017 年 12 月向中国扶贫基金会捐款 13.68 万元；

2018 年 2 月向上海市红十字会捐款 5 万元；

2018 年 7 月向丹阳市慈善总会捐款 80 万元；

2018 年 10 月向广河县卫生和计划生育局捐款 5 万元；

2018 年 12 月向北京世纪慈善基金会捐款 5 万元；

2018 年 12 月向东南大学教育基金会捐款 3.6 万元；

2024 年向相关慈善公益组织等共捐款 59.453 万元。

海昌公司对于推展在地关怀也不遗余力，每年在建军节前夕，均采购物资向当地消防救援中队进行慰问。新冠疫情严峻期间，对第一线疫情防控人员进行慰问。每年重阳节都对丹阳当地敬老院进行慰问等。2023 年 12 月 18 日深夜，甘肃省发生规模 6.2 级地震，造成甘肃及青海逾百人罹难及失踪，近千人受伤，成为中国近 10 年来最严重的震灾之一。金可集团发挥人饥己饥、人溺己溺之精神，由海昌响应“陇台一家共同救灾”专款募捐行动，捐赠约新台币 11 万元，通过上海百寺公益基金会，将款项捐赠用于支援当地抗震救灾工作。

这样的例子不胜枚举。其实，不光是面向这些特殊的困难群体，对于社会普通消费者，海昌公司也一直坚持承担着它的社会责任，提供优质产品，为视光学健康保驾护航。

以人为本　人间大爱

“员工是企业发展的原动力。”公司董事长蔡国洲是这样说的，更是这样做的。正是基于这样的认识，自 1995 年成立以来，海昌公司坚持“以人为本”的理念，将每一位员工视同家人来对待，不仅对员工工资从不拖欠、按时足额发放，而且率先在丹阳市外资企业中为全体员工缴纳“五险一金”，为员工们解决了后顾之忧。每年公司组织所有员工外出旅游，安排员工统一接受全面的身体检查，让员工享受完善的福利。每逢员工生日及节假日，公司还会为员工送上蛋糕等意外的惊喜，一旦员工有什么困难，公司也及时鼎力相助，使员工们真切地感受到公司的人文关怀。海昌公司工会发挥了积极作用，每当公司员工遇有疾病、意外等困难，都第一时间关心关爱，向慈善总会等机构提出救助申请，公司还会根据员工不同实际情况予以针对性帮助。

美好而安全的工作环境，对于员工、企业和社会三方来说，都是共赢的好事。一直以来，海昌公司所有办公区域、生产车间，都实施了节能利用。除了整栋办公楼使用玻璃间隔、使用节能灯，像一间敞开的“阳光房”，每个车间内的空调 24 小时运作、地面一尘不染，各种废水、废气等污染物回收也及时而到位。“在这方面，我们公司不会节约一分钱！”公司相关负责人介绍说，海昌公司绝不会以员工的健康和安全、环境的破坏和污染为代价，来换取企业的一时发展。“在海昌工作，我和家人都很放心，因为公司真正做到了从人出发，对于内外环境力求做到最好，我们不用担心身体健康会受到影响。”一位在海昌从事 10 年技术工作的员工张爱华神情愉悦地说道。

这些年，海昌公司还开展了视光学免费培训公益活动。在上海设立设备齐全的视光精英培训中心，已经免费为数千名视光领域的从业人士提供了专业、细致、周到的一条龙培训服务。与此同时，每天，在全国范围内的大城市、大社区、高等院校、大中型配镜中心，都活跃着海昌人的身影，海昌公司相关专家免费为消费者提供验光服务，并指导他们如何合理佩戴隐形眼镜、平时佩戴眼镜需要注意哪些事项等。

未来，公司将继续扩大生产，更新生产设备，积极钻研，开发更舒适更高科技含量的新产品，争取实现销售和利润稳步增长，产品产量、产值及市场占有率稳居于全国同行业首位。“海阔天空，昌达世界”，海昌的脚步不只停留在国内，将继续对隐形眼镜及其护理用液的深入研究，开发新产品新技术，在已有基础上加大步伐迈向国际市场，争取在三年内成为全球最大的彩色隐形眼镜生产基地。

做了这么多，海昌公司从未骄傲和满足。今后，海昌公司还要积极参与慈善公益事业，让社会共享企业发展的成果，为扶贫、救灾、教育、卫生、文化等慈善和公益事业做出更大的贡献。

在中国传统文化典籍中，“慈”是“爱”的意思。许慎的《说文解字》对“慈”字的解释为“慈，爱也”。中国的慈善事业，同样有着自己悠久的传统。海昌董事长蔡国洲坚信，有了“爱”，企业与社会将更好地融为一体，“百年海昌”才不是一个遥不可及的梦想。

（撰文　束叶芳）

天工向善　春风送暖

——天工国际慈善公益活动纪事

天工集团举行向南京师范大学捐款仪式

天工向善，春风送暖，度过多少人间疾苦。

在齐梁故里江苏丹阳北部一块富饶的土地上，有一座叫作前巷村的村子，沐浴着改革开放与“以工养农　振兴乡村”的春风，甩掉了昔日贫穷的帽子，成为全国最美乡村、全国文明村，这一切都源于一个企业的发展壮大，这个企业就是闻名遐迩的天工国际。

天工国际，始建于1981年，是世界级工模具钢、钛合金、粉末冶金、高端精密切削工具制造商，世界唯一一家全粉末系列产品供应商，中国民营企业及民营企业制造业500强，国家重点高新技术企业，2007年7月在香港联交所主板上市。

天工国际董事局主席朱小坤，丹阳市十佳精神文明标兵，镇江市人民奖章获得者，江苏省第九届精神文明建设先进个人、江苏省劳模、江苏省最具爱心慈善捐赠楷模、全国扶贫先进个人、全国劳模、全国五一劳动奖章获得者，第十三届、十四届全国人大代表……面对荣誉，朱小坤心态平和，他始终认为能尽己所能帮助家乡摆脱困境、迈向成功，才是此生最欣慰之事。

爱国、爱民、爱乡，利国、利民、利乡，这些年天工秉承中华优秀传统，在壮大自身、做强做大的征程上，回馈乡民，履行社会责任，奉献慈善公益，以一颗赤忱初心，开创出繁荣友爱的大好局面。

九曲河浩浩汤汤，新农村建设如火如荼，数十年光阴荏苒，天工凭着满腔热血和豪情壮志，在丹阳扬名立万，走向世界，率先开辟一条康庄大道，同时天工对家乡的反哺，对社会慈善事业的杰出贡献，可谓是赫赫在目，振奋人心。

有道是“贫以志为贵，富以仁为贵”，天工国际董事局主席朱小坤就是这样一个高瞻远瞩、心怀苍生的实干家、创新者，一个济人之危、帮人之困的慈善家。朱小坤不仅一马当先率领天工在我国精密切削工具和新材料行业做出卓越贡献，成为行业佼佼者，使天工享誉全球，而且将一种博爱、慈善、仁厚的人文精神传承下来。朱小坤这位共产党员模范，无愧于先进党员的身份，无愧于优秀企业家、优秀慈善家的社会责任，更无愧于他对丹阳这块土地饱含的深情。

尘尽光生，照破河山

周末，细雨绵绵，我们一行人来到丹北镇后巷天工国际有限公司。

映入眼帘的是错落有致的办公大楼和繁忙运转的企业厂区。

负责接待我们的是集团办公室白主任。

入座之后我们喝着茶，在一种愉悦的氛围中聊起天工，聊起这些年天工苦心孤诣所做的慈善事业。

“没有朱小坤，日子不可能这么好！”

这是前巷村村民们的集体心声，也是对朱小坤和天工最大的肯定。乡亲们很朴实，谁让他们过上好日子，他们就惦记着谁。

朱小坤小时候吃过很多苦，但是苦对他来说，不是深渊，反而是激励和鞭策他奋进、探索和振兴的动力。

根据朱小坤的回忆，从十三岁开始谋生，早晨五点钟就开始下地干活，一天挣六七个工分。他至今还清晰地记得，那时吃不到米饭，早上喝一大碗稀饭，跑到江堤就饿了，然后就是挑一天江堤。

在那个艰难求生的年代，个性要强的朱小坤并没有被生活打垮，反而被生存的困境激发出强大的斗志——

有机会一定要多挣钱，甩掉贫穷帽子，让老百姓都能吃饱饭，过上舒适的好日子。

朱小坤在物质拮据的环境里长大，常常目睹乡民们为了一点蝇头小利争得面红耳赤，甚至还会动手。后来当上村治保主任的朱小坤每每看到这种状况，总结起来，那都是贫穷惹的祸，如果能抓住机会，他一定要带领乡亲们摆脱贫困，让乡亲们再也不用为一点鸡毛蒜皮的利益耗费心力。

穷则思变，朱小坤抱着对幸福生活的渴望，对事业成功的向往，他于 1981 年接管全镇倒数第一、濒临倒闭的村办小厂，凭着一颗永不言弃的决心，从搞纸绳、铜拉手、塑料瓶盖到电视天线，朱小坤一直稳中求进，努力不懈，拓展思路求发展，直到将工具麻花钻作为主导产品，并延伸研发生产高速工具钢、模具钢、钛合金、粉末冶金，通过不断创新和产业升级，推动企业走上康庄大道。

这些年外部环境风云跌宕，机会伴随着风险，朱小坤和他的天工凭借精密切削工具、高速工具钢及高产等优势，稳居全球行业榜首。企业在做大做强的同时，前巷村也在朱小坤的带领下走向富裕。从 1981 年人均收入不足 300 元，增长至现在的年人均收入超 6. 5 万元。

从天工的发展历程中了解到，刚开始集团创业期间，前巷村有95%的劳动力在天工工作。朱兰英大娘提到朱小坤就忍不住称赞他是大好人，朱大娘的老伴和儿子在天工上班，家里生活很殷实，朱大娘感慨地说："如果没有天工集团，没有朱小坤，村里的日子不可能这么好！"

作为天工的决策者，朱小坤深受传统文化影响，尊老爱幼、扶贫帮弱等传统美德已经深深融入他的日常生活。在他的身体力行之下，做慈善已经成为天工的企业文化精髓，也是天工的标牌之一。朱小坤在这片深厚的土壤里耕耘奉献，大爱无私，践行着"创业富民"的博大胸襟，是一个伟大时代的创业者和博爱者。

前巷村的乡亲们亲切称呼他为"小坤"，拂去童年时苦难的尘埃，朱小坤和他的天工扎根在丹阳土地上，尘尽光生，照破河山，经历风霜变革，一路上披荆斩棘，终是抵达一个"我为苍生，苍生助我"的高度。

等闲识得东风面

有人说，关心你，要问你飞得高不高，也要问你飞得累不累。

朱小坤既是一位企业家，又是一名慈善家。采访过程中白主任屡次提到，董事局主席朱小坤保持着良好的工作习惯，只要不出差，没有其他应酬，每天早晨都是7：30前准时到公司，每天晚上都要亲自下车间，直到晚上9：30才回家，是全体天工人学习的榜样。这样的当家人是他们最大的幸福。在巡视车间和厂区时，集团这么多新老员工，除了经常接触的中高层领导，朱小坤连那些车间普通操作工的名字都记得，每次那些工人遇到困难、生病或者家中遭逢变故，朱小坤总是能第一时间获悉员工的情况，第一时间伸出援手。

一个坚强有力的领导核心，才能掌控大局，迅速应对挑战。毫无疑问，朱小坤无论在企业发展中，还是在扶危济困的慈善工作中，都是这么一个核心角色。

朱小坤认为，企业发展壮大，离不开村里和周边人的支持，企业做出成绩，他也要用实际行动反哺周边的村落，尤其是改善前巷村和周边村落的硬件基础设施，如道路建设和绿化美化，为此每年投入帮扶资金500万元左右，已经持续多年。

如今走进前巷村，绿水绕村郭，桃花映碧波，处处是花团锦簇，每家每户都有别墅轿车，宛如一幅昳丽的盛世画卷，让人忍不住啧啧赞叹。前巷村被评为全国文明村，而这一切变化都来源于天工持续强劲的发展，以及“领头雁”朱小坤脚踏实地的付出，无私无悔的奉献。

根据白主任介绍，天工每年会对村里的老党员和生病困难的村民提供慈善救助，村民达到一定年龄就可以享受退休金。天工投入资金填河修路，打造农村宜居环境。对那些生活条件不佳、难以自持的村民，天工帮助他们的方式就是优先招工，切实解决乡亲们吃饱饭的生存问题。

为了先富带动后富，为了改善乡亲们的生活环境，朱小坤一向大手笔，投入1000万元用于拆并村庄，修筑统一规划、统一标准、统一样式的气派优雅的别墅群，对每个拆迁户进行补贴，彻底将前巷村建设成一个产业兴旺、生态宜居、乡风文明、治理有效、生活富裕的现代化新农村。

朱小坤反哺家乡、守护家园的善行义举，深深温暖了乡亲父老，在十里八乡口碑突出。

“为乡里造福才对得起自己的良心！”

“我办企业个人再富有、拥有再多，对我来说已经没有什么意义，对我来说，遵守中华民族传统美德，做到尊老爱幼、扶贫帮弱，为乡里造福才对得起自己的良心，不负疚于老百姓。”

从朱小坤的慷慨陈辞中可以看出来，他首先是一个成功的企业家，他认定个人事业成功不是终点，做慈善，行善于一方，惠泽百姓，才是他不负时代、不负自己的终极情怀。

造福社会，时代之幸

跟白主任采访聊天时，我们发现集团员工口中的朱总在商场上叱咤风云，在生活中悲悯苍生。

按照如今流行的说法，天天做好事，为别人无私奉献，那不是傻子？可是在天工，没人觉得做慈善是傻子，很显然在朱小坤的引领下，天工人既有实干家创造财富的本领，也有普济众生的大自在。

朱小坤一贯把员工的事当成大事，白主任负责编办《天工之家》的报纸，由朱小坤亲自题名，他的初心就是只要员工有困难，公司一定会帮忙解决。我们读了《天工之家》的报纸，除了总体发展战略和安全生产这些重要内容，《天工之家》报还推出内部员工人才推荐激励政策和工人曝光台等专栏，让我们见识到一个丰富多彩、生动活泼的企业文化氛围。

在袅袅茶香中，白主任跟我们介绍近些年天工的慈善事迹，很多点点滴滴的小细节，很多看似微不足道的善行义举，汇聚成大江大河，引领着天工人奔涌向前，在时代浪潮中独领风骚。

天工对自己人的关怀向来是非常周到的。白主任介绍，近期有个员工生病困难，公司立即帮助解决困难，天工组建的工会和职工代表大会在慈善工作中经常发挥关键作用，对员工困难情况的反馈非常迅速，工会负责跟困难员工沟通，发起捐款等倡议，职代会则是一条条罗列具体问题，一条条按需解决，务必要达到扶危济困的实际效果。

“一人进天工，全家天工人”，天工是一个和睦友爱的大家庭，在这种健康充实的企业文化感染下，天工人展现出欣欣向荣的风貌。

天工资助了很多家境贫寒的学生求学，其中有个学生来天工求职，朱小坤在员工谈心会上得知他考上大学，却没钱去学校报到，朱小坤决定帮扶他。他毕业后回到天工工作，为的就是回报天工，一颗感恩的爱心，一腔诚挚的热血，正是给朱小坤和天工塑造的正确价值观的回馈。

朱小坤经常讲，再苦不能苦孩子，再穷不能穷教育。他通过广大媒体了解到很多因为经济困难而上不起大学面临辍学的学生，如河南汝州市王寨乡袁庄村特困生刘帅伟考取中国社科院研究生，却无力支付学费，只得来到天工打工，朱小坤得知后立即解决他上学费用和生活费，鼓励他求学上进。

十年树木，百年树人。

天工集团从 2007 年开始在南师大开设助学金，每年每个学生助学标准是 5000 元，至 2017 年已经投入 400 多万元，有 600 多名青年学子在天工援助下开启了更美好的人生前景。天工还给南师大提供奖学奖教金，帮助学校改善基建设施，资助达 1250 万元。

采访时，我们被朱小坤开阔的眼界和慈悲的心肠打动，不禁问他做这么多慈善，是求名还是求利？白主任神色淡定笑道："我们朱总做好事，从来不求回报！能帮一个是一个！但朱总绝对不会要求他感恩戴德，为我们天工做什么。"

事了拂衣去，深藏身与名。

朱小坤作为慈善家的淡泊明志，也许正是他高贵品格的体现，是天工企业的责任感，更是这个精彩纷呈的时代之幸。

为生民立命，为万世开太平

"我不打牌，不跳舞，没有什么时髦的爱好。我喜欢工作，现在日子好了，带领乡亲们共同致富是一种快乐！"

给前巷村投资 500 多万元建老年公寓，建筑面积达 4700 平方米，内设麻将室、书报室、卫生室、健身房。村民子女义务教育学杂费享受全额免除，村里开设奖学金，对考上重点高中、大专本科和研究生的分别予以奖励，如村里一个女学生考上研究生，天工一次性奖励 2 万元。对员工子女考取国内国际重点院校的，最高奖励达8万元。

在这些光辉事迹背后，藏着朱小坤博爱无私的奉献，而他自己却没有深宅大院，没有豪华设施。他向集团员工公布自己的电话号码，承诺老百姓打来的电话必给答复，对困难群众他常常“一掷千金”，毫无怨言，在公司却“锱铢必较”，厉行节约，从不铺张浪费。

朱祥娣是朱小坤的老邻居，在她眼中朱小坤是个值得敬佩的慈善家：“他虽然富了，但是工作挺辛苦，住的房子也就这样，生活中也没有什么起眼的地方，做到这样很不容易，因为他打心底里希望村里人都富起来。”

做慈善，朱小坤和天工不作秀，不贪图名利，他们勤勤恳恳工作，扶危济困，帮助真正有需要的群众，天工人身上的人间烟火味很足，是真正的为生民立命。

在乡村振兴的春潮汹涌而来时，朱小坤亲自去句容农庄考察，从滞销农户手上采购草莓、花生等农产品，发给员工做福利。听闻淮安农户种植的蔬菜、碧根果、葡萄等滞销，天工选择与因销售问题焦头烂额的农户合作，采购大量农产品作为节日福利等，在助农扶贫的慈善事业中，朱小坤敢为人先，尽可能解决乡村振兴农户的增收需求。

朱小坤与句容结对帮扶的村庄开展合作，为长远计，他将木箱业务交给结对村，帮助该村顺利实现脱贫致富的目标。

2020年，在新冠疫情蔓延，举国上下开展疫情阻击战时，朱小坤和天工也是积极地捐款捐物，在国外疫情严重时，天工还出资采购口罩等物资帮助那些国际友人一起渡过危机。

天工每年向镇江慈善总会捐赠40万元。2013年至2023年向丹阳慈善总会捐赠468.28万元（其中定向捐赠236.1768万元），成为市慈善总会企业副会长。在丹北镇成立慈善分会和村（社区）慈善工作站时，天工集团也都大力捐款，为促进慈善事业发展做出重要贡献。2015年被评为第一届丹阳慈善奖“最具爱心慈善捐赠突出贡献企业”，2019 年被评为第二届丹阳慈善奖“最具爱心慈善捐赠先进企业”，2024 年被评为“江苏省慈善之星”。

天地公道，自在人心。如今每逢春节，那些受过天工惠泽的学生都要写感恩信或者制作祝福视频发给天工。集团内部的工作蒸蒸日上，一家向善的模范企业，以一颗救济万民的本真初心，博得社会大众的认可与支持，也成就了自身的辉煌蓝图。

伟大的时代创造伟大的人物。这些年朱小坤和天工发展企业、服务社会、反哺社会、造福社会的诸多事迹，尤其是慈善事迹，在其发展和人生历程中抒写了一段段福泽深厚的传奇，厚德载物，令人敬仰。朱小坤是党员先锋，是企业家，更是一名有实力、有担当、有爱心的慈善家。

采访结束，白主任将我们一行人送到行政楼门口。

在这个暖意盎然的春天，春风拂过大地万物，送来源源不断的生机，我们感受到朱小坤和天工满满的正能量，再一次深刻领悟到优秀党员、优秀企业家、优秀慈善家这一份为万世开太平的胸中锦绣。

（撰文　刘圆娟）

雄飞世界　惠达民生

——江苏飞达集团慈善公益活动纪事

飞达集团向汶川地震灾区捐款 160 万元

江苏飞达集团，始创于 1992 年，总部位于江苏省丹阳市丹北镇，地处扬子江与大运河交汇点，京沪高铁、沪宁高速穿境而过，除自备港口外，距离常州机场和长江亿吨港口仅半小时车程，区位优越，物流畅达。集团创办人朱国平先生是履职三届十五年的全国人大代表，在朱国平的带领下，经过三十余年发展，飞达集团已成为以废钢循环利用为主线，涵盖冶金重工、五金工具、港口物流、钢材贸易等诸多领域的大型跨国企业集团，是国家高新技术企业、“重合同守信用”企业、全国出口创汇先进企业。

致力地方经济发展，打造智能制造新时代

朱国平从部队服役回来，婉拒了深圳一家企业 50 万年薪的聘请，回归故里创业，把一穷二白的丹北镇高士桥村建成富甲一

方的飞达工具城，把芦苇丛生的偏僻乡野打造成驰名中外的工具生产基地。朱国平以60万元起家，将一个乡村小厂变成了“亚洲钻头王国”，率领全体飞达员工用“高士桥速度”创造了一个民营企业的发展神话。飞达钻头智能机器人新工厂独领风骚，完全颠覆钻头工具的传统工艺。在中国工具行业，首家获得“中国名牌”、“中国驰名商标”称号。公司通过了ISO9001国际质量认证、德国莱茵TUV、CE、GS、VPA等国际认证。2018年成为首批“江苏省示范智能车间”。

变废为宝、资源再生、绿色发展、利国利民

乡村振兴要落实生态发展理念，企业发展要走绿色环保之路。环保低碳，循环利用是新时代赋予的使命，也是社会公益事业的重要组成部分。朱国平始终以变废为宝、资源再生为己任。作为全国人大代表，他先后三次在全国人大会议上提出了“加快废钢综合利用，切实保护生态环境”的议案。工信部对他的议案高度关注，给予了充分的肯定，并出台了相关政策。2012年，朱国平投资18亿元，办起了飞达集团有着“亚洲第一炉”之称的炼钢厂，专门进行废钢冶炼。短流程电炉炼钢变废为宝，对资源循环利用，飞达集团再一次迎来了飞速发展，迈向转型升级高质量发展的新时代。

在企业环保发展的同时，加大乡村建设力度，打造绿色人居环境。在飞达村，随处可见体现吴文化韵味的古色古香的园林建筑、田园小屋、商业古街。四月的飞达村，杨柳依依、小桥流水、亭台楼阁……与绿色的工厂车间融为一体，形成一幅新时代新乡村的美丽画卷。为了保证当地的空气质量，飞达集团主动拆掉了老厂区的4座大烟囱，还投入数千万元，用于消除烟尘污染和污水处理，宁可企业减少利润，也要保护好家乡的绿色田园。

热心公益，为地方慈善事业做贡献

飞达集团“兴企富民”的责任担当从未改变！朱国平以信仰

之光照亮奋斗之路，关爱员工，心系乡邻，捐资助学，热心公益，积极履行社会责任，上善若水，厚德载物！

1. 扶贫帮困，成立基金。多年来，飞达集团累计为社会捐款达亿元。2004 年，朱国平创立了“国平爱心基金会”，为困难职工提供全力帮扶，累计为各种原因导致生活困难的员工捐款达千万元。朱国平在入党 11 年之际做出一个惊人举动，个人成立“特困党员基金”，通过镇江市委组织部，每年从他的薪酬中拿出 50 万元帮助党内生活困难的同志，镇江地区有 350 名左右的特困党员从中获益。

2. 支持慈善，促进公益。2013 年 5 月，丹阳市成立慈善总会，飞达集团捐赠 100 万元，成为总会企业副会长单位。2014 年丹北镇成立慈善分会，2015 年村（社区）成立慈善工作站，飞达集团也都是积极捐款。2015 年被评为第一届丹阳慈善奖“最具爱心慈善捐赠先进企业”。

3. 关心教育，不忘村民。2004 年，飞达集团出资 350 万元，在原后巷镇创办了江苏省首家民工子女学校——镇江飞达光彩学校，这是江苏省第一家由民营企业投资，专为外来职工子女就学创办的学校。2022 年 6 月 15 日，飞达集团向丹阳市关工委捐款 10 万元，助力丹阳教育下一代事业发展。三十年来，飞达集团坚持为村里每名 60 岁以上老人发放慰问金，从 1992 年每人 20 元到现在每人 1000 元，三十年慰问老人的坚守，使“朱国平”成为飞达善举的闪亮名片。2021 年，飞达村入选首批“全国示范性老年友好型社区”。

4. 资助家乡基础设施建设。修筑飞达大道，铺自来水管道，添置农用机械，甚至代缴农业税等全部国家税费；投资 1208 万元建立飞达公交车站、村民广场、人才公寓、休闲中心、慈善医院等。

5. 2003 年在抗击“非典”的斗争中捐款 60 万元。

6. 2008 年汶川抗震救灾捐款 200 余万元，并在绵阳市盐亭县高灯镇捐建一所飞达抗震希望小学。2010 年 3 月，一幢 750 平方米的教学楼全面竣工投入使用，新教学楼的落成，为高灯小学一至三年级 360 余名师生的学习、工作提供了更为安全、舒适的环境。

7. 2009 年，出资 600 万元在飞达工业区建成丹阳市滨江消防中队。丹阳市滨江消防中队主要担负丹阳东北片乡镇的灭火救援任务，为飞达及周边地区的经济发展提供了更加强有力的应急救援保障。

8. 2006 年 12 月，中央统战部、国家发改委、国家人事部、国家工商总局、全国工商联联合授予朱国平“优秀中国特色社会主义事业建设者”的称号。2007 年 1 月，朱国平获得中华慈善总会授予的“第二届中华慈善人物”称号，并荣获中华慈善事业突出贡献奖。

三十年创业长路漫漫，三十年富民初心不改。经过不间断的投入和倾力打造，飞达村早已走出贫困，通水、通电、通路，建房、建城、建学校，成为基础设施完善、街道繁华、高楼林立的现代港口新城，成为振兴乡村历程的坚实脚印。飞达文化广场和飞达人民大会堂，不仅是企业文化建设的主阵地，更是丰富百姓文化生活的大舞台。飞达“家文化”，员工是主人，人才公寓、保险待遇、晋升空间、健康保障成为“幸福飞达”亮丽的标签，吸引更多精湛工匠、青年才俊的目光。以环保事业为己任的飞达集团，更懂得环境友好的价值。不断加大投入除尘治污、节能减排，让绿色环保，成为最鲜明的发展底色！以助力慈善公益事业为追求的飞达集团，更懂得履行社会责任的意义，为了构建和谐社会、创建城乡文明、增进人民福祉，一如既往，爱心奉献，扶贫帮困，为建设大爱丹阳不懈努力！

（撰文　朱　庆）

沃得献爱　以农为本

——江苏沃得集团慈善公益活动纪事

沃得集团连年实施助学、奖学慈善公益活动

江苏沃得集团，是镇江市慈善总会、丹阳市慈善总会的企业副会长单位。

沃得集团是中国民营企业500强、江苏省百强工业企业和创新型领军企业、江苏省民营企业纳税大户。沃得集团在立志发展民族工业，致力于打造中国南方最大的机械制造专业生产基地的同时，倾情履行社会责任，热衷慈善公益事业，大力支持教育、医疗卫生事业发展，资助农村基础设施建设和乡村振兴等，近年累计捐赠善款7000余万元。

2025年元月伊始，迎着冬日暖阳，走入沃得集团办公大楼，在庄总介绍下，我深刻认识到沃得集团实干、创新、奋进的企业文化和精神品质，更深入体会到沃得集团与慈善机构合作发展的慈爱精神，即在人间播撒大爱、造福于民。

爱心与福泽

根据庄总的介绍，多年来，沃得集团注重与慈善机构对接合作，长期向镇江市慈善总会和丹阳市慈善总会等慈善机构捐款，慈善机构再利用企业善款，帮助那些需要帮助的人。而沃得集团在发展企业的同时，也在以履行社会责任的方式，积极参与社会慈善公益活动。

1. 2008 年 5 月 12 日，四川汶川地震灾情发生后，沃得集团迅速响应赈灾，捐赠现金 700 万元，还捐赠 10 台挖掘机与 20 台装载机，总价值超过 800 万元。同时，公司全体员工踊跃捐款 134. 6258 万。此次抗震救灾，公司和员工个人捐赠总额达 1600 万元以上。

从四川汶川、青海玉树到云南鲁甸地震灾区，从甘肃舟曲、四川雅安到北京房山山洪灾区等，每逢灾害，无需指令，无需动员，沃得集团的设备永远第一批支援国家救援队伍的装备。

2. 2008 年 9 月 26 日，沃得集团与丹阳市慈善会签署了 1000 万元的慈善冠名基金协议，所捐款项用于慈善助学、慈善助医等六大慈善救助活动。

3. 2009 年初，沃得集团向爱佑华夏慈善基金会捐赠 1000 万元。

4. 2010 年 7 月，沃得集团慈善援助西藏达孜县希望小学 200 万元。

5. 2012 年，沃得集团慈善援助四川绵竹市希望小学 6. 3 万元。

6. 2012 年至 2022 年，沃得集团向镇江市慈善总会捐赠 300 万元。2017 年、2019 年、2021 年，沃得集团分别被评为第一届、第二届、第三届镇江市慈善奖“最具爱心慈善捐赠企业”。

7. 2013 年 5 月，丹阳市成立慈善总会，沃得集团共向总会捐款 150 万元。2014 年丹北镇成立慈善分会，2015 年成立村（社区）慈善工作站，沃得集团也是积极捐款。2015 年沃得集团被评为第一届丹阳慈善奖“最具爱心慈善捐赠突出贡献企业”。

8. 2020 年 2 月，沃得集团向江苏农业农村厅行业发展处，捐赠 1 台套植保无人机，价值 5 万元，用于疫情防控。

9. 2020 年 3 月，沃得集团向黑龙江省农垦建三江管理局捐赠口罩 2 万只、向湖北省农机局捐赠口罩 1 万只，共价值 5 万元。

10. 2020 年 5 月，沃得集团向广西壮族自治区农机局捐赠 1 台拖拉机，价值 10 万元。

11. 2022 年 4 月，上海疫情防控形势严峻，周边地区高速路口加强防范，收费站人员工作量骤然加大，沃得集团组织对其慰问，慰问品价值 5 万元左右。

12. 沃得集团通过丹阳市红十字会，向丹阳市丹北镇埤城卫生院捐赠价值 420 万元的电子内窥镜系统，以及 CT 设备。

13. 沃得集团连续 18 年举办“沃得助学圆梦行动”，对埤城籍新录取的大学本科生、硕士研究生及博士研究生发放奖学金超 200 万元。

这就是企业和企业家大爱精神的体现，每一笔善款都倾注着广大企业员工的辛勤劳作和大爱情怀，这些善款在慈善机构和相关单位的运作下，最终惠及基层群众，最终促进社会相关事业的发展，这样福泽百姓的慈善运行方式确可说是企业的荣耀。

助学与希望

沃得集团活动现场，2024 年丹北镇埤城优秀大学生座谈会暨沃得奖学金发放仪式正在举行。丹北镇政府、市总工会和沃得集团相关负责人，为埤城籍金榜题名的 28 名大学生发放了 17 万元奖学金，其中本科生 18 名，每人 5000 元；硕士研究生 9 名、博士研究生 1 名，每人 8000 元。

一直以来，沃得集团十分注重助学助教和人才培养，为此设立了“沃得奖学金”，用来奖励埤城的优秀大学生，一方面可以让大学生们感受到家乡经济的发展，另一方面能激励他们更加努力学习，学业有成后更好地回报社会、回报家乡。截至2024年，沃得集团已经连续18年举办大学生奖学金发放仪式，累计资助大学生300余人。

新一代大学生是未来，是希望。没有知识就没有社会进步，没有社会的持续进步，就没有民族的未来。位于丹北镇埤城的沃得集团秉持着踏实苦干、经营为先的企业家理念，为社会创造财富，也助力社会培养人才，为民族的未来增添新的希望。

行稳和致远

一方水土养育一方人，人杰地灵的江苏，是中国民营经济最为发达的地区之一。提及江苏民营规模制造企业家，王伟耀颇负盛名，早年间他就是胡润排行榜上的常客，这位丹阳籍的民营企业家，作风稳健，行事低调。

1963年，王伟耀出生于丹阳市埤城镇西沟荡村。20岁高中毕业时，他放弃了考大学的念头，开始了创业生涯。但他在事业有成后却继续了“学生生涯”，先后获得南京理工大学的工商管理硕士、中欧国际工商管理学院EMBA。

1988年，25岁的王伟耀创办了丹阳市纺织附件厂。随后，王伟耀看中了为柴油机进行配套生产零部件的机会，创办了丹阳市滤清器厂。

因为奋斗创业积累财富，他偏爱以“富豪”为企业冠名。2001年之前，他的企业名称往往以“富豪”命名，如1993年创办的江苏富豪厨房有限公司，1995年创办的丹阳市富豪曲轴厂，1999年成立的江苏富豪机械有限公司等。

当王伟耀真正成了富豪之后，企业名称则从“富豪”变成了“沃得”，而“沃得”即为英语“世界”（World）的音译，可想而知，王伟耀的雄心和胸怀已经不再局限于国内。

2002年，他合并原丹阳市富豪曲轴厂、江苏常柴联合收割机有限公司、江苏富豪机械制造有限公司等，改制组建江苏沃得机电集团有限公司。

2003 年，成立江苏沃得农业机械有限公司、江苏沃得植保机械有限公司。

2004 年，成立沃得精机（中国）有限公司。

2008 年，成立沃得重工（中国）有限公司。

目前，沃得农机已成为全国最大的水稻收割机制造企业。

沃得集团作为机械制造规模企业，自柴油机厂配套生产曲轴起步，但王伟耀不满足于只做机械零部件配套。同时，随着中国成为世界工厂，对各类生产设备的需求也越来越大，王伟耀的企业也从为整机厂零部件配套，升级到生产整机设备。

伴随企业壮大，王伟耀突破常规选择在海外上市。2004 年 3 月，沃得正式确定去新加坡上市，这也是企业发展国际化战略的重要一步。同年，41 岁的王伟耀获得“江苏省青年创业风云人物”的称号。2006 年，沃得精机（中国）有限公司在新加坡主板成功上市。

除了 IPO（首次公开募股）构想，王伟耀也在不断寻求多元化，他旗下的沃得集团拥有众多子公司。沃得集团现有农业机械、压力机械、园林机械、工程机械、汽车零部件等五大产业板块，成员公司 21 家。

由此可见，沃得集团一直在寻求创新和突破，企业发展到今天，正是王伟耀开阔的视野、创新的意识，赋予沃得集团经济规模和国际化运营的能力，而往往这种体量大、战略性强的企业，才能承担更大的社会责任，才能更好地参与和支持慈善公益事业。

固基和强本

民以食为天，农业是传统产业，农业又是立国之本、强国之基，农业兴，则百业兴，而土地与农民就是其中最基础的两个要素。袁隆平认为，土地是农民的根。充分发挥土地的价值，发展粮食生产让人民吃饱肚子，也是新中国成立时迫在眉睫需要解决的问题，粮食安全也是当今党和国家时刻铭记在心的重大课题。沃得集团一直在做大做强，助力政府解决粮食问题，促进农业发展和农民增收。如果说袁隆平是新中国的“农神”，那么沃得集团是当今企业助农富农的显著标记。

沃得集团作为生产农机产品的规模企业，为农业和农村经济发展，为农民增收，可以当之无愧地说是做出了独特的努力和贡献。沃得集团努力使农机产品不断上档升级，确实是先人一步，走在时代潮头。仅在丹阳农村，农业种田承包大户都在广泛使用各种沃得集团的农机产品，全国又有多少地区、多少农民使用着沃得集团精工生产的拖拉机、收割机、旋耕机等多种多样的农机产品。沃得集团为农民提供各种优质的农业服务，保障和促进了农民的增产增收。

同时，沃得集团致力于创新，研制生产农用无人机等新产品、新装备，为现代农业、设施农业、品牌农业的发展，增添了新助力。

沃得集团在履行社会责任的同时，对于企业员工也是关爱有加，除了较高工资收入和完善的五险一金等待遇外，如员工遇到重疾、残疾、贫困等特殊情况，都会予以援助。如公司有一位员工身患大病，公司和工会除予以经济帮助外，还发动全厂员工募集慈善资金，帮助该员工渡过难关。

经营企业需要的是一份责任心，参与慈善公益需要的是一种大爱情怀，沃得集团作为一个成功的企业，作为一个慈善合作伙伴，无疑都是勇担责任、乐于奉献的。

春种一粒粟，秋收万颗子。这种悲天悯人的情怀一直是中国人的传统，而作为秉持实业兴邦理念的沃得集团和扶贫济困的慈善机构的合作发展，正是这种传统仁义情感的现代生发和光大。

（撰文　刘圆娟）

云阳集团的慈善公益之路

——江苏云阳集团慈善公益活动纪事

云阳集团积极参与、大力支持新冠疫情防控工作

云阳集团，是丹阳人妇孺皆知的一家规模企业，说到云阳集团及其董事长马志尔，以及云阳集团和马志尔的慈善情怀和爱心故事，大家也都耳熟能详。

马志尔，1953 年 1 月生，丹阳市云阳街道迈村人。中共党员，高级工程师，高级经济师。现任江苏云阳集团有限公司董事长、丹阳市慈善总会副会长，江苏省优秀企业家，镇江市、丹阳市人大代表，镇江市“五一”劳动奖章获得者及慈善奖获得者。

敢闯敢干　勇当发展实业弄潮儿

“却顾所来径，苍苍横翠微”，古老而清澈的香草河水依然那样流淌，矗立在香草河畔的云阳集团，如同一条奔涌的河流，书写着隽永的传奇……

2004年暑期的一天，家住本市原荆林镇的张芸捧着高中入学通知书悄悄流泪。她父母是聋哑人，还有一个读书的妹妹，经济困难，家徒四壁，她知道家里拿不出800元学费让她继续读书。她姑妈听说马总人好，便拉着她到马志尔办公室登门求助，本只想先凑个高中的入学学费。马志尔面对素不相识颇像母女的二人，了解到她们的困难后，主动提出承担张芸高中三年、大学四年的学费和生活费。那一年张芸生日，马志尔的夫人还带她去买了好几件衣服，有两件至今张芸还保留着。张芸考上大学入学那天，马志尔亲自送她到南京的大学校园里。后来，张芸敬重地称马志尔夫妇为“干爸干妈”，她说，是干爸给了我生活的希望，改变了我的人生轨迹。

也许有人认为，今天的江苏云阳集团有限公司是房屋建筑工程施工总承包壹级资质企业，下辖房地产开发公司、混凝土有限公司、药业有限公司、丹阳市新时代艺术幼儿园、市政建设有限公司、金骏马装饰安装有限公司、钢结构有限公司、物业管理有限公司、投资有限公司、兴农农村小额贷款有限公司等十余家子公司，堪称丹阳市建筑、房地产开发企业中的龙头企业。对马志尔而言，资助一个学生的费用或许微不足道，但鲜有人知云阳集团光辉成就背后的艰辛历程。

马志尔的童年远谈不上“幸福”二字，他出生于新中国成立伊始，家庭生活极度困难，三年困难时期留给他的印象是永远的饥饿……就在他小学即将毕业之际，“文化大革命”爆发，此时他的家庭已无力支撑他继续求学。十四岁的少年，被迫走向社会，走向谋生之路，从此，他留下了永久的遗憾，也留下了永久的心结。

那是一个艰难的时代，他唯有从最底层干起。为了有一口饭吃，他拜师瓦匠，勤勤恳恳，认认真真。很快，师傅发现这个徒弟实在不一般，仅仅几年时间，他已经成为丹阳东风建筑站的工程负责人。1986年，在中国改革开放春风的沐浴下，他终于开始开创自己的事业，这一年他租用了四间平房，利用省吃俭用积蓄下的资金办起了城南建筑站。在激烈的市场竞争中，企业逐渐站稳了脚跟，发展壮大，他也通过自己不懈的努力，付出比常人高出数倍的艰辛，成为一级项目经理、一级建造师、高级工程师、高级经济师。一个名不见经传的小小建筑站最终成长为一个民营企业集团。

但，他始终心结难解——还有那么多的孩子难以通过知识改变命运，还有一些弱势人群在温饱线上徘徊。他总觉得良心在时时向自己发问：社会给了你一份信任，你将以什么回报社会？

不想作秀，也不认为自己有悲天悯人的情怀。他开始低调地扶助一些生活无助的人。他扶助过孤独无依的人；救助过因病濒于绝望的家庭；援助过因急难致使家庭陷入困境的人。受助之人无须言谢，他也谢绝报道，只认为自己受党教育多年，成为企业老板多年，也曾在艰苦的岁月里磨炼过多年，他追求的只是责任担当和无私奉献。

捐资助教　建好造福桑梓幸福楼

“先做人、后做事；做人义当先，做事勤为本；老老实实做人，踏踏实实做事”，这是云阳集团的企业文化！金钱可以改变人生，没有金钱难以生存，金钱是财富的物化表现。而马志尔认为：追求财富虽然是企业发展的重要目标，但财富不仅仅是利润等物化内容，还包含着社会认同和尊重，以及企业文化等精神内容，企业履行自己的社会责任，才能获得反哺社会的尊重！做一个有良心、有社会责任感的企业，才能成为一个真正拥有财富、真正拥有光明前景的企业！

马志尔从童年的苦难中，体味人生艰辛的同时，也根植了恻隐之心和报恩之念，此心此念和对教育的眷念，成为伴随他一生的价值追求。

了解他的人都说，他“出道”以后对慈善公益尤其是教育始终抱有少有的热心。

在支持和兴办教育上，马志尔几乎不遗余力。

1999 年，丹阳市万善园和华南两个相连的社区正在开发，规划中留有20 余亩土地用于建设幼儿园，政府由于投入较大而一时难以顾及。云阳集团明知公益投入很难有理想的回报，依然将创办幼儿园的任务主动承担下来。投资 2300 万元，聘请丹阳市实验小学、丹阳市云阳一小几位退休的校长、副校长，组建了丹阳第一所由民资创办的幼儿园——丹阳市新时代艺术幼儿园。20 多年来，幼儿园坚持“促进幼儿全面和谐发展”的办园目标，在“园舍新、设备齐、档次高、管理精、师资优、质量好”的幼教现代化建设大道上迈开了坚实步伐，先后获得“江苏省示范幼儿园”、“镇江现代化先进学校”、“全国优秀民办幼儿园”、“丹阳市学前教育先进单位”、“丹阳市群众满意学校”等荣誉。

2003 年，为策应城市东进南扩发展战略中教育先行的要求，丹阳拟建一所实验学校，以探索新时代顺应新课程改革路子。建实验学校本身就是探索，再加上当时政府财力不足，因而教育部门希望适度引入民资，该校正好选中了城南村的土地。负责筹建工作的张锁荣（后来是该校校长），第一次找到当时兼任城南村党总支书记的马志尔谈建校问题时，一次性就把事情谈了个透：建校需要土地，马志尔同意调整原有土地规划，优先提供给校舍使用，并对此块土地上有高压线及周边道路的建设给予了积极的对策建议。建校前期费用 3000 万元需要从银行贷款，但贷款担保已经遭到两个企业拒绝，在这里却得到了马志尔的首肯……多少年后，张锁荣谈起这次见面的印象，仍称其为终生最难忘。

华南实验学校作为丹阳第一家真正意义上有民资介入的学校，其规模已非当年云阳一小同日而语了。3 年的建设，马志尔先后垫资 1.5 亿元，该校最多时拥有 7000 多名学生，若不是马志尔的鼎力支持，该校的创办将面临更多的困难，至少要晚几年建成。学校建好后成立董事会，成为董事长的马志尔为采购设备设施及其他费用，又向学校投入 3000 万元。其后，他还捐资建设了“志尔科技馆”和篮球馆，在学校设立了“志尔奖学金”，华校学生在丹阳以外获奖，都会获得“志尔奖学金”的奖励。每年教师节，他都要给华校、特殊教育学校及其他一些学校的老师送去慰问。

2008 年，四川汶川大地震，马志尔不假思索地捐款 100 万元，在茶马古道起点——雅安上里古镇，兴建了一所以他儿子名字命名的“马俊博爱小学”，他在为学校落成剪彩时说：“赈灾救灾，我首先想到的是来建一所学校，灾情再严重，也不能影响到孩子的学习。”

2023 年，丹阳市成立教育、卫生两个基金会，云阳集团捐款 150 万元。

马志尔和云阳集团的慷慨捐资助教，受到了高度评价和赞赏，2012 年，马志尔被丹阳市委、市政府授予社会“重教兴学”十大杰出人物荣誉称号。

坚守初心　真诚回报社会展大爱

到底是什么力量，能让他对慈善公益事业义无反顾、勇往直前？能为常人所不能为？是信念，是使命，是责任，是担当，是大爱无疆的精神！马志尔认为，企业是社会的细胞，社会是企业的依托，企业必须反哺社会，履行自己的责任，才能获得更好的发展环境。同时，一个有社会责任感的党员企业家，也应该是一个慈善家。

云阳集团企业精神的三句话中，马志尔特别解释过“做人义当先”这句话，这里“义”的一个重要内涵就是慈善公益行为这一“大爱情怀”。

“盈余不忘本，饮水常思源”是马志尔的信念。在社会上，马志尔乐善好施的口碑不胫而走。

在扶持弱势群体上，马志尔慷慨付出，从不吝惜。

在企业内部，他乐于助人有口皆碑自不必说。20 世纪 90 年代初，公司经营没几年，底子还不厚实，一天一青年员工的母亲找到他，陈述儿子从农村到城里上班要买房，钱的缺口太大，想从他这儿借点钱。马志尔一口应允“借”给他5000元，占了房款的四分之一。说好这笔相当于全年工资的钱挂在她儿子的账上，当这位母亲千恩万谢地走后，马志尔压根就没往账上挂。多少年来，只要员工有困难找到他，他总是热心相助，每年资助的员工总有十几二十个，以至有人私下里开玩笑地说：马总的钱好“骗”。

数年前，一位来自丹阳市农村的老太太，辗转找到马志尔说：自己年迈，失去了劳动能力，唯一的儿子先她而去，与她相依为命的孙女立志要通过知识改变自己的命运，虽然孩子的努力终于换来了某高中的录取通知书，但迫于金钱的压力，孩子可能只得弃学。老人的倾诉勾起了马总的心结和往事，这位做事雷厉风行的董事长当即承诺：放心让孩子读书，有云阳集团在，有我马志尔在，这个孩子有多大的能力可以尽情施展，高中、大学，直到读研，我承担她的学习费用！

10多年前的一天，丹阳茅山老区促进会的负责人找到马志尔，说老区有一些贫困生上大学经济上有困难，希望他能够扶持几个，马志尔一下就扶持了七八个，每个大学生每学期提供8千元生活费。“自己也是从贫穷走出来的”，马志尔常这样说，这淡淡的一句话，道出了他内心深处极易触动的无限情感。

马志尔及他的云阳集团热衷社会公益事业，在支持社会公益上，义不容辞，勇于承担。

渐渐地，他感到这种扶助力量的单薄。以一己之力，一个企业之力，面对社会时总会感到力不从心。老子说，授人以鱼不如授人以渔，既然教会受助者捕鱼的技巧，更甚于单纯送几条鱼给受助者，那培养解决困难的能力才是从事社会慈善和公益的根本。十年树木，百年树人，企业反哺教育，上能为国家树人，下能为百姓分忧，何乐不为！

他是身体力行之人，只要是认准的事情，都会立即付诸实施。于是，1998 年公司投资创办了丹阳市新时代艺术幼儿园；此后公司又先后垫资建设了华南实验学校、丹阳市实验学校，捐建了华南实验学校科技馆，丹阳市特殊教育学校艺术体验馆；2008 年，捐资 100 余万元修建了雅安市上里古镇马骏博爱小学，2010 年 10 月，公司再次为这所学校的学生们捐赠了 1221 套运动服及 80 条运动裤，价值 13.83 万元。

捐资助教远非云阳集团慈善公益的全部。2004 年，云阳集团向市慈善会捐赠 30 万元；2008 年，云阳集团冠名 600 万元“云阳集团慈善救助基金”，仅此一项每年就按 7% 的比例向市慈善会捐赠 42 万元；2010 年，集团的药业公司向贵州等西南灾区捐赠价值 100.74 万元的药品，集团的开发公司向市慈善会捐赠 24 万元；2011 年集团公司向市慈善会捐款 11.5 万元，集团的开发公司向市慈善会捐款 8 万元；2012 年，集团公司向市慈善会捐款 12 万元，集团的开发公司向市慈善会捐款 5 万元。2013 年，丹阳市慈善总会成立以后，云阳集团共向总会捐款 260 万元，2014 年云阳街道成立慈善分会，2015 年村（社区）成立慈善工作站，云阳集团都是大力捐款，2004 至 2023 年云阳集团共向慈善组织捐款超千万元。

至于十余年来受他默默捐助以解水火急难的家庭或个人已达几十人次，马志尔个人用于救助特殊困难个体的款项也已近百万之巨！不必一一叙说，也无须笔墨的渲染，数字虽然枯燥，但数字中凝结的真情却沉甸甸！马志尔不仅用双手建设丹阳美景，更用情用心建设大爱丹阳。

谁言寸草心，报得三春晖！党的政策使民营企业得以蓬勃发展，而有着强烈社会责任感的企业反哺社会又何尝不是企业的寸草心？

马志尔表示，多年来、云阳集团获得的荣誉数不胜数，然而一切都比不过“慈善奖”的价值，2017 年云阳集团被评为第一届镇江慈善奖“最具爱心慈善捐赠企业”，马志尔被评为“最具爱心慈善捐赠个人”，2019 年云阳集团被评为第二届镇江慈善奖“最具爱心慈善捐赠企业”，2015 年和 2019 年云阳集团分别被评为第一届丹阳慈善奖“最具爱心慈善捐赠突出贡献企业”和第二届丹阳慈善奖“最具爱心慈善捐赠先进企业”，这是对云阳集团和马志尔奉献慈善公益事业的最好褒奖。

马志尔说：“积极承担社会责任、回报社会是每一个民营企业和企业家应尽的责任和义务。云阳集团将继续用爱心构筑通向美好未来的康庄大道。”

（撰文　眭见强）

丹凤襄善根　大爱恒慈法

——江苏丹凤集团慈善公益活动纪事

丹凤集团积极参与和大力支持各类慈善公益活动

丹凤集团是一家有着强烈社会责任感，广施慈善大爱的爱心企业。丹凤集团在领头人尹根法的率领下，由小到大、从弱到强，为丹阳市经济社会发展贡献了力量。与此同时，履行社会责任，助力慈善，助学助教、扶贫帮困，促进丹阳慈善公益事业长足发展做出了显著成绩。

砥砺前行数十载，企业发展铸辉煌

丹凤集团是一家以建筑工程施工总承包为主要经营范围的综合性集团公司，始创于 1965 年 8 月，1999 年由乡镇企业的“丹凤建筑公司”，改制为民营企业的“江苏丹凤建设工程实业有限公司”，并于 2006 年 11 月组建江苏丹凤集团，尹根法任法定代表人兼集团董事长。集团目前下设江苏丹凤集团有限公司、丹阳市通泰房地产开发有限公司、丹阳市丹凤市政建设工程有限公司、丹阳市银泰典当有限公司、丹凤物业管理有限公司、合家欢市场、消防安装工程有限公司、丹凤温馨园、丹阳市丹凤医疗技术管理有限公司、丹凤工业园、丹凤物流园、江苏丹凤建筑集成化科技有限公司、丹凤幼儿园等分公司。

改革开放46年，公司改制25年，在市场经济大潮中，江苏丹凤集团克难奋进，锐意进取，实现了快速发展，产值从起初的3000万元到2023年的7亿元，翻了23倍；占地面积从原来的20亩到现在560亩，翻了28倍；年营收从原来的270万元到现在的8100万元，翻了30倍。“江苏省安全生产先进单位”“江苏省文明单位”“江苏省重合同守信用单位”“江苏省诚信企业”“建筑行业先进企业”“市规模企业纳税奖”“劳动保障及工会工作先进集体”等殊荣纷至沓来。一系列成绩和荣誉，不但倾注了集团领导的辛劳和广大员工的付出，更是照亮了每个丹凤人的期盼，丹凤集团前进的步伐落地有声、坚定豪迈，集团公司下辖的一个个子公司也雄姿英发、勇立潮头！

1985年5月成立的江苏丹凤集团有限公司（原名丹凤建筑工程公司），是以房屋建筑工程施工总承包壹级为主体，建筑装修装饰专业、消防设施专业、起重设备安装专业等为配套产业的综合性企业。公司成立以来，相继完成市电信大楼、市交通行政执法中心、丹北镇后巷五星村综合楼、市疾控中心、市职教中心、吴塘中学、丹金农贸市场等一批大型建筑。近20项建筑工程分别获得江苏省建筑工程“扬子杯”和镇江市“金山杯”优质工程奖。

该公司下辖的丹阳市通泰房地产开发有限公司以先进的开发理念，诚实守信的经营作风，大力推动城镇化建设，致力于改善人居环境，提高人民生活质量。先后开发建设了丹凤公寓、怡心花园、文化雅居、锦泰园、丹金公寓、碧水兰庭、锦尚名都、丹凤国际、君悦华府等现代化住宅小区。并与央企等知名上市企业合作开发了在丹阳有较高知名度的凤熹台、璞悦府等小区，设计新颖、质量优良、功能完善、品位较高，为改善全市的住房条件和美化城市环境做出了贡献。

2006年成立的丹凤市政建设工程有限公司，是一家以市政公用设施施工为主的总承包企业，拥有一支技术结构合理、专业素质高、经验丰富的工程队伍，具备了城市道路桥梁施工、各类给排水管道、公共广场、城市生活垃圾处理工程施工的能力。公司全面致力于城市基础设施建设，共完成施工产值约2.8亿元，累计修建城市道路约38万平方米，排水管网约176公里，单跨28米桥梁一座，相继完成了10余个小区市政配套工程。

2010年筹建了丹阳市丹凤物流园，该园以现代物流产业为主体，形成社会化配送、分拣、包装、仓储、运输、货代等有效集中区域，为众多物流企业提供“基础性物流设施”、“信息交易服务”的综合性运营平台，成为立足丹阳、辐射长三角的现代化多功能综合型物流产业园。

筹建丹阳首家装配式建筑PC构件生产企业。为响应建筑产业“节能减碳”、“绿色环保”现代化发展要求，在位于丹阳市高新产业区，用地187亩，投资二条PC构件综合自动化生产线。年产量达100万平方米，可生产叠合板、预制梁、柱、楼梯、阳台及砼墙板等PC构件，公司提供全过程的预制装配建筑解决方案，形成由工程设计、构件生产、运输、施工安装为一体的总承包企业。用经济、安全、绿色、美观的装配式建筑服务方式提升群众生活品质，积极打造国家级建筑产业现代化示范基地，也使企业发展有了新的规模爆发点和利润增长点。

建设了丹凤智慧园，这是集酒店、会所、商务、客房、写字楼于一体的综合型服务大楼，该项目的建设加快了丹阳市南部新城建设，提升了丹阳高新板块的配套服务功能，成为京杭大运河、122省道沿线亮点，是丹阳又一标志性建筑。

公司还建设了丹凤工业园，该项目占地面积88亩，总建筑面积约45000平方米，由两幢四层装配车间、一幢六层办公楼、六幢标准厂房、职工餐厅、员工宿舍楼组成。后续拟新增土地30亩，拟新建标准厂房2万平方米，吸引企业入驻，发展二、三产业。

践行初心履职责，不辱使命树标杆

丹凤集团一切成就的取得，无不与丹凤集团领头羊、现任董事长尹根法先生几十年如一日的远见卓识、孜孜追求、倾心付出息息相关!

丹凤集团凭诚信赢得了企业的发展，凭质量赢得了客户的信赖。董事长尹根法经常讲：“不忘初心，牢记使命，作为企业家就应该承担发展企业的更大责任。”

尹根法，1954年出生在云阳镇城南村的一个普通家庭。青年时代，他为了生活，扛过米包，拉过板车，做过泥瓦工……由于他肯吃苦，善动脑，又勤于学习，并且施工技术十分过硬，1974年，他被招录进入当时的“丹凤城郊建筑站”，成为一名普通技术员。工作中，他踏实肯干，刻苦钻研，得到了众人和建筑站领导的高度认可，短短几年升任为工程队长。1988年，由于他多年的勤学和努力，积累了丰富的专业技术知识，培育出相当程度的领导能力，被任命为公司副总经理。

1985年，“丹凤建筑站”更名为“丹凤建筑工程公司”。1999年，按照云阳镇有关乡镇企业改制的工作要求，“丹凤建筑工程公司”改制为民营的“江苏丹凤建设工程实业有限公司”，尹根法被任命为公司董事长、总经理兼党委书记。上任后，他提出了“一业为主，多业发展”的发展战略，促进企业快速发展，具有了相当规模和经济实力，知名度在同行业中名列前茅。

2006年，“江苏丹凤集团”成立。数十年来，尹根法从一个普通的建筑工人到集团公司老总，他始终把“先做好人才能做好事，厚德才能载物，积善方能载福”铭记在心，并践行在工作和生活中。尹根法以个人魅力和战略眼光，打造了一支凝聚力、战斗力超强的团队，在建筑行业状态饱和、竞争激烈，央企等外来建筑公司冲击等种种不利情况下，带领集团全体员工，迎难而上，积极转型，创新企业发展新模式，全力抵御种种风险，走出了一条创新发展的健康之路。在尹根法的带领下，企业快速高质发展，丹凤集团产值、销售和利税翻了几十番，资产扩大了几十倍，从一个名不见经传的乡镇企业发展成为拥有数亿资产的集团公司。2023 年，丹凤集团实现开发、建筑、市政、销售总产值 6.8 亿元，年平均完成开发面积 18 万平方米，为丹阳市的城市建设和经济社会发展作做了巨大贡献。

由于丹凤集团董事长尹根法为丹阳的经济社会发展做出了重要贡献，受到了党委、政府、人民群众的充分肯定和高度赞赏，被评为丹阳市优秀共产党员、江苏省建筑业“优秀企业经理”，2003 年起担任历届丹阳市人大代表，2012 年起至今担任镇江市人大代表。丹阳市人民政府授予他“丹阳市老区建设、扶贫开发先进个人”荣誉称号。

助学助教，圆贫困学子读书梦

丹凤集团企业发展，不忘慈善。

本着更好地服务社会，关注民生，造福百姓的宗旨，自 1996 年在市“攀亲助学”活动中，资助困难家庭大学生桂玉明学习费用开始，18 年来，丹凤集团一共出资 25 万余元，资助了 20 余名困难家庭学生，在他们举步维艰的求学路上洒满了温暖和阳光，圆了他们的读书梦，给他们的未来点燃了希望之灯。

2007 年，丹凤集团投资 1000 万元建设丹凤实验小学一幢 5000 平方米的高标准、现代化教学楼，以及幼儿园教学区，全面改善了学生学习环境，为培养祖国的下一代作出了无私的奉献。

除此以外，丹凤集团还创建了丹凤幼教集团，由丹凤幼儿园、吉的堡天波城实验幼儿园、吉的堡（丹凤园）、亲子中心、儿童之家等组成，形成了0~3岁和3~6岁教育一体化、普惠教育和高端品质互补的学前教育体系，为丹阳市首创。幼儿园园舍既有绿化、美化、儿童化、现代化的时尚气息，又有环保、安全、符合幼儿身心健康发展之特点。音乐室、美术室、图书室、科学发现室、多功能活动厅等专用室配备齐全。户外运动场地配置标准高，布局合理，能充分满足孩子各项学习、生活的需要。先后解决了1500多名孩子的入学和170位老师的就业问题。丹凤幼儿园和天波城实验幼儿园被评为江苏省实验幼儿园。

同时，凡遇学校困难求助，丹凤集团都乐于出资出力，每年教师节都会拿出资金奖励。到目前为止，仅此一项，共投入8000余万元。2020年，丹凤集团向全国“希望工程”捐款3万元。2023年，本市成立教育、卫生基金会，丹凤集团捐款80万元。

因为助学助教卓有成效，集团董事长尹根法被丹阳市政府授予社会“重教兴学”十大杰出人物荣誉称号。

慈心助老，打造丹凤温馨园

丹凤集团针对老龄化社会来临，助力政府老年事业，积极投身慈善公益，弘扬尊老、敬老、养老优良传统，帮助解决老年人安度晚年的问题。投资2.3亿元，筹建了丹凤温馨园，这是一所集颐养、保健、康复医疗、护理、精神慰藉为一体的非营利性一站式医养融合服务机构，可容纳1600~1800人入住。园内风景怡人，设施高端，温馨舒适，丹凤温馨园开园以来，遵循“个性关怀、快乐养老”的服务理念，秉持“持续关爱、舒适满意”的服务宗旨，让生活在园区的老人养有所为，老有所乐。现已被列为江苏省医养融合试点单位、市医保定点报销资助和慈善定向救助帮扶单位、市科技发展资金项目单位，为维护社会稳定、构建和谐社会贡献了自己的一份力量。

帮困助弱，勇挑社会责任

尹根法常说，作为一个企业的责任人，不仅要树立企业家创新精神，实现企业可持续发展，更要承担更多社会责任，为慈善公益事业尽力。

为促进慈善事业发展，2013 年至 2024 年，丹凤集团累计向市慈善总会捐款 230 万元。丹凤集团在云阳街道成立慈善分会、村（社区）成立慈善工作站时，慷慨解囊，大力捐款，成为丹阳市慈善总会企业副会长单位，并获得 2015 年第一届丹阳慈善奖、2019 年第二届丹阳慈善奖“最具爱心慈善捐赠突出贡献企业”称号。

丹凤集团还将善心播撒全国。多年来，丹凤集团先后向全国地震灾区捐款捐物累计 100 多万元。2010 年 5 月，青海玉树发生地震后，董事长尹根法立即捐款 8 万元，并亲赴青海，当他看到那些失去亲人、失去家园的家庭和孩子时，内心受到极大震撼，再次当场捐款 10 万元。2023 年 12 月甘肃积石山县发生 6. 2 级地震，尹根法先生得知后，立即捐款 10 万元。

2020 年到 2022 年，为抗击新冠疫情，丹凤集团共向社会捐款 5. 2 万余元；2018 年至 2024 年，丹凤集团共为陕西省富平县捐款 21 万元。

2011 年至 2016 年期间，尹根法担任云阳街道九房村党总支书记。任上，他不追求自身耀眼的光环，更多是想着如何为村民们谋福利。平时他给群众的印象是朴实、温和，没有派头，没有架子，待人接物处事受到邻里乡亲的一致好评，是一位受人尊敬和爱戴的书记。作为广大群众的“贴心人”，他积极推动了村委会工作改革，首创的“五个协调”的工作方法，至今仍然温暖人心：协调解决家庭、邻里关系等生活矛盾；协调解决因企业裁员带来的问题，让下岗职工重新上岗；协调解决贫困对象生活保障的问题；协调司法维护群众的合法权益；协调组织帮扶对象参加教育、就业的咨询洽谈。此外，丹凤集团注重打造企业与职工命运共同体，时刻关心职工福祉，认真倾听来自职工群众的要求和呼声，把解决职工的思想问题与实际困难结合起来，真正把维护职工群众的根本利益作为工作的落脚点和出发点。

同时，每当职工、村民家庭遇有困难时，丹凤集团尤其是董事长尹根法都及时帮助，主动探望，嘘寒问暖，关怀备至。2017年，在得知西门大街社区一居民，因医治先天性心脏病的幼儿致使家庭一贫如洗的悲惨遭遇时，尹根法毫不犹豫掏出了数万元资助，使这个家庭渡过了难关。

“东风惠我改革志，万紫千红满园春。对标找差谋发展，转型升级谱新篇。”

在尹根法的带领下，丹凤集团正按照“主业做强、产业做宽、副业做优”的总体发展思路，着力打造合理、优化的公司运行结构，在追求企业和谐、快速发展，继续为城市发展和现代化建设谱写新的辉煌的同时，必定会以承担社会责任为先导，以勇担大爱慈善为准则，为慈善公益事业做出更大的贡献！

丹凤，前进的战鼓必将擂得更响；丹凤，创新之帆必将扬得更高；丹凤，必将向着美好的明天远航！

（撰文　李文华）

大爱无疆的“大赛璐”

——大赛璐公司慈善公益活动纪事

大赛璐公司连年实施慈善助学大学生活动

大赛璐集团成立于1919年，迄今已有一百多年的历史，共有76家子公司，分布于14个国家，集团员工总数超过11000人，集团旗下的安全战略事业单位（SBU），分布于全球7个国家，共有9个据点。

2004年12月，日本株式会社大赛璐在江苏省丹阳市丹北镇陈山村，全额投资成立了大赛璐安全系统（江苏）有限公司（DSSC），投资总额达1亿美金，经历十几年的快速发展，DSSC成了大赛璐集团安全SBU现阶段规模最大的一家分公司。主要产品有车上搭载的各类安全气囊的气体发生器、安全带用PGG和电动汽车用电流切断装置等使用火药的汽车用安全装置等。常年位居丹阳市纳税排名前10位，成为当地最知名的企业之一。

2016年12月，日本株式会社大赛璐在DSSC工厂现址的东北面，投资2800万美金，成立了大赛璐安全技术（江苏）有限公司（DSTC），建立了气体发生器的核心部件点火具的生产线，2023年度DSTC产量约4000万个，大赛璐集团在中国江苏奠定了实现气体发生器，所有核心部件现地化生产的坚实基础。

公司秉持着为汽车安全保驾护航的强烈使命感，面向实现世界第一安全品质气体发生器工厂的宏伟目标，在“Sustainable Value Together（共同创造新价值）”基本理念的指引下，以火工品技术为基础，迈向成为最受市场信赖，持续提供安全安心解决方案的世界排名前列的气体发生器工厂之路。

大赛璐有今天的成绩源于对安全及品质的不懈追求，也得到了社会各界的支持和关注。企业在发展经济的同时，也将履行社会责任作为企业的重要组成部分，将公益事业纳入企业经营活动范围。这种社会责任意识源于“回报社会”的理念，将社会利益的考量融入企业文化中。这种意识在企业中得到广泛传播和认同，并着眼于为社会做贡献，积极开展了形式多样的社会公益活动。

2013年5月31日，市慈善总会成立以来，大赛璐安全系统（江苏）有限公司累计向慈善总会捐赠善款224万元。村（社区）成立慈善工作站，公司捐款56万元。2015年被评为首届丹阳慈善奖“最具爱心慈善捐赠突出贡献企业”，2019年被评为第二届丹阳慈善奖“最具爱心慈善捐赠先进企业”。

此外，每年六一儿童节，大赛璐都会组织员工看望福利院的孩子们；每年8月，大赛璐员工自发组织向西藏、云南等边远地区捐助物品；大赛璐还坚持提供就业机会给残障人士……“慈善是社会的需要，更是爱心的传递，大赛璐坚持参与慈善公益事业，是希望能不断有更多的同僚一起同行，把温暖的慈善阳光洒向社会。”

“圆梦行动”——圆困难家庭大学生之梦

大赛璐开展“圆梦行动”，助寒门学子梦想起航。

公司联合市慈善总会，从2014年开始，每年选择品学兼优但家庭经济困难的新录取大学生，举行专门仪式活动进行助学，资助标准为每人每年5500元，共资助贫困家庭大学生58名，支出助学金114.75万元，帮助贫困学子圆了大学梦。同时，跟踪和关注受助大学生成长，每年7—8月召开座谈会，听取学生成长情况、需求和感受，以及对圆梦行动项目的认识与评价等，持续给予人文关怀、评估项目效果、优化项目运作。同时，回访了解受助学子对未来学业、职业等规划。实时掌握学生家庭情况变化，介绍发展情况、提供实习机会，促进贫困学子就业。

大赛璐公司负责人表示："我们从2014年开始慈善助学活动，我们还将继续联合市慈善总会将这项助学活动开展下去，进一步回馈丹阳社会。"之所以每年坚持"慈善助学"，完全是大赛璐想为丹阳的慈善事业尽绵薄之力。"我们落户丹阳已经20年，获得了各界的关心支持，所以大赛璐也不忘初心，坚持回报社会，希望能够凭借自己的力量为丹阳经济社会各项事业做出贡献。"该负责人表示，大赛璐每年对贫困家庭优秀的大学生进行资助，只是希望他们能够无后顾之忧地学习、继而成才，今后通过努力回报社会和关心他人，传递爱心。

"圆梦行动"助学项目切实解决、缓解了贫困学子的学费负担，在获得受助者高度满意评价的同时，也产生了良好的社会影响。不少企业员工和社会爱心人士也纷纷加入慈善"圆梦行动"之中……

共襄助教善举　共谋教育未来

深耕丹阳多年的大赛璐，积极融入"大爱丹阳"建设。古往今来，支持、兴办教育是一大善举，彰显着无量功德。致富思源、情系桑梓、捐资兴教，极大鞭策激励了学子成长、成才和家乡教育图新图强。

自成立以来，公司一直将感恩、公益、慈善注入企业发展基因，崇慈尚善，捐资助学。先后向后巷实验学校、后巷中学、埤城幼儿园捐助物资。

用爱诠释企业责任，用行动彰显企业担当。大赛璐始终怀着一腔热忱，坚持主动承担社会责任，力所能及地做一些奉献社会的事情。今后，企业将进一步加大对教育事业的支持，积极培育塑造优秀公司文化品牌，凝聚希望，筑梦未来，以实际行动回报社会各界对公司的关心和支持。

走进儿童福利院　奉献爱心送温暖

儿童是祖国的花朵、社会的希望，他们需要全社会的呵护和关爱。但儿童福利院内的孩子，他们的童年似乎总有一层阴霾，有部分孩子出生不久就遭遗弃，也有部分孩子失去了亲人，孤身一人。同是祖国的花朵，同样的童年时光，他们失去的太多，也经历太多。所幸的是他们并没有被社会遗忘，政府及社会各界都给予了关怀和帮助。

多年来，大赛璐安全系统技术（江苏）有限公司坚持在六一儿童节前夕，前往丹阳市福利院看望孤残儿童、慰问工作人员，并送去慰问物资和节日祝福。在慰问活动中，大赛璐公司人员深入了解孤残儿童日常生活照护、医疗救治、特殊教育与社会教育融合等情况，并与孩子们贴心交流、倾情互动。同时，为福利院儿童送上生活用品、节日礼物等，并向工作人员致以节日问候，让孩子们感受到社会的关爱和温暖，希望孩子们在福利院中快乐成长。

大赛璐相关负责人表示："公司一直以来积极参与各种公益活动，探望福利院儿童是践行社会责任的实际行动。公司将继续关注福利院孩子们的成长状况，传递好爱心接力棒，做有温度的企业，号召更多爱心人士加入关爱福利院儿童的爱心事业中。让温暖化为力量，让感动不断蔓延。希望社会各界对福利事业都可以奉献一份力量。共同携手，相信在社会各界的共同努力下，这些孩子们将会更好地成长和发展。”

共同战“疫”　共克时艰

2020年初，自新冠疫情发生以来，全国各地迅速行动，及时制定各项防疫抗疫应急措施和工作方案，积极发起一场“抗疫战”，让社会看到了党和政府沉着应战、迎难而上的坚定信心和决心。

疫情之下，捐款捐物是最直接也是最有力的援助。大赛璐公司向丹阳市基层卫生院进行捐赠慰问，分别向新桥卫生院、司徒卫生院、埤城卫生院、皇塘卫生院和访仙卫生院各捐赠2万元现金，合计10万元。助力丹阳市疫情防控工作，并陆续向尧巷村委会防疫站点进行物资捐赠、并对外捐赠防护口罩9000只。

市政协副主席陈建红对大赛璐公司捐赠表示感谢：“面对严峻复杂的疫情防控形势，全市上下全力以赴，众志成城，筑牢疫情防控坚固防线。尤其是医务工作者冲锋在疫情防控第一线，坚守主要阵地，彰显了重要时刻白衣天使的大爱无疆和使命担当。感动于基层卫生院6次派出医护人员前往公司采集核酸，大赛璐公司在自身生产受到疫情影响的情况下，毅然伸出援助之手，充分体现了企业强烈的社会责任感，展现了共克时艰的大爱精神。”

心系员工情　关爱暖人心

“企业是员工的归属，员工是企业的根基，员工的事就是企业的事”。大赛璐公司秉承“以人为本、员工至上”的企业文化，时刻关心关注员工工作、生活状态。

职员汪某儿子遭遇车祸，伤情严重，当日进行开颅手术后，昏迷半月之久，仍一直在住院治疗。前期的医药费已经让这个困难的家庭不堪重负，后续还要进行颅骨修复手术，这个家庭已经筹集不到手术费。公司企业文化委员会获悉此消息后，对汪某的困难十分关心，组织开展了“爱心捐助”专项会议，会上总经理和工会发现倡议，设立专项员工困难补助金，以实际行动帮助员工家庭战胜病魔，早日康复！倡议得到了全体职工的积极响应，并一致通过员工困难补助金的制度。

一声亲切的问候、一句关心的寄语，让员工深深感受到大赛璐这个大家庭的温暖。长期以来，大赛璐一贯重视企业文化建设，坚持以人为本，想员工所想，解员工之难，把员工的冷暖始终挂在心上，使员工充分感受到公司的关心与温暖，用真心与真情把关爱送到员工身边，增强了员工队伍的凝聚力和幸福指数，也凸显了企业团结互助、和睦友爱的“家的文化”。

大赛璐公司作为日商独资企业，在丹阳落户20多年来得到了当地政府的政策扶持和周边群众的理解和帮助，企业发展得越来越好。公司总经理表示，反哺社会是企业的道义责任。人们常把企业或企业家参与爱心捐助、慈善公益事业的行为，看成是对社会的一种奉献，实则这也是企业的一种经营理念，更是企业履行责任的必然。如今，像大赛璐公司那样主动承担社会责任的企业越来越多。这些企业或企业家懂得，企业是社会经济体中的细胞，企业的成功离不开自身的打拼和努力，但首先得益于国家的改革开放政策和良好的社会环境。倘若缺少这些天时、地利因素，企业是难以成就伟业的。再者，企业是靠社会资源生存发展的，一个企业规模越大，发展越快，对社会资源的占有就越多，相应地，担负的社会责任也应该越大。企业成功后反哺社会，是对自身社会价值的认同，是对自身道义责任的履行。

（撰文　刘　罡）

龙江钢铁的铁骨柔情

——龙江钢铁公司慈善公益活动纪事

龙江钢铁公司向新冠疫情防治工作捐赠物资

慈善公益像冬日里的一片暖阳，成为一座城市最温暖的底色；又像一位春天的使者，为这平凡的人间增添了无尽的色彩。在丹阳，有这样一大批执着慈善、热心公益的爱心企业。他们就像冬日里的暖阳与春天的使者，给这座江南古城增添了暖意，带来了美丽，他们秉持着强烈的社会责任感，践行着慈心为人、善举济世的坚定理念，在慈善公益之路上奋然前行。

其中，龙江钢铁公司的善行义举，尤为值得秉笔一书。

钢铁是这样炼成的

2003 年 7 月，一首嘹亮的钢铁畅想曲在大运河畔的丹阳开发区奏响，台商和香港钱隆有限公司共同出资组建的合资企业——丹阳龙江钢铁有限公司诞生了。

这里地处富饶美丽的长三角，京杭大运河河水静静流过，沪宁高速及312国道距厂区仅1公里左右，最近的长江大型港口离厂仅20公里，区位和交通优势独特。凭借改革开放的东风，龙钢人审时度势，用超人的胆识和睿智，用开拓进取、真抓实干的精神，在这片充满生机与活力的土地上，描绘跨越发展的壮阔蓝图。经过21年的艰苦奋斗，潜心经营和科技进步，龙江人将一个名不见经传的小厂打造成为一个集制氧、烧结、炼铁、炼钢、轧材、精加工为一体的现代化钢铁联合体，年产量连续翻番，生产规模不断扩大，经济效益节节攀升，产品远销全国各地。如今公司占地面积500亩，拥有资产20多亿元，带动了3000多人就业，为地方经济和社会发展做出了重要贡献。

一件件荣誉和奖项，浸润着龙钢人奋斗的心血和汗水，记载他们的贡献和荣耀："丹阳市优秀纳税企业特等奖"、"中国中小企业诚信示范单位"、"江苏省重点服务侨港资企业"、"江苏省优秀侨资企业"、"丹阳市工业企业纳税总量大户"、"丹阳市经济十强"、"丹阳市技改十强"、"（镇江市）2019年度金山奖"、"2020年度江苏省民营企业200强"。

"千淘万漉虽辛苦，吹尽狂沙始到金"。龙江钢铁历经坎坷艰辛，一路走来，发展到今天的规模，看似偶然，实则必然。

这要从福建省福州市下辖的长乐县（今长乐区）说起。提起中国民营钢铁企业，"长乐系"，业内人士人皆知。长乐市被誉为福建"草根工业"的发源地，钢铁投资几乎是当地百姓就业最多的一个行业。

20世纪90年代，长乐人投资的钢铁厂就开始走向全国，逐渐建立起了钢企中的"长乐系"，丹阳龙钢即其中之一。

陈家榕，1966年8月出生于福建省福州市长乐金峰镇三星村，早年生活艰辛，改革开放后移民海外，成为长乐籍的华侨之一。他和许多家乡的企业家一样，也成了一位"钢铁侠"。他怀着实业报国之心，三十年如一日，致力于振兴钢铁事业。他先后获得"全国钢铁工业劳动模范"、"中国十大诚信企业家"等荣誉称号。2019 年，陈家榕受邀出席新中国成立 70 周年庆祝活动，登上了天安门观礼台。

铁骨柔情　温暖人间

长乐人背井离乡异地办钢厂、做生意，其中的艰辛为常人所不知。

由于创业艰辛，在他们成功后，对困难群体更具体恤之心。早年家境贫寒的陈家榕，深深体会到底层生活的艰辛与不易，也受到心地善良父母的影响，使他很早就心怀德善思想和家国情怀，立志奋发图强，改变命运，行善人间。他在做大做强企业的同时，不改初衷，不忘回报社会，在扶危济困中提升着自己的人生高度，释放能量，一路播撒大爱，唱响了一曲又一曲的人道赞歌。

公司在发展过程中，支持地方经济发展，按章纳税，积极解决社区困难和下岗人员就业。此外，还积极投身慈善公益事业，陈家榕个人及公司向抗震救灾、扶贫济困、建桥修路、捐资助学、社会公共平台等社会公益事业累计捐资 6000 多万元。

以实际行动传递爱心，为公益事业贡献力量。这是陈家榕董事长的理念。龙江钢铁 2019 年向丹阳市慈善总会捐赠 80 万元，现为总会企业副会长。2020 年向丹阳市红十字会捐赠 100 万元，用于扶贫帮困。

盛夏七月，骄阳似火，环卫工人、公安交巡警不顾烈日，不畏艰辛，在一线岗位尽职尽责，用汗水诠释着责任与担当。龙江钢铁每年酷暑都要去慰问，为他们送去毛巾、矿泉水、防暑药物等，送去夏日的关心与清凉，感谢他们为美丽城市的付出。

2020 年初，新冠疫情阻断了很多人的春节团圆，疫情笼罩下的城市，失去了往日的热闹和喧嚣，人们的心头也蒙上了一层灰色。面对疫情，全国人民万众一心、众志成城。生命重于泰山，疫情就是命令，防控就是责任。龙江钢铁按照中央“坚定信心，同舟共济、科学防治、精准施策”的要求，在认真落实了公司员工的安全防控措施后，第一时间启动紧急预案，积极支持疫情防控，迅速组织筹备捐献抗疫物资。5000只一次性口罩、50箱消毒液、50箱卫生消毒湿巾，在第一时间陆续分发给本市医务人员、民警、基层社区工作者。龙江钢铁还向丹阳市红十字会捐赠了200万元，用于疫情防控，刘宏程副市长代表市政府向企业表示感谢。

在整个抗击疫情的过程中，龙江钢铁多次为社会捐钱捐物，以实际行动践行社会责任和担当。2022年11月25日，公司总经理陈天榕、副总经理陈钟峰带领龙江钢铁中层领导，到丹阳市公安局开展防疫物资捐赠活动，这是本年度龙江钢铁第二次防疫抗疫物资捐赠，此次捐赠物资包括一次性口罩、方便面、矿泉水、消毒液、防护服。陈天榕表示，丹阳龙江钢铁在丹阳近20年，早已融入当地，热爱丹阳、建设丹阳、贡献丹阳，义不容辞。面对严峻复杂的疫情防控形势，龙江钢铁必须坚持为防疫工作做实事，尽义务，认真履行社会责任，为疫情防控工作贡献一份力量。

心系学子　情满校园

少年儿童是祖国的花朵，是民族的未来和希望，但并不是每一朵花都能正常健康地成长，这就需要有人来关心呵护。

龙江钢铁董事长陈家榕经常说，支持教育事业的发展，企业也有责任担当。在每个受助孩子心中播下爱的种子，帮助乡村教师成长，让丹阳教育事业更加美好，是龙江钢铁应尽的责任。特别是对待贫困家庭学生，他们提供力所能及的帮助，使许多贫困学生得以继续就读。

“扶贫必扶智”，龙江钢铁有限公司通过支持希望工程、乡村教师计划、希望小书桌等公益项目，大力开展教育扶贫，切实帮扶贫困学子成人成才，助力丹阳教育事业发展。近年来，龙江钢铁公司每年向本市马相伯教育发展促进会捐赠3万元，用于表彰优秀教师。2020年积极参与镇江市希望工程“童享阳光”公益计划推进会，捐赠1.6万元购买“希望小书桌”发放给贫困学子。“希望小书桌”项目包含书桌、座椅、护眼灯、插线板等学习生活用品，旨在帮助贫困学生改善学习环境。

还在上小学的李娟，一大家子租住在城西的一个老小区里。因为家庭经济困难，李娟没有一个自己学习的地方，饭桌、床都是她学习的“书桌”，能有一张写作业的书桌是她的奢望。那天，志愿者把龙江钢铁捐资购买的小书桌送到她家，安装好，并接上护眼灯。看着功能齐全、座椅舒适、光线充足的书桌，想到终于有了属于自己的学习天地，李娟开心地笑了。

为了加强青少年的慈善美德教育，让慈善文化浸润下一代，把慈善种子播撒孩子心中，丹阳市慈善总会联合市教育局实施“校园慈善文化建设项目”，建立了“慈善文化进校园”荆林学校、陵口中学两个基地，并决定为全市5万名义务教育阶段学生发放《慈善读本》。为此，龙江钢铁捐赠了20万元，助力孩子们将慈善文化内化于心、外践于行，在孩子们心中播撒下慈善的种子。2020年9月24日上午，龙江钢铁助力慈善文化进校园暨《慈善读本》发放仪式在实验学校举行，副市长黄俊杰参加了活动。“不要人夸颜色好，只留清气满乾坤”，让慈善之花在孩子心中绽放，这是龙钢人的心愿。

龙江钢铁的领头人陈家榕始终心系教育、心系孩子，每年都要给丹阳市河阳中心幼儿园、经济开发区车站小学等学校捐资助学3万元。2023年，丹阳市马相伯教育基金会、丹阳市齐梁卫生健康基金会成立，龙江钢铁向两个基金会捐资100万元。

除了丹阳外，陈家榕每年赞助高邮市外国语学校成立足球队2万元，用于孩子们的训练、外出比赛，每当足球队得胜归来，陈家榕总是第一个到场祝贺。从2011年起，陈家榕每年都安排公司拿出30万元，交给高邮市开发区慈善协会、关工委，助学寒门学子，为他们铺就一条闪光的求学之路。陈家榕听说某村有21名学生考上本科院校后，亲临爱心奖学金发放仪式现场，给21名准大学生发放奖学金，勉励同学们努力学习，提升本领，毕业后为国家和家乡做贡献。他还向高邮经济开发区教育奖励基金捐款500万元。

陈家榕对教育事业的关注和捐资助学的善举，充分体现了一个企业家的远见和社会责任感，赢得了人们广泛的尊敬和赞誉。

钢铁铸爱　扶贫济困

用心做企业，用爱做公益。涓涓暖流，汇聚大爱。在龙江钢铁这个充满公益精神的企业里，慈善的基因早已融入企业文化的血脉中。

脱贫攻坚是全社会的责任，企业更应勇于担当，履行责任，积极参与“精准扶贫”，做出自己应有的贡献。

为实现陵口高质量发展，确保小康路上一个不能掉队的目标，2020年，陵口镇党委因地制宜打造“云上扶贫”书记项目，目的是通过陵口镇党委、政府加强领导，社会各界参与、志愿服务为纽带，形成大众助困、公众聚力的线上认捐结对、线下精准帮扶新模式，着力点亮脱贫攻坚“新时空”。龙江钢铁公司得知后，以实际行动大力支持，参加了陵口“手拉手”动态精准帮扶活动，为陵口特困群众送去一份温暖和爱心。通过招工方式，为贫困户劳动力安排就业岗位，形成贫困户的稳定收入，既实现了扶贫帮困稳定了社会，又促进了企业的发展壮大，实现政府、企业、贫困户共赢的发展目标。

多年来，龙江钢铁及陈家榕个人向抗震救灾、扶贫济困、建桥修路、捐资助学、社会公共平台等社会公益捐资数千万元，做了大量造福一方的善事。2018年出资修建新港路，2021年为七里庙村捐资10万元。每年捐赠史巷社区1万元，每年捐赠1万元以慰问捻庙村老人……正是这一件件、一段段善行义举，温暖了一个个身处困境的家庭和个人，谱写了一段段扶危济困、乐善好施的佳话，受到周边群众的高度评价。

陈家榕还经常组织海外华人回国交流、国内人士海外招商，积极资助海外困难家庭回国探亲。此外，还资助了中国华文教育基金会传播中华文化活动，致力于弘扬中华文化，发展华文教育事业。

陈家榕在热心社会慈善公益的同时，高度重视维护企业职工利益，着力改善职工的工作环境和福利待遇。通过每年开展全面细致的调查摸底，准确了解企业困难职工情况，针对不同情况采取不同措施，帮助职工解决实际困难。为了丰富广大职工的业余文化生活，大力实施职工文化活动阵地建设，努力提高广大职工身体素质，凝聚职工力量。公司建有员工生活区，上下班有交通车接送。区内建有员工食堂，并对就餐的员工给予生活补贴。区内还建有图书室、健身馆、灯光球场、棋牌室、乒乓球和桌球室等，并经常组织各种竞赛活动，让职工缓解了工作压力，激发了工作热情，也极大地调动了员工的工作积极性。

环保卫士　美丽家园

如今，走进龙钢，你无法相信这是一座钢铁企业。一进公司大门，宽阔的道路两旁，绿树成荫，花团锦簇。整洁而美观的厂房，错落有序，掩映在绿树红花中。办公楼前广场上，花坛中花草随风而动，旗台上三面旗帜迎风起舞。清扫车、洒水车忙碌地穿梭于厂区各主干道，路面再也没有纸屑果皮乱飞。每到夜晚，绿植、树木上的灯光依稀闪烁，点缀了钢厂的夜色，给钢厂增添了一抹风情。

提到钢铁企业，人们往往将它与“高污染、高能耗、高排放”相关联。而如今的龙江钢铁，已变身成为一片令人吃惊的“绿色生态炼钢厂”。

曾几何时，龙钢也曾经灰头土脸，粉尘和废气污染着环境。

龙钢领导很快意识到问题的严重性，意识到在做大做强企业的同时，必须坚持转型发展、“绿色发展”的理念，严格执行国家环境保护政策，并付诸于企业生产的实践。公司高度重视环保、节能、安全工作，每年都投入大量资金进行环保等方面的技术改造。省、市相关部门以及第三方检测机构对公司的多次检查显示，各项指标均符合国家标准。为使企业实现清洁生产、达标排放，公司近几年投入7亿多元，对生产工艺、环保设备等进行了改造，装备了在线监测和微机管控系统等环保设施，并委托第三方运维和监管单位负责排放检测、监管，使清洁生产走在全国同行业企业前列。龙江钢铁坚持走循环经济道路，通过技术创新，提高装备水平，加强污水处理、余热、余能循环发电、资源回收再利用、净化污染气体的排放系统的建设，发展绿色节能产品，投资2亿元新建了余热余气发电项目，实现每天“循环”自发电70万度。有效保护了周边生态环境，实现了节能减排、低碳发展，践行了“绿水青山就是金山银山”的发展理念。

与此同时，新工艺、新技术不断付诸工业实践。通过炼焦干熄焦、高炉干法除尘、烧结机尾电除尘等先进环保工艺技术，解决了冶炼系统烟气无组织排放问题，并避免了因湿法除尘难可能产生的二次污染。

2016年到2017年，龙钢为环保设备就投了1.5亿元。2016年，烧结车间原来的湿化改为干化，基本做到不再冒烟。高炉、转炉全部布带除尘，毒气转煤，最后是尾气发电，原来是放空、烧掉，现在都转化为能源。

2018年，龙钢主动按照国家、省市新的环保标准，认真落实节能减排要求，投资3亿多元改进工艺装备，按照国家关于烧结机的超低排放要求，配置了齐全的环保设施，完成了烧结机烟气脱硫、脱硝超低排。还建立了雨水收集系统，实现了生产用水全部实行闭路循环、梯级使用，工业固体废物100%综合利用，实施了全工序节能减排，不断降低产品综合能耗。着力创建绿色工厂，打造经济发展与生态环境和谐共存的生命体，努力成为区域环保标兵。公司先后通过了ISO14001、清洁生产审核、能源管理体系认证，获得了“能源计量先进单位”、“镇江市节能工作先进集体”等荣誉称号。

2019年7月16日，江苏省钢铁行业协会副会长兼秘书长陈洪冰一行，专访丹阳龙江钢铁有限公司，会晤董事长陈家榕、总经理陈天榕，双方就钢铁企业碳减排路径、水循环系统节能技术、钢渣深度处理、电动重卡与电池、充电桩整体租赁解决方案等开展了交流沟通。

来访人员边走边看着湛蓝的天空，呼吸着新鲜空气，心情也变得畅快起来。

陈家榕认为，现代公益的范围很宽，它不针对特定人群。比如环保，环境好了，碧水蓝天，对所有人、对社会、对地球、对人类都是有帮助的。因此，为社会高质量发展贡献慈善力量，是每个企业应尽的责任。

胸有大志创伟业，慈悲为怀济民生。一个充满爱心而且努力把爱心化为实实在在行动的人，那么他的灵魂是极其高尚的。从来铁骨柔情重，何惧风霜雨雪侵。对于企业来说，慈善就是企业的第二生命。龙江钢铁在担负起自己的社会责任的同时，也将善意的种子播种到他人心怀。将个人的小善传播为社会的大善，他们就是新时代最可爱的人。

（撰文　石胜华）

行善一生的姜听听

爱心老人姜听听夫妇到丹阳市慈善总会捐赠善款

一

2019 年 5 月 14 日，在江苏省丹阳市第二届“丹阳慈善奖”颁奖典礼现场，一位身穿粗布蓝衫、十分不起眼的 97 岁高龄的老人，赢得了全场最多、最热烈的掌声。

这位老人名叫姜听听，家住丹阳市区麻巷门南路的老小区里，是丹阳市委党校一名退休职工。

他的善心就像是潺潺小溪，流淌在普普通通的时间河流里。他的捐款方式多样，大多是细水长流式的定期的捐款，有在别人最需要时的捐款；也有应急资助，金额有几百元，有几千元，也有上万元。行善 60 多年来，他的累计捐款已逾 20 万元。当然，与几十万、几百万、上千万的捐款相比，这些捐款可以说是微不足道。但是，作为一名生活清贫的普通职工，就是这样微不足道的爱心，却成就着世间的大爱情怀。

60多个春秋中，姜听听坚持行善，就像春天里的雨，以“润物细无声”的方式，悄悄地播撒在人世间。

二

那是一些久远而令人难以忘却的真实故事。

姜听听是丹阳导墅镇蒋墅人，他至今还清楚地记得，那是在1951年2月1日，他参加了中国人民志愿军，在丹阳张埝镇集中出发，随着部队跨过鸭绿江，来到了硝烟弥漫的朝鲜战场。1953年7月，为期近三年的朝鲜战争结束，经历腥风血雨战火洗礼的姜听听回国后，转为内蒙古铁道兵，不久又随部队来到黑龙江佳木斯建造营房，营房还未造好，又调往江西鹰潭造铁路。短短几年里，他七进七出山海关。

部队在佳木斯时，由于很多战士都不想当炊事员，认为炊事员没前途，领导就找姜听听谈话，讲了炊事工作的重要性，姜听听二话不说，坚决服从命令，成了一名炊事员。

一次，姜听听发现，一向活泼开朗的战友古力德，一个人在营房里悄悄地抹眼泪。

男儿有泪不轻弹，到底发生了什么严重的事，让古力德伤心落泪呢？经向战友打听，原来是古力德接到了家里寄来的一封信，信中说他母亲身患重病，妻子又即将生孩子，急着用钱。而由于他平时有抽烟习惯，每个月6元钱的津贴早已花光，身无分文，根本没钱寄回去。姜听听得知后，趁古力德不注意，抄下了信封上的地址，悄悄在信中夹了10元钱，给古力德家中寄去。而他当时每月津贴也只有6元钱，这10元钱是他平时好不容易积攒下来的。

20多天后，古力德又收到了家里的来信，告诉他钱已收到，幸亏钱来得及时，解了燃眉之急，目前母子平安，母亲身体也有好转。古力德十分奇怪，他根本就没钱寄回家啊，他还一直在为这事内疚。于是，他把此事向营领导作了汇报，领导询问情况时，没有一人承认，无奈之下，古力德让家里人把那封信重新寄来，部队领导要求古力德所在连队的战士每人写 20 个字，然后对照笔迹排查，结果认定是姜听听所为。

多年后，当有人又向姜听听提到这件往事时，他有点腼腆地说："当时看到别人有困难，自己心里也难受，只想着尽自己的能力去帮助别人，根本就不想让谁知道，但是那次还是被人发现了。然后本来是一件小事，结果变成了大事，从营里到团里、师里，都开会进行了表彰。"

1956 年，王震出任农垦部部长。在他的精心策划下，9 个师的铁道兵复转军人，轰轰烈烈地奔赴东北，开垦北大荒，使沉睡多年的北大荒焕发出勃勃生机。复转官兵的血汗洒在这人迹罕至的亘古荒原上，造就了全国最大的国营农场群，建设了共和国最大的商品粮基地。姜听听与广大复转兵一踏上这片黑土地，便热血沸腾，共同在极为艰苦的条件下，头顶蓝天，脚踏荒原，战酷暑，斗严寒，吃窝头，住马架，手挥镐，肩拉犁……在条件十分恶劣的荒原上安营扎寨，开荒种地建农场。为了加快发展农业机械化，他把转业的 200 元安家费全部捐出，寄往农场所在地虎林县委办公室，请求办公室同志转交在洛阳的第一拖拉机厂，盼望他们造出更多的拖拉机为农业生产服务。在那个年代，对于一个普通的复转军人来说，200 元，可是一笔不小的数字啊！

1958 年的冬天，一位远方的青年来到农场，说是要找农场二分场一队司务长陆文才。原来，他是陆文才的弟弟，因家庭困难，孩子上不起学，无奈之下从家乡福建漳州远道而来找哥哥，想请他出一臂之力，不料哥哥已调走一个多月。此时的他，举目无亲，身无分文，只好把身上穿的毛线衣拿到当铺当了，换成回家的路费。

姜听听知道这件事后，随即找到他，责怪说："天这么冷，你怎么把毛衣当了？冻坏了怎么办？"他拿出 24 元钱，替他赎回了毛线衣，又给了他30元作路费、伙食费，并安慰他：不用担心，孩子上学的事我来想办法。

后来，姜听听每年都要给陆文才的弟弟寄去120元，让他供孩子上学，一帮就是五年，可姜听听当时的月工资只有30元。

1964年，姜听听回到丹阳，先是在丹阳某招待所当管理员，月工资59.3元。招待所的同事严福林家中人口多，生活困难，姜听听坚持数年，把自己每月的奖金全部捐助给严福林，为他解决家中困难。当听到丹阳少年基金会缺少运筹基金，姜听听立即捐款100元给少年基金会。

一次，他听招待所的一位同事说，他家乡横塘乡有个名叫王南根的盲人，孩子又小，又生病，家里粮食不够吃，全家生活非常困难。那个年代，粮食由计划供应，市场上买不到，姜听听得知后，到处找人，买了两袋议价大米送上门去，解决了王南根全家的无米之炊。之后他又陆陆续续地经常送点粮食和钱去。

三

岁月可以改变容颜，却无法改变初心，岁月侵蚀了热情，却夺不走内心的执着。姜听听一生行善60多年，捐款20多万元，名列镇江市个人捐款前三甲，先后被丹阳市、镇江市、江苏省政府授予“最具爱心楷模”荣誉称号。是的，他豪爽、他慷慨，他善良、他无私，在别人需要帮助的时候，他毫不吝啬，毫不犹豫。然而，他又是怎么对待自己的呢？

熟悉他的人都知道，姜听听对自己，真是“抠门”到了家。

他一生简朴，一辈子没添几件新衣服，平时总是穿一件蓝色的旧中山装，一条略显短的化纤黑裤子，里面穿的是打了补丁的旧棉毛衫裤，脚上穿的是鞋尖破损、隐约露出光脚趾的布鞋。他基本不买袜子穿，一年只理四次发，在家里洗澡，基本不去浴室。至于那件蓝色中山装的历史，他已记不清了，只知道是“涤卡”（一种涤棉混纺织物）料子，当时“涤卡”刚出现，很时尚。他盛饭用的瓷碗，底部还打了“补丁”。

在吃方面，他更不讲究，总是早上一碗稀泡饭，中午和晚上都是一碗米饭，中午满一点，晚上浅一点。一般不超过两个菜。为了节省煤气，他总是晚上剩点饭，早上开水一泡，对付了事。他从来不在街上买任何东西吃。

他一直住在一间不到40平方米的小屋内，那还是从东北回到丹阳后，房管所租给他的老房子。室内极其简陋，一张简单略显陈旧的本色木床，一张小四方桌，一台旧电视机。衣橱、床等家具，都是结婚时买的，一直用到现在。家中所有摆设看起来都很有年代感，在一般家庭中，已基本看不到了。

姜听听做慈善几乎到了痴迷的程度，他帮战友、帮同事、帮残障同胞……一帮就是几十年。洪涝灾害、地震、风灾，都能见到他义捐的身影。丹阳修复总前委旧址，他捐款800元；翻建革命历史陈列馆，他捐款800元；河南发生汛涝，他向灾区人民捐款1500元；新建丹阳市民广场，他捐款1000元；国庆60周年丹阳市京剧协会搞国庆会演，他捐款8000元；2005年至2018年，他每年向慈善总会捐款6000元到8000元不等；2008年，先后四次向四川灾区人民捐款4600元；向云南地震灾区捐款3000元；向四川雅安地震灾区捐款2000元；结对帮扶陕西省镇巴县困难小学生，他帮扶了两名困难学生……

2016年的春节前，想到年关将近，社区里还有些家庭生活比较困难，姜听听就带着2000元钱来到自己所在的大定船社区居委会，请居委会的干部帮他去买些米、油等生活用品，给那些困难的家庭送去，好让他们过年稍微宽裕点。

同年6月，盐城市遭受龙卷风侵袭。他在电视新闻里看到后，觉得应该做点什么。当时外面在下雨，可他实在等不了，就自己骑三轮车，冒雨去慈善总会。慈善总会的工作人员看他这么一大把年纪，全身湿透地站在他们面前，捧出了3000元现金，都感动得说不出话来。

1974 年，姜听听被调到丹阳党校担任后勤工作。为了校园的绿化，他学会了养花技术。1986 年，退休后的姜听听，利用自己的养花技术，为二十几家单位维护绿化，侍弄花花草草。从此，一身破旧衣服的他，骑着一辆挂着水桶的破旧自行车，穿行在大街小巷，成为丹阳城里的一道风景线。他把养花挣来的钱，全部用于资助贫困学生。他说：我文化不高，不会讲话，所以我把钱捐给慈善组织，由他们代我去资助贫困学生，这些孩子学业有成就了，家里可以过上好日子，还能为国家作贡献。

姜听听对做慈善的痴迷和投入让很多人不解，在他心里答案却很清楚。他人生中经历过生与死的考验。战场上，他亲眼看到战友一个个倒下，牺牲了宝贵的生命。和他一起参军、一起奔赴朝鲜前线的同乡姚力宝是司号员。一次战斗中，姚力宝站在高处吹冲锋号时，被敌方的机枪射中，姜听听亲眼看见他倒在血泊中。姜听听的 12 个同乡战友，大多阵亡。和这些牺牲的战友相比，他觉得自己太幸运了。牺牲的战友献出了自己的生命，就是为了让劳动人民过上好日子，和他们相比，自己牺牲些物质利益，根本微不足道，这也是对烈士们的一点告慰。再说，现在社会上还存在着贫困现象，让每个人的生活都好起来，是他的愿望，也是他的责任。他不过是尽其所能，做了一点微薄的贡献而已。

四

心存美好，就会遇见美好。心存善良，就会遇见善良。

2013 年 2 月 27 日傍晚，已年过九十的姜听听老人，在某单位浇完花后，骑自行车回家，行至丹阳新汽车站附近一个下坡时，路上车很多，前方两人推着自行车，横在路上讲话，老人本能地将车头一拐准备让过去，但不料一下跌了下来。更惊险的是，一辆轿车径直逼至距离其头部数十厘米处才停住，司机反应过来后立即下车，面对瘫倒在地上的老人，司机几乎要哭出来。

面对此情景，姜老挣扎到路边，让出路来并说“不是你撞的”，让吓傻了的司机赶紧赶路。

2016年，老人同样在浇花归途中，被一个学生模样的男孩撞倒在地，而且还是头部着地，当场就流了一大摊血。三名路过的妇女上前抓住了这名学生，同时报警。民警很快到场，让该学生打电话给家人，学生当即就吓得哭了起来。听到学生的哭声，姜老也清醒过来，他对警察和路人们说：“学生没有钱，让他走，我有医保卡！”然后又对学生说：“你走吧，不关你事。”后来还是民警用三轮车将老人送至医院包扎。

他挣扎着回到家后，向老伴隐瞒了伤情，只说一点小伤，没关系。他以为挨几天就会好了。但后来伤情越来越重，疼得吃不消了，为省钱就悄悄找到了一家民间治疗点，对方给他贴了膏药，要求他回家躺着静养，但他为了浇花，根本歇不下来，导致伤情加重。后来儿媳发现他走路困难，赶紧把老人送去医院，这才诊断出股骨颈骨折，急需住院治疗。

住院费再加手术费，要好几万元啊。而他的工资卡里只有最近一个月的工资。姜听听执意不肯住院治疗。他儿子在丹阳供电局工作，儿媳则下岗在外打零工，孙女在南京读大学，家中各处都需要用钱。而工资卡上这仅有的几千元钱，是他准备在学雷锋纪念日捐献出来的。

第二天，姜听听的老伴来到丹阳中医院骨科，咨询住院治疗的问题。骨科秦主任得知，姜老摔断了骨头，急需住院做手术，但是平时的工资都捐掉了，没有足够的钱。秦主任想到，伤者骨折都半月多了，如果不及时手术，很可能会有后遗症，甚至会残废，随即向医院领导反映了此事。

不能让一辈子做好事的人寒心！医院领导决定，打破常规，先安排姜老在医院住下。至于费用问题，老人自己有医疗保险，之后可以报的。在这之前，医院方面先想办法解决。

一辈子都在做好事，为慈善事业做贡献的人，如果最后由于差钱而耽误救治，或者得不到及时救治，岂不是太让人寒心了？院方这样做，就是为了证明："好人必然会有好报。"

姜听听老人骨折住院的消息不胫而走。《新华日报》3月8日刊登了《耄耋"老善翁"，无悔行善六十载》的报道，《扬子晚报》3月22日刊登了《"善有善报"不能指望老天爷，我们都有责》的报道……他住院的消息和他一生行善的事迹被国内百余家媒体和网络转载。

当善良遇见善良，就会开出世界上最美的花。

姜听听摔倒住院，社会各界纷纷前往看望，爱心涌向这位一生奉献的老人。

住院期间，每天都有许多人，相识的和不相识的，有本市的和外市的，有干部也有群众，不约而同汇聚在老人的病榻前。这位一辈子为他人奉献的老人，不承想过被这样浓浓的爱心包围，一时不知所措，只是"傻笑"着说：以前我做好事，有人说我"呆"，有人说我是"精神病"。这次住院我看到，世上还是好人多，证明我帮人没有帮错，"出院以后，我还要做慈善，一直做到我不能动为止"。

省市区三级慈善机构领导也专程到病榻前探望病床上的"善翁"，给老人分别赠送了慰问金。在向老人表示敬意的同时，他们握着姜听听粗糙的双手，一个劲地叮嘱他："骨折了要康复，你自己要存一点"、"生活上也要留一点"、"把这些钱存点起来"……而老人却十分执拗地说："除了医疗费，多余的出院后全捐掉。"他还反复强调："我每个月还有退休金啊！"

身体刚一好转，姜听听就把剩余的爱心善款全捐了出去。

在慈善之路上，他依然昂首前行，只是身体不如以往。原来他为二十几家单位维护花木，现在只能为两家单位服务了。但他仍然在坚持，他说："多挣一分钱，就能多捐一点，好去救济社会上有困难的人！"

2019年1月21日，姜听听在老伴的搀扶下，来到了丹阳市慈善总会要求捐款，接待他们的慈善总会义工部的吴加瑞惊讶得合不上嘴。

原来，还是在北大荒时，姜听听与小自己20岁的妻子结缘。妻子随姜听听来到丹阳后，一直对他的慈善之举心怀不满。长年累月，把自己的收入大多送给了别人，全家日子却过得这么紧巴巴的，她怎么也想不通。丈夫行善了几十年，她反对了几十年。几十年中，两人吵闹不断，直至要闹离婚。为此事，她也闹到慈善总会过，吴加瑞亲自调解过几次。

姜听听每年至少两次到慈善总会捐款，上半年一次，下半年一次，一直坚持了几十年。而这一年，他的身体一直不好，记忆力也衰退，应该是他捐款的日子却没想起来。这天奇迹发生了，一大早，老伴就提醒他，你该去慈善总会捐款了！因他行动不便，她就亲自搀扶着老人，去路边乘公共汽车，两人相伴去慈善总会了。

从反对到默认，再到支持。这个过程究竟是怎么发生的？姜听听的妻子说："慈善是他一生最看重和最快乐的事，我还是应该全力支持他。"

他捐献了工资的三分之二，生命三分之二的时间，在这条行善助人的路上，他还要一直走下去，直到生命的尽头。

2020年5月14日，姜听听这位行善一生的老人，走到了生命的尽头，遵照他的遗愿，他的遗体捐献给了江苏大学医学院，用于医学教学。同时，他的妻子蒋玉英，按照他一生执着于慈善捐赠的善行，把姜听听去世后人们送来的吊唁慰问金5600元，于5月19日捐到了市慈善总会。

榜样的力量是无穷的。姜听听居住的云阳街道大定船社区的蒋成平书记说，姜听听的大爱精神，影响和带动了周边很多人，在社区形成了乐于助人、爱心奉献的氛围。先后有十几位社区居民和姜听听一样坚持长年捐款，2025年1月，又有6位居民向社区慈善工作站捐款7000元。姜听听的奉献精神，确实令人感念，也得到了传承和弘扬。

善行如泉。别说人世间冷漠，心存善念，阳光就会照耀你；心存美好，温暖就会围绕你。善良，是一种世界通用的语言，可以使人的灵魂变得高尚；善良，它像一朵玫瑰，赠予别人，手留余香；善良，是来自心灵深处最真诚的同情和最无私的关爱，它像潺潺的清泉，源源不断地滋润人们的心田。

（撰文　石胜华）

对待困难群众像亲人一样的徐香玉

徐香玉同志帮扶慰问弱势困难群众

徐香玉，女，1968 年生，2006 年 2 月起任丹阳市珥陵镇民政办主任、2014 年 6 月起担任镇慈善分会秘书长。她与民政和慈善工作结下了不解之缘，担任镇民政和慈善负责人以来，始终牢记“上为政府分忧、下为百姓解愁”的宗旨，胸怀爱民之心，恪尽为民之责，倾其所能做好各项服务，使镇民政和慈善工作居于全市先进行列，获得了一系列殊荣：所在镇先后被授予“双拥模范镇”、“民政工作先进集体”、“低保工作示范镇”等称号。她本人也先后被评为“中国好人”、“镇江好人”、“江苏省人民满意的公务员”、“江苏省基层残疾人组织优秀个人”、“镇江市十佳民政办主任”、“镇江市双拥工作先进个人”、“镇江市慈善先进工作者”等。在当地，只要一提起徐香玉，干部群众都会竖起大拇指交口称赞：“徐主任就像是家里人一样，几天见不着，心里想得慌。”徐香玉倾心、倾情谱写了一曲爱岗敬业、关爱困难群体的奉献之歌。在干群眼中，她是——

低保户和特困户的“贴心人”

“民政工作是民生的‘晴雨表’，与人民群众的切身利益息息相关，是联系民生最紧密、服务群众最直接、便利群众最具体的一项工作。民政为民，扶贫济困，关系到社会和谐、稳定大局。”从小在农村长大的徐香玉，深知农民群众的艰辛，如今有机会与困难群众面对面地接触，更是把他们的疾苦放在心头，尤为上心。

在全面落实城乡低保政策过程中，徐香玉做到应保尽保、应退尽退，确保公开、公平、公正，并做到动态化管理。正是凭着对工作的满腔热忱和对困难群众的一片爱心，她被困难群众誉为“最贴心的人”。

珥陵镇太子庙村有位农妇，名叫杨双华，患有精神疾病多年，与年迈的父母相依为命。精神病发作时，她就会走出家门，流浪在外。徐香玉每次去村里办事，都会去她家看看。有一次，杨双华精神病发作，离家出走了很久没有回来，杨双华父母四处寻找、打听无果，急得团团转。徐香玉得知这一情况后，随即联系救助站，通过救助站平台多方查找，终于从外市将她找回，并自己掏钱送她去市里，帮她办理了残疾证，使她享受到当时每个月 480 元的重残生活补助。这一举动温暖了一家三口的心，杨双华的父亲在弥留之际还拉着徐香玉的手表达感激之意。

家住黄埝村的季建平是一户多残家庭，他本人是精神二级残疾，父亲是听力残疾，母亲是肢体残疾，儿子在校读书，家庭生活十分困难。在一次走访困难群众的过程中，徐香玉了解到季建平家的情况。她一方面按程序立即为他们家提高了低保补助标准，另一方面积极联系爱心人士和社会志愿者对其进行结对帮扶。季建平的儿子季立考上大学后，苦于难以凑齐学费，正打算放弃学业之际，徐香玉又及时将已凑齐的慈善助学款送到了他的手里，帮助季立圆了大学梦。不仅如此，徐香玉还积极联系爱心企业与季立结成对子，资助他完成大学学业。现在，每当季立放假回到珥陵，徐香玉总会和他谈谈心，关心地询问他的学习、生活情况，鼓励他树立信心，战胜生活中的困难，以优异的成绩报答社会的关爱。

在珥陵，像杨双华、季建平这样的家庭，在徐香玉的关心和帮助下，他们的基本生活都得到了保障。在珥陵，每年都有20多名贫困家庭大学生得到助学，30多户患重大疾病的贫困家庭得到大病救助，50户左右遇到突发困难的家庭，通过临时救助，解决了燃眉之急。近百户家庭得到了民政和慈善的救助，以及爱心人士和企业的结对帮扶。

双拥优抚对象的“知心人”

“优抚对象是一个特殊群体，他们为祖国的解放和国防事业做出过重大贡献和牺牲，是一群最值得尊敬的人，在开展优抚工作时，一定要以真情相待。”徐香玉经常对民政办工作人员这样说。全镇114名优抚对象的情况她都一一记在心头，把他们的冷暖放在心上，及时妥善解决双拥工作中遇到问题，并积极为优抚对象办实事、解难题，多年保持零上访记录。

积庆村残疾军人汤亚明，原本属于带病回乡对象，补助标准低，并且患有精神疾病需要长期服药，家庭比较贫困。徐香玉主动帮汤亚明找了份在敬老院看门的工作，但由于他神智时好时坏，后到镇江检查被确定为重度精神疾病送进了横塘精神病院治疗。治疗期间，汤亚明又不慎从精神病院二楼跌落，导致骨折。为此，徐香玉多次上门和医院负责人协调，医院最终向汤亚明赔偿了2万元钱。在此期间，许多不了解情况的居民还以为徐香玉是汤亚明的女儿，前来为父亲声讨应有的赔偿待遇。当得知徐香玉是民政办主任后，当地群众都对这位犹如自家人的民政办主任肃然起敬，交口称赞她：“真是党的好女儿。”与此同时，徐香玉还积极为汤亚明申请调整伤残等级，自掏腰包带着老人前往扬州伤残鉴定处进行鉴定，目前汤亚明伤残等级已调整为四级残疾军人，现在每年可享受定补36278元。2010年7月，汤亚明的女儿汤玲玲职高毕业，四处找不到工作，徐香玉又主动出面，帮她在派出所找了份合同制的内勤工作。

“大嗓门”是外人对徐香玉的第一印象。“原来我不是这样的，刚担任民政办主任时我嗓门也很小，说话轻声细气，但跟老复员军人、五保老人们交流沟通时，我说话他们根本听不清，后来索性就扯开嗓门用吼的声音跟他们说，久而久之，就变成了现在的‘大嗓门’。”说起自己现在低不下来的大嗓门，徐香玉有些不好意思。但正是这样的“大嗓门”渐渐拉近了她与优抚对象的心理距离，群众开始熟悉她、信任她。

农忙时，徐香玉与优抚老人一起下地，闲暇时与老人一起拉家常。平时，优抚对象有什么烦心事，或者遇到邻里矛盾，都找徐香玉，把她当作“知心人”。护国村的沈征林60余岁，伤残三级军人。因腿脚不便，平时都坐轮椅进出，虽说农村道路硬化实现了村村通，但是沈老家门口却有一段300米的断头泥路，让身有残疾的沈征林平时出行颇为不便。“要是水泥路能修到家门口就好了。”在了解到沈老对门前道路硬化的强烈期盼后，徐香玉私下多方打听，积极联系社会上热心公益事业的老板寻求赞助，后来上海艺多装饰总经理任涛愿意赞助8000元。东拼西凑，徐香玉最终筹得13000元善款，将水泥路修到了老人家门口。

敬老救灾、综治信访工作的“热心人”

尊老爱老，乐做老年人的“暖心人”，是徐香玉从事民政和慈善工作的又一特点。她和同事们想方设法为五保老人谋福利，配合市慈善总会，为珥陵敬老院五保老人配置护理床、高清彩电，尽力给老人改善住宿、生活条件。同时，她还负责在全镇建起8个居家养老服务中心，其中1个为省级示范点，不断探索居家养老这种新模式，力争让老人们得到真正的实惠：为全镇80周岁以上的老人按月发放尊老金，为60岁以上老年人办理了老年优待证，并且办理老年人意外保险。此外，还组织办理老年优待证的人员为老人拍照、登记信息，办理结束后由各村集中发放，极大地方便了老人们的生活。

她还积极探索临时救助长效机制建设，充分发挥临时救助制度在保障边缘困难群体中的重要作用；扎实开展慈善助学、慈善大病救助、慈善爱心超市建设等；做好危房改造和住房微改造工作，以及医疗救助工作。仅2021年，协助市慈善总会进行困难救助，慈善分会就发放了临时救助金25.4万元，救助了困难群众51名；助学9名困难家庭大学生，发放助学金2.4万元；年底温暖行动救助49名大病患者，发放慈善救助金6.8万元；对张小松等6名低保类对象危房改造，支出资助金4.5万元；对5名低保类对象住房微改造，支出资助金6.33万元。

2009年腊月二十九，就在家家户户沉浸在春节到来的喜庆氛围中时，镇上一处木结构的居民屋突发火灾，火势波及了附近二十几户人家。得知消息后，徐香玉和民政办工作人员立即赶往现场，协助消防等部门开展抢险救灾和受灾居民的安置工作。当天，当徐香玉安置好受灾居民，拖着疲惫的身躯返回家中时，已是凌晨时分。

除了每天处理民政和慈善业务工作外，徐香玉还承担了许多珥陵镇党委、政府的中心工作和综治信访工作。对此，徐香玉同样没有怨言。为了做好部分偏激上访群众的思想工作，她不分昼夜，与他们促膝谈心。徐香玉非常明白，只宣传国家政策、讲大道理没用，他们根本听不进，于是她就从细微处入手，倾听他们对事件的看法和建议，一起探讨解决方案，然后引导他们能够顾全大局，理性对待。徐香玉像对待民政对象一样热情对待每一例来信来访，并对照政策法规及时答复当事人，做到事事有交待，件件有落实。珥陵镇再“横”的人，进了徐香玉办公室也都是老老实实的，关键一点是“服”她这个人。“徐主任说话算话，是我们老百姓的贴心人。”在她处理信访工作过程中，没有引发一起恶性事件，没有一例信访群众越级上访。

坚守原则、一心为公的“实心人”

翻开徐香玉的工作日记，每天的日程安排让人深切地感受到基层民政和慈善工作的繁忙与复杂，而面对镇民政办人少事多的局面，徐香玉凭着一股干劲，全身心地投入工作中，用实干成就了自己的民政事业。

“作为基层干部，就必须要‘沉’到群众中，把问题找准，把政策落实好。”徐香玉说。为了让辖区内保障对象应保尽保，上任后她做的第一件事就是将全镇569个享受重残救助的残疾人、223户的农村低保对象、近140户的农村五保对象分门别类地建起了个人档案。

对新申请救助的对象，她坚持原则、阳光操作。其中对待政府干部近亲属坚持实行备案，并现场暗访调查核实，严防“人情保”、“关系保”，以及“错保”和“骗保”现象。“国家的钱也是咱老百姓一分一分攒出来的，贫困补助得用在刀刃上，应该是雪中送炭而不是锦上添花，这样才不枉费广大纳税人和社会爱心人士的一片热情，才能让社会弱势群体站到平等的社会天平上，实现公开公平公正。如果真正的贫困家庭没有得到补助，而经济条件好的家庭反而享受到了补助的美味蛋糕，那就是我们民政人的失职。”徐香玉说，做民政唯有问心无愧，才对得起自己的良心，不然半夜连觉都睡不着。

曾经有位熟人向徐香玉推荐申报一位低保户，并上交了一份申请文件和800元不到的低收入工资单。徐香玉当时很为难，但又不好当面拒绝，就委婉回复说如果是家庭条件确实困难，达到了低保标准，她会帮助申请人办好相关手续的。随后，为了摸清申请人的真实经济收入情况，她只身来到金坛，四处打听找到申请人在职的那家公司，找到公司财务要求提供申请人一年的机打工资单。可任凭徐香玉磨破嘴皮子，工作人员也不待见，还敷衍让她跟公司老板沟通去，可老板出差在外根本不在公司。最后实在没辙的她也撂下了“狠话”：“你们今天要是不提供申请人的工资信息台账，我就不走了。”就这样僵持几个小时后，公司方面看她没有走的意思，最终给出了工资账单，上面显示申请人的月平均工资在2600元左右。

真相水落石出后，回到珥陵的徐香玉立即将该申请人剔除出去，不留一点情面。徐香玉说：“我得罪人最多被别人背后骂两句，但‘错保’一个，将意味着另一户困难家庭可能享受不到应有的福利待遇，甚至会面临几个月吃不上一块肉、孩子因交不起学费而辍学等一系列问题。”

2013年，丹阳市成立慈善总会，2014年6月10日珥陵镇成立慈善分会，2015年珥陵镇各村成立慈善工作站。在此过程中，徐香玉积极配合做好慈善各项工作，并担任镇慈善分会秘书长。她协助领导开展慈善资金募集，配合市慈善总会开展各项慈善公益项目，做好慈善救助工作；促进和指导加强镇村两级慈善组织建设，帮助珥城村等做大慈善工作站资金盘子；认真组织镇村慈善组织开展“99公益日”网络资金募集，推进“幸福家园”村社互助工程等慈善工作，取得明显成效，被评为“慈善先进工作者”。

自担任民政办主任以来，徐香玉就没有节假日，也没有双休日，每年的除夕夜她永远是镇政府放假最晚的一个。即使休假在家，手机也是24小时待机状态，只要电量不足她就会立马换上备用电池，生怕困难群众有急事找她电话打不通。她把自己的全部精力都投入了民政和慈善事业。由于工作繁忙，徐香玉常常顾不上自己的“小家”，儿子上小学四年级就住校了。

没有豪言壮语，只有一颗真心，一片真情。在平凡的民政和慈善工作岗位上，徐香玉凭着一股不服输的干劲，以脚踏实地的行动，忠诚履行民政和慈善干部的职责，赢得了组织和人民群众的信任和赞誉，成为基层民政和慈善工作的先进代表。她动情地说：“民政和慈善是困难群众的坚强后盾！作为一个民政和慈善干部，就要像对待父母一样，用孝心去关爱无助的老人；像对待自己的孩子一样，用爱心去关心特困的儿童；像对待家庭成员一样，用诚心关护每一个救助对象。”

（撰文　丹阳市和珥陵镇民政部门）

情系慈善助学的夫妻搭档

恽汝成同志上门帮扶困难家庭学生

古人云："艰难困苦，玉汝于成。"在丹阳，有个以这一励志名句起名的"玉汝于成助学社"，自2014年5月成立以来，将捐资助学、关爱困难家庭学生健康成长作为使命，感召了众多爱心人士和企业老板与贫困学子结对助学，营造了"我助学我快乐，人间有爱、人心向善，教育优先、社会和谐"的良好风尚，让大批寒门学子顺利完成学业并圆了大学梦。如今，玉汝于成慈善助学已成为丹阳市公益慈善的一个亮眼品牌，赢得了良好口碑，谱写了一曲小城"大爱之歌"。

玉汝于成慈善助学能取得如此成果，倾注了玉汝于成助学社创始人恽汝成及妻子的一片爱心和汗水，饱含着这对老夫妻对困境学子的关爱情深。不少群众纷纷点赞：恽老师夫妇退而不休，乐此不疲地为社会奉献余热，不愧是一对情系慈善助学的“黄金搭档”。

退而不休，投身公益慈善助学

今年70岁的恽汝成，曾先后在窦庄中学、第五中学、第八中学任教。2014年从教师岗位退休后，他一直思忖着要为社会和教育事业做点力所能及的实事。“小时候因为家里穷，我曾一度辍学跟人学弹棉花，是乡亲和老师、同学的关心呵护，我才得以完成学业，考上师范大学，并成了一名光荣的人民教师，对此我很是感激。”恽汝成动情地说，每当得知有孩子因遭遇家庭变故或家人因病致贫导致就读困难，他心里就感到很不安。

“新时代新征程，我们不能让一些困难家庭因贫困耽误孩子成长，限制其发展，我要引导大家携手相助，为他们安心上学尽自己的一份绵薄之力。”考虑到一个人的力量单薄，恽汝成决定发起成立一个由爱心人士、志愿者、社会工作者自愿组成的非营利性纯民间公益助学机构，利用社会力量帮助困难学生成长。

创办之初无资金、缺场地、无人员的窘境，没有影响恽汝成的火热干劲。从学校后勤岗位退下来的老伴蒋月娥，对丈夫的设想也是鼎力支持。于是，恽汝成夫妇放弃安逸的退休生活，不辞劳苦，齐心协力为助学社的成立东奔西走，共谋发展之策。

夫唱妇随，倾心倾力无私奉献

万事开头难，好事常多磨。没有资金，恽汝成夫妇俩就想方设法筹集，利用八中举办老教师退休仪式的契机，提前走访了其教过的十多位学有所成的学生，道出了自己准备创办公益助学机构的想法，并邀请他们参加退休仪式。学生们得知后积极支持，自愿出资，共筹集首批启动资金11.15万元。2014年5月26日，经市民政局注册，玉汝于成助学社正式成立。

创办之初，为寻找办公活动场地，恽汝成多方奔走。得到两位爱心企业家的无私援助，助学社前四年的活动场地，一直在练湖路，而后搬入大泊社区，拥有了整个二楼占地320平方米的办公、活动及仓储场地。没有志愿服务人员，蒋月娥就当起了第一个志愿者，跟随恽汝成进村入户走访调查，悉心了解特困学生家庭生活和学习情况，核实学校和村委会上报的资料。那段时间，恽汝成夫妇几乎跑遍了每个村庄，受助困境学子住在哪个村、村头巷尾从哪里进出较为方便，蒋月娥至今印象深刻。

艰辛的努力，带来的是令人振奋的成果。2014年，玉汝于成助学社成立第一年，就资助了困难学生80人。以“我助学我快乐”为宗旨，坚持诚信、透明、公开的原则，做到善款善用，助学社吸引了丹阳市众多爱心人士和企业老板参与结对助学。围绕精准高效服务，恽汝成带领助学社成员建立健全自身组织架构，制定助学资助及奖励等标准，还按区域设立乡镇服务队和服务班，资助对象为丹阳市及常年居住在丹阳市的外来务工困难家庭中好学上进、品学兼优的大中小学生。

“我们不仅对困境学生进行经济资助，还注重精神心理引导。”恽汝成介绍，每年他们都举办暑期励志夏令营、专家心理辅导讲座、学生演讲比赛、走进大学等活动，让困难家庭的孩子树立自立自强意识，做一个诚实善良、奋发有为、坚强而又胸怀理想的人。每年7月至8月，是玉汝于成志愿服务团队最忙的季节，蒋月娥除了协助恽汝成组织开展好受助困境中小学生和回乡大学生假期各项活动外，还需整理办公室和活动场所。对此，已65岁的蒋月娥无怨无悔，以自己的热心和善心甘当公益慈善助学事业的“后勤兵”。对于这个“黄金搭档”，恽汝成曾幽默风趣地夸奖：“她有农村姑娘的朴实和勤劳，也有城里姑娘的大方和才华。”

倾心倾力于慈善公益助学，凝聚起的是一股强大、温暖人心的力量。蒋月娥说，创办至今，她和恽汝成及服务团队成员从不拿一分工资和补贴，大家都心甘情愿默默付出。目前，500多人的志愿服务队伍已覆盖全市各镇（区），参与结对助学的爱心人士有千余人，受助的困境学生达 750 多名。平时，在这些困难家庭，经常活跃着结对的“爱心爸爸”、“爱心妈妈”和广大志愿者的身影；逢年过节，爱心志愿者还会逐一登门，为受助困难家庭送上慰问品和慰问金。

持续拓展助学新途径，丰富新内涵，创新新举措，是玉汝于成慈善的永恒追求。将扶贫与“扶智”、“扶志”相结合，激发内生动力助力困难家庭和学生自立自强：以奖代助，开设多项奖学金评审发放制度，鼓励受助学生争做德智体美劳全面发展的学生；针对家庭困难大学生就业压力大的现实问题，2020 年创新开展“大学生职场精英孵化”项目，对大学生进行职业素养等综合素质的辅导，帮助大学生树立起目标清晰的学业规划和职业规划，同时带领大学生走进丹阳名企，了解丹阳名企各项先进和人才政策，联络爱心企业进行社会实践，争做勤奋学习、努力工作、融入社会、实现社会价值的大学生，争做职场精英。经了解，玉汝于成慈善救助的应届毕业生初次就业率达 100%。“每当看到一批批受助寒门学子通过学习改变了命运，让困难家庭焕发新的生机，我们就觉得这是一件功德无量的事业，大家心里真比吃了蜜糖还要甜，即使苦点累点也感到快乐。”蒋月娥说。

十年助学，叫响公益慈善品牌

寒来暑往，十载春秋。根植于丹阳这方沃土的玉汝于成正茁壮成长。2019 年，丹阳市玉汝于成慈善基金会成立，让这个公益慈善组织走上了提质发展的新平台。据统计，10 年来，玉汝于成助学社慈善助学家庭困难学生近 760 名，累计发放结对资助金、奖学金、重大节日慰问金、特种资助金 1400 万元；资助对象有 230 余人考取大学本科，其中，2 人被北京大学等名牌大学录取。玉汝于成也因此获得“镇江市最具影响力慈善组织”、“镇江市最具影响力慈善项目”、“镇江市最佳志愿服务组织”等一系列荣誉称号，并获评为4A级社会组织。

尤为值得一提的是，不少助梦展翅高飞的大学生，在学业有成后主动回馈社会，传递爱心。延陵镇麦溪村一位学子因父亲患病去世，家庭遭遇困难，大学一年级时得到了玉汝于成助学社的助学帮扶。心存感恩的他自立自强，在高校积极参与勤工俭学，大三时就向恽汝成提出不要资助，将名额让给更需要资助的学生。2021年大学一毕业，他就来到助学社，捐出其打工积攒的500元爱心款，2023年元旦他又将自己获得公司先进个人资金1000元捐给助学社。

莫道桑榆晚，为霞尚满天。虽然年龄越来越大，但恽汝成夫妇依然激情满怀，干劲十足。“未来，玉汝于成助学社和玉汝于成慈善基金会要凝聚起更大的力量，在公益慈善助学的道路上不断前行，将‘爱心助学基金’的蛋糕越做越大，为助力困境学子健康成长、成才提供坚强后盾。”恽汝成说。

（撰文　蒋须俊）

大　事　记

（2013—2024）

丹阳市慈善总会大事记

2013 年：

4 月 16 日，市人大常委会党组副书记、副主任陈步荣带领市人大相关委办、市民政局相关负责人等，赴武进、宜兴学习考察慈善工作。

5 月 6 日下午，市委召开常委会，讨论通过《关于加快我市慈善事业发展的实施意见》，明确新时期全市慈善工作的指导思想、目标任务、工作举措和激励政策等重大事项。

5 月 6 日，市委印发《关于成立市慈善总会筹备领导小组的通知》，明确市慈善总会筹备领导小组组长陈步荣，副组长符红海、蒋云清、谢建明，以及领导小组办公室成员名单，要求做好筹备成立慈善总会的各项工作。

5 月 9 日，市委办、市府办下发《关于开展 2013 年度“爱心至尚、善行丹阳”慈善捐赠活动的通知》，分企业认捐、部门单位捐款、“慈善一日捐”三大部分，在全市开展慈善捐赠活动。自此，机关企事业单位党员干部职工“慈善一日捐”成为每年慈善捐赠的必备内容。

5 月 9 日，市委办、市府办下发《关于开展“爱心至尚、善行丹阳”主题慈善宣传月活动的实施方案》，部署在全市范围内开展慈善宣传月活动。

5 月 31 日上午，市委、市政府在市会展中心二楼大礼堂召开丹阳市慈善总会成立大会，丹阳市慈善总会正式成立，市人大常委会副主任、党组副书记陈步荣当选首任会长。总会办公地址为丹阳市云阳街道新民中路 29 号市民政局所有办公楼 3 楼。

7 月 20 日，市慈善总会、监察局、民政局、教育局联合下发

《关于实施丹阳慈善“助力千名学子成才”工程的通知》，市慈善总会首次实施并连续多年开展困难家庭大学生助学帮扶项目。

7月20日，市慈善总会、监察局、民政局、教育局联合下发《关于开展2013年中小学生慈善助学活动的通知》，市慈善总会首次实施并连续多年开展困难家庭中小学生助学帮扶项目。

7月20日，市慈善总会、残联、监察局、民政局、卫生局联合下发《关于实施丹阳慈善“复明、健行”救助工程的通知》，市慈善总会首次实施并连续多年开展困难家庭残疾人免费白内障手术、免费安装假肢帮扶项目。

7月23日，市政府向市人大常委会提出《关于市财政为丹阳投资集团商借市慈善总会慈善资金担保的议案》。

7月29日，市慈善总会和丹阳投资集团有限公司签订借款合同，市慈善总会1亿元慈善资金借给丹阳投资集团，年利率9%。

8月10日，市人大常委会通过《关于批准市政府〈关于市财政为丹阳投资集团商借市慈善总会慈善资金担保的议案〉的决定》。

8月29日下午，丹阳市在市会展中心一楼报告厅举行“2013年丹阳慈善助力千名学子成才工程首批助学金发放仪式”，市委主要领导，市人大常委会副主任、慈善总会会长陈步荣等参加。

9月15日，市委办、市府办下发《关于成立市慈善总会镇区慈善分会筹备工作小组的通知》，要求各镇（区、街道）政府（办事处）主要领导、分管领导分别担任组长和副组长，认真做好成立镇级慈善分会的各项筹备工作。

10月21日，丹阳市慈善总会手机周报正式创刊发布，以移动通信网络为平台，每周发布慈善工作动态，发布范围为市四套班子领导、机关部门乡镇主要负责人、市慈善总会会员（后又增发至镇级慈善分会和村级慈善工作站负责人）。

12月4日下午，丹阳市慈善总会召开义工服务总队成立大会，市慈善总会义工服务总队正式成立，市人大常委会副主任、慈善总会会长陈步荣，副市长符红海等参加成立大会。义工服务总队下辖10个义工团队：水务集团“碧水情”义工团队、供电公司“萤火虫”义工团队、港华燃气“蓝焰”义工团队、市公安局“蒲公英留守儿童之家”义工团队、“爱在飘扬”义工团队、省丹中“风起笔架”义工团队、“爱心车队”义工团队、“八姑娘民兵班”义工团队（2016年退出）、水关路东社区“爱心港湾”义工团队（2022年退出）、广电集团“八姑娘帮你忙”义工团队（2022年退出）。

12月20日，丹阳市民政局、慈善总会下发《关于印发临时救助管理办法的通知》，市慈善总会当年度首次并连年开展对遭逢大病和意外灾害导致临时性生活困难对象的救助。

12月20日，丹阳市慈善总会下发《关于实施“丹阳慈善2013年度特困大病救助工程”的通知》，市慈善总会首次实施并连续多年开展困难家庭大病患者助医帮扶项目。

12月25日，丹阳市慈善总会下发《关于实施“丹阳慈善2013年度特困对象助困工程”的通知》，市慈善总会首次并连年对低保类等困难家庭实施冬季送温暖助困项目。

12月底，丹阳市慈善总会当年慈善捐款到账6315.13万元，慈善资金余额首次超亿元。

2014年：

1月17日下午，市慈善总会在市会展中心南区一楼国际报告厅举行首次特困大病救助金发放仪式，市人大常委会副主任、慈善总会会长陈步荣，副市长符红海等领导参加。

3月20日，市委办、市府办下发《关于转发市慈善总会〈关于各镇（街道、开发区）成立慈善分会的实施意见〉的通知》，全面部署建立镇级慈善分会的工作。

4月13日上午，市人大常委会副主任、市慈善总会会长陈步荣一行赴司徒镇，为低保户家庭白血病自体干细胞移植成功小学生李明（化名），送去市慈善总会第一笔大额救助金10万元。

4月27日上午，省慈善总会会长俞兴德一行来丹调研指导慈善工作，镇江市领导吴树南等陪同调研。

5月5日上午，丹阳市首家试点镇级慈善分会导墅镇慈善分会正式成立，市人大常委会副主任、慈善总会会长陈步荣，分管副市长林丹如等领导参加成立大会。

5月13日，市委办、市府办下发《关于开展2014年度"爱心至尚、善行丹阳"慈善捐赠活动的通知》，主要分企业捐赠和"慈善一日捐"两种方式募集慈善资金。

5月20日上午，丹阳市在市会展中心南区一楼报告厅举办"爱在丹阳"慈善演讲比赛，市四套班子分管领导等参加。

5月26日开发区、6月6日云阳街道、6月10日珥陵镇、6月20日界牌镇、6月25日延陵镇、6月26日司徒镇、7月4日丹北镇、7月8日访仙镇、7月18日陵口镇、7月19日吕城镇、7月29日皇塘镇，先后成立慈善分会。至此，全市12个镇（区、街道）慈善分会全覆盖。

6月9日晚上，市委、市政府在市广电集团演播大厅举行"2014年慈善捐赠启动暨'爱在丹阳'征文、演讲比赛颁奖仪式"。市四套班子全体领导，各镇（区、街道）、部门主要负责人，市慈善总会企业理事单位负责人等参加。

7月15日，丹阳市慈善总会下发《计划生育特殊困难家庭慈善救助实施细则》，市慈善总会当年度首次并连年对困难失独家庭进行帮扶。

7月30日，市慈善总会和丹阳投资集团有限公司签订借款合同，市慈善总会1000万元慈善资金借给丹阳投资集团，年利率9%。

9月20日，丹阳市慈善总会下发《丹阳慈善2014年“关爱五保老人夕阳工程”配置助老护理床实施方案》。

9月22日，市慈善总会和丹阳投资集团有限公司签订借款合同，市慈善总会1000万元慈善资金借给丹阳投资集团，年利率9%。

10月29日，市人大常委会副主任、慈善总会会长陈步荣一行，赴浙江省桐乡市学习考察村级慈善工作站建设工作。

12月1日，丹阳市慈善总会搬入丹阳开发区齐梁路26号万通大厦16楼办公。

12月2日，市委组织部、市民政局、市慈善总会联合下发《全市村（社区）慈善工作站试点工作实施方案》。

12月7日上午，丹阳市首个试点社区慈善工作站，开发区车站社区慈善工作站正式成立。丹阳市委主要领导、镇江市慈善总会会长周大平，丹阳市人大常委会副主任、慈善总会会长陈步荣等参加成立大会。

12月12日上午，副市长林丹如一行赴开发区，为低收入家庭白血病干细胞移植成功小学生成东（化名），送去慈善救助金10万元。

12月12日上午，丹阳市慈善总会在开发区敬老院举行“丹阳慈善助老护理床发放仪式”。市人大常委会副主任、慈善总会会长陈步荣，市政府分管领导等参加。

12月25日，丹阳市慈善总会下发《丹阳慈善2014年度特困大病救助工程实施方案》，市慈善总会首次并连年对低收入困难家庭大病患者实施助医帮扶项目。

12月27日，丹阳市首家试点村慈善工作站，开发区马陵村慈善工作站正式成立。市人大常委会副主任、慈善总会会长陈步荣、副市长林丹如等领导参加成立大会。

2015年：

1月15日，丹阳市委组织部、市慈善总会下发《关于开展

2014 年度困难党员“党内关爱送温暖”行动的通知》。市慈善总会首次实施并连续多年开展困难党员帮扶项目。

2 月 3 日，丹阳市慈善总会经理事会同意，和丹阳市万通光电科技公司签订房屋购买合同，由本会出资 355. 478 万元，购买万通公司所有位于丹阳开发区齐梁路 26 号万通综合办公楼 16 楼，建筑面积 759. 13 平方米的房屋产权及相应土地使用权，作为本会自有产权办公用房。

2 月 15 日，市政府下发丹政复〔2015〕3 号文件《关于市慈善总会工作经费相关问题的批复》，明确市慈善总会工作经费列入市财政预算保障。

2 月 15 日，市政府下发丹政复〔2015〕4 号文件《关于村（社区）慈善工作站慈善资金保值增值相关问题的批复》，明确丹阳市村（社区）慈善工作站募集的慈善资金统一存储入市财政，由市财政按 10% 的年利率计息，每年分上、下半年两次结算给市慈善总会，并由总会拨付给各村（社区）慈善工作站用于慈善救助。

3 月 13 日，市委办、市府办下发《关于印发〈丹阳市第一届“丹阳慈善奖”评选实施方案〉的通知》。

4 月 2 日上午，云阳街道首个村级慈善工作站留雁村慈善工作站正式成立。

4 月 18 日上午，访仙镇首个村级慈善工作站草塘村慈善工作站正式成立。

4 月 26 日上午，司徒镇首个村级慈善工作站固村村慈善工作站正式成立。

5 月 6 日，丹阳市委、市政府下发《关于表彰第一届“丹阳慈善奖”获奖单位和个人的决定》。

5 月 6 日，丹阳市委办、市府办下发《关于开展 2015 年度“爱心至尚、善行丹阳”慈善捐赠活动的通知》

5 月，丹阳市慈善总会“助力千名学子成才工程”助学贫困家庭大学生的项目，获市委、市政府“第一届丹阳慈善奖最具影响力慈善项目奖”。

5 月 13 日下午，省慈善总会俞兴德会长来丹调研指导慈善工作，镇江市领导吴树南等陪同调研。

5 月 22 日下午，丹阳市慈善总会义工服务总队华山医院义工团队召开成立大会。

6 月 19 日，市委办、市府办下发《关于转发市委组织部、市民政局、市慈善总会〈全市村（社区）慈善工作站建设实施意见〉的通知》，全面部署村级慈善工作站建设工作。

6 月 20 日，丹阳市慈善总会下发《丹阳慈善救助困难家庭白血病患者实施方案》，以青少年为重点，对白血病患者实施专项救助。

6 月 23 日上午，市委、市政府在市会展中心召开“全市慈善工作表彰大会暨丹阳市慈善总会第一届理事会第三次会议”。

7 月 15 日上午，丹北镇首个慈善工作站前巷村慈善工作站正式成立。

7 月 30 日，丹阳市慈善总会下发《丹阳慈善“关爱五保老人夕阳工程”配置助老高清彩电实施方案》。

8 月 7 日，镇江市慈善总会会长座谈会在丹阳市慈善总会召开，镇江市慈善总会会长周大平等领导、镇江市辖市区慈善总会会长等参加，与会对象上午参观了丹阳市开发区车站社区、荆林村慈善工作站建设现场，而后集中开会。

8 月 14 日上午，丹阳市慈善总会在开发区敬老院举行“丹阳慈善助老高清彩电发放仪式”。市政府陈可可市长、林丹如副市长，慈善总会会长陈步荣等领导参加。

8 月 26 日上午，延陵镇首个慈善工作站联兴村慈善工作站正式成立。

10 月 12 日上午，副市长林丹如一行赴徐州市医院，为皇塘镇低保大学生白血病干细胞移植成功林健（化名），送去慈善救助金10万元。

10月29日上午，陵口镇首家村级慈善工作站煦庄村慈善工作站正式成立。

11月10日上午，导墅镇首家村级慈善工作站东河村慈善工作站正式成立（其他村慈善工作站集中授牌）。

11月18日上午，皇塘镇首家村级慈善工作站大南庄村慈善工作站正式成立。

11月27日上午，珥陵镇首家村级慈善工作站护国村慈善工作站正式成立。

11月28日上午，丹阳市慈善总会义工服务总队齐梁义工团队在练湖成教中心举行成立大会。

12月16日，副市长林丹如一行赴陵口镇，为低收入家庭白血病干细胞移植成功小学生肖紫阳，送去慈善救助金10万元。

2016年：

1月5日，丹阳慈善总会下发《丹阳慈善“关爱五保老人夕阳工程”发放助老“爱心大米”实施方案》。

1月9日上午，丹阳市慈善总会在江苏华晟米业公司举行“丹阳慈善助老爱心大米发放仪式”，市民政局、慈善总会领导等参加。

3月中下旬，丹阳市慈善总会开展镇村慈善组织资金使用专项财务检查。

3月17日，丹阳市慈善总会下发《丹阳市慈善救助重度精神残疾病人实施方案》，明确对住院困难精神病患予以救助。

3月31日，丹阳市慈善总会会长办公会通过《对积极参与慈善捐赠和公益慈善活动的个人及其家庭成员予以优先资助实施办法》，明确对机关企事业单位党员干部职工参加“慈善一日捐”等对象予以困难帮扶。

4月23日，市委办、市府办下发《关于开展2016年度“爱心至尚、善行丹阳”慈善捐赠活动的通知》。

6月28日，市慈善总会和丹阳投资集团有限公司续订借款合同并调整借款利率，从2016年7月1日开始，市慈善总会借给投资集团的1.2亿元慈善资金年利率从原来的9%调降为7%。

7月23日上午，老干部局领导、党群口老干部支部书记一行，来丹阳市慈善总会调研慈善工作。

8月25日，丹阳市慈善总会义工服务总队九九爱心社义工团队经批准成立。

9月5日下午，丹阳市慈善总会在市会展中心南区一楼报告厅举行《慈善法》专题讲座，南京大学陈友华教授主讲。

12月15日，丹阳市慈善总会经申报评审，获镇江市民政局“4A级社会组织”评估等级（有效期2016年12月至2021年12月）。

12月26日上午，第四届中国城市公益慈善指数报告在北京发布，丹阳市位列中国城市公益慈善百强榜第42位、县级市第9位，并获“五星级慈善城市”称号，慈善事业发展走在了全国前列。

2017年：

1月4日下午，省慈善总会赵顺盘副会长来丹调研指导慈善工作，镇江市慈善总会副会长许能斌等领导陪同调研。

1月14日上午，市长黄春年一行赴云阳街道锦轩华庭小区，为低收入家庭白血病干细胞移植成功小学生林洪（化名），送去慈善救助金10万元。

3月8日上午，南京市高淳区慈善总会会长孔德华一行来丹学习考察村级慈善工作站建设事宜。

3月10日上午，常州市武进区副区长张小虎及民政局、慈善总会领导一行来丹学习考察慈善工作。

3月13日下午，丹阳市慈善总会义工服务总队群星艺术团义工团队在市总工会三楼小礼堂召开成立大会。

3月21日，市委办、市府办下发《关于转发市慈善总会〈关于加强镇村两级慈善组织建设的意见〉的通知》。

4月13日上午，湖北省松滋市民政局副局长、慈善总会副会长文庆雄一行来丹学习考察慈善工作。

4月20日，市委办、市府办下发《关于开展2017年度“爱心至尚、善行丹阳”慈善捐赠活动的通知》。

5月20日下午，丹阳市慈善总会义工服务总队凤凰520义工团队在司徒镇影剧院举行成立大会。

6月7日上午，镇江市基层慈善组织建设工作经验交流会在丹阳市会展中心召开，省慈善总会会长蒋宏坤、镇江市慈善总会会长李国忠、丹阳市委书记陈可可、市慈善总会会长陈步荣等领导参加会议。

7月24日，丹阳市慈善总会、汽车零部件商会向新疆生产建设兵团第四师、可克达拉市捐赠助学帮困金活动仪式在新疆花城宾馆举行，市慈善总会会长陈步荣等领导参加活动。

8月22日，丹阳市慈善总会义工服务总队“护生小居”义工团队经批准成立（2021年7月1日注销）。

8月25日下午，丹阳市慈善总会在市会展中心南区一楼报告厅举行“‘丹阳慈善助力千名学子成才工程’2017年助学金发放仪式”。市四套班子领导、市慈善总会会长陈步荣等参加。

9月，丹阳市慈善总会“助力千名学子成才工程”助学贫困家庭大学生项目，获镇江市政府“第一届镇江慈善奖最具影响力慈善项目奖”。

9月25日，丹阳市慈善总会、卫计委、民政局、财政局、医保中心联合下发《关于印发〈丹阳慈善助医低保类特困对象实施方案〉的通知》，市慈善总会首次并连年对低保类住院大病对象实施医保结算平台一站式助医帮扶。

9月29日上午，丹阳市慈善总会在市会展中心3005会议室举行“丹阳慈善助医低保类特困对象工程启动仪式”，分管副市长薛军民等领导参加。

9月中旬至11月上旬，丹阳市慈善总会举办镇村两级慈善组织业务培训（9月14日在陵口镇、9月19日在吕城镇、9月21日在导墅镇、9月26日在皇塘镇、9月27日在开发区、9月28日在云阳街道、9月29日在界牌镇、9月30日在访仙镇、10月12日在司徒镇、10月16日在丹北镇、11月1日在珥陵镇、11月10日在延陵镇举办慈善业务培训班）。

11月2日，丹阳市慈善总会义工服务总队如意慈善义工团队经批准成立。

11月9日上午，副市长薛军民一行赴开发区，为白血病干细胞移植成功低保大学生胡宙（化名），送去慈善救助金10万元。

12月8日，丹阳市慈善总会下发《丹阳慈善资助特殊教育实施方案》，从当年度始并连年对市特殊教育学校实施慈善资金专项资助。

2018年：

2月5日，丹阳市慈善总会、“蒲公英”关爱留守儿童志愿者协会联合下发《合力帮扶弱势困难少年儿童实施方案》，对困难家庭义务教育阶段困境少儿学生予以专项帮扶。

2月11日上午，副市长魏国荣一行赴皇塘镇丁桥村，为低收入家庭白血病干细胞移植成功高中生范佳惠，送去慈善救助金20万元。

3月20日，丹阳市慈善总会义工服务总队爱心义工社义工团队经批准成立。

6月3日，市府办下发《关于组织开展第二届“丹阳慈善奖”评选活动的通知》。

6月7日，市委办、市府办下发《关于开展2018年度“爱心至尚、善行丹阳”慈善捐赠活动的通知》，主要分企业捐赠和

“慈善一日捐”两种方式募集慈善资金。

6月28日，丹阳市慈善总会下发《丹阳慈善助力农村特困家庭危房改造实施方案》，自当年起连续多年助力政府实施了危房改造项目。

8月18日上午，市政府在市会展中心5001会议室举行市慈善总会换届前集中募集慈善资金推进会，分管副市长魏国荣等领导参加。

9月6日晚上，丹阳市慈善总会在新世纪百姓剧场举办“传递温暖、唱响幸福”歌咏比赛颁奖晚会。市四套班子分管领导、市慈善总会会长陈步荣等参加。

9月25日，丹阳市慈善总会、卫计委、民政局、农委、医保中心联合下发《关于印发〈丹阳慈善助医贫困尿毒症患者实施方案〉的通知》，加大对贫困尿毒症患者的救助力度。

12月18日，丹阳市慈善总会、江苏有线丹阳分公司联合下发《合作开展高清有线电视进困难家庭文化扶贫活动实施方案》。

12月18日，丹阳市慈善总会义工服务总队少儿教育联盟义工团队经批准成立（2020年8月6日更名为丹阳市慈善总会义工服务总队艺术培训促进会义工团队）。

2019年：

2月1日上午，市慈善总会领导一行赴开发区张巷村，为白血病干细胞移植成功残疾青年张伟，送去慈善救助金10万元。

4月26日，市委办、市府办下发《关于开展2019年度“爱心至尚、善行丹阳”慈善捐赠活动的通知》。

5月10日，市政府下发《关于表彰第二届“丹阳慈善奖”获奖单位和个人的决定》。

5月，丹阳市慈善总会“临时救助项目”获市政府“第二届丹阳慈善奖最具影响力慈善项目奖”。

5月，丹阳市慈善总会获市残疾人工作委员会“爱心助残团队奖”。

5月14日上午，市委、市政府在会展中心召开第二届“丹阳慈善奖”颁奖暨市慈善总会第二届会员代表大会，市慈善总会理事会顺利换届，陈步荣当选继任市慈善总会会长。

7月13日，市慈善总会义工服务总队海会慈善分会暨义工服务中心成立大会在丹阳海会寺召开。

8月7日，丹阳市慈善总会义工服务总队正明力义工团队经批准成立。

9月7日上午，丹阳市慈善总会组织9支慈善公益团队在吾悦广场开展“携手慈善、与爱同行”99公益日全民公益活动，现场宣传慈善文化，募集爱心善款。省慈善总会副会长唐群、镇江市政协主席、慈善总会会长李国忠等，在丹阳市慈善总会会长陈步荣的陪同下亲临现场参加活动。

9月18日上午，丹阳市副市长黄俊杰一行赴开发区，为白血病干细胞移植成功初中生周阳（化名），送去慈善救助金20万元。

9月30日，丹阳市慈善总会、总工会联合下发《丹阳市慈善公益帮扶困难劳模、困难职工实施办法》。

11月，丹阳市慈善总会获镇江市总工会、慈善总会、城管局“有难大家帮－慈善互济添保障”优秀组织奖。

11月13日下午，常熟市慈善总会徐永达会长一行来丹学习考察慈善工作，镇江市慈善总会副会长许能斌、周梅生陪同考察。

12月11日上午，丹阳市副市长贺云华一行赴苏州医院，为云阳街道低收入家庭白血病干细胞移植成功大专生眭章韬，送去慈善救助金20万元。

12月12日上午，陕西省白水县慈善协会会长张晓康一行来丹学习考察慈善工作，洽谈合作开展农村产业帮扶项目事宜。

12月26日下午，丹阳市慈善总会在荆林学校会议室举行

“慈善文化进校园活动”启动仪式，市四套班子分管领导、市慈善总会会长陈步荣等参加。

12月31日上午，丹阳市市长黄万荣来本会调研指导慈善工作。

2020年：

1月12日，丹阳市人民检察院、慈善总会联合下发《丹阳市慈善公益救助刑事和民事受害人实施意见》。

1月28日，丹阳市慈善总会发出倡议书，号召社会各界捐款捐物，积极投身新冠疫情防控战。

4月15日，丹阳市慈善总会下发《高水平小康，丹阳慈善在行动实施方案》。

5月20日晚，丹阳市慈善总会会同如意慈善公益服务团，在丹凤公园举行“万善丹阳、为爱奔跑”活动，募集慈善资金，用于如意慈善“手拉手”助困项目。

5月27日上午，镇江市慈善总会会长李国忠等，由丹阳市慈善总会会长陈步荣陪同，前往延陵镇开展“救助急难防返贫”走访慰问困难群众活动。

6月23日上午，句容市慈善总会副会长陈雪峰一行来丹学习考察慈善工作。

7月1日，市慈善总会、市新时代文明实践中心办公室、市文明办联合下发《关于开展慈善义工服务评选表彰活动的通知》。

7月10日，丹阳市慈善总会下发《丹阳慈善关爱失独家庭“连心家园、暖心行动”项目实施方案》，加大对失独家庭的帮扶力度。

8月20日，市委办、市府办下发《关于开展2020年度“爱心至尚、善行丹阳”慈善捐赠活动的通知》。

9月24日上午，丹阳市慈善总会在开发区实验学校大礼堂举行“《慈善读本》发放仪式（龙江钢铁助力）”，副市长黄俊杰、市慈善总会会长陈步荣等领导参加。

10 月 16 日，丹阳市慈善总会下发《关于加强校园慈善文化建设的实施意见》，全面部署校园慈善文化建设工作。

10 月 19 日上午，镇江市慈善总会副会长许能斌、宋敬伟、陈泰龙一行来丹，调研校园慈善文化建设工作。

11 月 3 日、4 日，丹阳市慈善总会在珥陵镇、陵口镇慈善分会召开困难群众居住房屋微改造项目首次签约会议，当年起连年实施了住房微改造项目。

11 月 27 日上午，市新时代文明实践中心办公室、文明办、慈善总会联合召开“丹阳市慈善义工服务表彰大会”。

12 月 3 日上午，市委常委、政法委书记刘宏程一行来丹阳市慈善总会视察调研慈善工作。

12 月 23 日，丹阳市慈善总会荣获 2020 年全省慈善“99 公益日”活动最佳组织奖。

2021 年：

4 月 22 日，市委办、市府办联合下发《转发〈镇江市教育局、市慈善总会关于深入推进全市中小学校慈善文化建设的意见〉的通知》，全面部署校园慈善文化建设工作。

5 月，丹阳市慈善总会获丹阳市新时代文明实践中心“2020 年度‘高水平小康、丹阳在行动’活动先进单位奖”。

5 月 10 日上午，句容市慈善总会副会长吴新梅一行来丹阳考察交流慈善工作经验。

5 月 20 日晚，丹阳市慈善总会联合如意慈善公益服务团，在丹凤公园举行“万善丹阳　为爱奔跑”活动，募集慈善资金用于困难群体救助。

6 月 14 日，市府办下发《关于建立丹阳市慈善工作联席会议制度的通知》，强化对全市慈善工作的组织协调机制。

6 月 17 日上午，丹阳市慈善总会在本会会议室召开“校园慈善文化”建设联席会议第一次会议。

6月18日，市委办、市府办下发《关于开展2021年度“爱心至尚、善行丹阳”慈善捐赠活动的通知》。

6月30日，市慈善总会和丹阳投资集团有限公司续订借款合同并调整借款利率，从2022年开始，市慈善总会借给投资集团的1.2亿元慈善资金年利率从原来的7%调降为6.5%。

7月15日，丹阳市慈善总会下发《关于印发〈救助急难防返贫、慈善助力再行动项目实施方案〉的通知》，进一步助力巩固拓展脱贫攻坚成果。

9月，丹阳市慈善总会被镇江市人民政府授予“第三届镇江慈善奖最具影响力慈善组织”奖。

9月8日，丹阳市民政局、慈善总会下发《关于印发〈丹阳市帮扶困难群众住房微改造实施方案〉的通知》，加大住房微改造项目实施力度。

9月22日，丹阳市慈善总会义工服务总队“手拉手”义工社义工团队经批准成立。

10月，丹阳市慈善总会被镇江市慈善总会授予“镇江市慈善助力脱贫攻坚先进集体奖”。

11月，丹阳市慈善总会被丹阳市委、市政府授予“脱贫攻坚先进集体”奖。

12月，丹阳市慈善总会经申报评审，继续获镇江市民政局“4A级社会组织”评估等级（有效期2021年12月至2026年12月）。

12月20日，市府办下发《关于转发〈镇江市民政局、市慈善总会切实推进“幸福家园”村社互助工程实施意见〉的通知》。

2022年：

3月，丹阳市慈善总会被江苏省慈善总会授予“2021年全省慈善网络募捐最佳组织奖”。

3月20日，丹阳市民政局、慈善总会下发《关于印发〈丹阳市实施“幸福家园”村社互助工程的工作方案〉的通知》。

4月21日，市府办下发《关于印发丹阳市镇（街道）社会工作服务站（慈善服务中心）建设方案的通知》。

6月18日，市委办、市府办下发《关于开展2022年度“爱心至尚、善行丹阳”慈善捐赠活动的通知》。

8月，丹阳市慈善总会被镇江市教育局、慈善总会授予“‘向善向上　健康成长’青少年慈善征文大赛优秀组织奖”。

8月17日上午，市民政局、慈善总会在市民政局一楼多功能厅，召开镇级社会工作站（慈善服务中心）建设暨“幸福家园”村社互助工程推进会。

9月4日晚，丹阳市慈善总会会同如意慈善公益服务团，在丹凤公园举行“万善丹阳　为爱奔跑”活动，募集慈善资金，用于困难救助。

10月28日上午，镇江市教育局、慈善总会来丹检查验收丹阳市“校园慈善文化”建设工作。

11月16日下午，丹阳市慈善总会与丹阳市“蒲公英”志愿者协会联合编排的现代慈善丹剧《蒲公英》，在市融媒体中心演播厅首演，而后到各镇（街道）巡回演出，收到良好效果。

11月29日，丹阳市慈善总会义工服务总队茶叶学会义工团队经批准成立。

12月14日下午，镇江市教育局、慈善总会在本市荆林学校举行“镇江市校园慈善文化教育基地（丹阳）授牌仪式”，镇江市慈善总会李国忠会长，镇江市教育局刘元良局长，丹阳市四套班子分管领导刘宏程、杨文军、韩静慧、夏炜，市慈善总会陈步荣会长等领导参加，丹阳市荆林学校、陵口中学被授牌。

本年度下半年，12个镇级社会工作站（慈善服务中心）挂牌成立。

2023 年：

4 月 3 日上午，常州市慈善总会蒋白平会长一行来丹学习考察慈善工作。

4 月 21 日下午，丹阳市慈善总会在本会会议室召开“幸福家园”村社互助工程推进会。

5 月，丹阳市慈善总会被市残疾人工作委员会授予“助残工作先进单位奖”。

5 月 9 日上午，镇江民政局、慈善总会来丹调研基层慈善创新转型暨“幸福家园”村社互助工程推进情况，副市长杨文军、慈善总会会长陈步荣等陪同调研。

5 月 20 日晚，丹阳市慈善总会会同如意慈善公益服务团，在丹凤公园举行“万善丹阳　为爱奔跑”活动，募集慈善资金，主要用于关爱困难退役军人以及烈士遗属。

6 月 12 日，市委办、市府办下发《关于开展 2023 年度“爱心至尚、善行丹阳”慈善捐赠活动的通知》。

6 月 15 日，丹阳市卫健委、医保局、民政局、慈善总会下发《关于印发〈丹阳市慈善帮扶困难丙肝患者治疗实施方案〉的通知》。

7 月 12 日，丹阳市慈善总会会长陈步荣一行，赴张家港市学习考察老年助餐点建设工作。

7 月 13 日，丹阳市慈善总会会长陈步荣一行，赴无锡市惠山区学习考察老年助餐点建设工作。

7 月 24 日，丹阳市慈善总会下发《关于组织参加 2023 年“江苏慈善专场”、“99 公益日”活动的实施方案》，大力推进参加 99 公益日网络募集活动提质升效。

8 月 16 日上午，丹阳市慈善总会在本会会议室召开“99 公益日”活动动员部署会。

9 月，丹阳市慈善总会“人居环境改善工程”项目被镇江市政府评为“第四届镇江慈善奖最具影响力慈善项目奖”。

9月9日上午，市委、市政府在市会展中心二楼大礼堂举行“爱在丹阳”慈善一日捐暨卫生、教育基金会成立仪式。

9月13日，丹阳市慈善总会义工服务总队“徽聚爱”义工团队经批准成立。

12月，丹阳市慈善总会被镇江市教育局、慈善总会授予“镇江市校园育善工程优秀组织奖”。

12月27日，丹阳市卫健委、慈善总会下发《丹阳慈善“红心闪闪　呵护生命”AED（体外自动除颤仪）公益项目实施方案》。

12月底，当年全市三级慈善组织资金收入8696.93万元，慈善资金余额首次超3亿元。

2024年：

1月，丹阳市慈善总会被江苏省慈善总会授予“2023年全省慈善网络募捐优秀团队奖”。

1月27日上午，丹阳市慈善总会在市会展中心二楼大礼堂举办AED公益项目设备启用仪式暨志愿者培训会，副市长杨文军、市慈善总会会长陈步荣等参加仪式。

3月13日上午、14日下午，丹阳市慈善总会召开专门会议，布置《善行丹阳》一书的编撰工作。

3月15日，丹阳市慈善总会下发《2024年丹阳慈善“红心闪闪　呵护生命”AED（体外自动除颤仪）公益项目实施方案（二）》，实施AED设备第二期布设项目。

3月18日上午，南京市高淳区慈善总会会长孔德华一行来丹学习考察慈善工作。

4月15日，丹阳市慈善总会下发《关于全力做好“家门口慈善”服务工作的实施方案》。

4月16日，市府办下发《关于转发〈关于全面推进社区慈善创新转型全力提供“家门口慈善”服务的实施意见〉的通知》，部署做好“家门口慈善”服务工作。

4月16日上午，镇江市慈善总会陈泰龙副会长一行，来丹调研指导校园慈善文化建设工作，查看了本市荆林学校相关工作现场，听取了丹阳市慈善总会、教育局，以及荆林学校相关工作汇报。

4月18日晚，扬中市慈善总会与本市联系，其所编排的现代慈善锡剧《太平洲上》，在丹阳市金鹰商业综合体南侧停车场演出。而后，又先后到吕城镇、延陵镇演出。

5月19日晚，丹阳市慈善总会会同如意慈善公益服务团，在丹凤公园举行“万善丹阳　为爱奔跑”活动，募集慈善资金，用于困难救助。

5月31日上午，丹阳市慈善总会会长陈步荣一行，参加陕西省富平县“苏陕协作捐赠医疗设备发放仪式暨急诊急救AED培训会”活动，本会会同并督促鱼跃公司等做好所捐赠AED设备的安装、调试和志愿者使用设备业务培训等工作。

6月20日，市委办、市府办下发《关于开展2024年度“爱心至尚、善行丹阳”慈善捐赠活动的通知》。

6月27日上午，镇江市慈善总会会长李国忠一行，来丹调研指导“家门口慈善”服务工作，参观云阳街道迈村村慈善工作现场，而后到珥陵镇珥城村村委会座谈，听取“家门口慈善”服务工作汇报。

7月19日上午，市长宋飞雄一行赴开发区颜春村，为低收入家庭白血病异体干细胞移植手术成功高中生毛欣明（化名）送去慈善救助金20万元。

7月25日下午。市慈善总会在云阳街道迈村村会议室召开“丹阳市家门口慈善服务工作暨网络募集推进培训会”，市民政局、市慈善总会相关领导，各镇（街道）慈善分会副会长，相关村（社区）负责人参加。

8月5日，丹阳市慈善总会下发《关于组织参加2024年“江苏慈善周”爱心捐赠专场网络募集活动的实施方案》，大力推进本年度网络慈善资金募集工作。

9月5日下午，副市长杨文军、市府办和民政局领导一行，来丹阳市慈善总会调研指导工作，听取工作汇报，提出工作要求。

10月24日下午，如东县慈善总会会长陈建华、民政局局长於锋一行，来丹学习考察慈善工作。在丹阳市民政局会议室，听取丹阳市慈善总会、市民政局、如意慈善公益服务团、玉汝于成助学基金会相关工作情况介绍。

11月5日，丹阳市慈善总会下发《丹阳慈善“红心闪闪、呵护生命”AED（体外自动除颤仪）公益项目实施方案（三)》，实施AED设备第三期布设项目。

11月6日下午，张家港市慈善总会王惠忠一行，来丹学习交流慈善工作，现场参观云阳街道迈村村慈善工作现场，座谈会听取丹阳市慈善总会、云阳街道慈善分会、迈村村慈善工作站慈善工作情况介绍。

11月21—22日，江苏省慈善总会副会长刘成林一行，由镇江市慈善总会会长李国忠等陪同，来丹阳调研慈善工作。21日下午，在丹阳市慈善总会召开座谈会，听取镇江市、丹阳市、丹徒区、京口区、润州区慈善工作汇报。22日上午，刘成林一行参观丹阳市荆林学校校园慈善文化建设现场，而后去珥陵镇珥城村座谈，听取慈善工作站建设及“家门口慈善”服务工作情况汇报。

12月13日上午，镇江市慈善总会副会长顾大福一行，来本市珥陵镇积庆村调研指导“家门口慈善”服务工作，听取丹阳市慈善总会、民政局，以及珥陵镇和积庆村有关工作汇报。

12月18日，丹阳市慈善总会下发《关于实施2024年“冬季慈善送温暖·救助急难防返贫”项目的通知》，系统实施低保类大病救助、困难对象临时救助、困难尿毒症患者救助、困难白血病患者救助、“党内关爱送温暖行动”项目、下拨镇村慈善资金利息救助等，共发放救助金 1600 多万元，助力巩固拓展脱贫攻坚成果，缓解因病因灾群众困难，让其度过安乐祥和的“两节”。

12 月 18、27 日，丹阳市慈善总会分别在市公安局、消防部门举行 AED 体外除颤仪设备捐赠仪式。

（撰文　谢建明）

后记

作为丹阳市慈善总会的创始会长，我见证了总会成立十二年的发展历程，“蓄力一纪，可以远矣”，丹阳慈善事业从小到大、由弱到强，走出了一条奋进之路。

慈善事业的意义和价值众所周知，慈善工作的艰难早已为人们所熟知。总会成立之初，我在丹阳市人大常委会任党组副书记、副主任，因为受市委的委托，作为一名党员领导干部，出于对党的事业的高度责任感，出于对人民群众尤其是困难群众的深厚感情，我接下了市慈善总会会长这副担子。

因为有市委、市政府的坚强领导，有全市上下的积极参与和大力支持，我们秉持为党政分忧，为群众解难的工作方针，秉持扶危济困的慈善宗旨，围绕中心，服务大局，带领市慈善总会和镇村慈善组织同志，殚精竭虑，坚韧不拔，迎难而上，无私奉献，推动丹阳慈善事业发展不断上台阶，进入到一个新的发展阶段。

在从事慈善工作的日子里，无论是筹建市镇村三级慈善组织、募集慈善资金、实施慈善救助，还是开展慈善宣传、加强队伍建设等各项慈善工作，市委、市政府领导都是运筹帷幄，镇（街道）、部门领导都是鼎力支持，爱心企业、爱心单位、爱心人士都是慷慨解囊，全市党员干部职工和广大人民群众都是积极参与，奏响了全民慈善、大爱丹阳的交响曲，掀起了丹阳慈善事业发展史上的一次又一次高潮。在此过程中，涌现出许许多多感人至深、催人泪下的故事，至今依然历历在目、记忆犹新。十二载风雨兼程，砥砺奋进；十二载矢志不渝，硕果盈枝。

对于这一段难以忘怀的历史，对于丹阳慈善发展史中的成功做法、典型经验、先进人物、爱心故事，以及丹阳慈善代表人物展现出乐于助人、甘于奉献的高尚情操、大爱情怀等社会正能量，我们有义务、有责任如实记载下来，传给后人。

值此市慈善总会第二届理事会即将换届之际，我们编撰了《善行丹阳》一书，全景式反映丹阳慈善十二年来的发展历程，尤其是重点反映市镇村三级慈善组织、义工团队的工作风貌和履职奉献，重点反映爱心企业、爱心楷模的责任担当和闪光事迹，意在总结经验，存史资政，传承慈善理念，弘扬大爱精神，弘扬社会正能量，为丹阳慈善事业的持续健康发展竭尽所能，为中国式现代化丹阳新实践贡献慈善力量。

由于编撰时间紧、任务重，书籍从内容到形式都有需要提升之处，疏漏也在所难免，还望读者不吝指正。

开卷有益，希望《善行丹阳》于读者有益，于丹阳慈善事业有益，若能略收成效，我们便深感欣慰。

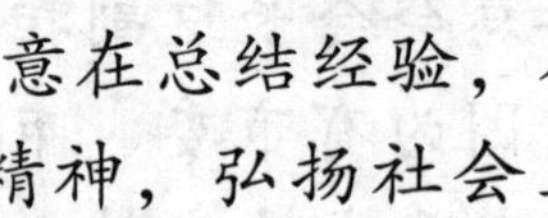

2025 年 1 月 24 日